国家出版基金项目
NATIONAL PUBLICATION FOUNDATION

徐旭生文集

第 一 册

中华书局

圖書在版編目(CIP)數據

徐旭生文集/徐旭生著. —北京:中華書局,2021. 10
ISBN 978-7-101-15397-2

Ⅰ. 徐… Ⅱ. 徐… Ⅲ. 社會科學–文集 Ⅳ. C53

中國版本圖書館 CIP 數據核字(2021)第 201811 號

書 名	徐旭生文集(全十二冊)	
著 者	徐旭生	
責任編輯	李碧玉	
出版發行	中華書局	
	(北京市豐臺區太平橋西里 38 號 100073)	
	http://www.zhbc.com.cn	
	E-mail:zhbc@zhbc.com.cn	
印 刷	北京瑞古冠中印刷廠	
版 次	2021 年 10 月北京第 1 版	
	2021 年 10 月北京第 1 次印刷	
規 格	開本/920×1250 毫米 1/32	
	印張 147¾ 插頁 27 字數 3100 千字	
國際書號	ISBN 978-7-101-15397-2	
定 價	980.00 元	

徐旭生先生（1929 年）

徐旭生先生

1925 年北京大學研究所國學門同人合影

（左起：葉浩吾、沈尹默、馬衡、林語堂、徐旭生、陳垣、錢稻孫、陳萬里、
容庚、李玄伯、袁復禮、朱家驊、沈兼士、常惠、張鳳舉、鄭天挺、胡適）

1927 年 5 月 9 日中國西北考察團於北京西直門車站出發時留影
（左起：瑞典公使 Everlöf、斯文・赫定、徐旭生）

1957 年 5 月中國科學院考古研究所同人合影
（左起：蘇秉琦、徐旭生、黃文弼、夏鼐、許道齡、陳夢家）

出版説明

　　徐旭生先生(一八八八——一九七六),名炳昶,字旭生,以字行,筆名虛生、遁庵、四河人等,河南唐河人。中國現代著名歷史學家、考古學家、教育家。一九〇六年入京師譯學館,一九一三年留學法國,於巴黎大學學習哲學。一九一九年歸國,先後任北京大學哲學系教授、猛進周刊主編、北京大學教務長、北平大學第二師範學院院長、北平師範大學校長、北平研究院史學研究所所長,一九四九年後任中國科學院考古研究所研究員。曾於一九二七年作爲中國歷史上第一個中外合作的科學考察團——"中國西北科學考察團"的中方團長,赴西北考察。

　　徐旭生先生涉獵頗廣,在哲學、歷史、教育、翻譯等多個領域都留下了豐碩的成果。尤其在古史研究和考古方面,其致力於中國古史傳說研究與夏文化探索,提出上古三集團融合説,率隊首次勘察二里頭遺址等,影響深遠,在史學界享有崇高盛譽。

　　此次整理出版徐旭生文集,收錄其研究專著一種(中國古史的傳説時代),已刊和未刊的單篇文章百餘篇(包括發表於猛進周刊的時評八十餘篇及已刊、未刊的學術論文四十餘篇)，翻譯著作四種(歐洲哲學史、你往何處去[合譯]、馬蘭公主[合譯]、ㄉㄧㄉㄧㄉㄨㄥ王)，日記(包括一九一〇——一九一七年日記、西游日記[一九二七——一九二九年]、一九三三——一九四八年日記、一九五四——一九六六年日記)，可謂徐旭生先生一生著作之總彙。

其中中國古史的傳說時代以一九八五年增訂本爲底本，并將一九四三年初版叙言以及與中國古史傳說研究密切相關的關於中國古史的傳說時代書評答趙光賢、王鍾翰兩先生、試論傳說材料的整理與傳說時代的研究、應該怎樣正確地處理傳說時代的史料、漫談古代傳說、我國傳說時代與考古方面所得材料的關係等五篇文章作爲該書附録。發表於猛進周刊的時評以及學術論文，分別按時間順序編排。歐洲哲學史以一九三五年中法大學叢書本爲底本，吸收勘誤表内容。你往何處去以一九四七年世界叢書本爲底本，參校以一九二二年初版本。馬蘭公主和ㄉㄧㄉㄧㄉㄨㄥ王分別據小説月報和猛進周刊上的連載篇章整理。日記除西游日記以一九三〇年西北科學考察團刊印本爲底本外，皆據手稿整理。

文集采用通行繁體字印刷，專著、猛進時評、學術論文、翻譯著作皆施以專名綫，日記部分使用新式標點。凡遇明顯的脱訛衍倒處，皆以"編者注"形式出校説明。歐洲哲學史外文部分排印錯訛實夥，爲避免繁瑣，徑據一九一四年法文原版改正，不一一出校。文集編校難度極大，整理中限於能力與水平，必然存在諸多不足，敬請讀者批評指正。

本文集的出版，得到徐旭生先生家屬的鼎力支持，特此致謝！

中華書局編輯部

二〇二一年十月

總　目

中國古史的傳說時代

目　録

序

　　徐旭生先生是我國現代著名的古史專家、考古學家。

　　徐老早在半個世紀前，以長達三十年的持續研究，寫成中國古史的傳說時代一書。這本書，是對中國上古史進行綜合性研究的專著。

　　這本書，凝聚着徐老的心力，蘊含着他的獨到的學術見解。

　　一、中國上古的歷史，按司馬遷史記，從黃帝時起，開始揭示文明時代的序幕。

　　黃帝，中國人文初祖。生長於姬水之濱，發祥於今陝西黃土原上。這時"能成命百物，以明民共財"（國語魯語），"時播百穀草木，淳化鳥獸蟲蛾"（史記五帝紀），已進到農業生產的社會階段。他以軍事武力東征西討，南攻北戰，統占了大河中游兩岸地區，建立了中原部落大聯盟，奠定了古代中國的國家基礎。從此，中國古代文明的曙光，由中原大地上依稀地映照四方。一個華夏文明古國，即將屹立在世界東方。

　　黄帝、顓頊、帝嚳、唐堯、虞舜，號稱五帝。徐老指出，這個時代，生産力有較大的發展，已由量變達到質變的時代。它曾經歷過三次大變革：(1)黃帝統占中原，過去部落林立的局面，經此大震蕩，逐漸相互融合與同化，形成部落大聯盟。此一大變也。(2)顓頊時，"絶地天通"，大膽改革，人神分開，有人專管社會秩序方面的事，又有人專管宗教方面的事。勞心者與勞力者日益分化，氏族社會解體，特權階級産生。此二大變也。(3)大禹治水，主名山川。人民得能"降丘宅土"，休養生息。生産發展，貧富不均。此三大變也。經此巨變之後，奠定了我民族的生活基礎，孕育出偉大的華夏民族，建立了有定型、有組織的王國。從這裏，可以探求中國古代文化的淵源。

　　二、科學研究，貴在創新。要在實事求是的基礎上創新。當時，極端疑古派學者否定殷墟以前漫長時代的歷史。對傳說資料視若"腐朽"之物，或加偏見，或不引用。徐老却能"化腐朽爲神奇"，力圖"矯正他們錯疑所不應疑的偏向，使治此段歷史的方法可以早入正軌"，使夏及其以前的歷史，還其本來面目。他采用古代傳説，經過審慎研究與考證，從中得出一個新論斷。這就是：古代中國部族的分野，大致可分爲華夏、東夷與苗蠻三大集團。華夏族地處黃河中游兩岸中原地區；東夷族地處山東、安徽境内及其東部沿海地區；苗蠻族地處長江中游兩岸的兩湖及江西地區。三大族不斷接觸，始而相鬥，繼而相安，血統與文化逐漸交互錯雜，終於同化，形成一種融合而較高的民族文化——華夏文化。證之考古學上，仰韶、大汶口與屈家嶺文化的分布、交流與融合的情況，大致是近似的。徐老的論述，爲中國古史傳説時代的研究，創立了一個新體系。

三、徐老首先提出探索夏文化問題，不僅具有遠見，同時，立下開創之功。

夏文化問題，關係到證實和補充夏代歷史，關係到階級社會的產生與中國國家形成等問題的研究，具有十分重要的意義。關於夏王朝，史記夏本紀已有系統的記載，但在考古學上却是一個空白點。爲此，徐老極爲重視，首次提出探索夏文化。並在七旬高齡之年，親往河南洛陽、登封、偃師等豫西"夏墟"地帶進行考古調查。爾後，二里頭遺址、告成遺址及晋南夏縣東下馮遺址就是在徐老踏察的啓示下開始發掘的。

他對夏文化的探索問題，提出了指導性意見。指出：首先要明確"夏文化"一辭包括着兩個涵義，即夏族文化與夏代文化。二者既有區別又有十分密切的聯繫。如果指前者，它的地域範圍很有限，年代則包括禹以前，桀之後；如果指後者，它的地域範圍較廣，年代則始於禹，終於桀。夏人的主要活動區域：晋南平原，汾、澮、涑水流域；洛陽平原，伊、洛、潁水流域；乃至關中平原也是夏人的舊壤。經過多年的努力，探索夏文化問題，取得了可喜成績。山西陶寺、東下馮，河南王灣、煤李、白營、王城崗、煤山龍山文化及二里頭早期文化，都是新中國考古的重要收穫。也證實了徐老的卓見。

四、關於研治傳說時代的古史，徐老有着豐富的經驗和卓識。他認爲，必須認清什麼是傳說時代及如何對待和處理古史傳說資料，這是個首要問題。

所謂"傳說時代"，徐老指出，世界上任何一個民族最初的歷史,總是用"口耳相傳"的方法流傳下來。在古文獻中保存有古代傳說,而在當時尚未能用文字把它直接記錄下來的史料,用這種史料所記述的時代,就叫做"傳說時代"。中國的傳說時代,上限尚不可定,或自炎黃時期;下限暫定在盤庚遷殷以前。

至於如何對待"傳說時代"史料。徐老認爲,首先應當對神話與傳說認識清楚並加以區分。當然,二者之間是相近的,頗難截然分離,但也不能混爲一談。

神話,馬克思說:是"通過人民的幻想用一種不自覺的藝術方式加工過的自然和社會形式本身"(馬恩選集第2卷第113頁)。拉法格也說過:"神話既不是騙子的謊言,也不是無謂的想象的產物。它們不如說是人類思想的樸素的和自發的形式之一。祇有當我們猜中了這些神話對於原始人和它們在許多世紀以來,喪失掉了的那種意義的時候,我們才能理解人類的童年。"(宗教與資本第2頁,王子野譯)所以,神話是基於社會生活的藝術的誇張與渲染,並夾雜着空想與幻想,但也或多或少地反映着歷史的影像。然而它不太可能轉化爲歷史。

古代傳說是"口耳相傳"的史料。徐老認爲,這些史料大都有其歷史的核心,也都有其史實淵源。它是未經後人加工過的零散資料,應比經過加工過的系統化的"正經"或"正史"中的史料更爲質樸。我們應當把摻雜神話的傳說與純粹神話加以區別,也不能籠統地把古史傳說全歸之爲神話。古書中如尚書、史記五帝紀諸篇中或有靠不住的傳說資料,那是因爲古人在整理時的方法不夠精密,並非古人有意作僞或造謠。

祇有這樣,用歷史觀點作具體分析,才是對待傳說史料的正確態度。

在探尋史實中，徐老認爲，"只敢求其可知者，不敢求其不可知者。所采用的材料，甄選西周、春秋、戰國人的早期傳説，不敢輕意離析這些傳説"。決不能"稱與我意相合者爲真實，斥與己意不合者爲作僞"。衹有從具體材料出發，經過具體分析，才能從中引出正確結論。也衹有這樣論證歷史，才能把論斷建立在真實歷史資料的牢固基礎上，才可成爲"不易之論"。

對於古人，對於歷史，徐老認爲，"非在'讀萬卷書，行萬里路'加以深思之後，實在不應粗心浮氣，亂發議論"。這確是學者所應具有的氣質。

徐老的這本書，確實是在"讀萬卷書，行萬里路"，經深思之後而寫出的論著，具有很高的學術價值，值得珍視。

值此科學的春天，百花争妍。願我們後學者學習徐老的謹嚴而實事求是的治學態度與勇於探索和創新的精神，沿着他開拓的新途徑，在古史研究領域裏去攀登新的高峰。

天石

一九八四年九月一日於北京

中國社會科學院考古研究所

編輯大意及例言

一、是書凡六章：我們怎樣來治傳説時代的歷史論方法問題，自應列於首章。我國古代部族三集團考爲全書的中心，必須此問題明而後他問題才可以明白，故列在第二。此後讀者可按時代次序，先讀附録二竺可楨先生的論以歲差定尚書堯典四仲中星之年代，次讀第三章洪水解。第四章關於徐偃王的問題已經超出傳説時代的範圍，但因爲它是三集團問題的餘波，所以也收在書裏面。第五、第六兩章所研究的問題按時代似應列在前面，但因問題的出現僅在戰國或以後，所以列在最後。

二、我在開始寫初稿的時候所有的意思，後來變更稍關重要的，僅有祝融一問題。開始我覺得他屬於南方集團不成問題，但對於高陽苗裔一事，甚費躊躇。此後研究到祝融八姓的地域，才感覺到它們的地域多在北方，説它們由南遷北像是很遠情理。最後才注意到"苗民弗用靈"句"靈"字的解釋，才悟到祝融與南方集團的真正關係，如第二章第七節所説。自信此説對於各方面的古代傳説皆無鑿枘,或不致有大錯誤。

三、凡引用的人以稱名爲原則(不用字、號、謚等),但也以通用的
爲準。比方説:稱孔丘、墨翟就未必能像稱孔子、墨子的聲入
心通的容易,所以捨前名,用後名。近人有稱姬昌、姬發、姬旦
以代周文王、周武王、周公的,實則古人男子全稱氏,女子才稱
姓,如果在當日這樣稱呼,當時人並不能知爲誰何。稱爲周
昌、周發、周旦,與當日的習慣雖相符合,可是現代人對這些名
字又多誤會。采用通行的名字,自屬一定的辦法。

叙 言

我這件工作於 1939 年春才開始,搜集探討大約一年,次年春開始寫作,初稿於 1941 年冬寫完,前後經歷約近三年,但是我有意從事這項工作却相當地早。回憶我自 1921 年後在北京大學任教,當日我國的史學界受歐西科學的影響,對古史材料重新估價的口號高唱入雲,我個人也未能自外於時代思想的潮流。不過因爲我在法國留學時學的是哲學,所以在北大教的總不出哲學史的範圍,對於歷史自身沒有時間向前深造。1923 年前後顧頡剛、劉掞藜二先生,對於大禹是否天神、是否有實在的人格的討論哄動一時,我對此問題雖也深感興趣,但是因爲沒有工夫搜集資料,所以未能參加討論。當時史學界的普通意見似有利於顧氏,可是我個人雖對於他的工作有較高的評價,却總以爲他走的太遠,又復失真,所以頗不以他的結論爲是。我當日覺得堯典、皋陶謨、禹貢諸篇尚書固然非當日的或離當日不遠的著作,是由於後人的追記,篇首"曰若稽古"四個字已經可以證明;但是他們的記録未必無根據,記録的時期最早也或者可以溯到<u>商朝</u>。很久我就聽到人家説:按着歲差的定律可以證明<u>堯典</u>上所記二至、二分的中星的確是四千年以前的中星。我因爲想救出來<u>堯典</u>等三篇的材料,就想到天文上的現象大致可以説是按着恒定的規律變化的,現代天文學的進步可以説已經達到相當高的精確程度。我們如果能用現代天文學的精確知識證明<u>堯典</u>上所載的天文現象實在非四千年前不能有,那豈不是已經可以證明這種傳説雖是登簡策的時期相當地晚,它自身却是很古老和可靠的傳説麽? 這一部分可靠,豈不是就可以推想別部分也並不是向壁虛造,它因此也就可以增加了不少的重量麽? 這樣的意思雖説很誘惑人,但是因爲我個人對於天文知識僅僅有一知半解,所以無法達到目的。雖然如此,我當日總覺得這個問題頗爲簡單,只要得到當年的二至、二分在黄昏初見星時的中星宿度,就可以推算出來個大概。我於1924—1925 年請故友<u>高魯</u>先生(當時任<u>中央觀象臺</u>臺長)把這些數字及現在實用的歲差率告訴我。承他的厚意把這些及歲差率50″.25 開給我。我因爲星鳥的範圍太廣,棄去不用。餘下火(房)、虛、昴三宿,我也不能指定何星,僅僅拿漢書律曆志所記的各宿的度數(我當日相信它與二千年前所用的各宿度數雖未必全同,但總是比較相近的),用歲差率運算,看看在四千年前這些宿度是否全在限度以内。結果是有兩個宿度範圍很寬,在四千年前後固然在此限度内,但到三千年前後,中星仍未出此宿的限度内。只有一個宿度範圍很狹,僅僅三千年左右可以在此限度内,絶無到四千年前後的可能性。因爲我知道自己不是專家,所用的方法還達不到科學的精確性,所以未敢發表,算稿後來也完全遺失。但是由於此次推算才感覺到這些中星觀測的時期不能超過殷、周之際以前;這三篇尚書的文字不惟登簡策的時期相當地晚,就是那裏面所記的事蹟也全有爲後代人所摻加的嫌疑。從前對於此三篇記錄的古老性和比較可靠性還是若信若疑,自此以後,對於它那比較可靠性的信仰更有限制了。又過兩三年後,才讀到科學上所載,專家竺可楨先生所著的論以歲差定尚書堯典四仲中星之年代一文①,歡喜讚歎,以爲必須這樣才能配得上説是以科學的方法整理國故! 因爲這樣的研究根據於最精確的科學知識,是有決定性的,不像對於古史其他的推斷的可東可西。竺先生這一篇著作絶不是我那一次幼稚的試探所能比,不過我的結論同他的"堯典四仲中星蓋殷末、周初之現象"的結論相比,居然還没有大差,這却是我很高興的事情。

　　等到 1932 年我接受了前北平研究院史學研究會 (至 1937 年春改所) 的聘約以後,才專心研究歷史。不過接續五六年間總是在陝西的黄土原上面奔走,從事於調查及發掘的考古工作,還没有工夫對於有文字的古史作進一步的研究。1937 年抗日戰爭開始,我個人也想回我們家鄉的南陽,發動民衆,以期對於抗戰小有貢獻,可是受到當日國民黨當局的掣肘,不能有何種作爲,只好又回到北研的原崗位上。1938 年冬到昆明,次年春在昆明附近的黑龍潭定居。當時史學研究所在北平時所有的書籍幾乎完全喪失,在昆明購買書籍又很困難,爲事實所限,熟讀古書遂成了當日工作的惟一途徑。黑龍潭風景優美,遠絶塵囂,爲讀書時候的理

----

①科學第 10 卷第 12 期,1926。

想環境。因爲在環境方面有這幾個條件的促成，遂立意拿我國古史上的傳說材料與以通盤的整理。整理以先毫無成見。所僅有的就是我國近二十餘年史學界中所公信一點觀念：我國有記錄歷史開始時候也同其他民族的歷史相類，這就是說它是複雜的，合成的，非單一的。又有史學界多數承認的一點觀念：專篇講古代歷史的文章，如堯典三篇之類，爲受過系統化的史料——此後我把它叫作綜合史料——見於先秦古書中的零星記載爲還未經過系統化的史料；後一種的真實性比前一種的高。另外我個人還提出一點：把在不同時期記錄下來的史料分爲不同等級（詳細載第一章我們怎樣來治傳說時代的歷史中）。傳說時代的範圍，上限未能定，下限暫定於商朝的盤庚以前，因爲到盤庚以後就已經有明確的史料，進入了狹義歷史的範圍，不屬於傳說時代了。工作的程序，是先把先秦古書中屬於普通歷史的材料仔細檢查一遍，並且把這些段落勾畫出來，請人把它完全抄錄在一個本子上以便檢查（專書如尚書前五篇、史記前三篇等不抄）。至於偽古文尚書、家語、列子及其他嫌疑過大的偽書，暫時棄置不睬。這樣比較的結果，才看出我國古代的部族的分野，大致可分爲華夏、東夷、苗蠻三集團——仔細分析也未嘗不可以分爲六部分：因爲西北方的華夏集團本來就分爲黃帝、炎帝兩大支，黃帝支居北，炎帝支居南；近東方的又有混合華夏、東夷兩集團文化，自成單位的高陽氏（帝顓頊）、有虞氏（帝舜）、商人；接近南方的又有出自北方的華夏集團，一部分深入南方，與苗蠻集團發生極深關係的祝融等氏族。這三個亞集團，除了華夏分黃、炎兩大支很清楚外，其餘兩部分我經過相當長期的慎重考慮，覺得必須這樣畫分才能與古代情勢適合。雖然如此,這三個亞集團是由原來的三集團中細分,不能同它們平列。這三個集團相遇以後,開始互相争鬥,此後又和平共處,終結完全同化,才漸漸形成將來的漢族。我們戰國及秦、漢時代的人民常自稱爲華夏是錯誤的,他們實在是華夏、東夷、苗蠻三族的混合。我們常常自稱爲"炎、黄裔胄",其實這個詞不能代表我們。必須説是羲、皞、炎、黄裔胄,或炎、黄、羲、皞裔胄,炎、黄代表華夏,皞代表東夷,羲代表苗蠻,才可以代表我們全體的老漢族(今日的漢族又混雜了很多族是很清楚的)。這些意見於 1940 至 1941 兩年中逐漸寫出。又徵求竺可楨先生的同意,把他那篇文章也收到我這本書裏面。因爲文章發表已久,所以作爲附録。我個人對於竺先生著作的意見現在是這樣:我不相信皇甫謐所説"堯都平陽""舜所都或言蒲阪,或言平陽,或言潘""禹都平陽,或在安邑,或在晋陽"①的説法,因爲這些不是較古的傳説。我相信陶唐氏的故地應該是在今河北省的唐縣、望都一帶。所謂"踐天子位"後的新都與故土不同的説法是毫無根據的。"天子位"一觀念似乎是殷、周以後才有,就是夏朝及商朝前期全未必有,何況再往前的時期。既然没有踐天子位一事,又有什麽建的新都呢?儘少説,陶唐氏故土在河北省西部的傳説絶不會比堯都平陽的説法靠不住。竺先生專用平陽一説,似乎是美中不足。不過平陽同唐縣緯度僅僅差兩度多(平陽在北緯 36 度略偏北,唐縣在 39 度南),差異不大,希望不致於影響到他的結論。我不敢説竺先生的研究已經毫無

①史記五帝本紀集解、正義引。

剩義，但是他的工作方向極其正確，却是毫無疑問。這一類的
問題，如果能研究得完全清楚，是有決定性的，希望讀者千萬不
可忽視。我又請友人蘇秉琦先生把 Frazer 的舊約中的民間傳
説裏面關於洪水故事的起源的一部分摘譯出來，又加上我個人
所寫讀山海經札記作爲此書的附録。竺先生的大作及蘇先生
幫我所作的翻譯實在使我的這本書生光不少：這是我所應該在
這裏特別致謝的。

　　通過這一次研究我認爲得見我國古代歷史的輪廓，大約如以
下所説：

　　在我們中國的地域上面居有人類，是從極早的時候開始的。
在北京附近周口店的"中國猿人"遺跡可以證明，除了爪哇的直
立猿人，没有比他們更古的人類。我們的考古事業開始得較晚，
在中國大陸解放以前工作有很多的限制，不容易展開，可是在這
短短的三四十年間已經得到"中國猿人""丁村人""河套人""資
陽人""山頂洞人"一系列的舊石器時代遺址，新遺址的發現還有
很大的希望，就可以證明我們中國從很古的時代陸續有人類住
居，這些人類同我們的現代人大約都有若干血統上的關係。不過
他們與傳説時代相離得還太遠，暫時可以不談。到新石器時代，
原始公社的氏族社會已經發達到高度，所發現的遺址很多，尤其
是仰韶、龍山兩大系文化同傳説時代的古氏族的關係一定很密
切。但是關係的詳細情形如何及如何地變化，我們一直到現在還
是幾乎毫無所知。我們也不敢捕風捉影地去附會，所以暫時也還
不能談。我們現在的研究只能從有傳説的時代開始。我們的祖
先有一部分，此後叫作華夏族，内中有一個氏族叫作少典。它與

有蟜氏族爲互通婚姻的氏族。它的生活區域大約在今甘肅、陝西兩省交界的黃土原上或它的附近。從這個氏族分出來兩個重要的氏族：一個住在姬水旁邊，此後得了姬姓，就叫作黃帝氏族；另外一個住在姜水旁邊，此後得了姜姓，就叫作炎帝氏族。這兩個氏族發展以後，漸漸有一部分順着河流，向東遷移。炎帝氏族所住偏南，順着渭水、黃河的兩岸，一直發展到今河南及河南、河北、山東三省搭界的地域。黃帝氏族所住偏北，順着北洛水、渭水及黃河的北岸，隨着中條山及太行山山根，一直到北京附近，或有順着永定河岸到達今河北北部宣化附近的。炎帝族到達上面所説的地方以後，就遇見本地的土著，以後叫作東夷的人民。兩族相遇，遂相争鬥。這個時候居住東方，領導東夷鬥争的英雄叫作蚩尤。他本領頗大，炎帝支吃了大虧，往北方奔逃，求救於北方同族的黃帝支。黃帝支因爲居住的地域多偏北方，爲自然環境所限制，還滯留於游牧階段，所以武力較强。他們出兵後，開始也不免同敗亂的炎帝支衝突。把他們收撫以後，然後南下同蚩尤所領導的東夷族大戰，結果把他們打敗了，他們的首領蚩尤也死了。這就是後世所傳説的阪泉涿鹿戰事的因果。戰争平息以後，黃帝就從東夷族裏面找出一位能同他合作的首領少皥出來，綏懷東夷的舊部。以後華夏族同東夷族大約相處得還好，就漸漸地互相同化了。可是從前氏族林立的中國經過這一次大震盪，就漸漸地合併起來，成了若干的大部落。這實在是我國古代史上的一種巨大的變化（第二章第一、二、三、四、七各節）。阪泉涿鹿的英雄黃帝死了以後，不知道又經過了幾百年，又有混合華夏、東夷兩文化的高陽氏出現。這個時候已經到了氏族社會的末期。生産力發達，貧

富的分別已經在公社內部開始形成，勞力的與勞心的人又要開始
分工。這樣的分工在當日表現爲宗教內部的變革。宗教的第一
階段在各地全表現爲魔術。這個詞是從俄文的 магиа，英文的
magy 譯音來的，法、德等文都有同源的字（或可譯爲巫術）。在這
一階段，宗教的主要表現爲掐訣念咒，爲人民求福免禍。職務常
由農人或牧人兼充，並無專業的魔術師。社會的組織逐漸擴大，
社會秩序的問題也就成了宗教的重要內容，可是魔術師——巫覡
太多，人雜言龐，社會秩序很難有相當長時的安定，極爲不便。高
陽氏的首領帝顓頊就是一位敢作大膽改革的宗教主。他“使南
正重司天以屬神，火正黎司地以屬民”，就是使他們爲脱離生産
的職業宗教服務人，有人專管社會秩序一部分的事，有人專管爲
人民求福免禍一部分的事。在這個時候，我國農業已經相當發
達，農民對於季節的規定有迫切的要求，並且職業宗教人因爲要
按季節祭祀神祇，就不能不對一年中季節的變化加以觀測，加以
規定。並且他們有閑暇，不像從前的巫覡由農人或牧人兼辦，生
事煩忙，就可以對於宇宙間的現象作一種静穆的觀察。我國從前
的學術界一談到曆算總是把南正重及火正黎當作開山老祖；古代
文化高的國家中凡關於曆法的制定差不多全與祭司有關，也是有
一定的因果的。所以雖説宗教在將來總是對於想作反抗的民衆
起一種麻醉和解體的作用，有利於享特權的階級，但是在它開始
變革的時候仍具有若干進步的意義。帝顓頊這一次關於宗教的
改革對將來的社會有很大的影響，實在是我國古史上第二個巨大
的變化（第二章第五節）。這位大宗教主——帝顓頊死後不知道
又經過多少年月，才到了堯、舜、禹的時代（關於帝嚳，參考第二

章第六節）。此時我國的農業相①比帝顓頊時更爲發展，東方的各
氏族都住在河與湖的附近，努力耕作。可是我國氣象上的周期變
化恰好發生在這個時候：雨量增加，山水大來，盧舍田園一切漂没！
並且當日宗教的聖地玄宮所在的濮陽正遭受着黄河下游的衝擊，
受患比別處更厲害。大家開始異常驚惶，以爲是上天特別警戒我
們。以後就商量起來，舉一個人專門負責治理洪水；采用共工氏的
成法，在聖地與人民的田園及盧舍的附近修築起來很高的土圍
子——堤防，以爲這樣總可以擋住山水了。不料成法已經過時，年
復一年，毫不中用！最後算是找到了兩位治水的世家：一位叫作
禹，一位叫作四岳（或大岳）。他們利用了以前失敗的經驗，知道山
洪勢大，專門頭疼治頭，脚疼治脚的辦法不中用，才從事考察水性，
辨析源流，在東方的大平原上面大規模地疏導。又加之以東夷集
團的賢豪皋陶、伯益的助力，辛苦經營了十幾年，水勢才算大定。
人民才能"降丘宅土"，才可以休養生息，孕育出來將來的偉大的中
華民族。並且這一次的治水又得着一件極重要的副產品，就是鑿
井技術的發明。自從人民知道鑿井而後任何地方都可以居住，中
國可以耕種的地方才能走出"草木暢茂，禽獸蕃殖"的階段，逐漸開
闢爲廣大繁榮的大農場。這樣專靠廣大人民的勞力，與天然抗争，
以奠定我民族的生活基礎，真是我國勞動人民一件驚天動地的大事
業，大禹親身領導工作，就成了他們的代表。我們的祖先驚奇贊歎，
鋪張揚厲，以至於有許多誇大失實的地方，也是當然的情形。現代的
人由於發現傳說中有一部分的失實，就毅然決然，把我們祖先這一段

---

①編者注："相"，原誤作"想"。

惨淡經營的事迹一筆抹殺,一概歸功於神力,他們對於廣大勞動人民
的努力也作了太低的估計了(第三章<u>洪水解</u>)。

由於治水的時候事務殷繁,各氏族間的朝聘會賀即使不想繁
數,也不能不繁數。<u>大禹</u>既是治水的最高的負責人,那他的氏族
所在地<u>陽城</u>自然漸漸成了四方走集之所——都會。因爲他對於
人民有大功德,所以當他死以後,雖説他的兒子<u>啓</u>,並不見得比堯
的兒子<u>丹朱</u>,舜的兒子<u>商均</u>高明到哪去,可是"朝覲""訟獄""謳
歌"都接續着匯集到他那一方面。政治的組織漸漸取得固定的
形式,不像從前散漫部落,能幹的首領一死,"朝覲""訟獄"就轉向
他氏族的情形。我們從此以後,氏族制度就漸漸解體,變成了有定
型、有組織的王國。這是我國古代歷史上第三個巨大的變化。可
是此種政治形式的轉移,差不多完全靠着對於社會事業的努力及
因此得到的社會景仰,借助於軍事力量的却並不多。這是我們的
祖先在初開國的時候很特殊而又很光榮的一件事實。

在這個時候,西北方的華夏集團同東方的東夷集團合作的情
形很好,可是同南方的苗蠻集團又有了接觸與衝突。衝突的時期
相當地延長,這大約是因爲南方地勢有很多的沼澤和丘陵,以至
於山岳,不像在東方平原地區的交通容易。衝突的表面原因是由
於南方人民不肯采用北方的高級的巫教,"弗用靈"。衝突的結
果是把南方的<u>驩兜</u>、<u>三苗</u>、<u>檮杌</u>各氏族完全擊敗,或分別流放;北
方的大巫長<u>祝融</u>深入南方以傳播教化。因爲當日苗蠻的文化發
展還滯留於落後階段,所以兩方面的文化交流還不能同東夷集團
相比。苗蠻對北方高級的宗教完全接收,至於北方所受他們的影
響還不顯著。直到<u>春秋</u>及<u>戰國</u>的時候,南方的文化才能急速地發

展。屈原大夫雖然自稱爲"帝高陽之苗裔"，却實在是南方集團的天才。他憂憤悲吟，遂成了我們中國文學的"不桃之宗"。此時前後伏羲、女媧也以南方明神的資格加入了中土聖帝明王的大系統，而後同化作用才真正完成，三集團的分辨也同時泯滅，不容易再認識了（第二章第九節、第六章第二節）。

夏王國雖説逐漸成立，可是當日的王完全不能同秦、漢以後的皇帝作比較：因爲當日在他那較大王國的旁邊還有很多的古代氏族的留遺，或者可以説是些較小王國。這些小王國對他可以有朝聘會賀的來往，却没有臣屬的關係，夏王有作爲的時候可以取得像春秋時代盟主的地位，除了這個時候，就僅僅爲群王中的一王。在春秋時代，除掉齊桓以外的齊人對於魯、衛等鄰國的關係，或者可以指示平常時候夏王國與其他王國的關係了。夏衰亡以後，商王國起來代替它那盟主的地位。商王國的武力比夏强盛。孟子所説商朝的"賢聖之君六七作"，那全是能自振奮、盡盟主職務的國王。到了武丁時代，局面似乎有很大的變化：他在位的時間很長，武力很强，勤勞國事，似乎是同將來的漢武帝爲同一典型的人物。詩經商頌玄鳥篇説當他的時候，"邦畿千里……肇域彼四海"①。經典内所傳説的同甲骨材料内所保存的都可以證明一

①陳奐詩毛氏傳疏解肇爲始，解域爲有。旭生案：他解域爲有是用毛傳解，但"九有"即指九州，然則這個有字大約不是爲動詞有無的有，却還是一個名詞，還是境域的意思。疏又引王肅説："殷道衰，四夷來侵，至高宗（即武丁），然後始〔編者注："始"，原脱，據下文及嘉慶刊本十三經注疏補〕復以四海爲境域也。"足以證明域還是用境域的意思。但我覺得王肅所説"始復以四海爲境域"，未必與詩原意相合。詩上文説"古帝命武湯，正域彼四方"，並不説湯時的境域是四海。四方、四海像是有分别：或是近的叫作方，遠的叫作海。並且此句只説"肇"，不説"復"；"肇""復"二義好像有衝突，王肅於"始"下加一"復"字，實屬不合。那麽這裏就是説武丁的境域開始達到四海。

點:就是商王國從此時起對於其他王國已經具備了壓倒一切的形勢。大約從夏王國成立以後又經過幾百年,到這個時候我國的政治組織才有像樣的轉變,以醖釀將來周朝初年巨大的變化。

　　周人是些勤勞樸實的農民,長期地居住在環境艱苦的西北,與自然界作頑强的鬥爭。發展到一定的時期,遂轉面東向推倒東方的巨大的王國——商朝。文王、武王接續着慘淡經營。又加上一位雄才大略,道德與能力兩方面都可以算作我們中華民族最高代表的周公輔相王家(尚書中無逸、君奭二篇内所表現的思深慮遠,優柔不迫,實爲我國農業社會階段的最高的道德典型),東征西討,"滅國者五十"①,"封建宗親以蕃(藩)屏周"②,"立七十一國"③,"其兄弟之國者十有五人,姬姓之國者四十人"④。從此以後全國的名城大邑全歸了周王的指揮。周王不僅僅像夏、商的王,爲群王中的一王,却成了全國最高的宗主。周公的初意雖説仍不免是爲姬姓一家謀久安長治的基業,但是因爲他的目光相當遠大,治理方法也相當高明,我國勤勞與勇敢的人民遂得到相當適宜的環境以創造燦爛的文化,所以周王室存在的八九百年中實爲我國偉大文化含苞、開花和結實的時期。等到將來交通較前方便,人民感覺到小國林立不適於發展的前景,全國逐漸統一,秦、漢大帝國興起,我國大一統的局面遂告成立。

　　此外戰國時代的思想家差不多全相信我國歷史的初期有巢

①孟子滕文公下篇。
②左傳僖公二十四年。
③荀子儒效篇、君道篇。
④左傳昭公二十八年。

居、火食、畜牧、農業等幾個發展的階段。他們把前兩個叫作有巢氏、燧人氏；後兩個靠着借來的庖犧、神農的兩個名字，也就凝固起來。所以這幾個名字在我國的史前期也有很大的勢力（第六章第一節）。

　　我中國人民在古代歷史期間變化的大綫大致就像以上所説。這是我在此次研究中所得到的結果。希望我國的歷史學界對於這一組重要的問題精細檢查以後，分別給以肯定、否定或修正補足。

　　另外我個人還有幾點意見，現在我還没有找出充分的證據，但是我相信這幾個問題值得特別地注意，所以也在這裏附帶一説：

　　第一，我國從什麽時候起才知道使用金屬，銅，是我國史學界應該努力研究的一個重點。關於這個問題我在第三章第七節裏面已經陳述了我的意見，不再贅述。

　　第二，我在本書裏面已經説到帝顓頊主要的業績是關於宗教的改革，但是對於我國文化的推進却也有若干的幫助：曆法就是以宗教爲專業的人所逐漸發明的。可是古代的文化，除了曆法以外，還有很重要的一支，就是文字。它在我國到什麽時候才有？是歷史上一個重大的問題。先秦的時候已經有倉頡作書的説法[1]，可見這種傳説來源相當地早。但是倉頡是何時的人？屬於哪一氏族？用什麽意義説他作書？這一些在現在都還是無法解決的問題。後起黄帝史臣的説法[2]不足信據。有人説他是一位

----

①荀子解蔽篇、吕氏春秋君守篇。
②説文解字叙内説："黄帝之史倉頡……"段玉裁注引帝王世紀及衛恒四體書勢都有
　此説。

古帝，這無異説他是一個氏族的首長，比前一説較近真實，但是這
樣又模糊了他的時代。荀子内説："好書者衆矣，而倉頡獨傳者，
壹也。"①這就是要説：倉頡以前，在各氏族裏面已經有類似文字
符號的使用，但是各作各的符號，不相統一，所以不能通用；倉頡
出來，把這些龐雜的符號整齊畫一起來，因此遂可通用，所以獨傳
於後世。這樣看法我覺得是很好的，但實在經過是否確實如此，
我却什麽也不敢説。要之，無論任何文字的起源全是經很長的時
候由勞動人民逐漸創造的，除了抄襲或改造別民族文字的辦法，
絶不會一下子跳出來的。所以凡古代文字起源的歷史全是極模
糊的，無法解決的。我現在也毫無興趣想來解決這一類無法解決
的問題。但是像郭沫若、徐中舒諸位先生夏代未必有文字的看
法，我却未能同意。郭先生覺得甲骨文的形式不固定是一種原始
的現象，所以推測它以前的歷史不會太長。徐先生由於看到周代
的時候，夏朝的後人——杞人、鄫人的文化都很落後，不能同具有
高度文化的商朝的後人——宋人相比，推論到夏代原來還没有文
字的使用。他們的猜測固然也有若干的根據，但是我覺得在甲骨
文中已經有屬於形聲的文字，可是用文字作聲符絶不是很原始的
現象，所以在它以前應該有相當長的歷史。至於在形式方面有一
部分的自由是文字流行時候的普通現象。後代有了干禄字書、字
學舉隅一類書的糾正，字的形式已經謹嚴，可是通俗戲曲、小説等
書的流行豈不是還在自由創造簡單或異體的字？所以形式自由
並不足以證明它的原始性。杞、鄫與宋的文化固有高下的分別，

①荀子解蔽篇。

但據我的看法,商人與高陽氏、有虞氏同屬宗教集團,文化比他氏族高,專致力於民事的夏氏族當然不能同他們相比,可是因此就推斷當日還沒有簡單文字的使用,似乎少嫌過快一點。我覺得象形符號的使用起源應該很早;以宗教爲專業的人,由於祭祀的關係,尤爲需要;如果倉頡實有其人,或者仍屬於高陽氏等類氏族的宗教集團。孔子稱讚堯,説他"巍巍乎其有成功也;焕乎其有文章"①。上一句統指,較爲空泛,下一句似乎並不是一句浮泛的話。象形符號在從前只有從事宗教的人才會使用,與宗教事業無關的人還沒有需要。到了堯、舜、禹的時代,治理洪水是刻不容緩、超過一切的一件大事,各氏族間的往來商酌一定會很頻繁。不但算工、記數需要符號的幫助記憶,就是召集、約束也恐怕需要符號的幫助徵發。從前原始的行用不超過玄宫或與它有密切關係的範圍,現在因爲時勢的促迫,它就被推廣行用,成了各氏族間的信號。文字這樣比較普遍地應用,或者可以説是"焕乎其有文章"這一句話的真正注腳。這雖然完全是一種猜想,但是絕非毫無根據的猜想。這是希望史學界繼續注意、努力解決的第二點。

　　第三,皇甫謐及以後治古史的人對於炎帝、黄帝、少皞、顓項諸帝全記載得有年數。我覺得這個問題不但現在無法解決,就是將來也永遠無法解決;不但將來無從解決,實在即在當時根本上就沒有清楚的記載或傳説。在炎、黄時代未必有曆法。所傳"大撓作甲子"②的話是否足信,已經很難説,就是承認它足信,可是大撓是何氏族人、何時代人,也還很有問題。説大撓是黄帝的臣

①論語泰伯篇。
②吕氏春秋勿躬篇。

也同説倉頡是黃帝的臣一樣,全是感覺到黃帝爲我國歷史上最早的聖人,文字或干支全是與有史俱來的老骨董,不能不是那個時候的流傳而已,絕没有另外的根據。據我們的看法,曆法的發明是從帝顓頊改革宗教,使宗教事業成爲專業以後,由於實用的需要,漸漸地找出來的。它既不是帝顓頊個人的發明,也未必是重、是黎的發明,却是由不少的人經歷相當長的時候所慢慢發明的。帝顓頊以前還没有曆法,怎樣能記載或流傳確鑿的年月? 在帝顓頊的時代或稍後,曆法也正在含蒂、抽芽,離成立還需要若干的時候,也還没有記載或流傳清楚年月的可能性。到堯、舜、禹的時代,離帝顓頊大約已經有相當長的年月,好幾百年,曆法也已經使用了不少的時候,才能有比較清楚的記載。所説"舜相堯二十有八載"①"作十有三載乃同"②等類的話,恐怕全是些很古老、比較明確的傳説。根據這一點,我們疑惑我國古史可靠年代開始的問題,等到將來仲康時日食的問題能圓滿解決以後,或者就没有多的問題,也同埃及年代學上的問題到了天文學家確實計算出來天狼星於紀元前 4241 年 7 月 19 日黎明在孟斐斯的緯度出現以後,就没有多的問題一樣。

　　這以上的各點是我據着不完備的知識所猜測,正確與否却很難説。希望治古史的人對於這些點繼續研究,得到一些比較正確的答覆。

　　以上所説的古史的大致輪廓及幾點猜想大約還是我寫初稿時候所得到或想到的。現在又經過了十幾年,可是我當日所主張

①孟子萬章上篇。
②尚書禹貢。

的主要點還没有改變。我的初稿雖説在 1941 年已經寫完,但是正當抗戰時期,後方的印刷條件很壞,直到 1943 年才印出來,用的是土紙,印刷得不够清楚,看着很吃力。抗日戰争勝利以後印刷了第二版,比較清楚能看。可是出版的書店,在北京解放以後就關了門,我這本書在市面上就見不到。以後也有人問我這本書是否要再出版,説很有人需要這本書。我個人也有意把出版以後發現的小錯誤改正過,把裏面不合適的字句修正或删去以後,再把它印出來。雖然如此,可是荏苒四五年終未動手,原因是一方面我自己忙於學習,没有工夫作這一件工作,另外一方面也因爲我疑惑社會是否急切需要它,如果没有急切需要,我也就可以少遲一下再動手。1954 年夏往開封,開河南省人代會,事畢後,適逢中南區各師範學院歷史教員在開封河南大學開歷史教學會議,我因同人挽留,遂留下旁聽幾天。開會的同志問我這本書是否很快就要再版,並且説教歷史的人對於這一節急須參考此書,苦於買不到,我才感覺到修正重印刻不容緩。可是談論這本書的時候,他們給我反映一個情況,就是歷史系的學生也需要參考此書,但是苦於不懂。這樣的情況倒很出乎我的意外。此後我自己分析初稿,使人不懂的原因,恐怕有兩個:一個不很重要,但也不無關係的是我的初稿是用半文半白的文體寫的,這樣就會增加讀者的不便;另外一個或者可以説是主要的,就是我在此書中所引用的主要史料都是先秦的,可是引用以後並没有把這些先秦古文加一番解釋,或把它翻譯成現在通用的語言。要求現在的高中畢業學生就能無困難地讀先秦古書,實在是一種極不合理、不應該作的要求。在這以前,我覺得改正不過三幾個月就可以完事,到這個時候我才知道非完全改寫不可，那需要的時候可就要多了。這一年下半年因爲有別的工作，還未開始。真正開始改寫在1955年3月。因爲身體不很好及有他項工作，時作時停，經過二年多，才算勉強寫完。這一次所寫在篇章方面也小有更動。原書第一章題爲論信古，現在主要意思無變化，但文字却完全改寫。題目也改作我們怎樣來治傳説時代的歷史。原書第二章題爲我國古代民族三集團考，此次把"民族"一詞改爲"部族"。原書第三章題目仍舊。第四章原載董作賓所作中康日食一文，此次因文中日食與夏年一表初排字太小，有些字模糊不清，原稿又早已失去，無法查到，並且此文所主張，成問題的地方還多，所以就把它抽掉。以下各章順減一數。原書第五、六兩章題目仍舊。第七章原題爲所謂黄帝以前的古史系統考，此次把"黄帝"一詞改作"炎黄"。原書附録四爲國語、左傳逐節比較表，因爲無大意義，删去。原書附録三爲我的讀山海經札記，係文言體，因爲還不難懂，未改寫，僅删改幾個字句。每篇中子目也小有變動，不細述。原書中所引用的史料絶大多數都重檢查一次，並改正錯誤。在昆明時書籍缺乏，史料有不少條僅從別書轉引，未能查對原書，僅在注中指明從何書轉引。此次凡能查到的全已查對過。所引古書，除幾節不難懂的以外，或譯爲現代語言，或引比較不難懂的古注解釋。此次改寫稿與前次印出稿相比較，從前的主要論點並無改變，可是在細節目中間發現原稿錯誤，加以修改，或原稿不夠明確，加以補足或充實的地方也還不少。此次改寫進行得很慢，使想利用這本書的人等待很久，我很抱歉。可是此次所寫比上次所寫的，裏面的錯誤大致總會較少一些，這是我個人差可自慰的一點。

　　最後我還要用極簡短的話說說我個人現在對於馬克思列寧主義與歷史科學關係的理解，並且指明，按着我現在的理解，我在寫這本書的初稿的時候對於歷史科學的看法哪些是與馬克思列寧主義没有衝突的，哪些是與它不合的。我覺得馬克思列寧主義最特别的地方就是它爲完全建立在精確科學的基礎上面一種思想系統，與科學精神融合無間，不像其他的什麽主義常常是對於科學所得的成果雖說大部分不得不承認，可是總想限制住它，使它不能闖入它們的禁區。它們的禁區有大有小。在歐洲中世紀時禁區極大，近世紀科學昌明，它也緊跟着逐漸縮小，可是總存在着，不願自行消滅。只有到馬克思列寧主義才從根本上消除了這一禁區，把科學的精神和方法推廣到宇宙中間的萬事萬物，不論是屬於自然方面，或屬於人類社會方面，儘全量使用，毫無限制。馬克思列寧主義的基礎既全建樹在科學上面，它的成長和發展也全靠着科學，不拿别的非科學的一點東西去混雜它。它同科學息息相通，不能有一分鐘或一秒鐘的分離。只有在馬克思列寧主義精神籠罩之下，科學才可以儘量地發揮它的功能。科學前途的發展永無窮期，馬克思列寧主義也因之而萬古長春。科學是我們人類所得到的最可靠的知識。馬克思列寧主義所根據的也就是這些最可靠的知識，所以它所得的規律也就是最可靠的，無法駁倒的，不可破的（社會内容變化，有新規律代替舊規律，那是另外一個問題，與此不可破性不相矛盾）。一個真正科學家的宇宙觀和人生觀應當依靠着馬克思列寧主義以建立、以進展，並且他也不能不依靠它以建立與進展。自然科學的工作人離開辯證唯物論無法工作，社會科學的工作人昧於歷史唯物論，一定支離歪曲，無法找出社會變化的實質。這種依靠有時候是自發的，不自覺的。他們工作成功的大小是與它同<u>馬克思列寧</u>主義暗合多寡的程度成比例的。在我寫初稿的時候，對於<u>馬克思列寧</u>主義可以説還毫無所知。當日曾寫：

　　歷史的事實在自然界中有客觀上的存在，無論我們人類高興不高興，却不能隨便地去創造它，毁滅它，或增損它。<u>培庚</u>所説的話："人類想要征服自然先要服從自然的定律。"是一件顛撲不破的真理。人類的歷史可以説是人類精神努力的結晶體。如果把自然律（我當日用這個詞是兼指自然科學的定律及社會科學的定律的）認識清楚，嚴格遵守着它，不斷地努力，可以創造出來些新東西，消滅許多陳舊不愉快的東西，那是一定的。但是，如果我們想對於自然律表示一點點的反抗，那要遭受慘酷的失敗，也是完全一定的。比方説：現在我們研究歷史，的的確確發現出來我們從前有某種錯誤，某種缺陷，那却沒有其他的辦法；唯一最好的辦法是把錯誤或缺陷研究清楚，披露出來，與大家以共見；然後按着科學所得的自然定律加緊努力以圖補救。沒有救不轉的錯誤，沒有填不滿的缺陷。"誠之所積，金石爲開"。補天本有術，但亦只有此術也。最不妥的是把錯誤與缺陷掩蔽起來，以爲這樣就可以蒙混過去。這是一種自欺的行動。個人自欺，一定變成小人；國家自欺，也一定要失掉國家的資格。錯誤或缺陷自然可以蒙蔽起來，使大家不知道，但是錯誤總是錯誤，缺陷總是缺陷。它們不惟消極地存在，無法彌補，並且因爲

大家不知道,無挽救的努力,瘡口還要積極地擴大,歸結要釀
成一種不易挽救的局面。人類固可以自欺,但是自然的定律
一點也不能欺騙我們:它對於自行欺騙的懦夫,會毫無憐憫
地去淘汰他們。當我們感覺到我們有重大的錯誤或缺陷的
時候,心神上自然不免要感覺到若干的不愉快。但是在這個
時候,總要振起勇氣,拿正當眼光來注視這些錯誤或缺陷,看
看它們是否真實的。如果看準它們是虛假的,就把它們駁斥
過去;如果看準它們是真實的,就設法去對付它們。除去此
法,無論任何好聽的遮掩的方法,全是一種愚笨的事情。

這一段文字,我現在自己檢查起來,覺得裏面除了有些字句不很
妥當却也無大重要外,主要的意思可以説同馬克思列寧主義的精
神還沒有大背謬。但是當我在巴黎大學學習哲學的時候,我的教
授們雖然沒有一個人敢明張旗鼓地反對科學,反對現象的規律
性,可是他們可以説全是些拖泥帶水的唯心主義者,我個人也未
能自拔流俗,不能不受他們的影響。學習的前幾年雖也間或聽到
馬克思的名字,僅知道他是一位經濟學家,主張自稱爲科學的社
會主義而已,知識貧乏,可笑至於如此。等到十月革命後,也漸漸
地知道這一次的革命的重要性絕不下於十八世紀末的法國的大
革命,又很膚淺地叫前一次革命爲政治革命,此次革命爲經濟革
命,覺得只有前者,没有後者,前者也會是有名無實。也開始知道
推動此次大革命的學説爲馬克思與恩格斯的著作。這一點的知
識雖很粗淺,但大致方向還算不大錯誤,可是又由於自己的懶惰,
對於自己已經承認爲對於將來有極大影響的學説,却不能作進一

步的探討,直到寫這本書初稿的時候,對於馬克思列寧主義的知識比以上所説的並没有豐富多少！所以在上面一段不很錯誤的話以後就露出了馬脚。我説:"不知道凡哲學、玄學、宗教,以至於教育,或其他種種的精神活動,在它各自的範圍中間,全有它們很重要的效用。但是走到科學的範圍裏面,科學却是萬能的,無論什麽想同它反抗,是絶對没有成功的希望的。"這一段的意思雖説是想固守歷史科學的藩籬,使他種的"精神活動"不要闖進來擾亂它,可是不曉得妄想如玄學、宗教一類的活動能長期地與科學和平共處,是絶不可能的事情。拿哲學與教育來與歷史科學對立也是很可笑(但當日的確有人想拿它們的名義把科學限制在小範圍内,我的話雖不對,却不是無的放矢)。玄學又譯爲形而上學,它本來是以找宇宙間一切現象的最高的、不變的原則爲目的,也並不大錯誤,可是它由於缺乏辯證的觀點,誇張不變,忽視變化,比方説:談物質就必須找到不能再變化的、再分裂的原子,可不曉得不但原子,就是比原子再小幾千萬倍的電子及再小的物體也没有不變化、不分裂的。就是原則、規律的自身固然不變化,可是社會變化,規律也要跟着它代謝。封建社會中的規律不全同於奴隸社會中的規律;資本主義社會以及社會主義社會中的規律又是各有很多的不同。然則不變即在變之中,不變與變並非絶對對立;固執不變,也就像列寧所説,取曲綫中的近似直綫的一段,引長以爲直綫,又反過來以直綫爲真,以曲綫爲誤。形而上學所用的方法大致與此相類,得到錯誤的結果可不待言。宗教不過是當人類還没有能力與自然争勝負的時候精神狀態的反映。在某一定的時候,在某一定的範圍裏面,也可能有推進社會的效用(如前面所說,宗教主南正重及火正黎推進曆法,就是顯著的例子),可是等到它建立爲堅固的上層建築以後,守舊性異常頑强,只足以阻礙社會中新生勢力的成長。馬克思列寧主義與僧侶主義爲不容並立的仇敵,原因就在這裏(容忍信仰宗教自由是另外的問題,同這個問題不能相混)。然則不能克服形而上學的方法及宗教的精神,就不成其爲科學,不成其爲馬克思列寧主義。我當日却想叫它們與歷史科學和平共處,互不相侵,實在是很可笑的想法。解放以後我才開始學習辯證唯物論、歷史唯物論及馬克思列寧主義中其他部分,年老記憶力衰,也只好同它們慢慢地磨。經過數年,雖說對於馬克思列寧主義的學說也還知道一些,可是一到與歷史事實相結合的時候,總是捉襟露肘,困難叢生。靈活地運用馬克思列寧主義精神以處理歷史材料的修養,不知何時才能達到! 我現在確信馬克思列寧主義爲一切科學的指導,無論有什麼樣的天才,如果對於它無修養,却想把歷史科學研究得有像樣的成績是絶不可能的。我現在對於馬克思列寧主義的水平如此低下,研究結果有錯誤,固自難免,希望治古史的同志多賜指教,那我就感謝無既了。又此次改稿雖對於所引用古書差不多均加解釋,但我疑惑這樣做是否已經解決青年讀者的困難。如果在這一方面年青同志還有不滿意的地方,或有希望我努力的地方,也希望惠以告我,使我於再版時,可以再加修正,那也是很感謝的。

1957 年 5 月 14 日

第一章　我們怎樣來治傳説時代的歷史

一、何謂傳説時代

研究各民族的文字發明與發展的歷史，就不難看出來文字原始是由繪畫演進變化而來，最初的時候字數很少，字畫却是很繁多，極不便於使用。經過幾千年廣大勞動人民的努力，字數才漸漸豐富，字畫也漸趨簡易，便於使用。因爲初期文字的寡少，不惟無法普遍行使，就是拿它們寫一篇簡短的文章，記錄社會内經過的鉅大的事變也很不够，所以在早期發展的各民族(用這一詞的廣義)中，它們最初的歷史總是用"口耳相傳"的方法流傳下來的。又經過數千百年，文字逐漸增多，才能用它們記錄當日經過的重要事蹟。如果我們現在能找出他們當時的記錄，我們才可以確定他們的時代爲狹義的歷史時代。他們雖然已經進入狹義的歷史時代，可是他們的記錄通常是很簡單的，所記錄的不過是當日的重大事蹟。至於把一切口耳相傳的史實搜集起來，整理起來，記錄起來，他們當日還没有那樣的能力，也没有那樣的興趣。並且在這個時候通用的語言已經相當複雜，而文字的發展却遠遠落後於語言的發展，所以當日的文字，只能記事，不便於記言，可是當日的重要的語言也會有一部分流傳下來。又經過了不少的年歲，文字更加豐富，才達到可以詳細記錄語言的階段，而後從前傳説的事蹟和語言才會時時發現於個别人的語言中間。此後文字的使用越廣泛，所發現的傳説的事蹟就越豐富。最後才會有人把它們搜集，綜合整理，記録。這件工作，在各民族裏面，總是比較晚近的事情。這一段的史蹟，從前治歷史的人並没有把它同此後的史蹟分别看待。可是二者的差異相當地大，所以現代治歷史的人把它分開，叫作傳説時代以示區别。

我國，從現在的歷史發展來看，只有到殷墟時代（盤庚遷殷約當公元前一千三百年的開始時），才能算作進入狹義的歷史時代。此前約一千餘年，文獻中還保存一些傳説，年代不很可考，我們只能把它叫作傳説時代。

二、我們怎樣來治傳説時代的歷史

傳説時代的史料和歷史時代的史料在性質上主要的不同點，爲前者的可靠性比後者的可靠性差。固然，歷史時代的史料也有很多不足靠的地方；並且，古人把事蹟記録到簡策上面，而簡策散亂經過重新整理後可能有錯誤；文字本身也可能有脱落和無意義的衍增；文字的意義，由於時代的不同，也可能有很大的變化。可是，無論怎麽樣，如果已經有了當時人的記録，現代的歷史工作人總還可以根據當時的環境狀况推測他所記録的可靠的程度。至於錯簡、訛誤、省奪、衍文、歧義，以及其他文字方面的問題，細心的工作人總還比較容易地把它們找出。總括一句話說，就是一件史實一經用文字記錄下來，可以說已經固定化，此後受時間的變化就比口耳相傳的史實小的多。教心理學的先生常常作一種試驗：把他的幾十個學生暫時趕出課堂外面，僅留一人，給他說一件簡短的故事；完畢後，叫第二人進來，命第一人向第二人忠實地述說此故事；此後陸續叫第三人、第四人，以至最末一人，命他們陸續向後進來的人述說同一的故事。最後可以發現最末一人所聽到的故事同第一人所聽到的有相當大的區別。由此種試驗可以證明口耳相傳的史實的容易失真。並且當時的神權極盛，大家離開神話的方式就不容易思想，所以這些傳說裏面摻雜的神話很多，想在這些摻雜神話的傳說裏面找出來歷史的核心也頗不容易。由於這些原因，所以任何民族歷史開始的時候全是頗渺茫的，多矛盾的。這是各民族公同的和無可奈何的事情。可是，把這一切說完以後，無論如何，很古時代的傳說總有它歷史方面的質素、核心，並不是向壁虛造的。摻雜神話的傳說，在俄文叫作легенда，英文叫作 legend，法文與德文也大致相同，不過字尾小異。同純粹的神話，俄文 миф、英文 myth（法文與德文也僅是字尾小異）有分別。在西文中，以上兩個字，因爲意義相近，有時候用的也頗含混，可是，普通說起，總還是有分別的。比方說，在希臘，關於 Zeus 的出生和經歷自然是純粹的神話，可是，在依里亞德和奧德賽兩部史詩內所載希臘和特羅意的戰事，無論裏面摻雜了多少神祇的干涉，奇奇怪怪、非人情所有的故事，它仍只能算作傳說，因爲這個相當長的戰事是曾經有過的。至於傳說裏面所摻雜神話的多少,大致是越古越多,越近越少。另外一點就是也常常由於各民族所保有的幻想力的不同而大有差別。比方説,古希臘人的幻想力特別發達,所以在他們的傳説中所保存的富有詩意的、希奇古怪的、頗遠人情的故事很多;至於我們中國人的祖先却是比較喜歡平淡的,富有實在興趣的,幻想力不很發達的,所以我們所保存下來古代的故事,比之希臘的,專就神奇一方面來講,可就差得多了。——總之,傳説與神話是很相鄰近却互有分別的兩種事情,不能混爲一談。

在我國,能把傳説時代和狹義的歷史時代分別開是一件很新近的事情。我國從前總是把書籍分爲經、史、子、集四大類。除集部書籍對於古史方面無大關係外(解釋古書自然也有關係,這是專從保存史料的觀點來看),權威最高的是經,其次是正史。至於在先秦及兩漢諸子書中所保存的古史資料,那是以經和正史爲標準定去取的:合於它們的爲真,不合於它們的爲僞。因爲尚書頭三篇叙述堯、舜、禹的事蹟,所以他們在我國古史中就占了極崇高的地位;因爲周易繫辭説堯、舜以前還有包犧、神農、黃帝諸帝的存在,所以他們也得到很高的崇仰;因爲大戴禮記五帝德、帝繫兩篇,史記五帝本紀、夏本紀、殷本紀三篇詳細叙述五帝的系統及其相互間的血統關係,夏、殷兩代先公及先王的次序,所以這些説法在數千年的歷史界中也有很高的權威;因爲周禮中有"外史掌三皇五帝之書"的話,所以雖説三皇究爲何人,諸説分歧,又有劉恕、崔述諸人的大膽懷疑,可是在這兩千年間的知識界中還是傾向着相信五帝前還有三皇的存在;因爲諸子中又有有巢、燧人諸説,所以此二名雖不見於經及正史,也是傾向着相信有這二人或二氏族，可是終因不見於經及正史，所以對他們的信仰也就較差。
兩千年來由於人智的進化，知道了神話的不可靠，就逐漸把古史
傳說加以修正，加以“人化”，對於古史資料其他不可靠的部分也
漸漸地能懷疑，並且加以嚴格的批判。在這一方面有相當大的成
績。但是，無論如何，他們懷疑和批判的對象全是部分的，他們所
作的是修正或補正的工作，經的最高權威在基本上並沒有動搖，
傳說時代所流傳下來的一部分古史資料，在經典的蔭庇下，在前
二千年間的人的心目中，是比將來正史中所載史實更可靠的。就
是清末夏曾佑把自“開闢”至西周列爲傳疑時代，他也不過是對
於古代傳說的多歧異性加予注意並指出，對於經書和正史的權
威，並沒有動搖它們的企圖。通鑑考異一書在全世界爲最早批評
史料的一部大書，但是此後進展得很慢，並沒有在歷史界中成爲
一個大運動。西歐直到十九世紀中葉以後，批評史料的風氣才大
爲展開，而且進步很快，在歷史界中成爲一種壓倒一切的形勢。
自辛亥革命以後，這個潮流才逐漸擴展到中國。我國歷史界受了
西方的影響，對於古史才逐漸有所謂疑古學派出現。這一次參加
的人數很多，工作的成績也很豐富，一大部分由顧頡剛先生及他
的朋友們搜集到古史辨裏面。他們最大的功績就是把在古史中
最高的權威，尚書中的堯典、皋陶謨、禹貢三篇的寫定歸還在春秋
和戰國時候（初寫在春秋，寫定在戰國）。這樣一來，它們的可靠
性也就很成了問題。另外，這兩千年間，地下的古器物隨時都有
發現。到十一世紀以後，又有不少專門記錄古器物的著作。到十
八九世紀，對於古文字、古器物，又有不少專門的研究。雖然如
此，這些古器物的發現全是偶然的；記錄和研究的著作都還不能

超出鑒賞古董的範圍;真正拿這些文字或器物考證古史的成績却極有限。在地下發掘古器物並及遺址和遺蹟的技術也是從西方於辛亥革命後漸漸傳過來的。數十年安陽殷墟的學術發掘才能把狹義歷史時代擴①展到殷朝中葉——盤庚的時候。由於疑古學派(廣義的)歷史工作人及考古工作人雙方的努力,才能把傳説時代和狹義歷史時代分開,把盤庚以前的時代叫作傳説時代,以後的時代叫作歷史時代。

　　近三十餘年(大約自 1917 年蔡元培長北京大學時起至 1949年全國解放時止),疑古學派幾乎籠罩了全中國的歷史界,可是它的大本營却在古史辨及其周圍。他們工作的勤奮是很可敬的,成績也是很大的,但是他們所用的治學方法却很有問題。主要的,去世的張蔭麟先生已經指出,就是太無限度地使用默證。這種方法就是因某書或今存某時代之書無某史事之稱述,遂斷定某時代無此觀念。對這一方法,法國史家色諾波説得不錯:"現存之載籍無某事之稱述,此猶未足爲證也,更須從來未嘗有之。故於載籍湮滅愈多之時代,默證愈當少用。其在古史中之用處,較之在十九世紀之歷史不逮遠甚。"②極端疑古學派的工作人對於載籍湮滅極多的時代,却是廣泛地使用默證,結果如何,可以預料。第二,他們看見了不合他們意見的論證,並不能常常地審慎處理,有不少次悍然决然宣布反對論證的僞造,可是他們的理由是脆弱的,不能成立的。比方説,看見尚書立政篇内含有尚賢思想,就宣布它已經受了墨家思想的影響,爲戰國人的僞造。可是,

①編者注:"擴",原脱,據文意補。
②古史辨第二册 271—272 頁。

古人之所謂賢,也不過是說某人比較能幹。遠在氏族社會的時代,"美洲印第安人諸部落差不多都有兩種等級的酋長,可以區分爲世襲酋長(沙齊姆)和普通酋長。……世襲酋長的職位在氏族內是世襲的;這裏所謂世襲,是凡遇有空額出現隨即補充的意義。至於普通酋長之職,是用以酬答個人的功勳的,個人死後亦即隨之而終結,所以係非世襲的。再者,世襲酋長的任務只限於管理平和的事項。他不能以世襲酋長的資格參加戰爭。反之,普通酋長一定要他個人具有武勇的精神,對於事務有敏活的手腕,在會議中有雄辯的才能,才能够得到被選爲酋長的地位;雖然他的權力不能凌駕於氏族之上,但是他却是才力出衆的一類人物"。普通酋長是選擧的,並且,氏族的各成員對於他"都保有罷免權,其結果,只有在行動善良時期以內,才能實際繼續其職務"①。這樣不是尚賢的辦法是什麼? 總之,人類有了社會的組織與戰爭的行動,却不選擇比較能幹的人去處理這些事務,他們怎麼樣能生活下去? 就是在周公的時候,"武王之母弟八人,周公爲太宰,康叔爲司寇,聃季爲司空,五叔無官"②,這就是說周武王有同母的八個弟弟,只有三個作太宰、司寇、司空的官職,另外五個弟弟雖然各有食邑,却都沒有官職,並且聃季稱作"季",可見他年紀最少,因爲特別能幹也作了官,可是他的五個哥哥還不能同他比。這樣的情形不是尚賢是什麼? 尚賢的辦法怎麼能同親親對立來看? 由於他們處理史料這樣地不審慎,手裏又拿着古人好造謠的法寶,所以所至皆破,無堅不摧! 可是,破了和摧了以

①莫爾甘:古代社會第二編第二章,74 頁(三聯書店 1957 年版)。
②左傳定公四年。

後，他們自己的説法是否能够建立，那却太成問題了。我們如果
細讀孔子、墨子、孟子、荀子、韓非子、司馬遷諸人的遺書，並不難
看出他們治學的態度比現代的極端疑古學派人還較慎重。他們
固然爲時代所囿、環境所限，所談的古史資料還有不少的不足信
的地方，在他們各學派之間，因爲所根據的傳説來源不同，所以他
們所叙述，還有不少互相矛盾之處，並且，由於他們在主觀方面見
解不同，因而在稱述的時候，無意中也常常有把主觀的見解增損
客觀事實的地方；這一些全是不可否認的。可是，總要知道，這些
全是普通的情形，極難避免。至於明知道事實的經過並不如此，
却因爲自己立説的利便，故意捏造出來，有意地騙人，我們現在還
没有找出來一點可靠的證據，還不敢，也不應該那樣説。第三，在
春秋和戰國的各學派中間所稱述的古史，固然有不少歧異、矛盾，
可是相同的地方實在更多。比方説，禹治水的傳説，堯、舜、禹三
人相互的關係，在先秦諸子中，可以説大致是相同的，没有爭論
的。而疑古學派的極端派却誇張它們的歧異、矛盾，對於很多没
有爭論的點却熟視無睹，不屑注意！要知道春秋末期和戰國時的
學術空氣是相當自由的，各學派中間的互相駁斥是並不容情的。
一家造謡，正詒別家以口實，何以別家全閉口無言，默示承認？第
四，他們對於摻雜神話的傳説和純粹神話的界限似乎不能分辨，
或者是不願意去分辨。在古帝的傳説中間，除帝顓頊因爲有特別
原因以外（原因詳第二章第五節），炎帝、黃帝、蚩尤、堯、舜、禹的
傳説裏面所摻雜的神話並不算太多，可是極端的疑古派都漫無别
擇，一古腦兒把它們送到神話的保險櫃中封鎖起來，不許歷史的
工作人再去染指！如果拿希臘的傳説來比較，關於提秀斯的神

話,不比中國古帝傳説中所摻雜的神話少①,可是恩格斯在家庭、私有制和國家的起源裏面,叙述雅典國家起源的時候,還提到提秀期"所起草的憲法",把全體人民所分的三個階級,説他"形成國家底最初的企圖就在於破壞氏族的聯繫"②,並不把這些史實放在神話裏面,把它們封鎖起來。至於説"馬克思輩所發見的方法,其實都是社會學的而不是歷史學的","社會學者對於材料的要求,祇取其共同現象而不顧它的特殊之點。歷史學者就大不同了"③,這是對馬、恩派學者的歷史著作毫無所知,却來信口雌黄罷了。最後,堯、舜、禹的人格問題,幾乎可以説爲疑古學派所努力打擊的中心問題。現在如果用社會發展史的觀點來看,並不難看出堯、舜、禹的時代是我國原始公社社會就要没落,私有財産社會就要建立的時代,這一點在禮記禮運篇内指示得很清楚。禮運成書雖不很早,然而總不超乎紀元前第三和第二世紀範圍之外。但是主要點還不在此。主要的是它所指出大同時代的特徵——"故人不獨親其親,不獨子其子"(這是説當日的婚姻制度與此後不同)和"貨惡其棄於地也,不必藏於己;力惡其不出於身也,不必爲己"(這是指明當日財産還屬公有),小康時代的特徵——"各親其親,各子其子;貨力爲己",同現代唯物派歷史學者所找到的結果相符合。戰國後期和兩漢前期離那個時候大約要快兩

①關於提秀斯的神話,有:他娶克里特國王米諾斯的女兒阿里亞娜爲妻;靠着她給他的一根綫,才能走出了迷宫,並殺死牛頭人身怪米諾斗婁斯;他以後捨棄了愛他的妻,致她從一塊岩石上跳入海中;因爲他嚴重地冒犯冥王,被判決入地獄,並且永遠坐着不能起立,等等。
②恩格斯家庭、私有制和國家的起源106頁,人民出版社1955年版。
③古史辨第5册劉序2—3頁。

千年,私有財産制度已經建立很久,公有財産制度已經早無殘餘,如果不是由於古代的傳說説從前有過那樣一類的制度,那當時的人對於大同時代(原始公社時代)的情形很難想像;即使想造謡,也造不出那樣的謡。所以禮運作者所説大同和小康時代的區別,除了他前面假托孔子的説話不足信外,可以相信有古代真實的傳説作爲質素,經他略加整理後寫到簡策上面。私有財産制度,將來雖説又産生出來很多的灾禍,可是當它開始建立的時候,實有賴於社會生産力的特別發達。所以堯、舜、禹的時代應當是一個社會生産力比以前大發達的時代,進步較速,由量變達到質變的時代。後代學者不曉得社會進步主要是靠著勞動大衆的努力,拿出來當日的幾個首領爲代表,歸功於他們,也是一件不難了解的事情。傳說日久,附加的理想成分越多,可是它的本身却是當日實在經過的事件,並不是某些人臆想的結果。日本的御用學者倡"堯、舜、禹抹煞"的議論,自有他們便利侵略、不可告人的隱衷,並不是科學研究的成果。我國在本世紀初葉,因國勢的衰弱,社會的不安,半殖民地的意識已經深入人心,而買辦資産階級的學者胡適等人更從美國帝國主義御用學者方面販運來假冒科學招牌的實用主義哲學,傳播毒素。用一種類似科學的方法,拉着科學的大旗,遂使年青一輩的歷史工作人望風而靡,不惟不敢持異論,並且不敢有此企圖!極端的疑古派學者直接或間接,有意或無意,沾染了帝國主義御用學者的毒素,對於夏啓以前的歷史一筆勾消,更進一步對於夏朝不多幾件的歷史,也想出來可以把它們説作東漢人偽造的説法,而殷墟以前漫長的時代幾乎變成白地!要之,疑古學派最大的功績,是把尚書頭三篇的寫定歸之於春秋和戰國的時候，這些我在前面已經說過。至於他們所說：既然此說不見於春秋以前人的記錄，那一定是春秋人的造謠；或不見於戰國以前人的記錄，那一定是戰國人的造謠，那却是很不科學的，不正確的。這個時候，雖說還有一部分的學者對於他們某部分的不贊成，不肯隨聲附和，可是並沒有人能看出來他們錯誤的根源何在，更不要說糾正他們的根本的錯誤，所以也沒有多大用處。此時，已經有少數青年學者開始用唯物的方法研究歷史，可是這一派處於正在產生、正在發展的階段，當日在各大學中的勢力幾乎全爲疑古派所把持。直到全國解放以後，史學工作者幾經學習而後才漸信唯物方法爲必須堅持、千萬不可違背的最高軌範，可是原來從帝國主義者御用學者所吸進的毒素還是藏蔽於思想的深處以隱隱作祟。治古史的人一談到傳說的資料，總是左支右吾，不敢放手去工作，就是有些位大膽使用這些資料，却也難得史學界的同意。不同意的原因，大多數並不是想糾謬補缺，使資料的處理更爲合理，却是從根本上疑惑這些資料的可用與否。這樣的傾向仍是半殖民地意識所推動的極端疑古思想在那裏隱隱統治。不把這一點弄清楚，傳說時代史蹟的處理，實則無法進行。幸而對於胡適思想的批判已經在各處大規模地展開，史學工作者對於帝國主義者御用學說的本質已經開始辨別清楚，這對於肅清深藏於歷史工作者腦筋中的半殖民地意識，一定會起很大的作用。利用這個機會，正面分析疑古學派的工作，指出他們的得與失，接收他們努力所獲得的成績，批評他們所使用的不正確的方法，矯正他們錯疑所不應疑的偏向，使治此段歷史的方法可以早入正軌：那就是想治此段歷史的人所迫不容緩，應趕緊解決的問題。

在這二三十年中，雖説極端的疑古派儘量想把傳説時代擠出於歷史範圍之外，可是歷史界還不完全受他們的限制，還對此時代作了些工作。雖然如此，他們工作的結果能爲歷史界所公同承認的，還幾乎是完全没有。這並不足以證明這個時代所遺留的史料全是亂七八糟，無法整理出結果，這只證明一切對此時代作研究的人對於基本的研究方法問題還不够注意。這也並不是説這些歷史工作人全是粗製濫造，没有注意到正確歷史方法的使用，這是説他們還没有感覺到不能得到公同承認的真實原因是什麽，没有把他們所使用的方法自身作爲研究對象，明白提出來，公開研究，以期獲得一個能够爲公同承認的方法。在學術史上的經過通常是這樣的：第一期的工作人不很注意方法問題，但是由於研究對象的複雜和困難，以致引起很多的異説——爭論劇烈，却無法解決的問題；到這個時候，才開始疑惑從前所用的方法是否正確，把它自身作爲對象來研究，此後才能提出來更精密的方法以處理原來無法解決的糾紛，學術研究才能獲得鉅大的進展。第二期的工作人在方法審慎方面，常常超過前人，也就是因爲這種道理。有能公共承認的工作方法，才能有獲得公共承認的工作結果的可能性（説可能性，並不是説必要性，因爲在這一方面，立場問題比方法問題更重要）。否則爭辯多時，無法得出結論，以後起者爲勝，這樣却希望學術進步，那是一定不可能的。這是一件頗繁難的、長期的工作，不能遽求急效。但是隨時提出，隨時公開討論，錯誤的隨時改正，正確的精益求精，各方面所提出的可以互相糾正，互相補足。這樣作去，對於學術的進步一定可以成爲一個鉅大的推動力。現在我把我個人工作時候所用的方法拿出來請求公開討論。自己也知道這還太簡略，還遠不夠應付此時代的史料的複雜情形，但是我所要提出的幾條有些是關於基本問題的，這裏不弄清楚，其他問題幾乎無從說起。特此敬謹提出以就正於國內外治此學者。如果社會賢達不吝教誨，那我就非常感謝了。

我個人在研究時候所使用的方法而要提出與大家公同商榷的，主要的僅有三點：第一，我民族初入歷史的時候，也同其他古代民族初入歷史的時候一樣，爲複雜的，非單純的。比方說：希臘開始時就有友尼亞族、鐸里亞族、愛歐利亞族、阿格亞族的分別，羅馬開始時也有愛突魯利亞族、希臘族等的分別。其他各國也有差不多的情形。我們中國古代自稱華夏，相沿幾千年沒有再作分別。直到清朝末年，歷史界受西方學術影響，才開始感覺到苗民並非國名，實屬族名，乃分華夏與苗族爲二。到辛亥革命以後，異說更多，有分別華夏與東夷的，有把楚、徐、粵等族分出的，辯論紛紜，尚無定說。可是有一點已經差不多爲全體歷史界所公認，就是我國歷史開始的時候，種族是複雜的，非單純的（這與人類起源一元說和多元說無干，因爲即使人類同出一源，而因分離日久，受自然環境的影響，很可以語言不同，習慣不同，體質不同，形成不同的種族）。這一點已經大家公認，似乎可以不必再提出，可是我還是不能不提出是因爲有兩個原因：甲、近數年來，我看見還有歷史工作人對於這一點不夠了了，尤其是初作工作的人。乙、更重要的是這一點同以下兩點有有機的聯繫，這一點不能認識清楚，其餘兩點也無從談起，所以我仍行鄭重提出。第二，綜合材料比未經系統化的材料價值低。現在所保存的關於此時代的文獻方面的史料，大致可分爲兩類：一爲專篇的，成系統的，大家看過可以得着一個綜括印象的；二爲零星散見的，不成系統，有時候不靠前項資料就很難知道把它向哪裏安插的。前一項有尚書的頭三篇：堯典，皋陶謨，禹貢；大戴禮記兩篇：五帝德，帝繫；史記頭三篇：五帝本紀，夏本紀，殷本紀（此篇後半所記已進入狹義歷史時代，不在本研究範圍內）；漢書律曆志末所載的劉歆諸人的世經等。後一項除金文中保存有兩三條，極可寶貴外，以見於左傳及國語二書的爲最多。先秦及兩漢諸子中也還零零星星記載一些（以上所說暫以兩漢以前材料爲限）。後一項資料離開前一項資料幾乎無法整理，所以從前的人不很看得起它。前一項的尚書頭三篇，因爲從前的人總是相信尚書是孔子手定的，所以權威最高。大戴禮記雖沒有列在正經裏面，可是它的權威僅次於小戴禮記（簡名禮記），所以還是相當地高。五帝的說法雖有幾種，可是黄帝、顓頊、嚳、堯、舜爲五帝，黄帝爲軒轅，顓頊爲高陽，帝嚳爲高辛，舜爲重華，禹爲文命的說法最占勢力，這就是大戴禮記五帝德篇的主張。史記五帝本紀及夏本紀前半篇主要取材於前二書，所以也同它們沒有多大矛盾。現在所談夏、商兩代的世系，可靠的主要是夏、殷兩本紀。後代所相信的太皞與伏羲的同一、炎帝與神農的同一，及黄帝後有天下的還有少昊，少昊與金天的同一，大約是根據於劉歆諸人的世經。世經的權威雖然比前三書較差，可是因爲它很成系統，並且舉出些證據，所以後人也有很多人遵用。尚書同大戴禮記有關的各篇是根據什麼來編纂，我們現在的人並不曉得。史記和世經所根據，我們大致可以知道，因而對於它們的得失也還可以加以批判。因爲這四種書性質相類，所以也可以由後二書的得失推斷前二書的得失。至於後一項的資料，由於它的零星散漫，不成系統，所以在從前它的權威比前一項資料的權威差得多。可是我們現在由於堯典内中星的研究，可以確實斷定此篇的寫定絕不能在殷周之際以前。由於左傳文公十八年莒僕篇傳曾引用"慎徽五典，五典克從"以下數語，可以推斷在春秋時，堯典的文字已經開始寫作，但是按着此篇前面所述説，舜所舉的，不像現在堯典書中的"二十二人"，卻是八元與八愷共十六人，舜所誅的雖也是四凶，但是他們的名字同現在堯典所載完全不同，就可以推斷當日所寫的堯典還不是現在的樣子。由於孟子萬章上篇所載四凶名字已經與現在堯典完全相同，它所載帝典中幾句話也同現在堯典的大致相同，就可以推斷當戰國前期，修正的堯典本已經同現行本相差不遠。它定型像現在的樣子約在戰國後期，它的大致也還是可以相信的。史記前兩篇對於尚書前三篇完全抄錄，除了把些古舊的文字改成當代比較通用的文字外，幾乎全没有改動，可是，在皋陶謨篇，自"百工惟時"以下七十六字，史記夏本紀中只有十七字，並且完全不同。據這一點就可以推斷司馬遷所看見的皋陶謨不同於現行本，皋陶謨中文字在司馬遷以後還有若干改動。大戴禮記中有關的兩篇的寫定，可能比戰國後期更晚，但是司馬遷的前幾篇完全依靠它，似乎仍是戰國之末的作品。以上所説全是要證明這幾篇書的寫定相當地晚近，絕不像孔穎達所説："（堯典）理由舜史，勒成一家，可以爲法，上取堯事，下終禪禹以至舜終，皆爲舜史所錄。"[1]也不

---

① 尚書注疏卷二篇首。

像蔡沈所説:"堯典……本虞史所作,故曰虞書;其舜典以下,夏史所作,當曰夏書。"①並且,最主要的是:我在提出的第一點中所説的我國歷史的開端爲複雜的推斷,也是由於近數十年中的歷史工作人據着後一項零星散漫的資料,排比整理以後,漸漸看出來的結果,可是這非常重要的一點,在前一項成系統的資料中一點也看不出來。這並不足以證明前一項的資料比後一項的較爲可靠,這只足以證明前項資料寫定的時期相當晚近,離複雜狀態的古代已經相當地遠,對於當日各部族的分別已經完全忘掉。本來當春秋時代齊桓、晋文以後,我國的文化有很重大的推進,當日的賢士大夫對於故老口耳相傳的傳説多所稱述。遲之又久,就有人想把這些散漫的傳説搜集起來,整理起來,以便將來人的誦讀紬繹。可是,他們那個時候離古代已遠,從前各部族間的分別已經很模糊,工作人已經相信當日中國人的同出一元,他們就用這樣的精神去整理材料。原本是來自複雜的材料,現在用單純的看法去整理,我們不難想像在他們工作的時候要有些幾乎無從克服的困難。他們是最早的歷史工作人,既沒有失敗的經驗,又不像近世的工作人有很豐富的落後部族的材料來作比較。他們在來自多元的材料中間總會看出來有不少不容易逗頭的地方,可是他們並不懷疑這些材料本來無從逗頭,却來大膽地用主觀的看法,損益增删,以使它們可以逗頭。這樣,多經過一次手,就多經過一次的損益增删,就更進一步地失真,並且這一次是很重要的失真,遠不像後一項零金碎玉,爲當日賢士大夫隨便的稱引,本無容心,就

———————

① 書經集傳卷一篇首。

有失真,也很寡少。後一項還没有綜合、還没有系統化的史料極可寶貴的點正在此處。所以我們現在應該一反從前用經書判決一切的辦法,對於已經系統化的綜合材料必須特別慎重。把後一項零星散漫的史料小心地搜集和整理起來,洗刷掉它那神話的外殼,找出來可信的歷史核心。綜合材料雖説比較失真,但是它們的寫定,主要的還在先秦,屬於相當的早期。它們的工作人也是搜集了不少古代的材料,並不是憑空臆造,看堯典中"命羲和"條下文字有甲骨文或山海經的不同來源的史料同它適合,就可以證明①。所以較古的綜合材料只要它同後一項未系統化的材料没有衝突,也還不損失它那可寶貴的價值。這樣翻轉從前的辦法,近數十年來的歷史工作人大致也在使用,不過對於這兩項的分辨和它們的性質,似乎還没有人加以詳盡的説明,所以我又把它提出來,並且加以説明。第三,是需要注意此期史料的原始性的等次性。從來治歷史的人全很注意於史料來源的原始性。如果能得到原始史料,那就比較容易地判斷一切,要比逐漸失真,第二手或第三手的材料價值高得多,這也是很明白的道理。可是治傳説時代歷史的人却没有這樣的福氣,因爲一有原始史料,那就進入狹義歷史時代,不屬於他們研討的範圍了。雖然如此,他們對於史料來源的原始性還不可以不注意,對於史料逐漸失真的程度還應該細心地加以區別。第二手的資料自然比不上原始的,但是比第三手的不還要好一點麽? 第三手的資料不能比第二手的,但是仍比第四手以後好。依此類推。這也就像校勘學者注重宋版或

①參考胡厚宣甲骨文四方風名考證(甲骨學商史論叢初集第二册)。

元版的書籍一樣，他們並不是說宋、元版的書籍全没有錯誤，他們是要說它們的錯誤比以後的版本的錯誤少，以後版本還要由於它們的錯誤而更錯誤；它們雖然還有錯誤，但是由於它們那較早的錯誤，還比較容易猜測原來不錯的本文；可是以後的版本，一錯，再錯，三錯……想從它們猜測原來的本文，可就更不容易了。歷史工作人必須把未經系統化的材料和經過系統化的綜合材料分別開，並且重視前者，小心處理後者，也就是由於同一的道理。文獻中最可寶貴的史料是在出土的實物上所保存的，例如在甲骨文及金文中的。不過在甲骨文中，直到今日還没有看到關於此時代的史料，就在將來，發現的可能性也不大。在金文中，直到現在所看見的不過三數條。在可信爲殷周之際或西周人的記錄中的有關材料價值最高，但是數量過小，從它無法構成一個古史的輪廓。直到春秋及戰國，關於此時代史料的記錄才逐漸增多，我們如果把未經過系統化的材料完全搜集起來，排比起來，也可以推測出來此時代歷史經過的輪廓。西漢人所保存的有關的材料，多數已經受戰國後期綜合材料的影響，但是他們還可能看見綜合材料以外的先秦古書，所以還有相當價值。東漢一方面由於紙的發明和使用，另外一方面也由於光武帝出身儒生，當它的盛時，統治階級總是竭力提倡儒術，所以東漢比起西漢，在文化方面有重大的推進，但是對於研究傳說時代歷史來説，却有不利的影響。因爲當日能讀古書的人比從前多了，關於古史的知識也比從前普及了，可是正因爲這種普及，關於古史的傳說又在民間自然地孳乳派生起來。這就像在三國演義一書滲入民間以前，廣大人民不很知道諸葛亮和劉、關、張諸人的時候，如果民間偶然有關於他們的傳說，雖不見於正史，只要與正史不衝突，未必不可信；可是等到三國演義滲入民間以後，廣大民眾的腦筋中全有這幾個人的印象，他們看見有可以捕風捉影的事情，就常常地附會上去。所以從這個時候起，民間再有關於他們幾個人的傳說，可以說全不能相信爲歷史上真正的經過。因此不見於東漢以前人的著作的有關傳說，即當決然拋棄以免眩惑。不過譙周、皇甫謐二人對於古事還竭力搜求，他們的史識雖然不高，可是他們的搜集也還可以備參考。酈道元書中所引，保存此時代的資料也還不少。由於以上所陳述的原因，我們就把關於此時代的文獻分爲數等：以見於金文，今文尚書虞夏書的甘誓一篇、商書、周書，周易的卦爻辭，詩經，左傳，國語，及其他的先秦的著作爲第一等。山海經雖大荒經以下爲東漢人所增益，但因其所述古事絕非東漢所能僞作，仍列入第一等。尚書中的三篇、大戴禮記中的兩篇的綜合材料雖也屬先秦著作，但因爲它們的特殊性質，只能同西漢人著作中所保存的有關材料同列第二等（禮記各篇有些不很容易斷定它的寫定究竟是在戰國時，或在西漢時的，只好隨時研究和推定）。新綜合材料，世經爲第三等。譙周、皇甫謐、酈道元書中所載有關材料也備參考。使用的時候是：如果沒有特別可靠的理由，不能拿應作參考的資料非議第二、三等的資料；更重要的是：如果沒有特別可靠的理由，絕不能用第二、三等的資料非議第一等的資料。至於水經注以後各書中所載的古事，即當一筆勾消以免惑亂視聽。試問：春秋、戰國人不知道，兩漢人不知道，以至於好搜羅雜事、漫無別擇的皇甫謐也未嘗知道，唐、宋以後的人又從哪裏知道（比方說，古帝在位年數問題）？此種把有關史料分等次的辦法是我個人首先提出的。姑且叫它作原始性的等次性，也希望歷史界各賢達與以討論和決定其是非。

　　以上三點是我上次工作以前即已預先大致決定的。此外，當工作進展的時候又感覺有次要的五點應該遵守，現在也提出來，敬候討論：第一，引用古書時必須檢得原書原文，忠實録出。如引用後代研究人的補缺或正誤，也應該詳細注明引用何人、何書、在何卷中，以便檢尋對證，不能據一家之言，妄改古書。比方説，周書嘗麥篇中所載有關資料，内有缺文，並有不容易解説的句子，可是今人引此段書，缺文全無，字句也有不同，比較容易解説，這樣隨便改古書的辦法，是萬不能允許的。更奇怪的是明説引嘗麥解，却引的是“赤帝命蚩尤宇于少昊”！這是誤信宋羅泌的路史，未檢查原書。這樣不忠實的工作，與科學方法大相背謬，更是不能允許的。這一點本來是自明的、不需要説的，但因犯此毛病的人還不很少，所以不得不提出一説。第二，對於某史實，如果古書中所保存的有關材料具有多條，我們的解釋就很可能不能包括全體。比方説，關於某史實的材料有七條，用我們的解釋，有五條或六條材料全很合拍，這可以説已經够好了，但是剩下那一條或兩條，或者有疑問，或者甚至於對我們的解釋有矛盾。在這個時候我們萬萬不可以急遽地判斷同我們解釋有矛盾的即爲不正確，或爲僞造，却應該把這一兩條也叙述出來，並指明它們的可疑點或矛盾點，等着將來的工作人繼續研究和解決。如果有前人作僞確實可靠的真憑實據，自然可以提出。但是，當我們的新説法還未得歷史界大多數的人承認的時候，如果我們又由此新説法而推斷出來其他的結果，那却應該指明此新説法還未得歷史界大多數的承認,所以新推斷完全是假定的、有很多懷疑餘地的。如果大家全能這樣老老實實地去作,對於學術的推進一定很有幫助。第三,某件史實,如果人名、地域全很清楚,或更有族姓的判别,那對於解決問題自然很有幫助,可是使用它們的時候還需要作種種的小心。比方説,周弃爲后稷,但要注意到古來稱后稷的還有"烈山氏之子曰柱①"的一人。如果但見一后稷名,並無他項根據,還不可迅速地就指定爲周弃。地名則異地同名的更多,這時候就應該尋找它與其他地域族姓有無聯絡,常常可從旁證得到地域的確實處所。用姓氏的證據時,需要注意到古人的姓是不變的,所以是比較可靠的。至於氏,却是常常變化,所以不很可靠。比方説:春秋時晋國的士會,開始受封於隨地,就以隨爲氏,稱隨武子;以後改封於范地,此後就以范爲氏,稱范武子。更要注意的,就是同氏的未必爲一家,或者簡直是仇人,也很難説。因爲古者多以地爲氏。早先甲家住此地,以其地名爲氏;此後乙家來奪其地,地名不變,彼仍可用此地名爲氏。號稱同氏,實屬仇敵。比方説:周康叔受封於衛,分有"殷民七族",第一族即爲"陶氏"②。可是封康叔的時候,却是"聃季授土,陶叔授民",聃季爲武王的母弟,當日作司空的官,左傳有明文。陶叔未知何人,杜預注説他作司徒的官,大致不錯。這個陶叔的子孫也當以陶爲氏,他一定屬於征服階級的方面,絶不會是被征服階級的陶氏。陶也許是職業,也許是地名,也許一爲職業,一爲地名,全很難説。如果全屬地名而又係同地,那這同氏陶的兩家就很可能是仇敵。所以對於這些同名

①左傳昭公二十九年。
②左傳昭公四年。

而可能異實的名字全需要特別注意。第四,古人所用地名、氏族名、個人名,常常不分。比方説:周書嘗麥篇説:"命蚩尤于宇少昊。""于宇"大約爲"宇于"的誤倒。説文解"宇"爲屋邊,引申爲屋,再引申爲住。"宇于"就是説在那裏建房舍住下;那"少昊"一詞,明是地名。後面又説:"乃命少昊清司馬鳥師以正五帝之官,故名曰質。""少昊"一詞又明指個人。可是少昊清的子孫仍可稱少昊,因爲它並非個人名,實係氏族名。郭璞解大荒東經"帝俊生黑齒"文下,説:"諸言生者,多謂其苗裔,未必是親所産。"司馬貞解五帝本紀"少典之子"文下,説:"少典者,諸侯國號,非人名也。……若以少典是其父名,豈黃帝經五百餘年而始代炎帝爲天子乎? 何其年之長也?"他們這樣説,全已感覺到氏族名與個人名可以相同,可是説的不够清晰。所以山海經所記三代以前的某生某,國語所記有虞氏與夏后氏所禘的黃帝,殷人所禘的舜,周人所禘的嚳,大約全是氏族分離的關係,與個人的血統關係無干。時代越近,所謂生的,所祖祭、郊祭、宗祭、報祭[1]的才多由於真正血統的關係,是因爲當時氏族制度漸漸衰歇,退處無力的緣故。所以治此時代歷史的人必須注意土地名、氏族名、個人名的常相合一,然後爬梳糾紛的史實才能比較容易。第五,禮記及其他典籍,多記載三代或四代(夏、商、周或虞、夏、商、周)的制度或禮俗,後代注釋的人多認爲繼承一兩千年的三代或四代的留遺,這是由於他們認爲:我國自五帝以來已經成了大一統的局面;三代的千餘年中,朝代改換,制度或禮俗也跟着它變易;除此以外,國

――――――――――

[1]國語魯語上。

內全是一道同風的。實則夏、商兩代絶無所謂一道同風。就是周朝在征伐四方，在全中國封建宗親，一統事業有巨大進步以後，也不過使新舊氏族或國家大致遵國王的約束，不致日尋干戈，至於制度禮俗還是各自遵守舊章，無所改易，並且即使有人妄想改易，也是一件不可能的事情。看春秋的時候，商人後裔——宋國的人可以自稱爲商人或殷人，那夏人後裔——杞國或鄫國的人就可以自稱爲夏后氏，有虞氏後裔——陳國的人也未始不可以自稱爲有虞氏。他們不惟可以自稱虞、夏、商人，所用的禮俗制度在他們中間一定也還有很大的差異。春秋及戰國的人，耳目所及，就把它搜集起來，記録起來，也是一件很可以想得到的事情。從這一個角度看問題，一切全很順利，並且可以使有些從前不很容易解決的問題比較容易解決。這也是一件可以推薦給大家的工作經驗。

這後面的五條是我在上次工作的時候陸陸續續所找出的方法。願同前面的三條提出來，供大家討論、糾正、補足和采用。希望將來批評這本書的人特別注意方法問題：或糾正它的錯誤，或補足它的缺陷，或者覺得我們所提出來的方法還没有大錯誤，可是當我們使用它的時候，却遠不能符合我們預定的計劃，而嚴加指摘；如果這樣，不惟我個人得了很大的益處，就是學術本身也將得到像樣的推進。如果批評的人對方法問題注意不够，單就個別問題加以指正，那自然也有益處，不過它就比較有限：這又是我對批評此書的人所抱的一種殷切的希望。

第二章　我國古代部族三集團考

　　關於傳說時代的前期，我們所保存的資料，從現在看來，當以見於大戴禮記五帝德篇及史記五帝本紀篇中所記的五帝爲比較可靠。這不惟因爲在此前的三皇傳說異説紛紜，莫衷一是，並且因爲，由於近人的研究，開始知道：伏羲和女媧傳説來自南方的苗蠻（見第六章），太皞和少皞傳説來自東方的夷（見本章後），同來自西北方的華夏的傳説來源非一，所以即使說真有此氏族或個人，而相對的世次的先後也無法知道。燧人也許是很古的傳説，但是事蹟太簡單，同炎、黄時代的距離大約有多少世紀也渺不可知。至於五帝，雖有異説而還不很多（見第五章），雖有不少的附會，而從前章我所説的第一等資料疏通整理，還不難找出它較早所傳的簡單的歷史因素。所以我們研究傳説時代的歷史就姑且從炎、黄時代來開始。

　　人類的進化大約是從原始群漸進而有氏族的組織，以後有部落及部落聯盟的組織，再進就有部族的成立，及至交通發達，公同的經濟生活逐漸形成,而近代所稱的民族也漸漸出現。"部族成立的開始同氏族聯盟的形成和它們逐漸鞏固的時期相合"(見蘇聯大百科全書"部族"條下)。炎帝、黃帝及帝顓頊時代為氏族社會發展的後期,大約已進入部落及部落聯盟時期,部族即將興起。從這個時候起才有比較可靠的傳說,也是很可以理解的。

我國人民有一部分從古代起,就自稱諸夏①,又自稱華夏②,又或單稱夏或華③,到春秋戰國以後,華夏就成了我們種族的名字。他們對四外的民族就叫他們作夷、作狄、作戎、作蠻,或其他較以上四名含義略窄的名字。可是以上的四族,在古代,華夏對他們的關係却不完全相同。國語上說:"蠻夷要服,戎狄荒服。"④分服的說法聚訟紛然⑤,現在的人大致不很相信它,以為這是後來儒者在他們的斗室裏面所想像出來的整齊劃一的辦法,同事實無

①左傳僖公二十一年:"以服事諸夏。"
②左傳襄公二十六年:"楚失華夏。"
③左傳定公十年:"裔不謀夏,夷不亂華。"
④周語上。
⑤分服(周禮夏官職方氏下鄭注說,"服,服事天子也",這是此字的初意。以後引申起來以分別指示服事制度不同的各地)的說法,古書中共有四說:(一)國語周語上分五服:"夫先王之制:邦內甸服,邦外侯服,侯衛賓服,蠻夷要服,戎狄荒服。"荀子正論篇內完全用國語說,不過兩"邦"字變作"封"字而已。(二)尚書禹貢也分五服:"五百里甸服:百里賦納總(這因爲是頂近的地方,所以穀割下以後,連藁帶穗一切全送給國王),二百里納銍(銍指禾穗。因爲稍遠,只把穗送去),三百里納秸(秸指禾藁。更遠,只把粟送去,搭配上一些藁),四百里粟(更遠,只送粟,不帶藁),五百里米(最遠,去掉粟的皮才送去)。五百里侯服:百里采,二百里男邦,三百里諸侯。五百里綏服:三百里揆文教,二百里奮武衛。五百里要服:三百里夷,二百里蔡。五百里荒服:三百里蠻,二百里流。"(三)周禮夏官職方氏下則分九服。原文是:"乃辨九服之邦國:方千里曰王畿;其外方五百里曰侯服;又其外方五百里曰甸服;又其外方五百里曰男服;又其外方五百里曰采服;又其外方五百里曰衛服;又其外方五百里曰蠻服;又其外方五百里曰夷服;又其外方五百里曰鎮服;又其外方五百里曰藩服。"(四)史記秦始皇帝本紀二十六年帝號議下說:"昔者五帝地方千里,(轉下頁注)

法相符。不錯,像禹貢和職方氏下所説的大圈套小圈的整齊辦法,在事實上絕不會有。但是,在周代的時候,小國星羅棋布,有畿内,有群侯,有非群侯而僅通聘問的小邦,有僅通名字的部落,對於這一些,有一種差別的名字和待遇,是最自然不過的事情。就是上面所引的兩句話,也正可以引來破後此的大圈套小圈的説法。因爲,如果照後起的解釋,中國的四面爲夷、爲狄、爲戎、爲蠻,那麼,要是屬於要服,就應該全屬要服,屬於荒服,就應該全屬荒服,爲什麼戎狄爲荒服,而夷蠻獨屬要服? 如果拿西周的都城——宗周(在今陝西西安市附近)來推,都城偏在西北,那西方的戎,接

(接上頁注)其外侯服夷服。"此外同分服説有關的古説還有尚書康誥篇首的:"侯、甸、男邦、采、衛。"國語與禹貢説大致相同,但是國語説僅有内外的分別,並没有道里遠近的數目。禹貢説把賓服變爲綏服,又把蠻屬於荒服下,皆與國語説不同。禹貢説雖没有指明甸服屬於邦内,可是看它後面所記納禾的制度和次序,那也非屬邦内不可,與國語説完全相同。周禮説每服道里數目與禹貢説相同。可是它的甸服並不屬於邦内,邦内另有王畿。合王畿計算實爲十服。它這樣的排列,應該是要凑够幅員萬里的數目(每服全是周圍王畿,每面五百里,對面合計也是千里,總計萬里)。它的内五服是按照康誥説的次序排列下去。夷、蠻分屬兩服,與國語説不同,與禹貢説相同,可是蠻在内,夷在外,又與禹貢説不同。至於禹貢説"百里采,二百里男邦,三百里諸侯","二百里奮武衛",似乎同康誥説也不無關係,可是他不像周禮説緊按康誥説的次序。從現在看起,康誥説與國語説來源較早,禹貢説與周禮説是從上兩説分衍出來的。至於始皇本紀説雖晚出,並且除分服説與五帝一定無關外,它止分侯服與夷服,説反近古。康誥與國語兩説不同的原因,大約是因爲康誥是要指明不同的職位,並不要排列遠近的次序。國語雖分遠近,但是並不全依遠近的次序,説詳正文。禹貢大致用國語説,除一名詞不同外,頂重要的不同,是開始作出來大圈套小圈的格式。它雖説也采用些康誥的説法,可還知道康誥内的次序並不是用來排列遠近的。周禮説當最後出,它采用康誥説的看法有嚴重的錯誤。後人對五服與九服所作出來大圈套小圈的圖式與禹貢及周禮的著作人的原意當無不合。但國語所説,原意並非如此。至於後来作注釋的人,看見諸説不同,無法解釋,就説這是由於三代制度的不同:禹貢所載爲夏朝的制度,周禮所載爲周朝的制度,那却全屬臆測,毫無根據。始皇本紀所説地方千里,就是邦内甸服説的擴張;侯服與賓服,僅有侯服,恐怕是因爲賓服僅爲周朝的制度,在商朝後期初有分封制度時,並無此分別。要服與荒服統稱夷服,似乎是因爲夷爲四夷的統稱,並無必要分那樣的清楚。

近邊境，就應該進爲要服或賓服才是。爲什麼近邊的反倒成了極遠的荒服，而遠邊的東方的夷，却進成要服呢？由此可以知道這五服的分別不過由於待遇上的差異，並不由於道路的遠近。國語內五服的説法並沒有錯誤，不能拿禹貢和周禮中後起的錯誤説法來懷疑原來不誤的説法。把我國較古的傳說總括來看，華夏、夷、蠻三族實爲秦漢間所稱的中國人的三個主要來源。關於我國傳說時代的歷史，後代所承用的有一個明君賢相的大系統，現在如果仔細檢查，還可以看出來此系統中的名字實出於華夏、夷、蠻三個不同的來源，並非完全出自華夏。因爲到春秋時期，三族的同化已經快完全成功，原來的差別已經快完全忘掉，所以當此後的人對於所搜集到的傳說作綜合整理的時候，就把這些名字揉合到一塊。從較古的春秋時期或戰國前期的傳說仔細爬梳，還不難看出在此前的部族的確分爲三個不同集團的痕迹。此三集團對於古代的文化全有像樣的貢獻。他們中間的交通相當頻繁，始而相争，繼而相親；以後相争相親，參互錯綜，而歸結於完全同化。從茫昧的傳說材料裏面，找出來當日各集團的真正分立狀況，實在是我們治古史的人頗爲重大的責任。

一、華夏集團

這是三集團中最重要的集團，所以此後它就成了我們中國全族的代表，把其他的兩集團幾乎全掩蔽下去。此部族中又分兩個大亞族：一個叫作黃帝，一個叫作炎帝。國語內説："昔少典氏娶於有蟜氏，生黃帝、炎帝。黃帝以姬水成；炎帝以姜水成。成而異

德，故黄帝爲姬，炎帝爲姜。"①説到這裏，頂重要需要聲明的一
事，就是在當時社會的單位是氏族，而氏族的名字與個人的名字
常相混淆，無法分辨。因爲在氏族中間常常有一個"神通廣大"、
半人半神的人物作它的代表。他不惟活着的時候可以代表，就是
死以後，經過若干時期還可以代表。名字開始或者屬於個人，如
果他這個人能力很大，特別烜赫，他死以後就很可能成爲氏族的
名字。郭璞説："諸言生者，多謂其苗裔，未必是親所産。"②司馬
貞釋"少典之子"説："少典者，諸侯國號，非人名也。……若以少
典是其父名，豈黄帝經五百餘年而始代炎帝後爲天子乎？何其年
之長也？"③他們這些説法都相當明通，全看到氏族的名字（諸侯
國號）與個人的名字的互相混淆。少典生黄帝、炎帝，是説後面
這兩個氏族由少典氏族分出，不是説這兩位帝是少典個人的兒
子。有蟜氏大約是與少典氏族互通婚姻的一個氏族，就像後代姬
姓同姜姓的情形。黄帝及炎帝兩氏族既由少典、有蟜兩氏族分
出，那麼這四個氏族的發祥地是在什麼地方呢？司馬遷在紀元前
第二世紀之末旅行到過很多的地方，西方走到空峒，北方走到涿
鹿，東方走到海邊，南方走到長江和淮河，所到的地方，老人們都
常常説他們那裏是黄帝，或堯，或舜的舊地方，那裏的風俗和文教
也的確有點不同④。因爲這幾位老先生聲名很高，各處的人全願

---

① 國語晋語四。
② 山海經大荒東經"帝俊生黑齒"條注。
③ 史記五帝本紀索隱。
④ 史記五帝本紀贊説："余嘗西至空峒，北過涿鹿，東漸于海，南浮江、淮矣，至，長老
　皆各〔編者注："各"，原脱，據通行本史記五帝本紀補〕往往稱黄帝、堯、舜之處，
　風教固殊焉。"

意拉他們作同鄉,我們生在數千年以後,却想找出他們真正的發祥地,也實在不太容易。譙周説少典是有熊的國君,皇甫謐説"有熊,今河南新鄭①(現名未變)",那似乎在河南的中部。實在,古書中只談到少典,没有談過有熊,有熊一名同黃帝、少典二名發生關係大約是比較晚近的事情,不足爲信據。皇甫謐又説"少典配附寳生黃帝於壽丘"②,他又説"壽丘在魯東門之北"③(魯今山東曲阜),是又似乎在山東的東南部。實在,魯國本爲"少皞之虚"④,是東夷集團的大本營,華夏集團的黃帝絶不能生在那裏。在周成王"殘奄"⑤(魯本奄地)以前,姬姓的勢力没有達到山東的痕迹。有蟜從來無解釋。所以少典和有蟜二氏族原來居住何地,我們無法知道,未便妄説。比較可靠的是姜水所在。水經注渭水條下説:"岐水又東,逕姜氏城南,爲姜水。按世本:炎帝姜姓。帝王世紀曰:炎帝神農氏,姜姓。母女登游華陽,感神而生炎帝於姜水,是其地也。"岐水在岐山的南面,當在今陝西岐山縣城的東面,就是地圖上西出岐山、東過武功、折南流入渭水的小水。此水南面隔着渭水,就離秦嶺不遠。秦嶺古代通稱華山,秦嶺南面就叫作華陽,區域很廣,所以禹貢説"華陽、黑水惟梁州",它這裏説華陽,就是要説梁州和雍州以秦嶺爲界。姜水與古華山很近,炎帝的傳説或可以傳播到山的南面,皇甫謐所説的"炎帝母游華陽",來源頗古,也很難説。現在寳鷄縣城南門外就臨着渭水,過

①史記五帝本紀集解引。
②御覽七十八,史記五帝本紀索隱引。
③史記五帝本紀集解虞舜"作什器於壽丘"條下。
④左傳定公四年。
⑤史記周本紀。

渭水南一二里,在黄土原邊上有一村,叫作姜城堡。堡西有一小水,從秦嶺中流出,叫作清姜河。堡的東面約一里地的光景有一個很大的神農廟,廟前面有一個泉,叫作九聖泉,俗傳爲神農皇帝洗三的地方。這一個姜城堡,寶雞縣志説它就是水經注所説的姜氏城。實則,寶雞與岐山雖屬鄰縣,而寶雞在西,岐山在東,相距將近百里。並且,姜氏城在渭水北,水經注中説得很清楚,姜城堡在渭水南,而渭水在這幾百里內全在原中間走①,没有改道的可能。然則姜城堡與姜氏城雖有兩個字的相同,一定不能是一個地方。雖然如此,姜城堡附近却有很好的彩陶遺址,在我國歷史的黎明時期就有人住居,毫無疑問。姜城堡和清姜河的名字,以及很特別的神農廟(神農並非炎帝,史記封禪書中有明文,但自漢以來,二名混淆不清,這裏所説的神農即指炎帝),全像是淵源有自,並非後人的臆造。岐山一帶,我們没有詳細調查過,但是我在那裏經過,知道在那裏史前遺址並不缺乏。所以雖説寶雞縣志勉強附會的説法靠不住,可是兩地相距並不太遠,全是姜姓所居舊地,可能性也很大。並且,周弃的母親——姜原(或作姜嫄)明白爲姜姓的女兒。周弃所居的邰就在今武功縣境內,西離岐山也不過幾十里。因爲地近婚姻相通,理也近似。姜姓其他的一個神話中所説的磻溪水也在這一

---

①説文:"高平曰原。"〔編者注:今本説文無此句。毛傳曰:"高平曰原。"〕我國西北由黄土積纍成的原地很多。陝西省土地通常分爲三種:最低的是川,同河流的水面高不許多,也叫做平川。較高的是原,從川地遠望,很像是低山,可是由梯田上升,大約高二三十丈,登上以後又成平地,土壤很肥,這樣的土地又叫作黄土原。最高的才是山。東方各省多只有平地與高山的分別,並没有原的一級。恐怕有人不明瞭原的意思,所以在這裏解釋一下。

帶。水經注渭水條下，説："渭水之右，磻溪水注之。水出南山
茲谷。……溪中有泉謂之茲泉。……即吕氏春秋所謂'太公釣
茲泉'者也。……有一石室，蓋太公所居也。水次平石釣處，即
太公垂釣之所也。其投竿跽餌，兩郤遺迹猶存，是有磻溪之稱
也。"太公所居的石室，及膝（"郤"，古"膝"字）迹留到後代的説
法自然屬於後人的附會，但是磻溪的名字應當不是妄傳。這條
水在現在寶雞縣城東四五十里處的渭水南岸，爲一小溪，北流
入渭水。我個人於 1935 年曾往一游。此地離岐山更近，同周
文王出獵曾到過那裏的説法也頗相合。這以上所述文獻内的
材料、考古方面的材料、民間傳説的材料似乎完全相合，足以證
明炎帝氏族的發祥地在今陝西境内渭水上游一帶。至於姬水，
不知道是現在的哪一條水，可是姬姓的周弃就住在邰。姬姓最
初的祖先——黃帝的墳墓相傳在橋山。橋山，近代的書全説它
在今黃陵縣（舊中部縣）境内，實則北宋以前書全説它在漢陽周
縣境内。陽周約在今子長縣境内，在黃陵縣北偏東數百里。又
黃帝的傳説同空同很有關係：莊子在宥篇載黃帝見廣成子於空
同之上。五帝本紀也説黃帝"至於空同"。漢書武帝本紀内説：
元鼎五年冬十月，"行幸雍，祠五畤，遂踰隴，登空同"。新唐書
地理志原州平高縣下有崆峒山，當即此地。平高在今甘肅鎮原
縣境内，離陝西界也不遠。看古代關於姬姓傳説流傳的地方，
可以推斷黃帝氏族的發祥地大約在今陝西的北部。它與發祥
在陝西西部偏南的炎帝氏族的居住地相距並不很遠。

　　少典氏族以前的氏族遷移情形，文獻缺乏，無法得到肯定的
東西。我們雖説也有所揣測，但是因爲問題太複雜，不惟不能成

爲定論,並且可以説對它距離還很遠。僅把它記在注①裏面以備
將來研究此問題人的參考。

炎帝氏族雖説由於戰國時代學者的綜合整理,才同神農一名
詞發生不可分離的關係,可是這個氏族似乎踏進農業的階段頗
早。我們在寶鷄縣東鬥鷄臺(同前面所説的姜城堡隔渭水東西
相去不過十二三里)作發掘時,曾經發現新石器時代後期的民居
遺址。在陶器裏面藏着霉黑的穀粒,就是顯著的證明。我們覺

————————————————

①我曾經考證古昆侖丘就是現在的青海高原(見本書附録讀山海經札記)。又猜測我
們華夏集團在文獻還留一點微弱痕迹的遠古是住在昆侖丘的脚下,這就是説他們
住在洮河、黃河、湟河、大通河諸河谷中可能住人的地方。近幾十年來考古學者在
那一帶所得的彩陶大約就是當日華夏集團居住時的留遺。我們的古人總好説昆
侖,可以由此推測他們同昆侖有相當密切的關係。他們好説昆侖,就好像山東人好
説泰山,陝西人好説華山一樣。可是他們所説的昆侖總有點惝恍迷離,不像泰山、
華山的清楚,這是因爲他們離開昆侖日久,只聽説它,並沒有誰去真看見它。因爲原
來發祥在那裏,所以雖離開日久,總還一輩接一輩地傳説下來。傳説的時間越久,
它就越帶神奇和遼遠的意味。他們逐漸東遷,少典氏和有蟜氏就是他們達到甘肅
和陝西交界地區時的兩個氏族。黃帝與炎帝的氏族又從它們分出來。這樣的猜測
頗近情理,但是證據太少,猜測的成分過多,假設離能變成定論的距離還很遠。現
在把它提出來以待後人的繼續研究,與以肯定或否定。

　　補記:我上面説:"近幾十年來考古學者在那一帶所得的彩陶大約就是當日華
夏集團居住時的留遺",但據全國解放後近數年來考古的結果來看,前説恐怕還有
錯誤。這所説的彩陶就是指我國新石器時代中仰韶、龍山兩大系統中的仰韶文
化——彩陶雖爲仰韶文化的特徵,但此文化層中,彩陶僅占少數,拿它來代表文化,
殊屬不當。附正於此。——最近的考古工作者識别出甘肅省内的仰韶期陶器與東
方的陝西、山西、河南各省的此期的陶器不同,並且較東方的發展爲晚。至在甘肅
相當發展的齊家期文化的發展時期比仰韶期更晚,更不必説。現在的考古界大致
相信仰韶文化的發源地約在陝、晉、豫三省交界處的附近,甘省乃受東方影響而繼
起者。那末,假説當修正爲:華夏集團離開昆侖丘脚下東行的時候,陶器或尚未發
明。直等它到三省交界的附近,這就是説在炎、黄已經分支以後,才有仰韶陶器的
發明。此後留守昆侖丘脚下的氏族受東遷各氏族的影響,才也製造此類陶器。這
樣説也可以説得通。希望此後的考古工作人員注意此問題,用實證與以肯定或否
定。1959年1月補記。

得:周弃有教民稼穡的傳説,而他的母親叫作姜嫄,這明明指出姬、姜兩姓①的氏族互通婚姻,姬姓的周氏族從姜姓氏族學到農業的技術,周氏族從此才進入農業階段,所以他此後就成了稼穡的神祇。直到現在,陝西渭水附近地方還供事一種農神,一間小屋裏面,塑一個高約四五尺的大腦袋,僅有頭,無身軀,俗稱它爲"大頭爺",也叫做"后稷頭",想是一種古代的流傳。黃帝氏族在周弃(時代當夏末,説見後)以前大約還滯留於游牧階段。

　　炎帝及黃帝的氏族居住陝西,也不知道經歷幾何年月,此後也不知道因爲什麼緣故一部分逐漸東移。黃帝氏族東遷的路綫大約偏北;他們大約順北洛水南下,到今大荔、朝邑一帶,東渡黃河,跟着中條及太行山邊逐漸向東北走。今山西省南部沿黃河的區域,姬姓的建國很多。左傳上説:"虞、虢、焦、滑、霍、揚、韓、魏皆姬姓也。"②此外見於左傳的還有芮③、有荀、有賈④、有狐⑤、有耿⑥、有魏⑦,虞爲"太王之昭",虢爲"王季之穆"⑧,見於左傳僖公五年,且虢在黃河南岸。霍爲"文之昭",韓爲"武之穆",見於左傳僖公二十四年。狐氏出自唐叔,見於國語晋語四。焦、滑在黃河南岸。荀與郇,古今聚訟,不知是一是二。周書王會篇荀叔,孔

①編者注:"姓",原誤作"性"。
②左傳襄公二十九年。
③左傳桓公三年芮伯萬條下疏引世本:"芮、魏皆姬姓。"
④左傳桓公九年"虢仲"條下疏引世本。
⑤左傳莊公二十八年"晋獻公"條"大戎狐姬"。
⑥左傳閔公元年"晋侯作二軍"條注。
⑦國語鄭語韋昭注。
⑧周朝宗廟的世次以昭、穆分。如父爲昭,子即爲穆,孫又爲昭,曾孫又爲穆,依此類推。太王廟爲穆,王季廟爲昭。"太王之昭",就是説他爲太王的兒子輩。餘可類推。

晁注説是武王子,但左傳説"武之穆",僅有"邘、晋、應、韓",並無荀,恐怕靠不住。揚或寫作楊。按漢書揚雄傳説:"其先出自有周,伯僑者……"可是又説"不知伯僑周何别也",這就是説不知他從何王分出。從後説就足以證明前出自有周説的不可靠。這楊(今洪洞)、魏(今芮城)、荀、賈(皆今新絳)、耿(今河津)的晋南小國,全不知道它們爲何時所封。我們疑惑那裏面有一部分爲黄帝氏族東遷時沿途留下的分族。詩經上説"虞、芮質厥成"①,詩經毛傳、史記周本紀、説苑君道篇、書大傳略説都記載這件事,大略是虞、芮兩國爭地,無法解決,它們的國君曾往周國,請周文王替他們處理。自此以後,並没有記載説芮被滅或再受封,可是西周的時候芮國總存在②,然則西周的芮很可能還是"虞、芮質厥成"的芮,那麽芮(今陝西大荔)就並不是西周的封國。至於在今陝西臨潼縣的驪戎③,在河北正定縣的鮮虞④,全屬姬姓,但是他們一定不是周時的建國。並且古代傳説"驪山女亦爲天子,在殷、周間"⑤,這是要説在殷周之際,驪戎氏族强大,有一個女酋長,幾乎有替代殷朝、遮蔽初興的周朝的形勢。此氏族同鮮虞當全屬黄帝氏族的分族。因爲它們不能跟着時代進化,所以到周時遂被稱爲戎或狄。禮記樂記内説:"武王克殷,反商(鄭注:"反當作及,字之誤也。'及商'謂至紂都也。"),未及下車而封黄帝之後於薊,封帝堯之後於祝。"正義解釋説:"今涿郡薊縣是也。即

---

① 詩大雅縣。
② 國語周語一。
③ 左傳莊公二十八年"晋獻公"條:"驪戎男女以驪姬。"
④ 國語鄭語韋昭注;穀梁傳昭公十二年注,疏中説是引的世本説。
⑤ 漢書律曆志。

燕國之都也。孔安國、司馬遷及鄭皆云:燕國郡,邵公(日知錄卷
三十一薊條下引作'燕祖召公')與周同姓。按黃帝姓姬,君奭
(召公名。旭生)蓋其後也。或黃帝之後封薊者滅絶,而更封燕
郡乎?疑不能明也。而皇甫謐以邵公爲文王之庶子,記傳更無所
出。又富辰之言亦無燕也。"按燕出於周的説法,不見於先秦古
書,似不可靠。燕姬姓,出自黃帝,以地域及古書證明,當更近情
理。史記周本紀雖有"乃褒封……黃帝之後於祝,帝堯之後於
薊"的説法,可是在樂書裏面又全用樂記的説法,説黃帝後在薊,
帝堯後在祝,與本紀説不合。要之,召公不出於周,在今日當可定
讞。薊與燕原來爲一爲二,現在還有爭論。至黃帝、帝堯的後人
誰在薊、誰在祝的爭論,三占從二,當用黃帝後在薊的説法。古薊
地就在今北京附近,不在今薊縣境内。山西南部諸姬姓國家的分
布,芮、驪戎、鮮虞、薊的建國,或者可以指示黃帝氏族東遷時的路
綫。至於黃帝後十二姓[①],對於替代炎帝的黃帝個人也許有一部
分已經有血統上的關係。十二姓爲姬、酉、祁、己、滕、箴、任、荀(王
引之説:應作苟,是)、僖、姞、嬛、依(王引之説:應作依,是)。這些
姓也不全可考。古書中常見的,除姬姓外,僅有任、姞、己、祁數姓。

　　炎帝氏族也有一部分向東遷移。他們的路途大約順渭水東
下,再順黃河南岸向東。因爲路綫偏南,所以他們的建國有同苗
蠻集團犬牙相錯的地方。姜姓在東方主要的建國爲申、吕、齊、
許。申、吕均在今河南西南部。申在唐河縣境内,吕在南陽縣境
内。許在河南中部許昌縣境内,祝融八姓内的昆吾也曾在那裏居

_____

①國語晋語四。

住①,或者是他們相争奪的地方。齊在今山東北部,它的建國在較晚近的周代,但是在它以前,也已經有姜姓居住。左傳昭公二十年載晏平仲説:"昔爽鳩氏始居此地;季薊因之;逄伯陵因之;蒲姑氏因之;而後太公因之。"國語周語下載伶州鳩説:"則我皇妣太姜之姪,伯陵之後,逄公之所憑神也。"據此則逄伯陵爲姜姓。山海經海内經也有"炎帝之孫伯陵"的説法,與國語説正合。據此三書,已經足以證明炎帝氏族——姜姓在相當早的時候已經在山東居住。爽鳩氏以後,還有一個季薊,可見逄伯陵的建國未必很早。不過韋昭等説他是殷代的諸侯,大約也是揣測的説法,未必有根據。這一帶姜姓國家見於左傳的,還有紀,有向②,有州③。世本也説:"許、州、向、申,姜姓也。"漢書地理志沛郡下向縣,班固自注説"故姜姓國,炎帝後",説它是炎帝後,指明它不出於齊,並且非周朝的建國。紀、州等無明文,但是也或有從逄伯陵的氏族分出的,未必全是周代的建國。

　　炎帝氏族,除上述國家外,還有一個在古代很重要的國家,就是共工氏。它的建國在今何地,古代無傳。羅泌據淮南子本經訓"共工振滔洪水以薄空桑"之文,就説共工的建國在莘、虢之間④(在今河南西部陝縣境内)。郝懿行據山海經,説古空桑有三地:一在莘、虢之間,二在趙、代間(今山西北部),三在兗地(今山東

①左傳昭公十二年載楚靈王説:"昔我皇祖伯父昆吾,舊許是宅。"
②紀見左傳隱公元年"紀人伐夷"條疏引世族譜。向見左傳隱公二年"莒人入向"條疏引世本。
③左傳桓公五年"州公如曹"條疏引世本。下世本句引見水經注卷二十三陰溝水條下。
④路史後紀共工氏傳。

西部），説的很是。考古代地名，叫做共的水有三個，叫做共的國也有兩個。山海經北次三經説："泰頭之山，共水出焉，南注於虖池。"當在今山西省五臺縣境内。這是一條叫做共的水。中山經第一條説："甘棗之山，共水出焉，而西流注於河。"水經注河水下（卷四）引此文，又説："今診（畛，視也）蓼水，川流所趨，與共水相扶。"是以蓼水爲共水，地在今山西西南隅，芮城縣境内，離黃河東曲處不遠。這是又一條叫作共的水。中山經次六説："長石之山……其西有谷焉，名曰共谷，多竹，共水出焉，西南流注於洛。"水經注洛水下曾引此文。地在河南新安縣境内。西離"莘、虢之間"不過一二百里。這是第三條叫共的水。詩大雅皇矣："密人不恭，敢距大邦，侵阮徂共。"這詩是説密國的人不聽話，竟敢違抗周國的大邦，侵伐阮徂共三地（"阮徂共"有解作三地名，有解"徂"作往，阮與共爲二地名，此問題可暫不談，知道西方有一個地方叫作共即可）。這個共在什麼地方，不很清楚。漢書地理志安定郡陰密縣下，班固自注説"詩密人國"，則密在今甘肅靈臺縣境内，與當日周所都的岐相去不遠，詩又説周文王赫然震怒，出兵當着入侵的兵，似乎也在不遠的地方，班固説當無大誤。讀史方輿紀要涇州下："共池在州北五里。詩'侵阮徂共'……今之共池是也。"①涇州今涇川縣，與靈臺鄰縣，紀要的解釋也近情理。這是一個叫作共的地名。漢書地理志河内郡共縣，班固自注："古國。"這就是莊子讓王篇内的共首，荀子儒效篇内的共頭，爲今河南的輝縣。這是又一個叫作共的地名。這分處四省的五個地方，

———————

① 卷58 涇州百泉條下。

全有爲共工氏舊居的可能性。但是，共工在古代傳説中特別同水
有關係，又同顓頊很有關係。潛夫論五德志篇以至於把他同顓頊
相混。"顓頊之虚"①爲帝丘，今爲河南的濮陽縣。共工氏如果遠
在西方，就不會同顓頊發生關係。獨輝縣與濮陽鄰近，顓頊與共
工戰②，才有可能。它同漳水發源的發鳩山③，趙、代間的空桑全
相去不很遠，所以炎帝少女精衛溺海和衛木石填海的神話同振滔
洪水以薄空桑的神話才有發生的可能。它的舊地在今輝縣境内，
大約可無疑義④。

　　綜括説起，華夏集團發祥於今陝西省的黄土原上，在有史以
前已經漸漸地順着黄河兩岸散布於中國的北方及中部的一部分
地方。

二、東夷集團

　　這一集團較早的氏族，我們所知道的有太皞（或作太昊，實
即大皞），有少皞（或作少昊，實即小皞），有蚩尤。周書嘗麥篇内
説："命蚩尤于宇少昊。"宇的本義爲屋檐，屋檐下可居住，所以引
申爲居住的意思⑤。"于宇"當爲"宇于"的誤倒。"宇于少昊"就
是説居住在少昊的地方。這一句話一則可以證明少昊原來是一
個地方的名字，二則可以證明蚩尤與少昊兩氏族有很密切的關
係。至於關係的詳情，少昊時代在蚩尤後面的證據，後面再談。

①左傳昭公十七年"有星孛於大辰"條下："衛，顓頊之虚也。"
②淮南子兵略訓。
③山海經北山經次三經。
④參看後第三章。
⑤詩經大雅緜篇、桑柔篇，魯頌閟宫篇，毛傳皆訓宇爲居。

至於太昊與蚩尤二氏族誰先誰後却很難説。太皞在後來與伏羲成了一個人，是齊、魯學者綜合整理的結果，較古的傳説並不如是。據我們現在的意見，太皞氏族在東方，屬於東夷集團；伏羲與女媧同一氏族，在南方，屬於苗蠻集團。關於後一點，等到後面談到苗蠻集團的時候再説，我們現在先談前一點。太皞的遺虛在陳①，就在今河南的淮陽縣境内。他後人的封地爲“任、宿、須句、顓臾”②。據左傳杜注“任，今任城縣”，在今山東的濟寧縣境内；“宿，東平無鹽縣”，在今山東的東平縣境内；“顓臾，在泰山南武陽縣東北”，在今山東的費縣境内；“須句，在東平須昌縣西北”，在今山東的東平縣境内③。少皞的遺虛在魯④，在今山東的曲阜縣境内。可是蚩尤屬何集團，直到現在還是一個聚訟的問題。他的身分在古書裏面也沒有定説：大戴禮記内説：“蚩尤，庶人之貪者也。”⑤可是東漢末年應劭却説：“蚩尤，古天子。”⑥但是這些分歧却不重要：因爲此後所稱的天子，自夏以後才有雛形，黄帝的時候還完全是氏族的社會，氏族的首領，因爲他一時很强，後人拿當時的名稱稱古人，就叫他作天子，又因爲他並不是後世侯國的國君，所以也可以貶他作庶人。他的族姓也很難清

①左傳昭公十七年。

②左傳僖公二十一年下説：“任、宿、須句、顓臾，風姓也，實司太皞與有濟之祀。”這就是説：以上四國爲太皞的後人，它們的封地離濟水不遠，所以它們主太皞與濟水的祭祀。

③任、顓臾、須句三條皆本節注；宿爲隱公元年“九月及宋人盟於宿”節注。

④左傳定公四年：“因商、奄之民，命以伯禽，而封於少皞之虛。”這是説魯國初封的國君爲伯禽；分給他的人民，一部分是商人，另外一部分是奄人；他的封地在少皞的遺虛。

⑤用兵篇。

⑥史記五帝本紀集解引。

理：高誘①、馬融②諸人都説蚩尤是九黎的君名，可是九黎在何地，屬於何族，古書裏面没有説明。鄭玄以爲苗民即九黎之後③，那九黎似乎屬於苗蠻集團。路史蚩尤傳説："蚩尤姜姓，炎帝之裔也。"④那又像屬於華夏集團。其實這些全靠不住。我們暫且把九黎的問題放下，等到後面再談。先看看蚩尤同少皞有什麽關係。周書嘗麥篇説："昔天之初，□作二后：乃設建典，命赤帝分正二卿；命蚩尤于宇少昊，以臨四方，司□□上天未成之慶。"（"作"字上，舊缺一字；"上天"字上舊缺兩字）。後面説到蚩尤與炎帝及黄帝的爭鬥，黄帝殺了蚩尤以後，接着説："乃命少昊清司馬鳥師以正五帝之官，故名曰質。天用大成，至於今不亂。"這一節從來講的多錯誤。路史上就説："帝榆罔立……乃分正二卿，命蚩尤宇于小顥以臨四方。……蚩尤産亂。……"他所説的小顥就是少昊。他解少爲小，固然不錯，改昊爲顥，不過是因爲他好用異字。照他的説法，是炎帝族中最後的一個叫作榆罔的帝，用了兩個卿士，蚩尤爲二人中的一人，作了亂事。這樣同本文很明顯不合的講法却得了很多人的承認。實則，這全是因爲他們不明白在古代氏族的名字同個人的名字常相混合，就覺得蚩尤既與黄帝同時，而炎帝的後人君臨天下有數百年之久，才由黄帝代替，則蚩尤不得與炎帝同時。如果按着本文並不難懂。"昔天之初"是説最早的時候。"□作二后"是説當時有兩個首長，也就是指兩

①戰國策秦策一注。
②經典釋文吕刑下。
③尚書正義吕刑"苗民弗用靈"條下引。
④據羅苹注本於陰經遁甲。陰經遁甲不知道是何書，且路史内有不少妄説，未必有所本。

個最重要的氏族説。這兩個氏族，下面説的很清楚，一個是赤帝，一個是蚩尤。命是受"昔天之初"，"司□□上天末成之慶①"，"天用大成"的"天"的命，並不是受赤帝之命，這一點並不能有任何疑問。"赤"與"炎"篆體字形相近，遂成通用。赤帝就是指姜姓的炎帝族系。蚩尤既居於少昊之地，那他的部落應該是在山東的西南部。黄帝殺他以後就在他的同族内選擇一位能同征服部落合作的首長，大約是另外一個氏族的首長叫作清的，使他仍居於少昊故地，綏靖蚩尤氏原來領導的人民，因地稱氏，所以也叫作少昊。黄帝這樣的辦法是同後來周武王殺了商紂又立武庚或微子同類的。不惟古人不絶他族的祭祀，並且當兩個部落還没有同化的時候，不同戰敗部落的賢能攜手，是没有繼續相處的辦法的。少皞既屬於東夷集團，蚩尤就不能屬於其他集團。蚩尤屬於東夷集團的證據此其一。在漢代關於蚩尤的傳説全在今山東的西部，太皞後人封國的區域。漢書地理志東郡壽良縣條下，説：

　　蚩尤祠在西北涑上。

　　王先謙説："涑當作沛。"②"沛"是"濟"的古文，"涑上"就是説在濟水上。史記五帝本紀集解引皇覽，説：

　　蚩尤冢在東平郡（水經注濟水下引作東郡，按壽張自東漢即屬東平，注誤）壽張縣闞鄉城中，高七丈（水經注濟水下

----

①編者注："慶"，原誤作"命"，據前文改。
②前漢書補注卷二十八上一。

引作"七尺")。民常十月祀之。有赤氣出如匹絳帛,民名爲
"蚩尤旗"。肩髀冢在山陽郡鉅野縣重聚,大小與闞冢等。
傳言黃帝與蚩尤戰於涿鹿之野,黃帝殺之,身體異處,故別
葬之。

壽良爲今山東東平縣。壽張仍即壽良,爲東漢光武帝的時候
避叔父趙王良諱所改。鉅野今仍用舊名。這些地方同太皞後人
的封國全是近在咫尺。並且蚩尤這個人是一位失敗的英雄,他所
屬的東夷集團沒有給我們留下寫成的歷史,我們所能依據的不過
是華夏集團中所留下的傳説,所以他就很不公平地受到後人的唾
駡,不能參加此後所整理出來的聖帝明王的系統。可是因此,他
的祠堂和墳墓不見得有人去附會,所以反倒是比較可靠的。在他
失敗的兩三千年以後,他的傳説,在那裏還是那樣地烜赫,他同當
地的人民就不能沒有很深的關係。蚩尤屬於東夷集團的證據此
其二。東漢的學者全説蚩尤是九黎的君長,其説應該有所本。必
須把九黎的地域弄清楚,然後才可以把蚩尤屬於何族的問題弄清
楚。九黎古多簡稱黎,或簡稱阞(左邊的"阝"旁爲後來所加,以
指明它是一個地名)。黎的地名起源頗古,但可分爲兩組:一、在
今山西的黎城、潞城、長治、壺關各縣境内。尚書西伯(周文
王)所戡(勝或取的意思)的黎,春秋時爲赤狄潞所滅、爲晉所復
立的黎[1],均在這一帶。二、在東方的有漢魏郡屬的黎陽(今河南
濬縣境),東郡屬的黎縣(今山東鄆城縣西境)。漢書地理志黎縣

[1]左傳宣公十五年。

下顏注引孟康説以爲"黎侯國,今黎陽",臣瓚説"黎陽在魏郡,非黎縣"。全祖望指明黎侯國在上黨郡的壺關縣,不在這兩縣境內,説的很對,可是又不能解釋黎縣的得名,遂臆測以爲因黎侯曾在那裏住過一時。實則,黎侯失國後曾流寓於衛國的説法本於詩序①,不見得有充分的證據。即使承認此一説法,而黎侯失國後偶然居住,遂使地方永遠用他的名字,也太遠於情理。黎陽縣條下顏注引晉灼説:"黎山在其南,河水經其東。其山上碑云:'縣取山之名,取水之陽以爲名。'"其説也太牽强。山不在縣北,水又無黎名,不得已找出這樣可笑的解説!這樣古怪的縣名,古書中實無此例。我們覺得自鄆城到濬縣雖屬跨越兩省,可是相去並不很遠。這些全是九黎氏的故地,蚩尤的領土。衛地的犁也就是這方面一個地方,不過字體小有不同。歷世相傳,到漢朝仍有黎及黎陽各地名。可是得名的原因早已忘掉,遂生出來些奇怪的揣測。至於東方的黎與太行山內的黎相離也不太遠。九黎氏歷受壓迫,避居山中,也是頗近情理的事。尚書有西伯戡黎篇,史記周本紀"黎"作"耆",而宋世家却作"阢",它説:"及祖伊以西伯昌之修德,滅阢,阢國懼禍至,以告紂。"此文內二"阢"字,像是重了一個字,當作"滅阢國,懼禍至"。"懼禍至"的主詞爲祖伊,並非阢國,因爲如係阢國,則國已滅,禍已至,這時候才恐懼,不是太晚了麼?古人對於雙名常簡略爲單名;用上字或下字也沒有一定。我們因此可以推斷此"阢"即九黎的"九"。至於韋昭"九黎,黎氏九人,蚩尤之徒"②的解法實屬望文生義,不足憑信。要之,九黎

————————

①詩經邶風式微與旄丘。
②國語楚語下,"蚩尤之徒"一語,據尚書呂刑注補。

爲山東、河北、河南三省接界處的一個氏族，蚩尤爲其酋長，所以他敗死以後就葬在它那屬地的東境。雖説這一部分的古史經過頗爲茫昧，而綫索還不難找出。他的屬地既然在那裏，他就不能屬於南方的苗蠻集團。用其他三證參互考訂，他只能屬於東夷集團。蚩尤屬於東夷集團的證據，此其三。鹽鐵論結和篇内説："黄帝戰涿鹿，殺兩暭、蚩尤而爲帝。"這是説涿鹿之戰，黄帝的敵人，蚩尤之外還有兩暭。按古字"睪""皋"二字常常互誤。實則睪讀同逆，讀作皋的實應作睪。如人的陰丸常寫作睪丸，却念作皋丸，則以寫作睪丸爲是（也有人這樣寫）。荀子解蔽篇有"睪睪廣廣，孰知其德"之文，有的版本就把睪寫作睪。據楊倞注"睪讀爲皞"，則作睪爲是。皋、皐、睪雖有三體，實係一字。皐、睪全是皋的別體，可是前者現在還沿用，後者已經很久不用了。皋又加白爲暤，加日爲暭，仍是一字，也是前者用，後者不用。睪誤爲睪，加日爲暤，仍是此皋字；或體作昊，也仍是此字。所以兩暭就是兩暤，指太暤與少暤兩氏族。涿鹿之戰，二氏族與蚩尤在同一戰綫上作戰，是證其屬於同一集團[1]。蚩尤屬於東夷集團的證據，此其四。由以上四證，可以知道蚩尤屬於東夷集團，實無疑義。可是自從清朝末年以來，一切的學者幾乎全以蚩尤爲屬於苗蠻集團。這個錯誤的來源是由於我國古代部族的三來源，華夏、東夷、苗蠻，在春秋戰國之際同化早已完全成功，界限幾乎泯没無存。兩千餘年以來，我們總是自認爲華夏，並不知道古代除華夏之外還有其他兩個源頭。直到清末，中華民族西來的錯誤學説從西方

----

[1]鹽鐵論一證是友人唐蘭先生對我説的。

傳入,我國學者開始知道我國雖屬古代文化發達國家之一,可是還不是最古的國家,埃及及兩河間的人民文化發達,還在我們前一兩千年。凡初期研究的學者總是偏於簡單化。他們誤信文化必同出一源,既然上述兩地的文化發展比我們早,然則他們對於中華民族西來説的輕信,實則是一件無足詫異的事情。他們對這一點的輕信雖屬錯誤,可是由此却引起他們注意到我國古代民族(實則還爲部族)的非出一源。三苗並非某個人的名字,是一個氏族的名字,就到現在,我國西南部還有苗族的存在;然則在華夏從西方來以前,中國土著還有苗民一族,實屬最容易想到的事情。黄帝與蚩尤的戰争本具部族間鬥争的規模,而當日所注意到的部族僅有華夏及苗蠻二族,那把蚩尤當作苗蠻的首領也是很自然的事情。注意到東方還有一個非華夏的部族實始於本世紀二十年代的初期,或再略前一點①。他們注意到太皞、少皞、皋陶等氏族的非華夏族,固然很對,可是對於蚩尤的問題並没有仔細檢查,繼續相信它屬於南方的苗族。現在精細檢查,他們所能依據的,除了很不明確的"三苗復九黎之德"一語,就没有其他的證據。這一句話應該如何解釋,我們此後還有説明。現在所要説的,就是:如果注意到地域的方位及各氏族間的關係,蚩尤氏族只能屬於東夷

---

①蒙文通在古史甄微中把我國古代民族分爲三族:一、江漢民族,二、河洛民族,三、海岱民族。他所説的一大致等於我們所説的苗蠻集團,二大致等於華夏集團,三大致等於東夷集團。他的書於 1933 年初版。據他的自序説他於"乙卯春間"即曾把他的看法質於他的老師廖平,又説:"丁卯歲首稍暇,遂發憤撰集。"是他於乙卯春即已具有大致的看法,後十二年丁卯才開始寫定。按乙卯爲 1915 年,丁卯爲 1927 年。傅斯年對於東夷問題也作了不少的努力。有小東大東説、夷夏東西説諸文。前者於 1930 年發表,後者於 1935 年發表。他們兩個似乎是各自獨立的研究,没有誰承襲誰的嫌疑。

集團，並無屬於其他集團的可能性。

　　後來皋陶的"皋"仍是太皞、少皞的"皞"。少皞嬴姓，皋陶偃姓。段玉裁説："按秦、徐、江、黄、郯、莒皆嬴姓也。嬴，地理志作盈。又按伯翳嬴姓，其子皋陶偃姓（旭生按：這是段玉裁偶然錯誤倒記，只有伯翳爲皋陶子的説法，並無相反的説法），偃、嬴，語之轉耳。如娥皇、女英，世本作女瑩，大戴禮作女匽，亦一語之轉。"[1]按段説甚是，偃、嬴原來當是一字。皋陶與少皞同姓，足證他們屬於同一氏族，而前人出生較後人爲後。帝王世紀説"皋陶生於曲阜"[2]，如果它的説法有根據，那曲阜本爲"少皞之墟"，皋陶氏族出於少皞氏族更可以得到證明了。並且奄爲嬴姓[3]，魯國即爲奄舊地，偃、嬴同字，則奄君即爲皋陶後人也很難説。皋陶與舜、禹的關係，據古人所傳，似乎相當地密切。孔子的弟子子夏説"舜有天下，選於衆，舉皋陶"[4]，可見這樣的傳説，來源相當地古。史記夏本紀内説："帝禹立而舉皋陶薦之，且授政焉，而皋陶卒。"它所説的薦和授政，似乎受孟子學説的影響，有以戰國政治形態推斷古代情形的嫌疑，但是也可以看出來，照着較古的傳説，如果皋陶不死，他就有與夏禹代興的可能性。

　　在夏朝初年與夏敵對的后羿，辛甲作的虞箴[5]内説"在帝夷羿"，羿前加夷，足以證明他屬於東夷集團。山海經海内西經内

－－－－－－－－－－

①説文女部嬴字注。
②史記夏本紀正義引。
③左傳襄公十二年疏引世本。
④論語顏淵篇末。
⑤左傳襄公四年。

說："赤水之際,非仁羿莫能上岡之巖。"仁即是夷,古二字通用。郭璞解爲"非仁人及有才藝如羿者",實屬望文生義。羿爲有窮國君,此有窮之國不知何在。後人有說它在河南①,有說它在鬲縣②,有說它在安豐③。河南地太廣闊。鬲縣偏北,並且寒浞滅羿後,仍居羿地,而夏遺臣靡自有鬲氏起滅浞④,有鬲氏故地就在鬲縣附近。如果浞居在旁邊,肘腋之下,靡有什麼法子能在那裏興起? 此說不近情理。至於安豐有窮水、窮谷的說法,證據仍嫌不足。此外還有西郡删丹的說法⑤,更遠情理,路史所駁極是。我覺得皋陶與后羿全是屬於少皞氏族的人(路史注說:"羿以女偃出皋陶。"不知道有根據否),少皞之虚在今曲阜,而曲阜古名窮桑或空桑,有窮的名或與窮桑有關係。左傳說"后羿自鉏遷於窮石",括地志說:"故鉏城在滑州衛城縣東十里。"⑥考唐滑州附郭衛南縣,沒有衛城縣,"城"當爲"南"的訛誤。衛南在今河南滑縣境內。窮石不知何地。

這一集團中重要的姓,有太皞的風、少皞的嬴、皋陶的偃。又有一己姓爲莒所改⑦。莒不知因什麼改姓。至於這些氏族的地域,除太皞之虚、九黎、少皞之虚、有窮、奄,上面已有指明以外,還

①史記夏本紀正義引晉地記。
②水經注河水下。
③在今安徽壽、霍邱二縣境內。路史後紀十三卷上。
④與注①同。
⑤路史後紀十三卷上注內說:"杜順(旭生按:"順"或爲"預"的誤字,但杜預左傳注中未見此說)而來皆以爲西郡删丹,妄矣。按汲書,羿、豷皆居斟尋,則宜在此(安豐),與鉏相近,豈得遠出西塞'因夏民'乎?"
⑥史記夏本紀正義引。
⑦左傳隱公二年正義引世本:"莒,己姓。"又引譜:"莒,嬴姓,少昊之後。"接着說:"世本自紀公以下爲己姓,不知誰賜之姓者。"

有以下各國:徐爲周朝大國,其勢力變化詳見後第四章。葛爲夏末小國①,在河南寧陵縣境内。費建國很早,秦、趙祖先的蜚廉的"蜚",當與"費"同字異形②。國滅於周初,地在今山東費縣境内。莒,杜隱二年内注"今城陽莒縣",今仍名莒縣。黄,杜桓公八年注"今弋陽縣",在今河南潢川縣境内。江,杜僖公元年注"在汝南安陽縣",在今河南正陽縣境内。郯則昭公十七年左傳明指它爲少皞之後,在今山東郯城縣境内。不過杜注説,少皞爲己姓之祖,按少皞爲嬴姓,不知杜注何據。終黎氏,秦本紀説它是嬴姓,集解引徐廣説"世本作鍾離",當即屢見春秋的鍾離,在今安徽鳳陽縣境内。這以上各國大約全不是周代的建國。至於秦、趙爲殷末蜚廉的子孫西行以後所建立的國家;梁的建國恐怕同這一次西行也有關係。因爲西行已到西周初期,時間比較晚近。它們以後的建國地域也同這一集團原來的地域没有關係,暫置不論。偃姓的建國散在安徽淮水南邊各地及其附近。現在所能考出的僅有英、六、蓼各國。這些可參考後第四章,不再贅。

從以上所説,可見這一集團所居的地域,北自山東北部,最盛時也或者能達到山東的北部全境。西至河南的東部,西南至河南的極南部,南至安徽的中部,東至海。但是,現在江蘇運河以東地帶,地勢下濕沮洳,未見得有居民,就是有,也必然很少,所以在古代没有在那一帶建國的痕迹。

①孟子滕文公下篇趙岐注:"葛,夏諸侯,嬴姓之國。"
②史記秦本紀:秦祖"大費……是爲伯翳(索隱説:尋檢史記上下諸文,伯翳與伯益實一人,不異),舜賜姓嬴氏。大費生子二人:一曰大廉,實鳥俗氏;二曰若木,實費氏。其玄孫曰費昌……費昌當夏桀之時……大廉玄孫曰孟戲、中衍……中衍之後遂世有功……故嬴姓多顯……其玄孫曰中潏……生蜚廉"。

三、苗蠻集團

這個集團,古人有時叫它作蠻,有時叫它作苗,我們感覺不到這兩個名詞中間有什麼分別①,所以就綜括兩名詞,叫它作苗蠻。這一集團的問題比前兩集團較爲複雜:第一,因爲:前兩集團在早期相互以至於可以相混的關係幾乎没有,可是同這一集團關係極深,幾乎可以作它的代表的人物,祝融或祝融氏族,差不多的古書全説他出自顓頊,而顓頊却不屬於這一集團,這就使它同其他集團有容易相混的危險。再從地域方面來看,這一集團的地域似乎以湖北、湖南、江西等地爲中心,迤北到河南西部熊耳、外方、伏牛諸山脈間,可是祝融八姓建國的地域却超乎這個範圍不少。第二,因爲:據我們現在的研究,伏羲與女媧實屬於這一集團,傳説由南方傳至北方。可是,自從劉歆用比附左傳與周易繫辭的辦法把伏羲與太昊説成一人,兩千年間,大家全認爲定論。以至於一談到伏羲畫卦,大家就會立時想起河南省淮陽縣的太昊陵。這樣就更增加問題的複雜性。我們現在試着對於這個複雜錯綜的問

①清末的儒者多受西人中國人種西來的影響,覺得三苗、九黎、蚩尤等全是中國的土著,後受西來華夏民族的壓迫,退居山中;現在的苗瑶就是他們的遺種。近來的學者知道人種西來説的不可靠;知道華夏民族,從很早的時候就是中國的土著。另外一方面,他們大約感覺到民族競争,互相壓迫,歸結或反足貽帝國主義者以口實,所以就説今日的苗瑶與從前的三苗無干,不過是蠻人的别種。但是他們没有想到吴起所説三苗的地域相當地明瞭,没有充足的理由,不能隨便就把它扔掉。另外,唐虞的時代多説三苗,没有大談起蠻(吕氏春秋召類篇内説"堯戰於丹水之浦以服南蠻",是一個例外。其實他所説的蠻就是苗)。至周以後,常説蠻而苗不見。到明清兩代,又常説苗而蠻又不大見。魏源聖武記雍正改土歸流記篇首,以有君長者爲蠻,無君長者爲苗,實屬强爲區别,無大理由。地域相近,苗蠻二名互相改换,如非一種,應該如何解釋?

題加以分析和解釋。

這一集團裏面在古代最有名的氏族是三苗氏，又叫作苗民。苗現在的音爲 miao，古音少齊齒，音當作 mao。現在的字從苗得音的不多，但通用的"猫"字現在仍讀作 mao，又山海經"三苗國一曰三毛國"①均可爲證。苗、蠻二聲當係陰陽對轉，古字同音同義。廣雅釋詁把苗、蠻二字均解作"傷"（輕易的意思），也可作一旁證。三苗的地域，戰國策載吳起説："三苗之居：左彭蠡之波，右有洞庭之水；文山在其南，而衡山在其北。"②彭蠡就是現在的鄱陽湖。左彭蠡，右洞庭，應該在湖南、江西的北部。現在的衡山在湖南省南部衡山縣境内，但是古代所説的衡山並不在此地。山海經中次十一經裏面就有衡山，郭璞解爲南嶽，郝懿行駁他，説這是河南西南部的雉衡山。山海經山經中所載的山系統很明瞭，每經中所載的山全在一處，並無混淆。現在考十一經的山群，全散布於南陽、鎮平、南召、魯山及附近各縣境内，然則郭氏説的不對，郝氏説的對，已經有了證明。雖然如此，這個山望同左彭蠡、右洞庭的地望不合。考"衡"的解釋爲横，南北爲縱，東西爲横、爲衡。戰國時的合縱與連衡，就是從這樣的意義得名。所以凡東西行的山多可叫做衡山。禹貢内説："荆及衡陽惟荆州。"山南曰陽。荆州在衡山的南邊，可見這個山是荆州和豫州的界山，然則所指也許是桐柏及大別各山脉。史記秦始皇本紀内説："二十八年……乃西南渡淮水，之衡山、南郡，浮江，至湘山祠。"按他走的路綫，衡山在淮水南。他過衡山，才到南郡（今湖北境），才浮江，就可

①山海經海外南經。
②魏策一。

以證明衡山不在江水的南岸。楚漢之際,吳芮封衡山王,都城在江北的邾(今湖北黃岡縣境内),他以後改封江南,湖南的衡山在他的境内,可是他却改稱長沙王。這就足以證明當日的衡山在江北岸,不在江南岸。又衡山王賜的封國在今安徽六安一帶,可以使我們想像衡山或許就是今日的霍山①。總之,吳起所説的衡山現在雖説不能確指爲何山,但是它不是現在的衡山却可斷定。文山現在不知爲何山。此後史記吳起傳、韓詩外傳三及説苑君道篇,洞庭與彭蠡的左右與國策互倒。這也没有大關係,因爲地域總在兩湖中間,並没有指另外的地方。外傳,衡山已在南,不在北,史記無南北兩界,或者因爲在西漢中葉,湖南的衡山漸漸有名,所以外傳把它換在南界,而史記就徑把它删去,也很難説。

還有一氏旅,在我國古史裏面聲音頗大,也屬這一集團,可是歷來對於它全不很明白的,就是驩兜。自漢以後,大家全受堯典的影響,總覺得他爲堯手下的一個官吏。在山海經裏面驩頭凡三見:兩次説它是國名,一次指明它的氏族所從出。驩頭就是驩兜,古人已經有了定論。海外南經説:"驩頭國……其爲人,人面,有翼,鳥喙,方哺魚。……或曰驩朱國。"南方多水,此氏族至堯、舜、禹時,大約還以捕魚爲主要的生活,遠方傳訛,遂生出"有翼,鳥喙"的説法。至於郭璞所注"驩兜,堯臣,自投南海而死,帝憐之,使其子居南海而祀之",那是後人調和山海經與堯典的説法,他們不曉得堯典的説法不過是一種誤會,與事實無當。大荒南經説:"大荒之中,有人,名曰驩頭。鯀妻士敬,士敬子曰炎融,生驩

---

①太平寰宇記卷一百廿九、讀史方輿紀要卷二十六全説霍山又名衡山。

頭。驩頭人面，鳥喙，有翼，食海中魚。杖翼而行，惟宜芑、苣、穋、楊是食。有驩頭之國。”海外經與大荒經並不是同時代或一個人的著作，可是都説它在南方，就足以證明古代全傳説它在南方。芑、苣、穋全是禾屬，足以證明它除漁業以外，已經進於農業。至於他與鯀的血統關係，他兩個人並不屬於同一集團，疑莫能明。大荒北經説：“西北海外，黑水之北，有人有翼，名曰苗民。顓頊生驩頭，驩頭生苗民。苗民，釐姓，食肉。”前兩條全説驩頭國在南方，可是在這裏又把出於他的苗民記在西北海外，也是一個可疑之點。其實也無可疑，堯典“分北三苗”一語就可以説明這個歧異。堯、舜、禹時代同三苗氏族有很久和很劇烈的衝突（詳後），結果是三苗大敗，北方的華夏族就把南方苗蠻族——三苗氏族的一部分遷到西北方的三危或瓜州①。“分”是説分散它的人民，北是説把他們遷到北方。因爲他們遷到西北，所以大荒北經裏面又記載到他們。至於驩頭與顓頊的關係，恐怕是因爲將來祝融成了南方集團的代表，可是自古相傳就説祝融出於顓頊，所以驩頭也跟着他錯成出於顓頊的氏族。説苗民氏族出自驩頭，就足以證明這兩個氏族屬於同一集團。至“放驩兜於崇山”②的説法，雖説傳説頗古，似乎是因舜、禹南征的時候，驩頭氏族畏懼兵威，暫避於今湖北或湖南西部高山裏面的結果。至於“以變南夷”的説法③，那是齊魯儒者理想化的反映，司馬遷承用其説。

---

①孟子萬章上篇：“殺三苗於三危。”尚書堯典：“竄三苗於三危。”左傳昭公九年：“先王居檮杌於四裔以禦魑魅，故允姓之姦居於瓜州。”上邊所引的三書實指同一的史實。
②孟子萬章上篇及尚書堯典均有此文。
③大戴禮記五帝德，史記五帝本紀。〔編者注：通行本大戴禮記五帝德與史記五帝本紀皆作“以變南蠻”。〕

　　後來的人因爲孟子和堯典均載有四凶的説法，左傳記史克
的話也談到四凶①，於是説這四個就是那四個，並無不同，實則
史克所説的四凶及十六相同堯典中的四凶和“二十有二人”是
從兩個不同的淵源來的，無法互相比附。司馬遷在五帝紀中並
記兩説，也就是因爲他還明白這來自兩個來源的道理。雖然如
此，史克所説的四凶之一，却與這一集團有關係，換句話説，他
同驩頭和三苗氏族也有若干的關係。這個人就是檮杌。據史
克説，檮杌是顓頊氏的“不才子”，那他就不屬於這一集團。可
是三危的遷和瓜州的遷，自來全説是同一史實。五帝德篇及五
帝本紀裏面均有“以變西戎”的説法。考三危及瓜州地域的人，
大多數是説這兩地均在沙州敦煌縣（即今甘肅敦煌縣）境内，有
些人説它們在比敦煌較近一些的地方。這些歧異關係不大。
從地望考察，似無大誤。今日深化的人民常常有人跑到淺化人
民中間作了首領。這一類典型的人物，因爲他們對於兩方面的
情形均很熟悉，又常常對於他所從來的氏族成爲更難對付的人
物。檮杌或者就是屬於這樣典型的人，三苗爲氏族的名，却由檮
杌領導或參加領導，全是很可能的。楚史叫作檮杌，趙岐説：“興
於記惡之戒。”②歷史没有完全記載惡事的道理。史最早的作用
是記往事，至於鑒戒是後來附加的。所以趙氏的解説實不可通。
檮杌戰敗，從以前很不容易對付他的人民看他自然很討厭，罵他
爲惡人，可是在他所領導的氏族中間，因爲他作戰的勇敢，也不難
成爲英雄。楚國拿本地英雄的名字作爲它自己歷史的名字，也是

①文公十八年。
②孟子離婁下篇注。

很近情理的猜測。要之檮杌原來並非惡名,所以"記惡之戒"的說法並無意義。檮杌個人原來雖不屬於苗蠻集團,可是他與這一集團有很深的關係。至於後世説他就是鯀,那却出於比擬附會,毫無根據。

在傳説中,同這個集團有最深的關係的爲祝融氏族。它雖然開始時不屬於這個集團(後詳),但是以後不惟他的後人爲這一集團作領導,他個人的名字可以説成了南方集團的象徵。每次提及他,大家總會聯想到南方,聯想到苗蠻,所以不能不在這裏把這一氏族説一説。

古代相傳均説他出於顓頊;他的名字,或叫作犁,或叫作重黎。左傳內説:"顓頊氏有子曰犁,爲祝融。"①山海經大荒西經説:"顓頊生老童,老童生祝融。"又説:"顓頊生老童,老童生重及黎。"大戴禮記帝繫篇不惟述及顓頊及老重,並述及他們妻室的姓氏。看世本也述及老童妻室的姓氏②,但有一字與帝繫不同(帝繫作朅水氏,世本作根水氏),或者可以證明帝繫此條並非無據。至於一字的同異却沒有什麼重要。可是帝繫以重黎爲一人,説老童的妻"產重黎及吳回"。史記楚世家説重黎初因有功,受帝嚳封,"命曰祝融"(古字"命""名"通用,"命曰祝融",就是把他叫作祝融),後又有罪受誅,"而以其弟吳回爲重黎後,復居火正爲祝融",它以重黎爲一人和説他有弟吳回,與帝繫説相同。可是他們的父親却叫卷章(注引譙周説"老童即卷章"),上面還有稱的一世,稱的父親才是顓頊。司馬遷史記自序説司馬氏出

---

①兩條皆昭公二十九年〔編者注:原稿如此,正文僅引一條〕。
②即上所引山海經第二條郭璞注所引。

自重黎,他的説法應該有所本,可是他在曆書全用國語楚語的説
法,説"顓頊受之,乃命南正重司天以屬神,命火正黎司地以屬
民"。他的自序開始也説"昔在顓頊,命南正重以司天,北正黎以
司地",似乎他並没有堅執重黎爲一人的説法,不過因從前連稱
過久,遂錯誤因襲,成爲連名。他在曆書中雖説全用國語的説法,
可是在自序中却説黎爲北正,與國語又不同。究竟黎是火正呢?
是北正呢? 按古代人民雖説以水火二物爲大用,可是火的光明美
麗,更容易引起先民崇拜的觀念。早期祭竈的習慣,遍及世界各
地;印度、希臘、羅馬對於聖火的崇拜,超過一切神祇①。所以黎
的火正並非錯誤。自序索隱也説:"案國語'黎爲……火正,以淳
曜敦大……光照四海',又幽通賦云'黎淳燿於高辛',則火正②爲
是。"它用"淳曜敦大……光照四海"的指示證明黎爲火正,非北
正,也很有道理。風俗通義祀典篇説:"周禮説:'顓頊氏有子曰
黎,爲祝融,祀以爲竈神。'"因爲他是火正,所以與竈發生關係。
然則火正一名絶非訛誤。左傳内又説:"少昊氏有四叔:曰重,
曰該,曰脩,曰熙,實能金、木及水,使重爲句芒……世不失職,
遂濟窮桑。"③這樣,重屬於少昊氏族,不屬顓頊;職爲句芒,並非
南正。因此就有人説這個重是另外的一個人,與南正重無干。
我們覺得他與南正重可能還是一個人,因爲出自顓頊的問題可
能是由於受命顓頊的誤會;而句芒、祝融、蓐收、玄冥諸名,第
一字大約全是地名,比方説,蓐收的"蓐",大約就是"沈、姒、

①希臘羅馬古代社會研究第三章。
②編者注:"火正",原誤作"高辛",據通行本史記及文意改。
③昭公二十九年。

蓐、黃”①的“蓐”。句芒的“句”同須句②的“句”或者也是一個；須句同句也像吳又叫作句吳，越又叫作於越，不過是發音時緩急的關係，並非另外一地。我們也承認：這樣的解釋，任現在的情形下，僅僅能備一解，至於這一問題完全的解決還有待於將來繼續的研究。

　　關於重、黎絕地天通的問題和祝融氏族在什麼時候才與苗蠻集團發生關係，及如何發生關係的問題等到後面再說。現在所要講的幾句話是祝融後裔的居住地問題：

　　左傳上說：“鄭，祝融之虛也。”③則祝融原居在今河南新鄭縣境內。他的後人頗昌盛，國語鄭語對於他們叙述很詳。他的後人分爲八姓：己、董、彭、秃、妘、曹、斟、羋。他們所占的地域相當地大。“己姓，昆吾、蘇、顧、温、董”。昆吾當夏代爲伯主。左傳載楚靈王說：“昔我皇祖伯父昆吾，舊許是宅。”④靈王述他遠代祖先的事，所以稱“皇祖”；楚又不是昆吾的直系後人，所以稱“伯父”。許地即今河南許昌縣。因爲靈王說話的時候許已南遷，所以稱爲“舊許”。昆吾大約是祝融的長子，所以居住地相近。左傳哀公

---

①左傳昭公元年。後來作綜合工作的人說少皞爲金天氏，唯一的證據就是據此節左傳所說“昔金天氏之子曰昧，爲玄冥師”及昭公二十九年左傳所說“少皞氏有四叔：曰重，曰該，曰脩，曰熙，實能金、木及水。使……脩及熙爲玄冥”的文字。實則，五行官名原來全是專名，用作官名，大約比較晚近。玄冥實即商侯冥，不會有疑問。冥生於夏中葉，時代相當明確。並且“昧爲玄冥師”，並非爲玄冥。杜預解師爲長，不管他的解釋是否，而昧既爲玄冥師，就足以證明他與商侯冥同時。就這一點已經足以駁斥少皞爲金天氏的說法。昧的後人爲沈、姒、蓐、黃，然則月令中所記的秋帝——少皞與金天氏無關，而它所記的秋神蓐收，却與金天氏有密切的關係。
②左傳僖公二十三年杜注。
③昭公十七年。
④昭公十二年。

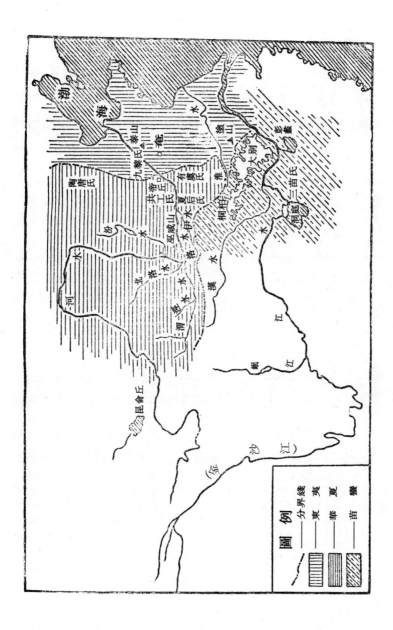

十七年下載："衞侯夢……見人登昆吾之觀……登此昆吾之
虛。"是當日衞都城內有"昆吾之虛"；遺墟地高，上去可以觀
覽，所以又叫作觀。杜注："今濮陽城中。"濮陽今仍舊名，現屬
河南。是昆吾氏族也曾在那裏住過。蘇、溫二國，杜說在"河內
溫縣"①，即今河南溫縣，是當日已遠在黃河北。顧，元和郡縣圖
志說："故顧城在（范）縣東二十八里，夏之顧國也。"②這是祝融
八姓諸國中最北的一個建國。董未知何在。"董姓：鬷夷、豢
龍"也未知何在。尚書序"遂伐三鬷"，史記作三㚇③，後漢書郡
國志濟陰郡定陶縣下有"三鬷亭"，注云"湯伐三鬷"，鬷夷氏去
此地或不很遠。如果揣測不差，那就在今山東定陶縣境內。
"彭姓：彭祖、豕韋、諸稽"。彭祖又叫作大彭，商代爲伯主。它
的居地，以後叫作彭城，在我國歷史上爲一南北要衝。即今江
蘇銅山縣。豕韋的韋也寫作鄣、作衞。在濮陽縣境內。諸稽不
知所在。"禿姓：舟人"。據鄭語上文"若克二邑（虢、鄶），鄢、
弊、補、舟、依、㹷、歷、華，君之土也"，那舟人當去虢、鄶不遠。
鄶在今河南密縣境內，東虢也離它不遠，那舟人也當在它的附
近。"妘姓：鄔、鄶、路、偪陽"。鄔，杜注"在河南緱氏縣西南，
有鄔聚"④，那就在今河南偃師縣境內。鄶上面說過。路不知所
在。偪陽，杜注"今彭城傅陽縣"⑤，在今山東嶧縣境內。"曹姓：

————————

①春秋釋例卷五。
②卷十一濮州范縣下。
③殷本紀述湯事。
④左傳隱公十一年。
⑤左傳襄公十年。

鄒、莒”。鄒又叫作邾，杜注“今魯國鄒縣”[1]，今山東南境，仍叫
作鄒縣。但是，“故邾國在黃州黃岡縣東南百二十一里”[2]，即
今湖北黃岡縣。莒在今山東莒縣。“斟姓無後”，原居地也不知
所在。“羋姓：蘷、越……蠻羋……荆”，蘷爲夔的別寫。杜注
“今建平秭歸縣[3]，今湖北境，西邊已經與四川接連，現仍名秭
歸。越未知何在，韋昭以爲就是越句踐的越，並引世本“越，羋
姓”的説法[4]，不過這種説法實太可疑。句踐的姓有兩説：一就
是上所説的羋姓，可是通常全説他是禹的後人——姒姓，這一
説始於史記句踐世家，吳越春秋也用此説。不過這兩説全很難
信。春秋時候的風氣非常看重世族，凡有饗燕與戰爭，常常誇
耀他自己那華貴的家世。句踐不管是禹後也好，是祝融後也
好，全是很被尊重的世家，可是在國語吳語與越語之中，一句話
也沒有提到過，其他春秋三傳載吳與越事本不多，更不必説。
這樣違反常例，如果不是傳訛，就很難解釋了。並且楚世家載：
“成王惲元年……使人獻天子，天子賜胙曰：‘鎮南方夷越之亂，
無侵中國。’”夷下列越足以證明它爲一種族的名，並非國名。
這個時候楚的南境，大約不出今湖北界内，無緣超越江西、安徽
以與浙江的越有關，天子也不會命他鎮撫他們。我們覺得這個
越就是楚世家裏面的越章，越下多一個字，也就像邾或稱爲邾
婁，這種分別也是出於發音緩急，並非指兩個不同的地點。如

①左傳隱公元年。
②括地志，史記楚世家正義引。
③左傳僖公二十六年。
④國語吳語注。

此説不誤，它也就"在江上楚蠻之地"①，就是今湖北南境的一
個地方。蠻芈，韋昭説"叔熊在濮，從蠻俗"，看上文"叔熊逃難
於濮而蠻"的話，韋説可信。"建寧郡南有濮夷"②，當在今石首
縣南，大約是指的今兩湖交界處的各部落。荊後改爲楚，原在
丹陽，也在秭歸縣境內。以後遷到郢，在今江陵縣北境，在春
秋、戰國時最爲大國。——從以上所説可見祝融後人的散居
地，南邊可到兩湖接界處，北上到河南中部。再北到河南、河
北、山東交界處，也有向西住到黃河北岸的。再東到山東東部。
專從地理觀點看，也就可以知道祝融八姓很難説成屬於苗蠻集
團的。雖然如此，前邊我們説過檮杌是從深化人民出去，跑到
淺化人民中間去作首領，祝融大約也是同類的人物。他雖然出
於另外的集團，但是由於他到苗蠻集團中作首領，苗蠻自然受
他的影響，而他及他的後人的風俗習慣大部分也要同化於苗
蠻，也是一種不可免的情形。我們所分的集團，主要是注意在
文化方面，血統方面無大重要。所以後人把祝融當作南方集團
的代表，也可以説沒有錯誤。不過這所指的是楚、是蠻芈、是
夔、是邾等氏族。其他散處各地的氏族並不屬於苗蠻集團。

　　要之，這一集團的中心在今日的湖北、湖南兩省。西及南兩方
的界限到什麼地方，今日文獻無徵，却很難説。在東面，江西省的
大部分當仍屬於這個集團。再向東的吳及越地，在文化上是否也
屬於這一集團也很難説。獨北面的疆域比較明白。東部當以今

①史記楚世家。按汪遠孫已有鄭語中"夔、越"的越爲越章的説法。
②左傳文公十六年疏引釋例。

日豫、鄂連境的大別山脉爲界，以東鄰於東夷集團。西部則北越南陽一帶，侵入伏牛、外方各山脉間，以北鄰於華夏集團①。

四、帝俊與帝鴻

從以上所說，大家大致可以明白我們從前流傳很久的聖君賢相的系統，是從三集團裏面搜集材料，以後雜湊起來、綜合起來所得到的結果，並不是原來就如此的。可是在古代的帝裏面，還有兩個很有名的，却並沒有進入這個系統，遂引起後代念書的人的多種猜測。一個是帝俊，一個是帝鴻。我們對他們不得不加以探討。

帝俊這個人物，在山海經裏面，可以説是第一烜赫的了。裏面載他的事，多至十六（在經裏面只有帝顓頊多至十七事，可是他與九嬪葬處一事三見，那只剩下十五事。此外黃帝十事，炎帝四事，帝嚳三事，帝堯二事，帝舜九見八事，帝丹朱二事，帝江一事，帝鴻一事。其餘的人没有帝稱）。他的事蹟全在大荒經及海

①對於苗蠻集團居住地的問題，胡三省在通鑑的百零四卷注中說的頗爲明白。他説："自春秋之時，伊、洛以南，巴、巫、漢、沔以北，大山長谷，皆蠻居之。文公十六年，'庸人率群蠻以叛楚'，庸則漢之上庸縣也（今湖北竹山縣）。哀公四年，楚人襲梁及霍以圍蠻氏，執蠻子赤。梁則漢河南之梁縣（今河南臨汝縣）；霍則梁縣南之〔編者注："之"，原誤作"的"，據通行本資治通鑑胡三省注改〕霍陽山也。漢高帝用巴渝蠻以定三秦，則板楯蠻也。後漢祭遵攻新城蠻、柏華蠻，破霍陽聚，則春秋蠻氏之部落也。其後又有巫蠻、南郡蠻、江夏蠻。襄陽以西，中廬、宜城之西山皆蠻居之，所謂山蠻也。"但是他所說的"巴、巫、漢、沔以北"，"以北"二字頗容易引起人的誤會。因爲不惟他所説的南郡蠻多在漢、沔以南，並且東漢時候所稱的武陵蠻，零陵蠻（今湖南西南境），鬱林、合浦蠻夷（今兩廣境内），日南、象林徼外蠻（今越南北部），所叫作蠻的很多。大約除西南夷以外，凡在兩湖、兩廣、四川及越南境内，凡未與漢族同化的人民，當時均叫作蠻，這個稱呼大約還有超出於苗蠻集團以外的部分，但是除了兩廣及越南部分，超出或不太多。至於河南的外方及伏牛山脉一帶，兩漢、兩晉、南北朝的時候還有蠻族，那就是些還没有同化的蠻族。

内經裏面記載着,現在全抄如後:

有中容之國。帝俊生中容。中容人食獸、木實。使四鳥:豹、虎(當係"虎豹"誤倒)、熊、羆。(大荒東經)

有司幽之國。帝俊生晏龍;晏龍生司幽;司幽生思士,不妻,思女,不夫。食黍,食獸,是使四鳥。(同上)

有白民之國。帝俊生帝鴻;帝鴻生白民。白民,銷姓。黍食。使四鳥:虎、豹、熊、羆。(同上)

有黑齒之國。帝俊生黑齒,姜姓。黍食。使四鳥。(同上)

有神人面、犬耳、獸身,珥兩青蛇,名曰奢比尸。有五采之鳥,相鄉棄沙,惟帝俊下友。帝下兩壇,采鳥是司。(同上)

有人三身。帝俊妻娥皇,生此三身之國,姚姓。黍食。使四鳥。(大荒南經)

有人食獸,曰季釐。帝俊生季釐,故曰季釐之國。有緡淵。少昊生倍伐,倍伐降處緡淵。有水四方,名曰俊壇。(同上)

東南海之外,甘水之間,有義和之國。有女子名曰義和,方日浴("日浴",疑係"浴日"誤倒。旭生)於甘淵。義和者,帝俊之妻,生十日。(同上)

有西周之國,姬姓。食穀。有人方耕,名曰叔均。帝俊生后稷,稷降以百穀。稷之弟曰台璽,生叔均。叔均是代其父及稷播百穀,始作耕。(大荒西經)

有女子方浴月。帝俊妻常羲,生月十有二,此始浴之。(同上)

丘方員三百里。丘南帝俊竹林在焉。大可爲舟。(大

荒北經）

　　帝俊生禺號，禺號生淫梁，淫梁生番禺，是始爲舟。番禺生奚仲，奚仲生吉光。吉光是始以木爲車。（海內經）

　　少皞生般，般是始作弓矢。帝俊賜羿彤弓素矰以扶下國，羿是始去恤下地之百艱。（同上）

　　帝俊生晏龍，晏龍是爲琴瑟。（同上）

　　帝俊有子八人，是始爲歌舞。（同上）

　　帝俊生三身，三身生義均。義均是始爲巧倕，是始爲①下民百巧。（同上）②

　　大荒東經裏面又有一條說：“東荒之中有山，名曰壑明俊疾，日月所出，有中容之國。”這一條雖說沒有帝俊字樣，可是十日、月十有二爲帝俊的兒子和女兒，這裏說“日月所出”，意義正合。又“有中容之國，帝俊生中容”，這裏也說“有中容之國”，關係很明。然則這個“俊”字也應當與帝俊有關係。此外大荒經裏面還有幾個“俊”字，但是關係不明，暫時不談。

　　在以上所述的故事裏面，第一須要注意的，就是他東西南北，

①編者注：“爲”，通行本山海經作“作”。
②我寫這本書初稿的時候疑惑大荒東經裏面的“名曰折丹。東方曰折，來風曰俊，處東極以出入風”，所說的“俊”，前雖無“帝”字，也似乎與他有關。現在知道這個看法不對。“俊”在這一節裏面本爲風名。胡厚宣在他的釋殷代求年於四方和四方風的祭祀一文（復旦學報［人文科學］1956年第一期）裏面，據山海經的文例訂正原文應爲“有人名曰折，東方曰折，來風曰俊，處東極以出入風”。又據甲骨文材料及堯典“厥民析”的話，指出“折”爲“析”的訛誤；“俊”與“勰”或“協”爲同義語，大戴禮記夏小正“正月時有俊風”，俊風即協風，說均確鑿。此俊爲一風名，與帝俊無關。我從此覺得“帝俊”原文或作“帝劦”也很難說。不過此說現在毫無證據，僅能提出以備將來研究的肯定或否定。

無所不至。原來，山海經所記錄的，驟然看起，很像雜亂無章，並且裏面真有不少處的錯簡，可是仔細看來，却仍然有它的秩然不亂的地方。比方説：黃帝與炎帝的傳説只能在西方和北方；東方就少（因爲它只用四方，東北隅的可以寫在北方下面，也未嘗不可寫在東方下面）；南方簡直没有。共工的傳説散布在北方；后稷的傳説在西方；如此等類，一點不亂。東西南北無所不到的，除了帝俊，只有一個顓頊。這已經可以注意了。第二可以注意的，是古代重要的大發明，差不多全出於他的子孫。自農業（播百穀、作耕）、工業（始作下民百巧）、交通工具（爲車）、文藝（始爲琴瑟、始爲歌舞），没有不是由他的子孫發明的！弓矢雖然不是他子孫的發明，可是羿必須受他的彤弓素矰，才能“去恤下地之百艱”，這就是説：除人民的百害！這樣説，除了他同他子孫的工作，還能有人類，還能有文化麼？從這一點看來，這不惟不是炎帝、帝堯、帝嚳、帝舜、帝丹朱、帝鴻、太皡、少昊、祝融所能企及，就是在此經中次烜赫的帝顓頊、黃帝，也要瞠乎其後，差的很遠了。第三可以注意的，是除了上述重要發明和許多氏族由他分出外，還有三條：一是他的妻“羲和生十日”，那太陽却是他的兒子①。二是他的另一個妻“常羲生月十有二”，那月亮又是他的女兒。這兩點在山海經的傳説中，只有“噎鳴生歲十有二”一事略可同它相比。究之，積日月而成歲，生歲或尚不及生日月的神異。三

①看海外東經“雨師妾……一曰在十日北”的文字，十日應該是一個氏族的名字。但是，看上面“湯谷上有扶桑，十日所浴，在黑齒北，居水中，有大木，九日居下枝，一日居上枝”，及海外西經“女丑之尸生而十日炙殺之”的文字，那“十日”在極早的時候已經和十個太陽的神話混在一起了。現代有人主張十個太陽是由於後人對名詞的誤會，由於山海經的本文就可以證明此種主張的片面性。

是"有人面、犬耳、獸身，珥兩青蛇，名曰奢比尸。有五采之鳥……"爲他的"下友"。他的下友是指五采鳥説的，或是指奢比尸的，文義不夠明確。但無論如何，總是頗神奇的。大家試着閉目一想：他老先生帶着他的十個太陽兒子，十二個月亮女兒，也許還有"人面、犬耳、獸身、珥兩青蛇"的神人或"五采之鳥"跟隨着他！我國最初所稱的帝本來是些半人半神的人物（古字無神，神本字爲申，即电，电也就是它的本義）。殷以前凡王全可以稱帝，就是因爲當日習慣把國王當作神人看。等到殷周改代的時候，大家對於神的觀念有很大的變化，於是周武王的後世才"貶帝號，號爲王"（殷本紀末），可是"神"氣十足，恐怕要數帝俊占第一位吧。像他這樣烜赫的人物却不見於古來所傳的聖帝明王的大系統裏面，不能不引起後來人的驚疑，於是在古書裏面找相類的事蹟以相比附，郭璞説他是帝舜（上引首條注），郝懿行疑惑他是帝嚳、帝舜、少典、黄帝。由於郝氏的疑惑不定就可以證明問題的複雜性。其中帝嚳説爲最占勢力。近世王國維又博考文獻，證以考古工作的出土材料，舉出五個證據，判定帝俊的必爲帝嚳。五個證據：一爲反駁郭璞主張帝舜的説法，説"大荒經自有帝舜，不應前後互異"，所以帝俊不能是帝舜。二爲"夋者帝嚳之名。史記五帝本紀索隱引皇甫謐曰：'帝嚳名夋。'初學記九引帝王世紀曰：'帝嚳生而神異，自言其名曰夋。'"王氏説這個夋就是大荒經及海内經中的帝俊。三爲"帝俊之子中容、季釐，即左氏傳之仲熊、季貍，所謂高辛氏之才子也。'有子八人'又左氏傳所謂'高辛氏有才子八人'也"。四爲"詩大雅生民疏引大戴禮帝繫篇曰：'帝嚳下妃諏訾之女曰常儀，生摯。'家語、世本，其文亦然"。王氏因此説常儀即帝俊妃常羲。又説："曰羲和，曰娥皇，皆常羲一語之變。"五最重要，爲卜辭中有"癸巳貞于高祖♀"。這個字又寫作♀，卜辭中有不少關於祭這位高祖的文字。王氏説：這"二字象人首手足之形，疑即夋字。説文解字夊部夋……'從夊，允聲'。考古文允字作♀，或作♀，本象人形。♀字復於人形下加文，蓋即夋字"。而夋爲帝嚳之名。王氏初考卜辭中所見先王、先公的時候，態度還很慎重。他説："雖未能遽定，然容有可證明之日。"及至他以後看見♀有高祖的稱號，就確信這個字"即夋之確證，亦爲夋即帝嚳之確證"。我們覺得王氏的説法雖説比較有根據，但是他主要的錯誤是誤信綜合材料大戴禮記帝繫篇契爲嚳子，及禮記祭法篇"殷人禘嚳"的説法，不曉得祭法是按着帝繫篇改寫的，並不足爲證據。"商人禘舜"，國語魯語上寫的清楚，並無錯誤。可是自從韋昭注國語，就自破藩籬，説舜爲嚳的誤寫。此後大家對於國語商人禘舜的説法幾乎完全忘掉。常常明説是引國語，引的却是禘嚳的説法！真義晦暗達一兩千年之久！這一點我此後還要説及，現在暫止於此。王氏采用史料也毫無辨別：像帝王世紀一類僅足供參考的史料居然毫無解説和辯駁地替代了有頭等價值的國語等書内的史料，這樣的辦法是很難得到正確的結論的。他説："大荒經自有帝舜，不應前後互異。"果然不錯，可是大荒南經中明明載着"帝堯、帝嚳、帝舜葬於岳山"，也是前後互異，他却沒有注意到，或不願意注意到了。他引高辛氏才子人名的偶合以證明他所主張帝嚳的説法，我們覺得古人所傳太皥伏羲、炎帝神農、黄帝軒轅或有熊、少昊金天、顓頊高陽、帝嚳高辛、帝堯陶唐、帝舜有虞十七名中每二名（或三名）的聯繫，全是作綜合工作的人工作的結果，它們爲是爲非，我們須要批判以後才能接受。據我們現在的研究來判斷：我們大致可以説，除顓頊之爲高陽氏，帝堯之爲陶唐氏，帝舜之爲有虞氏無大問題外，其餘在古書中全未考出證據，均屬可疑。所以我們認爲高辛氏才子——仲熊、季貍的名字雖與帝俊所生——中容、季釐名字偶合，但不足證明帝俊之爲帝嚳。王氏所説羲和、娥皇一語之變，固屬不誤，但他説此二名全自常羲轉來，就很牽强。羲和爲十日母，常羲爲十二月母，均見於大荒經中，明非一人。並且娥皇爲帝舜妻，又與帝嚳説相抵消。至於他所最注重的高祖夒的卜辭，此字本難認識，到現在，有人認爲顓頊的“頊”，有人認爲契，衆説紛紜，莫衷一是①。我們覺得解夒爲契，從字形看最近情理，但也僅可備一説，無法作任何的斷定。要之，須要注意古人作綜合工作的時候，也是旁考博證，搜求各方面的材料，求得到相同的點而後指明它們的同一，並非向壁虛造。但是他們的前提是中國從來統一，這却是極大的錯誤。因爲他們用這樣的前提，所以他們所能想到的情形比實在經過的情形簡單得多。如果中國從來統一，五帝是那樣簡單地相承，他們那樣比附的方法也還不致大錯。無奈我國古代同他

---

①丁山先生主張夒爲頊字最初的形態。徐中舒先生説：“契古文爲离，又寫作离，它是從夒變出來的。”但是他只在教室裏面講過，並沒有寫文章。我聽説楊樹達、容庚二先生也都是主張契説的，但是我没有見着他們的文章。唐蘭先生也反對帝俊説，但是他所説的“殷世之稱‘高宗’後於‘大宗’‘眔’‘中宗’，然則稱始祖當爲‘大祖’，而‘高祖’非始稱，夒（即夒字，讀如撓）之非嚳明矣”（古史新證序），我們覺得他的證據薄弱，未必如是。

國的古代也大致相同：氏族林立，此衰彼興，不知道有多少。沒有確實的證據，專用比附的方法，一定要鬧得錯誤百出。如果真正注意到古代社會的錯綜變化，就不難看出帝俊、帝嚳、高辛、帝舜四個名詞很可以代表四個不同的人或氏族。我們如果沒有其他較好的方法，還是相信較古的材料，比較難錯誤一點。我現在不知道在皇甫謐的腦子裏面，帝俊和帝嚳是否是一個人，我總可以確鑿地説：在寫大荒經和海内經的人的腦子裏面，帝俊、帝嚳、帝舜的確是三個人，我們又沒有充分的理由可以駁斥山海經作者的錯誤，所以還是不要牽强附會才較好一點①。

　　我們還可以問帝俊的傳説出於三集團中哪一集團，這個問題

────────────

① 從前以及有些現代的學者總要在從前所傳的聖帝明王大系統裏面找出來帝俊的化身，主要的原因是因爲他們覺得這樣烜赫的人物不可能不出現在大系統裏面，所以一定想找出他。我們對於這一點也不免有點感覺詫異，但是我們覺得可以從別一方面尋找解釋：太史公在他的自序裏面自比孔子，説：“先人有言：‘自周公卒五百歲而有孔子，孔子卒後至於今五百歲，有能紹明世，正易傳，繼春秋，本詩、書、禮、樂之際，意在斯乎！ 意在斯乎！’小子何敢讓焉”。索隱説“揚雄、孫盛深所不然”，並且罵他“多見不知量”，實則，這是孔子被尊以後，衆人囿於成見的説法。我們覺得孔子和太史公真有不少相似的地方，主要的就是太史公用創造精神，繼承春秋而作史記。他在五帝本紀末説：“百家言黄帝，其言不雅馴，薦（縉）紳先生難言之。”這就是説：雖説百家書裏面記載有不少關於黄帝的傳説，可是他們所説多不雅正和近情理，所以當日的知識分子，縉紳先生都不願意輕於述説它。他所以選用五帝德、帝繫兩篇的説法，自然是因爲它們的“雅馴”。他在五帝本紀裏面，幾乎把五帝德中的話全抄進去，可是，什麼“乘龍展雲”啦，什麼“乘龍而至四海”啦，以及其他類似的句子，却完全被他删掉。從這一點看，他那“雅馴”與否的標準，不是很清楚嗎？ 選擇雅正和近情理的史料是太史公選擇史料時候的標準，也似乎是孔子選擇史料時候的標準。我們覺得孔子删詩的説法未必可靠，可是他删書的説法，似乎未盡子虚。如其不然，載在左傳、國語諸書裏面在春秋時代關於古代的傳説，像實沈、臺駘及鯀化黄熊之類，説孔子簡直不知道，那一定不可能。他的捨棄不記，大約也是因爲它們不雅馴的緣故。帝俊的“神”氣特別十足，或者是因此爲不談“怪、力、亂、神”的孔子所捨棄了吧。

還不難得出答案。指明同他有關係的姓有四：姜、銷、姬、姚。姜、姬、姚均屬華夏集團，姜、姬二姓又爲炎、黃二帝的宗姓。銷姓出於帝鴻，帝鴻實在就是帝江，又見於山經中西次三經，那也當屬於西北方的華夏族。所以帝俊的傳説出於華夏集團，可以説没有疑義。

又有“使四鳥：虎、豹、熊、羆”一事，同從他分出的氏族似乎特別發生關係。大荒經説從他出的有中容、司幽、白民、黑齒、三身、季釐、羲和、西周八國，中容、白民兩國全有此文。司幽、黑齒、三身三國，雖説没有細數四鳥的名字，可是也有“使四鳥”的文字。然則從他的氏族分出來的氏族同此事發生關係的已經過半。此外對帝俊没有明文的氏族，東經有玄股，南經有張宏，西經有先民，北經有毛民，全有“使四鳥”的文字；東經有蒍國，北經有叔歜，均有“使四鳥：虎、豹、熊、羆”的文字；北經中北齊之國，雖没有説四鳥，却有“使虎、豹、熊、羆”的文字。這七個氏族，除叔歜出於“顓頊之子”有明文外，北齊姜姓，與帝俊有關係很明顯。餘五氏族不知道同他有關係没有；或有若干關係，也很難説。此外南經中舜與叔均葬處，南經中帝堯、帝嚳、帝舜葬處，北經中帝顓頊與九嬪葬處，均有這四獸間雜於各禽獸中間，但没有説“使”，或者没有關係。這“四鳥”或者是代表四族的圖騰。埃及當 Menes 的時候，把他所征服的氏族的圖騰，百合或玫瑰、蜂、兀鷹、蛇同當時的圖騰和刺斯鷹結合起來爲國王的名字[1]，然則這“四鳥”或是帝俊氏族所征服的四氏族的圖騰。

---

[1]參考 A. Moret et G. Davy 的從部落到帝國主義第二篇。

又不説四獸,却説"四鳥",或者是帶翅膀的獸。帝俊爲華夏集團裏面的神或人神,那在這一集團裏面與鬼神有很深關係的顓頊氏族或神壇前面,也或者列這四個圖騰的標識,所以從顓頊氏族分出的叔歜氏族也沿襲用着。

　　至於帝鴻的問題就簡單多了。"鴻"從"江"音,古字義符常常省減,逕作"江"(畢沅已有此説)。左傳文公十八年傳内説:"帝鴻氏有不才子……天下之民謂之渾敦。"山經西次三經天山下説:"有神焉,其狀如黃囊,赤如丹火,六足,四翼,渾敦,無面目,是識歌舞,實爲帝江也。"山海經中的渾敦正是左傳中的渾敦,説他像黃口袋,説他没有面孔和眼睛,正是誇張地摹擬他渾敦的狀態。"帝鴻氏之子"應當仍稱帝鴻,所以説"實爲帝江"。賈逵、杜預都説帝鴻就是黃帝①,不知道他們何所本。我疑惑莊子應帝王篇内曾經説"中央之神,其名爲混沌",可是渾敦是"帝鴻氏之子",黃帝,按着吕氏春秋季夏紀,"中央土……其帝黃帝",那黃帝也就是中央的神。賈逵因爲這點關係就把他們兩個比附成一個,也很難説。路史引干寶"鴻、黃世及,其道一也",判定鴻與黃是兩個人,不是一個人,很是。但是它因此又把帝鴻列在黃帝後面爲受命的一帝,却是從這一個牛觭角裏面鑽出,又鑽進那一個牛觭角裏面。當日氏族散布,互爲强弱,既無統一,也無受命。黃帝與帝鴻不過是各氏族裏面的人神首長。誰先誰後,現在文獻無徵,没有法子知道。這樣任便地排列古帝系,實屬無謂。這是爲時代所限,並不足怪。並且我們因此得到一個古人苦心排

① 賈逵説是由郝懿行山海經箋疏卷十四白民之國條下轉引;杜預説見左傳文公十八年注。

列古帝系統的例子，也不算没有意義了。

五、帝顓頊

在古代各帝裏面，最難明瞭而關係又頗爲重要的莫過於帝顓頊。最難明瞭，因爲：第一，我們在前面已經把三集團的頭緒大致整理清楚，知道那些人或那些氏族屬於那一個集團，可是遇着這位帝顓頊就困難了。一方面，華夏集團中的重要氏族，有虞氏、夏后氏全對他行祖祭①，似乎他們的氏族對他的氏族，開始時有派分的關係，那他的氏族也應該屬於華夏集團。另外一方面，大荒東經開頭就説：“東海之外大壑，少昊之國，少昊孺帝顓頊於此。”郭注：“孺義未詳。”按孺與乳二字古義相通假。這裏大約是説顓頊幼稚的時候曾經在少昊氏族内被養育的意思。帝王世紀所説“顓頊生十年而佐少昊”②，也同大荒經所説不背謬。那他又像是屬於東夷集團。祝融氏族，大家全説是出於他；又“黄帝……生昌意，昌意降居若水，生韓流……生帝顓頊”③，若水後人全説它在今四川西境，那關於他的神話已經散布很遠，到了四川西境。又在山海經裏面，雖説山經、海外、海内、大荒各經没有嚴格的區别，可是它所記的東西南北的方向大致可靠。帝顓頊却見於海外北、大荒北、海内東、大荒東、大荒南、大荒西，像他這樣東西南北，“無遠弗届”的情形，在山海經裏面，除了帝俊以外，没有第三個人。我們想用方向猜測他所屬集團的辦法已經不可用。第二，他

①國語魯語上。
②初學記卷九引。
③山海經海内經。

没有很多的戰功,不像黃帝一樣。僅僅可考的不過同共工氏小有争鬥①。那是因共工氏逼處在今日的輝縣,與顓頊所居的濮陽相近,所以有小戰事。在淺化人民中間,有武功的容易傳播,没有武功的很難顯著。顓頊没有顯著的武功,却是聲名洋溢,超過黃帝(在山海經中見面回數的多就是證明),是一件頗不容易明白的事情。至於他的關係重要,下面的研究就可以證明。因爲有這樣的關係,所以我們不能不特别加以注意。

在研究之先,我要對於我們所用的"帝顓頊"一詞説兩句話:我們用帝顓頊、帝堯、帝嚳、帝舜、帝丹朱等名詞,固然因爲古代人相沿着這樣稱呼他們,而最主要的,却是因爲當日處在原始公社時代的末期,宗教勢力很龐大,專名前面加一"帝"字,很恰切地表明他們那半神半人的性質。帝就是神,單稱"帝"或加一字作"皇帝",而下面不繫專名的,均指天神,並無真實的人格。如尚書吕刑篇所説"皇帝請問下民"的"皇帝",就是這樣。可是帝下帶着專名的却是指的人神,他們雖説"神"氣十足,而人格却並非子虚。必須兼這兩種性質來看,才近真實。

帝顓頊特别重要是因爲他在宗教進化方面有特别重大的作用。大戴禮記五帝德篇所記五帝的德行和事蹟,一方面固然是齊魯儒者把他們人化和理想化的結果,可是另外一方面作者也曾經采録了些遠古的傳説。這就是説他的記述雖説不免有若干失真的地方,可是它並非向壁虚造,仍然保存有一定的歷史的核心的。我們且看它對於帝顓頊説些什麽話。它説:他"洪淵以有謀;疏

①淮南子天文訓:"昔者共工與顓頊争爲帝。"兵略訓:"顓頊嘗與共工争矣……共工爲水害,故顓頊誅之。"

通而知事。養財以任地；履時以象天。依鬼神以制義；治氣以教民；潔誠以祭祀。乘龍而至四海……”它第一句説他很有謀劃，第二句説他通曉道理，第三句説他在地上養出貨財。在這三句裏面還没有同鬼神有關係的話頭。第四句“履時以象天”，就是説他在四季所行爲全是按着天象。吕氏春秋在各月中指出天子應該穿什麽顔色的衣服，騎什麽顔色的馬，就是這一類思想的表現，這已經與鬼神有些關係了。主要的是第五句，他所講的道理是按照鬼神的意志去裁制的。這一句明指他是鬼神的代表，就是説他是大巫，他是宗教主了。第六句史記索隱解爲“理四時五行之氣以教化萬人”，這仍是吕氏春秋所包涵的思想；也是同宗教有關係的。最後兩句更明顯地與宗教有關係。它這八句讚語就有五句牽涉到宗教與鬼神。裏面雖然不免混雜些戰國後期關於宗教的看法，可是，綜括説來，五帝德的作者是認爲帝顓頊同宗教有特别關係的。更應該注意的，是在五帝德中，不惟後面所讚美的堯、舜、禹，讚美詞已經完全屬於人事，同鬼神幾乎毫無關係，就是前面的黄帝，後面的帝嚳，對於他們的讚美詞，雖有關於鬼神的一兩句話，却並不在主要地位，比較來看就不難看出帝顓頊對於宗教關係的特殊性質。不惟如是，帝顓頊主要的事蹟是“命重、黎絶地天通”，是“重實上天，黎實下地”，是“命南正重司天以屬神，火正黎司地以屬民”①。這些傳説與五帝德所記未必來自一源，可是意義完全符合。關於他的傳説又有“風道北來，天乃大水泉，蛇乃化爲魚，是謂魚婦。顓頊死，即復蘇”。蘇是蘇醒，復蘇是重

---

①國語楚語下；山海經大荒西經；史記曆書、自序。

新蘇醒,應該是説它又變作蛇。人對於蛇從來厭惡,上古人見面
就互相問"無它",這就是説:"你没有遇見蛇麽?"蛇被厭惡能到
這步田地!按吕氏春秋、禮記月令的説法,顓頊爲北方的帝,就是
北方的大神。風自北來,或者就是象徵着帝顓頊要出現,這時候
討厭的蛇也就變成無害的魚。"顓頊死,即復蘇",意思非常明
顯,因爲"帝"死了,討厭的蛇才又恢復它那討厭的生活,帝顓頊
的神通能廣大到這步田地!不是大巫,怎能够有這樣廣大的神
通!再後的傳説有:

> 顓頊氏有三子,生而亡去爲疫鬼:一居江水,是爲虎;一
> 居若水,是爲罔兩蜮鬼;一居人宫室區隅漚庾,善驚人
> 小兒。[1]

"區隅"就是俗語"犄角"。下"漚庾"二字當是注上兩字的
音,混入正文。他必須與神鬼有關係才能生出這樣淘氣的孩子。
可是關於他的主要的神話——"絶地天通",從來還没有滿意的
解釋。我現在來試着對於它作一種科學的解釋。

當我們人類的智慧初發展的時候,對於自然界的規律知道的
還很少,所以對於自然界威力的壓迫,常常感覺到無能爲力。由
於同樣的原因,他們常常感覺到自然界頑抗他們的意志,不照他
們所希望的情形變化和運動。因此他們就幻想到在自然界的物
體後面藏着些超自然的小神、小鬼,有意地同他們爲難。初步的

---

[1]漢舊儀,引見後漢書儀禮志中季冬之月條下〔編者注:"季冬之月",原誤作"季冬之
日",據通行本後漢書儀禮志中改〕。

宗教就從這樣的情感中生出來。他們對於他們所熟知的事情，並不相信有什麼神鬼。比方說，對於農事，必須播種才能發芽，他們知道得清楚，就不求助於什麼神鬼，什麼巫術。可是種子已經埋到土裏面，它們是否能好好地發芽，因爲他們對於氣候的變化，土壤的性質，以及其他環境的條件，幾乎毫無所知，所以就毫無把握。雖說這些小神小鬼不很聽我們的話，可是爲着生活和生産的關係，不能不努力地使它們不同我們爲難。他們相信在他們自己中間能有一種特別的“技術人才”，有特別的能力，藉着他們自己感情的蓬勃奔放，用一種特別的術語、咒語，命令藏在物體後面的小神小鬼，照着他們的意志去作。這些“技術人才”就叫作巫，叫作覡。他們所玩的一套把戲就叫作巫術。宗教的初期總是要經過這個階段。這些巫與覡通常總是由牧人或農夫兼任，還沒有專業化的宗教人員。可是，人類的社會組織逐漸擴大，氏族的組織逐漸擴充成爲部落或部落聯盟的時候，有些新的問題就提到日程上來了。在這個時候氏族的社會組織已經傾向着没落，在原始的共産社會裏面，私有財產的成份已經萌芽，並且逐漸形成。由於社會經濟基礎的變化，當日最重要的上層建築——宗教，也就要跟着起一些變化。當日新提到日程上的重要問題就是社會秩序的問題。也許是舊社會秩序已經震動不安，需要維持，也許是新生勢力已經漸近形成，需要有新的看法來支持它，培養它。也或者本來是新的萌芽，而因爲發育得不健康，又爲舊勢力的上層分子所利用，也或者本來是傾向没落社會的助手，可是由於基礎的變化也不得不跟着變化。總之，宗教的開始是人類對於自然界的威力有屈服和無能爲力的精神表現，所以它在任何時候也不能像科學一樣,啟發人民成爲堅決的鬥士。歸結它對於環境總是屈服的,隨時改變的,並且總是爲社會中上層所利用的。這些新提出來的社會秩序的問題,不管它們的內容有若何的差別,可是仍有一個公同的點,這就是:在當時人看來,它也是屬於超自然的範圍,也是屬於神的。這些神却並不像巫覡所能指揮和命令的小神、小鬼,而是些尊貴的大神。他們的威力比我們人類高得多。我們人類中就是巫覡,也絕無法命令他們,指揮他們。我們只有謹慎地照着他們的意志去辦,才能得到他們的歡心,才能使我們免受巨大的灾禍。當時人相信在社會秩序方面所應該遵守的科條,就是那些大神的命令。我們怕他們責罰我們,所以不敢不小心翼翼地去照着作。遵守這些科條所得到的"好處",並不像普通巫術那樣立時可見(他們自以爲可見),却是很長很遠以後才可以看得出,或者簡直看不出。這是到宗教進入高級的時候所新加入的重要因素,同初級的巫術因素有頗大的區別,可是因爲它也是超自然的,屬於神的,所以執掌的人常常同一,大神的意思也是由巫或覡傳達的。雖然如此,因爲這兩種因素性質不同,所以不久就會發生矛盾。因爲會咒術的"技術人才"是越多越好,多了,他們隨時可以供應我們的需要。而傳達或翻譯大神意思的人却是越少越好——社會公同遵守的信條不能隨便改易。人數一多,就有人雜言龐,使社會有無所適從的危險。所以,當這個時候,"技術人才"的巫不妨多,而傳達或翻譯大神意思的巫最好只有一個。管理社會秩序的大神,當時人相信他們不像一切的小神小鬼,躲藏在物體的後邊,却是高高地住在天上。他們住的地方離我們那樣遠,我們怎樣才能明白他們的意思呢? 按着當時人的思想,天地相隔並不太遠,可以相通。交通的道路就是靠着"上插雲霄"的高山。"上插雲霄",在各民族裏面,全有同它相類的成語。在先民看起來,它是實在的,並不像在我們近代人的思想裏面,它僅只是在文學上的誇張一樣。上插雲霄的高山就是神聖所常游的地方,儘少說,它離天不遠,同它是比較容易交通的。凡宗教主,如摩西的登西奈山受十誡,穆罕默德的入山受阿拉的啟示,全是出於同樣的原因。帝顓頊生當原始公社的末期,氏族制度即將解體的時候,"民神雜糅,不可方物;夫人作享,家爲巫史"①。韋昭解"夫人"爲"人人",解"享"爲"祀",很是。人人祭神,家家有巫史,是原始社會末期巫術流行時候的普通情形,並不是因爲"九黎亂德"②,才成了這樣。不過從前因爲社會秩序問題没有提上日程,雖說家家有巫史,也不感覺什麼不方便。現在社會範圍擴大,氏族聯而爲部落,又進而有部落聯盟,生產能力逐漸發達,生產關係即將變化,社會秩序問題逐漸顯示出來它的重要性,可是這些巫覡不甘心局處於"技術人才"的地位,却人人來傳達或翻譯大神的意思。用不着說,他們的傳達或翻譯一定是互不相謀,一人一樣。巫覡雖說是人,却是神的代表,家家有巫覡,那"民神雜糅""民神同位"③是一定的結果。"民瀆齊盟,無有嚴威",韋昭解"齊"爲"同","齊盟"就是同盟,同盟是氏族間或部落間的事情,也是有關社會秩序的事情,可是幾乎人人全能傳達神意,來干涉它,那樣的煩瀆,那"齊盟"還能有什麼"嚴威"呢?

---

①國語楚語下。
②同上。
③同上。

要之，“地天”可以相通，在當日人的精神裏面，是一種非常具體的事實，絕不只是一種抽象的觀念。龔自珍説“人之初，天下通，人上通；且上天，夕上天。天與人，且有語，夕有語”①，也就是因爲他看出“家爲巫史”時代的情形。可是帝顓頊要“絶地天通”，他要作出些什麽具體的措施呢？我們現在必須從山海經裏面搜集些材料，才能窺見當時的真相。

　　山海經中談到“帝”的地方頗多，這全是指天上面的大神，並不指在地上的小神小將們。帝所往來的地方雖説相當地多，可是他們最喜歡往來的地方却只有有限的幾個。在這裏我們還要緊記着一點：就是經中——至少是在山經中——除了幾條錯簡以外，全是秩然有序的。它那每山經中所分的一經、二經、三經等各條裏面所記的山全在一塊，並且是有次序的。我曾經把全經中所記單提帝字的文字統計一下，共三十二處，可是，見於西次三經、中次七經、中次十一經三經裏面的已經有十六條。並且另外的十六條還有重複的，那還不到一半。上三經所記的地方實爲群帝往來的處所。西次三經所記爲昆侖丘的附近地，就在當時也似乎僅僅是傳聞的地方，大約當現在的青海高原（詳附録讀山海經札②記）。因爲崇高，叫作“帝之下都”，就是説它是群帝聚會的地方，所以附近常有群帝往來。中次七經所記的地方，從伊水發源處的西邊起；東過洛水的南邊；再東爲泰室、少室兩名山，就是現在的嵩山。最東到現在密縣的大騩山，山勢完畢。中次十一經所記的山很多，共有四十八山，它們的方向糾紛不明，恐怕有些錯簡。但是這

①定盦續集卷二壬癸之際胎觀一。
②編者注：“札”，原誤作“扎”，據附録三標題改。

些山全與我個人的家鄉相近,散布於今南陽、鎮平、南召、魯山及附近各縣境内。此二地所記地方相接,爲現在的河南西部。大約是自古相傳群帝往來的地方。中次三經裏面有青要之山(在今河南新安縣境内),爲"帝之密都",或者是説它是群帝秘密往來的地方,這個山同中次七經及中次十一經所記的山全很相近,所以在那些山裏面也常常遇着群帝的游跡。中次七經所記的山有群帝下棋的地方("帝臺之棋",在休與之山,在今靈寶縣境内),"觴百神"的地方,這就是説它是群帝集會群神飲宴的地方(鼓鍾之山,在今嵩縣東北),"帝女死"的地方(姑媱之山,不知何在,但次第與鼓鍾之山相接,並在東方,想當離它不遠),有群帝所暫休息之樹("其上有木焉,其名曰帝休"。少室之山,在今登封縣西),有帝所常住,"名曰帝屋"的樹(溝山,也不知所在,但次第列在泰室之山後,並在北方不遠)。中次十一經中所記各山與群帝的關係没有以上兩經各山關係得深,可是,"帝囷之山","帝臺之漿"(就是説群帝飲水的地方,在高前之山,今内鄉縣境内),"帝苑之水"(就是説群帝苑圍中流出來的水。在畢山。畢沅説"山疑即旱山,字相近。在河南泌陽"),"倚帝之山"(在今鎮平縣西北),"帝女之桑"(宣山下。畢沅説"案水經注,山在今河南泌陽縣"),全在這一區域裏面。因爲這些山距離"帝之密都"還不很遠,所以群帝的踪迹還沾被到這些地方。至北次三經中載有帝都之山,不知何在。但是這一經内所記的山大致在山西省境内,最北展延到北京的北方。這個山,如果没有錯簡,就應該在長城外,山西、河北兩省搭界不遠的地方。可是這附近却没有群帝的踪迹,或者不能與"帝之下都""帝之密都"相比擬。

至於登天或至帝都的記載，就有下列各條：

　　巫咸國在女丑北。右手操青蛇，左手操赤蛇。在登葆山，群巫所從上下也。（海外西經）

　　海內昆侖之虛……帝之下都……非仁羿莫能上岡之巖。（海內西經）

　　大荒之中有山，名曰豐沮玉門，日月所入。有靈山，巫咸、巫即、巫肦（畢沅説"水經注引此作'盼'"）、巫彭、巫姑、巫真（畢沅説"水經注引此作'貞'"）、巫禮（畢沅説"水經注引此作'孔'，疑古'禮'字之'礼'"）、巫抵、巫謝、巫羅十巫從此升降。百藥爰在。（大荒西經）

水經注涑水下引巫咸國條及此條，以爲一地。在今山西安邑縣境內。

　　西南海之外，赤水之南，流沙之西，有人珥兩青蛇，乘兩龍，名曰夏后開。開上三嬪于天，得九辯與九歌以下。此天穆之野，高二千仞，開焉得始歌九招。（大荒西經）

夏后開就是夏后啟，西漢人避景帝諱改。"焉"古與"乃"字同意。

　　華山青水之東有山，名曰肇山。有人名曰柏子高。柏高上下於此，至於天。（海內經）

此條内"子"字爲畢沅據藏經本所補。

登葆山及靈山二條,郭璞全解爲"采藥往來"。其實登葆山條與采藥無干,靈山條雖"百藥爰("爰"與"於"同意,就是在那裏的意思)在"的文字,在"從此升降"後,却是一獨立句,不承上文。上古巫就是醫,看海外西經"開明東有巫彭、巫抵、巫陽、巫履、巫凡、巫相夾窫窳之尸,皆操不死之藥以距(郭注'爲距却死氣,求更生也')之"一條,就是明顯的證據。

至於醫雖説出於巫,但當他們還没有離開巫的階段,他們的治病同醫總還有些分别。他們的百藥大約是從"群帝"得來。大荒南經:"生櫧(木名),黄本,赤枝,青葉,群帝焉(乃)取藥。"就是證明。他們既然説是從"群帝"手裏得藥,而"群帝"却住在天上,所以他們所從升降上下的山,就是説,這是升天的路,這是可與"群帝"交通的路。他們的"百藥"雖説仍是在山中,可是他們總説得自天上,所以"升降",在當日人看起,實爲上天或從天上下來。看柏子高上天仍離不開山,夏后開上九嬪于天,也是從高二千仞的天穆之野上去,就可以明白郭璞"翶翔雲天"的説法,是人類知識已經進化,知道天無限高,不容易上去以後的想頭,却不是上古時代天人接近時人的想頭。夏后開(啟)在帝顓頊後,當與此次的"絶地天通"事無干。此外十巫及柏子高雖均未知他們爲何時人,恐怕全在帝顓頊前,因爲在"絶地天通"以後,大約除了帝顓頊及南正重以外,群巫就不能再有升天的機會。在當日,登葆山(大約就是靈山)、昆侖之虚(丘)、肇山、青要之山,大約就是幾個可以與"群帝"交接的通路,有若干的神巫可以隨便往來上下。他們不惟可以從那些地方得着百藥,醫治萬民的疾病,並且可以隨隨便便傳達"群帝"的意思,變更社會的秩序。他們各人的傳達或翻譯能有相同的時候,大約是極少數的例外,而不同的時候却是很多。群言淆雜,下民無所適從,這是如何危險的事情!炎黃以前,氏族的範圍大約還很小,社會自身還没有變化的傾向,社會秩序的問題還顯不出很重要。及至炎黃與蚩尤大動干戈以後,散漫的氏族擴大成部落,再擴大爲部落聯盟;社會的新原素已經在舊社會裏面含苞和發芽,新舊的矛盾開始顯露,新舊的交替不久就要開始,社會的秩序問題因此就漸漸地重要起來。從前天人接近還感覺不到什麽樣的不便,可是在這個時候就成了社會自身的一種嚴重的威脅。帝顓頊出來,快刀斬亂麻,使少昊氏的大巫重爲南正"司天以屬神",韋昭解"司"爲主司,解"屬"爲"會",當是。"司天以屬神"是説只有他,或者説只有他同帝顓頊才管得天上的事情,把群神的命令會集起來,傳達下來,此外無論何巫全不得升天,妄傳群神的命令。又使"火正黎司地以屬民",就是説使他管理地上的群巫,使他們好好地給萬民治病和祈福。所謂"絶地天通"的具體辦法,大約是把登葆山(靈山)、青要之山、肇山各名山——昆侖之虚,當日已離開太久,幾乎成了絶域,並且非仁羿不能上,不足爲慮——封起來,使群巫不能隨便往來。這樣一來,社會所應該遵守的科條才得統一,社會的秩序又得一時安寧。這是宗教裏面從低級向高級上升的一個大進步,關係頗大。帝顓頊是一個宗教主。他死以後,他所居住的帝丘(今河南濮陽)大約還繼續不少的年歲爲宗教的聖地。所謂帝顓頊"依鬼神以制義"的真正意思就是如此。這樣一來,地與天不能隨便相通了,就好像天比較高了,地比較低了。這樣的結果豈不就是重和黎他們兩位鬧出來的？所以説“重寔上天,黎寔下地”,又説“帝令重獻上天,令黎卬下地(“獻”“卬”不知何意)”①。左傳中記郯子的話,説在帝顓頊以前,著名的氏族或是“以雲紀”,或是“以火紀”,或是“以水紀”,或是“以龍紀”,或是“紀於鳥”,可是“自顓頊以來”,却變了辦法,“爲民師而命以民事”,結論是顓頊以後的帝和王“不能紀遠”,因爲他們没有其他的好辦法,所以只好用民事紀名了。看郯子説話的全文可以知道他的祖先少皞氏“紀於鳥”是一切的官職全用鳥的名字來命名,因此類推,就可以知道“以雲紀”的就是一切官職全用雲的名字命名,此外以火、水、龍紀的也是一樣。這些氏族以自然物紀名,就是説以這些自然物爲圖騰。在當時圖騰是神聖的事物,一切職位以圖騰所屬的名字爲名字,也就是説這一些人全可以參與神聖的事業。可是,從帝顓頊看來,崇高神聖的事業,只能由他和南正重、火正黎參加,或者更可以説,只能由他和重參加,就是黎也無權干與,參加其他職位的人更不必説。他們因爲無權參與神聖的事業,所以不能以神聖圖騰所屬的名字爲名字。此後職位的名字大約就成了司徒(土)、司馬、司空(工)一類民事的名字。把宗教的事業變成了限於少數人的事業,這也是一種進步的現象。帝顓頊是一個有革新能力的大人物,郯子不過是一個平常人,所以不能明白他那改革的深意,就以爲他不能了。國語所記觀射父所述的史實,所説“重寔上天,黎寔下地”神話發生的原因,所説“古者民神不雜”及當日的制度,從現在看,大致是不錯的。不過他看不到從宗教的

①山海經大荒西經。

低級——巫術而進於高級的宗教是人類知識演進時候必經的階段；在演進的過程中，"民神雜糅"也或者是必不可免的現象；帝顓頊的處置是有進步意義的，並不是復古的。他看不出這些，是因爲受時代的限制，不足爲病。

這一次的改革雖然只限於宗教範圍以内，可是對於文化的進展也有好的影響。主要的就是從前的巫和覡全由牧人或農人兼作，並非專業。他們由於生産時候親身的經歷也可以對於自然界的簡單現象得到些規律，但是比較對生産無直接關係的現象，比方説，日月的行度、歲實的長短等類，就非有相當長的時間的觀測很難得到一個略近的數字。當日的牧人與農人終日忙於生産的事務，没有功夫作這些精細的工作。這些工作必須有專業的人才可以開始。重與黎以宗教事務爲專業，當然免於普通生活瑣碎事物的擾亂。他們祭神也需要每年有一定的時間，因此也就會促使他們對於歲和月的長度作一些觀測。遲之又久，對於歲和月的長度可以得到比較精確的認識。堯典所説"朞三百有六旬有六日"，這就是説一年的歲實是三百六十六天，大約就是重和黎及其後人積纍很長時間的經驗所得到的結果。我國談曆算歷史的人幾乎全體總是一開始就説到南正重及火正黎，並不是没有道理。

淮南子齊俗訓説："帝顓頊之法，婦人不辟男子於路者，拂於四達之衢。"辟即避的本字。"拂"御覽作"袚"，當是。大約帝顓頊以前，母系制度雖然已經逐漸被父系制度所代替，但尊男卑女的風習或尚未大成。直到帝顓頊才以宗教的勢力明確規定男重於女，父系制度才確實地建立。

至於顓頊與高陽氏的關係,我們開始也疑惑它是否也是後代學者作綜合工作的結果,歷史實在的經過並不一定如此。可是以後注意到古人所常提到的屈原離騷第一句話"帝高陽之苗裔兮"的證據,不可能有另外的解釋。並且莊子有"顓頊得之以處玄宮"①("得之"是說得道)的話就可以證明顓頊與玄宮的密切關係。墨子説:"高陽乃命(禹於)玄宮。"②又證明高陽同玄宮的密切關係。從這兩件互不相謀的史料來看,更可以證明帝顓頊之爲高陽氏,毫無疑問。

高陽氏屬何集團,我在前面已經説過,是一個頗爲困難的問題。他們雖説與祝融氏有密切的關係,可是祝融氏並不屬於苗蠻集團(後詳),因此高陽氏同南方集團的關係還比較容易解決。最難處理的是他們到底是屬於華夏集團呢,還是屬於東夷集團?看國語魯語上展禽所説列在祀典的人物,太皞、少皞、皋陶、祝融諸"明德"毫無地位的情形,這應該是華夏集團的祖典,與其他集團無關係。顓頊列在裏面,似乎已經足以證明他屬於華夏集團。並且,黃帝與夏后氏是華夏集團的中堅分子,毫無混入他集團的嫌疑,可是顓頊一方面"能修黃帝之功",另外一方面夏后氏對於顓頊舉行祖祭,這就可以證明他們氏族中間派分的關係。從以上各點看,似乎他屬於華夏集團,不成疑問。可是不惟我前面所舉"少昊孺帝顓頊"的説法,可以證明他同東夷集團的關係,就是他用少昊氏族中的重爲他的重要助手,也足以證明他同它關係之

①大宗師。莊子書中有些篇寫作較晚,可能晚至漢代,但這一篇不是晚出的,極可能是莊子自己的手筆。
②非攻下。"禹於"二字照王念孫讀書雜誌九墨子二校補。

深。我們現在的看法是他屬於華夏集團,但是受東夷集團的影響很大。大約華夏集團從陝西、甘肅一帶的黄土原上,陸續東遷,走到現在河南、山東、河北連界的大平原上,首先同土著的東夷集團相接觸。始而相争,繼而相安,血統與文化逐漸交互錯雜。高陽氏所住的地方最東,所以互相影響的情形也最多。因爲它所住的地方交通方便,所以它的文化也比較别處同集團的氏族爲高。將來的有虞氏及商人所居的地方全不很相遠。他們的文化全是一種混合而較高的文化。有虞氏祖祭顓頊,商人禘祭舜,已經可以證明他們的氏族全是一脈相承①。我們所説的集團是偏重文化的,至於血統是次要的事情。然則我們對於此三氏族屬於何集團的問題,也不必强爲分别了。

———————————

① 詩經商頌長發篇:"玄王桓撥。"注:"玄王,契也。"國語周語下:"玄王勤商,十有四世而興。"注與上同。水正玄冥,後人按左傳昭公二十九年傳"水正曰玄冥"及"少皞氏有四叔:曰重,曰該,曰脩,曰熙……脩及熙爲玄冥"的文字,遂把玄冥當作一個官名。其實,"五行之官",除后土外(疑"后"與"司"原爲一字。"司"篆文爲𤔲,"后"篆文爲𠮛,僅左右向不同,甲骨文例,左右向可以互易,所以此二字實爲一字,后土就是司土,也就是司徒),餘四名原來全是專名,以後沿用成了公名。玄冥實在就是國語魯語上"冥勤其官而水死"的商侯冥。因爲他治水死事,所以就成了水官,也就是水神。他爲契的六世孫,契爲玄王,他自然可稱玄冥。我們覺得玄王的"玄"同"天命玄鳥,降而生商"(商頌玄鳥)的"玄"全同帝顓頊所居的玄宫的"玄"有關。帝顓頊爲宗教主,他死以後,高陽氏承襲他,仍爲宗教主。商氏族由有虞氏族間接從高陽氏族分出,仍爲宗教集團,所以契在孟子(滕文公上)裏面,就成了掌教化的官。尚書堯典中對契的話大約與孟子所説來自同源。宗教重鬼禘,所以夏在殷前,周在殷後,全是"事鬼敬神而遠之,近人而忠焉"。這就是説夏人同周人全事鬼神,可是他們所重的仍爲人事,仍在忠誠相處,不全依靠鬼神,殷人在夏後,却是"殷人尊神,率民以事神,先鬼而後禮"(禮記表記)。從殷虚所出甲骨的研究,更可以證明表記所説的"殷人尊神",並没有錯誤。墨子兼愛下篇内説:"即此言湯,貴爲天子,富有天下,然且不憚以身爲犧牲,以祠説於上帝鬼神。"吕氏春秋順民篇内説:"昔者湯克夏而正天下,天大旱,五年不收,湯乃以身禱於(轉下頁注)

（接上頁注）桑林……於是翦其髮，酈其手（高誘於精通篇注："酈，砥也。"畢沅引李善文選注此字"音酈"，又説此字"恐是磨字之誤，從邑本無義"。案砥的意思爲"磨石"，那"酈其手"就是磨去他手上的指甲），以身爲犧牲，用祈福於上帝。民乃甚説，雨乃大至。"看他自己翦髮，磨去指甲，拿自己作犧牲，禱祀上帝，非自己爲宗教主不能有那樣的情形。就是湯因爲鄰國葛伯不祭祀，屢次派人干涉（孟子滕文公下），也是因爲他是宗教主的緣故。巫咸、巫賢全爲大巫，却爲商代名相（尚書君奭），也就是因爲商代國王不惟是政治的首領，並且是宗教的首領。及至商朝快要滅亡，商紂還説"我生不有命在天"（尚書西伯戡黎），他這句話並不是毫無理由。他是要説我是宗教主，天的代表，人民或周人能奈我何？周人想推翻一個宗教主，對於它自己的人民，對於友邦的人民就不得不作一點精神方面的宣傳。因爲有這樣的需要，所以就想出來一種民本主義，説"天視自我民視；天聽自我民聽"（孟子萬章上引泰誓）。這是要説："你説你代表天，誰曉得你是怎樣代表它呢？實在，天要看是用老百姓的眼睛去看；天要聽是用老百姓的耳朵去聽。那麼老百姓既然看你不順眼，那就證明天也討厭你，你就應該趕緊滾蛋吧！"所以就又明白地説"民之所欲，天必從之"（國語周語中、鄭語，左傳襄公十一年、昭公元年傳引泰誓）。這就是説人民所希望的，天必然會跟隨着去完成它。這一種思想，雖説還没有擺脱宗教的外套，可是，把天意歸爲民意，去掉它一切神秘的色彩，表達了人民的願望，實在是一種很進步的思想。歐洲也有這樣的思想，拉丁文有 vox dei, vox populi（天聲即民聲）的話，俄語中也有 Глас нарол/аглас божий（民聲即天聲）的諺語。但是，據説這是十六七世紀以後才出現的思想，可是在中國，在紀元前十一世紀的早期已經出現！這以上所説一系列的還有其他的事實，如果不知道殷商國王兼任宗教主的事實就完全無法加以解釋。但是，如果不知道高陽氏爲宗教首領，那就無法知道殷商宗教勢力的來源。我們現在總可以大致説：商氏族與高陽氏族的關係是相當明顯的。中間還有有虞氏，關係倒没有那樣明顯。可是，左傳昭公八年下説："陳，顓頊之族也。"陳爲舜後。又國語魯語上説："有虞氏禘黄帝而祖顓頊。"然則有虞氏族分自高陽，當無疑問。有虞氏的氏族原住何地，因爲虞舜的傳説流傳很廣，所以現在很難決定。最占勢力的爲山西極西南境黄河拐灣處的北邊，今虞鄉或平陸縣境内。此説與皇甫謐所説"舜所都，或言蒲阪，或言平陽，或言潘"有關。蒲阪就在上説的地方附近。平陽在今臨汾縣境内，離上説地方還不太遠。至於潘在今河北涿鹿縣境内。這三個地方，兩個在西，一個在北，與孟子所説"舜……東夷之人也"（孟子離婁下篇首節）説不合。孟子説他"生於諸馮，遷於負夏，卒於鳴條"（同上），可惜這三個地名，或無解釋，或多聚訟，我們不能指定它們當爲何地。山東濟南附近，據水經注濟水條下説也有舜所耕的歷山，但没有其他的證據。只有今河南極東與山東交界處的虞城縣，秦與兩漢全叫作虞縣。自來也認爲是虞國舊地，這與孟子所説相合，並且與墨子尚賢中、下兩篇所載早期的傳説"漁雷澤"（今山東濮縣境内）的説法相合。但是後人仍是牽掣於舜都蒲阪或平陽的説法，並且也（轉下頁注）

六、帝嚳

對於這位人帝，我們没有好多話可説，因爲材料太貧乏了。以羅泌的善於東扯西拉，把他老先生的事跡寫了好多頁，可是他還是不能不説："帝嚳之治天下，其迹之聞於代者，初無赫赫之功"；又説："嚳之政亦惟仁柔無苛而已。"[1]足見材料貧乏，就是善於附會的人也没有大辦法。

驟然從他的兒子一輩人看來，他可以説是頂幸運的了。他通共有四個妃子：上妃叫作姜嫄氏，她生的兒子爲后稷，就是周朝的

（接上頁注）受禹貢開始就叙冀州因爲它是唐、虞、夏三朝都邑所在地説法的影響，所以總是把東方的虞説作舜子商均及他的後人所封地，實則並無根據。我們以爲商均的"商"就是此後商人的"商"，全是指今河南商丘縣。虞城爲有虞氏的舊地，大約自虞幕以後（左傳昭公八年下説"自幕至於瞽瞍"，杜預説"幕，舜之先"，注得不錯。賈逵、韋昭等輕信帝繫篇的世系，可是那裏面没有幕的名字，没有辦法，就説他是舜的後人虞思，這樣不通文理的講法也居然得到不少人的信從，也實在可怪），一直到舜全在那裏住。到商均才遷到附近的商丘。地域很明，並無疑問。商人自相土以後也住在那裏（左傳襄公九年傳："陶唐氏之火正閼伯居商丘⋯⋯相土因之。"）。原來的關係如何固無法知道，但因爲地域的相同就認爲他們的氏族出自有虞氏，證據明顯，不能拿祭法篇後起錯誤的説法來抹殺一切。不信我們説法的人或者覺得商均居商丘同商祖契"封於商"的説法相矛盾。我們以爲荀子成相篇明説"契玄王，生昭明，居於砥石，遷於商"，那契住的是砥石，不在商丘。後人説他封於商，也像殷本在黄河北今河南安陽縣，盤庚以前商人並没在那裏居住，可是後人也不妨把他以前的商人叫作殷人相類，所以二説並無矛盾。上面已經説過今河北涿鹿縣境内也有關於舜的傳説（水經注灅水條下也截此説）。此外今陝西南部安康縣（漢西城縣）也有關於舜的傳説（水經注沔水條下）。再往東南到湖南境，那關於舜的傳説更多。李白的遠別離詩，差不多人人都念過。那關於舜二妃及舜葬蒼梧的傳説似乎戰國時已經流行（禮記檀弓上）。再往東到浙江，現在還留餘姚、上虞的縣名。這兩縣還遵用漢代的舊名，會稽舊記就説舜是上虞人（史記五帝本紀正義引）。看以上所説，舜的傳説，北到涿鹿，西到安康，南到湖南南境，東南到浙江東境，東到濟南。這樣東西南北，"無遠弗届"的情形，除了"神"氣十足的帝俊與帝顓頊外没有别人。黄帝、堯、禹没有能趕上他的。這一點也或者可以作有虞氏爲高陽氏及商人的居間人的旁證吧。

①路史國名紀丙。

始祖。次妃有娀氏(娀音同松)的女兒,叫作簡狄氏,生的兒子叫作契,就是商朝的始祖。再次妃叫作陳隆氏(五帝本紀作"陳鋒",帝王世紀作"陳豐","隆"大約是"鋒"的誤字),生的兒子就是陶唐氏的帝堯。他的最末妃子叫作娵訾氏,生的兒子最不濟,叫作摯,可是也作了若干年的帝①。像後代盛稱的二帝、三王,就有一個是他的兒子,兩個是他的後裔。他家又有八人,能使四方的人,"父義,母慈,兄友,弟共(恭),子孝,内平外成"②。像這樣的一個家庭,他的武功雖說趕不上黄帝,神通雖說趕不上顓頊,可是在人事一方面功績大得很,怎樣還能說對他的材料太貧乏呢? 因爲這一些材料,可以說無不可疑。五帝德篇說他的氏族叫高辛氏,我們遍考可靠的古書,一點綫索也找不出來。五帝德與帝繫二篇是齊魯儒者所作綜合的結果,裏面有不少靠不住的材料。此後的說者幾乎完全受它的影響。說話的人雖說不少,但是因爲同出一源,所以並不能增加它的可靠性。我們現在可以老實地說:兩個名詞中間是否有關係,我們完全無法知道。所以古書中談及高辛氏的事蹟,我們並不能隨便把它們算在帝嚳的賬上③。殷人禘舜,

①大戴禮記帝繫;史記五帝本紀。
②左傳文公十八年。
③帝嚳氏族既爲周氏族所自出,大約是西方陝西、甘肅一帶的一個氏族。至於高辛氏,我們覺得它大約居住東方。五帝本紀集解引皇甫謐說嚳都亳,又解爲"今河南偃師是"(現仍舊名),皇甫謐的說不知可靠與否。如果可靠,那或者是屬於高辛,並不屬於嚳。我又疑惑高陽與高辛的"高"或同出一源,是郊字的原文。禮記月令:"仲春之月……以太牢祠於高禖。"詩經大雅生民篇鄭箋、孔疏均作"郊禖",就是證明。高今音爲開口音,郊爲齊齒音。古音很少齊齒,所以二字同音。高爲早期象形字,郊爲後起的形聲字。甲骨文及金文裏面均有高字,無郊字,又是證明。高字說文篆文作,但甲骨文及金文上均不從。甲骨文作、、、、(殷虛文字類編卷五)。金文大致相近(金文編卷五)。說文說高下"從冂口",我們覺得高(轉下頁注)

（接上頁注）下明明從冂，就是∩的古文。冂後變爲形聲字的坰，意爲郊坰。古人祭天，在野外除草掃地而祭，就叫作墠（音善）；以後封土而祭，就叫作壇。∩正是壇的象形。高陽氏爲宗教主，祭天是他的本職。開始在帝丘（今濮陽）野外掃地而祭，不久就改爲封土而祭。這個封土，這個冂，因爲在野外，所以後來又得了郊坰的意思。再後，又不能限於封土，遂於壇上蓋點房子，高字上蓋的亼，或少一橫兩橫及全無橫格的上蓋是以大同小異的形式表示壇上所蓋房子的形式。開始大約是爲的祭天，以後保存原來專用的意義，就叫作郊，叫作圜丘。也可以在那裏占雲物的吉凶，察日月星的行度，歲時登臨以資游覽，這樣將來分立出來，就叫作靈臺。也可以在那裏行禘祫等類的祭祀，叙族姓昭穆的遠近，這樣將來分立出來，就叫作太廟，叫作清廟。也可以在那裏告朔或行施政令，這樣將來分立出來，就叫作明堂。也可以在那裏行饗燕、校射藝、養國老，這樣將來分立出來，就叫作辟廱，叫作泮宮。校射藝的機構將來擴充起來以教育貴族的子弟（所謂"冑子"），就叫作太學。這些變化將來名物繁多，也需要頗長的時間，可是追根溯源，全匯集到一處，就是這個高，也就是郊。"高陽"的陽原來或是地名。禮記坊記"陽侯殺繆侯而竊其夫人"當可證明。陽侯的"陽"何在，前人全不知道，或者就是高陽氏的地域，因爲他們爲宗教主，主要的就是郊（高）祭天帝，所以前面加高字，也很難說。高辛氏的"辛"或與伊尹"爲有莘氏媵臣"（殷本紀）的"有莘"有關。按殷本紀正義說，有莘在陳留境內，也在東方。因爲它與高陽氏地不相遠，同屬宗教集團，所以前面也加高字；又因爲它屬宗教集團，所以它族內的才子八人也職掌"布五教於四方：父義、母慈、兄友、弟共、子孝；內平外成"（左傳文公十八年），同契的"爲司徒，教人倫"，意義相同。淮南子原道訓說"昔共工……與高辛氏爭爲帝"，可是天文訓說"昔者共工與顓頊爭爲帝"，這一切都可以證明高辛與高陽或顓頊關係的密切。國語楚語說："顓頊……命火正黎司地以屬民"，可是鄭語却說黎爲高辛氏火正。顓頊爲高陽氏，有離騷及墨子非攻下篇二書的證明，不能有疑問，那楚語及鄭語的歧異，正可證明高陽與高辛二氏族同屬宗教團體。水經注卷九淇水下，有"又東北逕帝嚳冢西，世謂之頓邱臺，非也"。皇覽曰："帝嚳冢在東郡濮陽頓邱城南臺陰野中者也。又北逕白祀山，東歷廣陽里，逕顓頊冢西，俗謂之殷王陵，非也。"帝王世紀曰："顓頊冢葬東郡頓邱城南，廣陽里大冢者是也。"這裏所說的帝嚳，實只能指高辛。看傳說中顓頊同高辛的冢基這樣地鄰近，也或者可以證明高陽與高辛關係的密切。華陽國志卷三首說："昌意……生子高陽，是爲帝嚳。"它所說的帝嚳大約就是指高辛，這又把此二名混淆起來。國語吳語內說："昔楚靈王不君，其臣箴諫不入，乃築臺於章華之上，闕爲石郭，陂漢以象帝舜。"韋昭解釋說："闕，穿也；陂，壅也。舜葬九疑，其山體水旋其丘，故壅漢水使旋石郭以象之也。"他沒有解釋"郭"字，但是看他引舜葬九疑山的說法，他大約是以郭爲槨的假借字。他的解釋是說舜葬於九疑山，穿山爲石槨，外面有水環繞，所以當楚靈王築章華臺的時候，壅塞漢水，使它也環繞臺下以效法舜葬的高丘。但是這個說法實不可通。因爲章華是楚靈王游觀玩樂的地方，什麼效法不了，却去效法一個墓地？沒有誰說楚靈王是一個曠達的人物，何以他築臺就（轉下頁注）

與嚳無干。殷的祖妣有有娀氏，詩經商頌長發篇"有娀方將，帝立子生商"（將是大的意思。"有娀方將"是說有娀氏族正當盛大。古人覺得生子總是與神有關，所以說"帝立子生商"），可以爲證。呂氏春秋音初篇所記"有娀氏有二佚女"及"燕遺二卵"的傳說與商頌玄鳥篇"天命玄鳥，降而生商"（玄鳥就是燕子）的說法也相合。至於有娀氏的名字叫做簡狄，那却除帝繫以外，絕不見於其他先秦古書，所以我們覺得這仍不過是綜合的結果，不能完全相信它。楚辭天問"簡狄在臺嚳何宜"的真正涵義如何，我們不知道。即使知道，那也不過證明嚳及簡狄的關係，與殷祖妣有娀氏還是無關。淮南子墜形訓才有"有娀在不周之北，長女簡翟"的說法。簡翟即簡狄，無疑問。這種牽合有娀和簡狄二名的說法，大約

（接上頁注）吉凶同域，没有一點忌諱？並且他那九疑山"水旋其丘"也是一個無根據的說法。實在章華臺效法帝舜與舜葬蒼毫無關係。我在前面已經説到辟廱的制度與祭天的壇同一源，而壇係封土爲高丘，也就是臺的雛形。詩魯頌泮水篇注說："辟廱者，築土雝水之外，圓如璧，四方來觀者均也。"這就是說辟廱的制度，中間築土加高，四周雝水爲環，正圓就像玉璧一樣，爲的是要四方來瞻仰的人不至於或遠或近，有不均勻的情況，另外一方面大約也是爲的隔絕觀衆，使他們不要擁擠臺前。現在北京東北城還保存有辟廱的舊制，四面環水，不過中間不築臺。有虞氏族出於高陽氏，爲宗教集團中的重要分支。他的都邑附近應當也有政教所自出的臺，四周雝水環繞以保持尊嚴。歷代相傳，漸漸失掉原來的意思，僅僅成了游觀的地方。以後崇奢增麗，比原來的制度不曉得添加了多少。"闕爲石郭"，郭是四圍的意思，古人鑄錢的外邊就叫作"輪郭"，也就是這個意思。闕就是臺前的雙闕，也叫作雙觀，也叫作"象魏"。現在北京午門前的兩邊高臺突出，就是雙闕的舊制。"闕爲石郭"是說闕的本體用土築成，外面用石頭包圍起來，使它不容易倒塌。這是後來人的增飾，或者就是楚靈王的增飾。有虞氏族在河南東境，四周數百里内無山無石，絕不能闕外包石，並且他們的臺前是否有雙闕，也就很難說。這些崇奢增麗，雖說絕非有虞氏的所能有，可是歷代相傳，還是要說四周環水的辦法爲帝舜的舊制。國語所說"陂漢以象帝舜"的真正意思，大約就是這樣。這也可以間接表示有虞氏屬於宗教集團，爲高陽氏與殷人的居間者。這以上"高"及"象帝舜"的解釋是我新提出來的看法，希望大家繼續研究，對於這個假設與以肯定或否定。

已經受了帝繫篇綜合工作的影響。所以也不能據此文以懷疑我們上面的看法。至於帝嚳與帝堯的關係,也不見得靠得住。山海經中帝嚳見過三次:一、海外南經:"狄山,帝堯葬於陽,帝嚳葬於陰。"二、海内北經:"帝堯臺,帝嚳臺,帝丹朱臺,帝舜臺,各二臺。"三、大荒南經:"帝堯、帝嚳、帝舜葬於岳山。"他每次與帝堯同見,像是很有關係啦,但是每次全是寫在帝堯後面,父親在後,子却在前,古書中没看見這樣的例子。所以嚳與堯即使有關係,恐怕也不是父子的關係。在較古的書裏面,只有管子侈靡篇有"偳堯之時"一語。偳即嚳,無問題。偳在堯前,似乎可以證成五帝德篇的説法。但管子書大部分爲戰國人所寫,却也有一部分寫的更晚。郭沫若先生説侈靡篇"乃漢初吕后臨朝時作品",那麼,它是寫定於五帝德説盛行以後,已經受它的影響,自無足怪。只有周人禘嚳見於國語魯語上,周氏族從帝嚳的氏族派分出來,大致可靠。不過周祖弃也不是帝嚳的兒子。自周弃至文王,僅"十五王"。古人也知道這些世次、年數不相符合。張守節曾説:"虞及夏殷共有千二百歲,每世在位皆八十年,乃可充其數耳。命之短長,古今一也,而使十五世君在位皆八十許載,子必將老始生,不近人情之甚。以理而推,實難據信也。"①没有辦法,就有人説大約是不窋以後"失其代數"。其實周太子晋自述他的祖先,説"自后稷(周弃)之始基靖民,十五王而文始平之"②,絶不會有錯誤。帝嚳雖不知道生當何代,但是看他列在帝丹朱、帝舜的前邊,

①前條出史記周本紀正義。後條出同篇同條下索隱。〔編者注:此處疑有誤,據通行本史記,正文中所引出自司馬貞索隱。〕
②國語周語下。

或也不致太晚。按周先公的世次，周弃生年當在夏朝的末葉。他到商代才被祀爲稷神①，也可以證成此説。只有國語魯語上説："夏之興也，周棄（即弃）繼之。"與此説不合。祭法篇"興"已作"衰"。我們疑惑"夏之興也"的"夏"字或是商的誤字。如果那樣就與左傳説完全相合。不過這樣輕改古書也不是好辦法。現在我們只可説國語中二説自相矛盾，左傳説像是可以證成周語中説法。現在既無他法，暫時只可三占從二，用周語説。然則周弃絕不是帝嚳的兒子，所以姜嫄爲帝嚳元妃的説法實屬後人附會。只有帝摰與帝嚳的關係不明，但無大關係，可以不談。

據以上所説，帝嚳不過他的氏族與周氏族有派分的關係，其他東方的氏族，如陶唐氏、有虞氏，殷人全同他没有關係。禮記祭法篇"有虞氏禘黄帝而郊嚳"及"殷人禘嚳"的説法全是後改的，錯誤的。東方的人由於周人的勃興，才曉得有此古帝，所以傳説中除了知遠德高的空話以外，没有什麽具體的事實。獨魯語所説"帝嚳能序三辰以固民"，韋昭解爲"能次序三辰（就是日、月、星）以治曆明時，教民稼穡以安"，五帝德篇也説他"曆日月而迎送之"，然則帝嚳也許是在當時對於天行有所觀測，對於曆算有所推進吧。實則我們現在對他所能知道比較可靠的，僅有爲周氏族所自出及序三辰兩點。

七、三集團的交互關係

三集團的相遇並且發生關係，大約很早。它們中間的關係大約和平相處爲常態，戰爭狀態却是暫時的。但是常態不容易引起人的

①左傳昭公二十九年："周弃亦爲稷，自商以來祀之。"

注意,所以没有留下來什麽傳説。我們所能指明最古的關係却是戰爭。這件大事所保存下最古的材料,要數史記殷本紀及尚書吕刑篇所記,但是我們從這兩條得不到清楚的輪廓。殷本紀的原文如下:

> 昔蚩尤與其大夫作亂百姓,帝乃弗予,有狀。

這一段文字據上邊"既紬夏命,還毫,作湯誥"的説法,可以斷定爲真古文尚書湯誥篇的原文。凡尚書商書各篇,全可能是周時宋國人的追記,但是口耳相傳,淵源有自,可信爲商朝初年的傳説如此。大意是説從前蚩尤同他的部下在百姓裏面作亂,於是天帝不保佑他,罪大有了形狀。

吕刑的原文如下:

> 若古有訓:蚩尤惟始作亂,延及於平民。罔不寇賊,鴟義姦宄,奪攘矯虔。

按書序及史記周本紀(周本紀作甫刑),這一篇作於穆王的時候,然則可信爲西周前期的傳説。這大意是説:古代有傳説内説:蚩尤開始作亂,蔓延到平民裏面。下面是説擾亂的情形。鄭玄説:"强聚爲寇,殺人爲賊;由内爲姦,起外爲軌。"(周禮司刑疏引。後兩句又見史記五帝本紀集解引)。孫星衍尚書今古文注疏引此條,但"聚"作"取",很是。"軌"是"宄"的假借字(二字音相同)。國語晉語六:"亂在内爲宄,在外爲姦。"鄭引用誤倒。鴟義,僞孔傳解爲"爲鴟梟之義",似乎不合古義。王念孫引經典釋文馬融注:"鴟,輕也。鴟者,冒没輕儳;義者,傾衺①反側也。"王氏解釋馬注説:"説文云:'俄,行頃也。'詩箋云:'俄,頃貌。'廣雅釋詁云:'俄,衺也。'古者'俄''義'同聲,或訓義爲仁義字,非也。"按頃就是邪的意思,衺古邪字。馬、王的意思是説這個"義"字是"俄"的假借字,意思爲邪。這是把"鴟義姦宄"四字解釋作四類不軌則的行爲,是一種解釋法。另外一種解釋是説"鴟一作消,宄一作軌"。"鴟義姦宄"是"滅義善而干軌法",是解作兩件事。我們覺得這一句的問題就出在這一個"義"字上邊,如果没有此字,問題很容易解決。用前一解需要改一字,用後一解需要改兩字。自然兩種改法均有根據,但是改一字總是比改兩字好些,所以用前一解釋或者更好一點。攘是"有因而盗";矯是"用無爲有";虔的意思是殺②。這幾句是要説當時的人没有不强取、殺人、輕疾貪冒、傾邪反側、攘奪人財、詐無爲有、戕害人民的。虔與賊意思很近,説話的人或者是特別着重,所以不惜再説一次吧。這以上兩條雖説是很古的傳説,可是文字太簡,不過談及蚩尤的亂事,説當時一切平民的情形全很不好等類。至於作亂的原因是什麼? 在什麼時候? 地方在哪裏? 怎樣才平靖下去? 這一切的問題,讀了這兩條材料以後,毫無解決。因此對於這件事最可寶貴的材料要數逸周書嘗麥篇了。這一節前面已經引用一部分,現在把全文記録如下:

　　昔天之初,□作二后:乃設建典,命赤帝分正二卿,命蚩尤于宇少昊,以臨四方,司□□上天末成之慶。蚩尤乃逐帝,

①編者注:"衺",原誤作"衰",據後文改。
②尚書今古文注疏解釋這幾個字很詳細,可參考。

争於涿鹿之河（或作阿），九隅無遺。赤帝大懾，乃説於黄帝，執蚩尤，殺之於中冀，以甲兵釋怒。用大正順天思序，紀於大帝。用名之曰絶轡之野。乃命少昊清司馬鳥師，以正五帝之官，故名曰質。天用大成，至於今不亂。

　　這一節的前後兩段前面已經引過，並且解釋過，現在我們試着對中間叙述戰鬥的一部分作解釋：原來炎黄二支雖出自同源，同自陝甘一帶黄土原上東遷，可是我們前面已經説到：炎帝支的姜姓建國偏於南方，在黄河的兩岸，或更南。黄帝支的姬姓建國則偏於北方，全在黄河北岸，沿中條山及太行山跟，遠或已到燕山以北，今涿鹿一帶①。北支所能接觸的爲葷粥，當日争鬥的情形如何，今日不很明瞭。五帝本紀雖有"黄帝……北逐葷粥"的話，可是話太簡略，我們無法猜測它的内容。南支走到黄河北曲處，那裏地方平衍，土脉膏腴，人口當較稠密。原來住在那裏的應當屬於夷族。接觸以後，鬥争遂起。蚩尤爲東夷族的大首領，前面已經説過。"蚩尤乃逐帝，争於涿鹿之河"，帝即指赤帝，也就是指炎帝族，看上文自可明瞭。涿鹿在現在什麼地方，却也很難説。五帝本紀集解引服虔説："涿鹿，山名，在涿郡。"又引張晏説："涿鹿在上谷。"照前説在今北京西南的涿縣境内，照後説在燕山北今涿鹿縣境内。此後相承不出以上二説，是非並無定論。我們前

①五帝本紀正義引括地志説："又有涿鹿故城，在嬀州東南五十里，本黄帝所都也。"又引晉太康地理志説："涿鹿城東一里有阪泉，上有黄帝祠。"大約那邊有黄帝的很多傳説，所以阪泉和涿鹿也説是在那邊。這也像舜的傳説一到某地，某地就會出現歷山一樣。實在情形並不一定如此。

面已經指明九黎氏族的故土在今河北、山東、河南三省交界一帶，蚩尤不過同炎帝氏族爭地，未必遠出到今河北省的北境。以上二說當因黃帝（指戰阪泉與涿鹿的英雄個人，不指氏族）傳說多在河北北部，而黃帝在此二地作戰，遂輾轉附會，總以為在那附近，其實未必有可靠的根據。如果從九黎的地望猜測，或在河北南境今鉅鹿縣一帶，也很難說。鉅、涿古音雖不同部，但音近，可互轉。不過這僅是一種揣測，並無證據，僅可提出以備將來工作人的參考。"河"或作"阿"。"阿"或解曲陵，或解作曲阜，段玉裁說："引申之，凡曲處皆得稱阿。"很是。"九隅"的"九"，古人表示多的意思，並不限於九數。炎帝族本住在今河南北部，狼狽北竄，疆土全失，"九隅無遺"，就是說他們的任何一個角落也沒有了。"赤帝大懾"是說他很害怕。"乃說於黃帝"是說他求救於同集團的黃帝支。這時候黃帝支也一定感覺到"唇亡齒寒"的苦痛，於是出兵與蚩尤所領導的東夷族大戰於涿鹿。中冀也不知當今何地。山海經有"冀州之野"為黃帝與蚩尤戰地，那末，此中冀或是指冀州中部。"以甲兵釋怒"，朱右曾解為"釋民之怒。甲兵刑之大者，黃帝始以兵定天下，故首溯之"。總之此下數句全是戰勝者歌頌功德的話，無大關係。"以大正順天思序"，看嘗麥篇上文"王命大正正刑書"及其他關於大正的文字，那大正當為一官名。朱右曾釋為"蓋司寇也"，也近情理。"順天思序"，朱釋為"致天討，使民畏法而思倫序"。大約上一句是指前一段戰鬥的事情，後一句是指戰勝以後以嚴刑酷法壓迫戰敗者使不再反抗的事情。"紀於大帝"，"大帝"又叫作"皇帝"，如尚書呂刑篇的"皇帝清問下民"。"皇"就是大的意思。"皇帝""大帝"全是指高居天上的大神，並不指地上的任何人帝。"紀於大帝"，朱釋爲"言天紀其績"。
原始人民所崇拜的神大約全是他們氏族内的神，並不承認其他氏
族的神爲神。至於超氏族的神，那是人類知識進化以後才有的觀
念，原始時代還不能有。並且他們的神全帶有戰神的性質。説戰
勝敵人而"天紀其績"，也並没有什麽奇怪。這一次的戰争大約相
當劇烈，延長若干時日，所以在相當的早期已經有不少的神話發
生。山海經所載大致可以説是比較早期的神話。大荒北經説：

　　　有人衣青衣，名曰黄帝女魃。蚩尤作兵伐黄帝，黄帝乃令
　　應龍攻之冀州之野。應龍畜水。蚩尤請風伯、雨師從，大風
　　雨。黄帝乃下天女曰魃，雨止，遂殺蚩尤。魃不得復上，所居
　　不雨。叔均言之帝，後置之赤水之北。叔均乃爲田祖。魃時
　　亡之。所欲逐之者，令曰："神北行，先除水道，決通溝瀆。"

　　應龍及女魃全是天神，可是黄帝全能命令他們，使他們下到
地上，爲他所用，古代人想像他們的人帝應該有這樣的威力。蚩
尤在東夷族中也是人帝，所以也有使風伯、雨師跟隨他的威力。
蚩尤的同盟軍有太皞族，就姓風，風伯屬於此族也很難説。黄帝
本來想使"應龍畜水"來淹没蚩尤所領導的軍隊，可是他不曉得
蚩尤也有很大的神通，能使風伯和雨師作出來大風雨。他没有辦
法，只得又從天上請下來一位很危險的神祇——魃，仗着她的神
通，才能够止住大風雨，打了勝仗，殺了蚩尤。可是禍不單行，這
位危險的魃，他只能從天上把她招下來，却無法把她再送上天去，
於是魃所住的地方總鬧亢旱。這樣就驚動另一位人神（或稱人

帝)叫作叔均的又去給天帝説,把這位危險的魃放到赤水的北邊,中原的沃土才能免去長期亢旱的威脅;叔均因爲有這樣的功績,才被奉爲農神——田祖。赤水,海内西經説它發源於昆侖之虚。我們已經指出昆侖虚(或丘)爲青海高原,那赤水北就是指今日河西走廊北的大沙漠。那些地方終年不落雨,古人大約也知道,所以想出來女魃住在那裏的神話。"魃時亡之",郭璞解釋爲"畏見逐",看下文"所欲逐之者"的話頭,郭解自然不錯。不過這句話似乎仍指平常的情形,所以説"時"。時就是説他時時如此,並不專指被逐的時候。大約所傳的魃是一個没有什麽知識意志而來去飄忽的神祇,人雖怕她,她也怕人。人多了,或再有大巫的協助,就可以驅逐她。"神北行"的神自然仍是指魃,她①的北行,郭璞解釋爲"向水位",非是。魃爲旱神,却向水位走去,不怕水旱的相尅麽? 想明白"神北行"的意義,必須與本卷中前隔兩條的"應龍已殺蚩尤,又殺夸父,乃去南方處之,故南方多雨"相比較,才能明白。雨神必居南,旱神必向北,是因爲我國古人已經知道南方多雨,北方常旱,却没有科學的知識去解釋它。用神話來解釋也是原始人民初得常識後必經的階段,不足爲異。"先除水道,決通溝瀆",郭氏釋爲:"言逐之必得雨,故見先除水道,今之逐魃是也。"據他所説,那晋代還有這種習俗,解釋得很是。

從這一段神話我們似乎可以猜測出來:那一次的戰爭大約延長不少時日;先有大風雨,後來晴霽;黄帝乘勢,就戰勝了蚩尤。可是戰勝以後,又患到相當長時期的旱。神話裏面還含有歷史的

---

①編者注:"她",原作"他",此處指魃,前文皆用"她",據改。

核心,似乎就是這樣。並且當日巫術正盛,他們作戰前後,全曾念咒降神,也是情理中所能有的事情。黃帝戰勝以後,使少昊清安撫蚩尤的舊部,又復相安相處。看帝顓頊時代,兩集團合作的程度,就可以知道他們的棄嫌尋好,很有成功。説"天用大成,至於今不亂",也可以説是正確的。韓非子十過篇説:"昔者黃帝合鬼神於西泰山之上……蚩尤居前,風伯進掃,雨師洒道……"這一段混雜神話的史實可以這樣解釋:黃帝戰勝後進兵入東夷的境内,走到西泰山(舊本無"西"字,王先慎據論衡、藝文類聚、御覽所引補。他又説有小泰山稱東泰山,故泰山爲西泰山①)的跟下,會合各氏族的首長。我們已經指出過:古代氏族的名稱與氏族首長個人的名字常常没有分別。蚩尤個人既被殺,他的族人總有不少爲黃帝所虜,蚩尤族人仍可稱蚩尤,所以能使他們"居前"。因爲蚩尤戰敗,所以他的聯盟部落的首領,風伯、雨師等全在戰勝者的前後奔走,所以能使他們或進掃,或洒道。

　　至於蚩尤的威名當日實在很大。看龍魚河圖所載"伏蚩尤後,天下復擾亂,黃帝遂畫蚩尤形像以威天下。咸謂蚩尤不死,八方皆爲珍滅"②,就可以看出。龍魚河圖雖係緯書,可是看蚩尤死後數千年還保存着他那戰神的位號,就可以知道它所記的離當日實在的經過相差不遠。試想他以一個失敗英雄的身分,他的敵人及其後裔還不能不靠他的威名"以威天下",就可以猜想他生存的時期如何地烜赫! 至於他的威靈留存於後世的可以分作兩方面來講:一方面對他的祭典一直保存到很長的時候。周禮春官

①韓非子集解第三卷。
②史記五帝本紀正義引。

肆師條下說"祭表貉則爲位",鄭注說:"貉,師祭也。……於所立表之處爲師祭,祭造軍法者,禱氣勢之增倍也。其神蓋蚩蚘,或曰黃帝。"蚩蚘就是蚩尤。周禮爲戰國人所纂集,然則春秋及戰國時代蚩尤已經同他的敵人全成了戰神。秦朝祀東方八神將,"三曰兵主,祠蚩尤。蚩尤在東平陸監鄉,齊之西境也"①。漢高祖初起兵的時候,也曾祠黃帝,祭蚩尤於沛庭而釁鼓②。但是這些還可以說是偏在東方,離蚩尤舊地不遠的緣故。封禪書内說:"天下已定……令祝官立蚩尤之祠於長安。長官置祠祝官女巫。"那他的勢力已經到了西方。此後各代禡牙(牙爲大旗,出師祭旗叫作"禡牙")或祭黃帝,如隋大業七年(611)"征遼東……行幸望海鎮,於禿黎山爲壇祀黃帝,行禡祭"③。或祭蚩尤,如宋太平興國四年(979)"太宗征河東,出京前一日遣右贊善大夫潘慎修出郊,用少牢一祭蚩尤,禡牙"④。另外一方面,他升到天上,成了一種星宿,叫作"蚩尤之旗"。他大約因爲只是一個失敗的英雄,所以還不能同傅説、造父、王良一樣,成了一個恒星的名字,却只成爲妖星。吕氏春秋明理篇已經説到它,説:"有其狀若衆華以長,黃上白下,其名蚩尤之旗。"史記天官書、漢書天文志全説:"蚩尤之旗,類彗而後曲,象旗。見則王者征伐四方。"以後各史志多承用此説。這樣説,它就是彗、孛一類不常見的星。獨隋書天文志歷引各説,特別詳悉。它説"熒惑(即火星)之精"流出爲五種妖星,

①史記封禪書,漢書郊祀志。
②史記、漢書高祖本紀。史記封禪書及漢書郊祀志全作"則祠蚩尤釁鼓旗"。無祠黃帝的文字。
③隋書卷八禮儀志三。
④宋史卷一百二十一禮志軍禮内禡祭條下。

蚩尤旗爲其中的一種。或曰："旋星，散爲蚩尤旗。"或曰："蚩尤旗，五星盈縮之所生也。狀類彗而後曲，象旗。"或曰："四望無雲，獨見赤雲，蚩尤旗也。"或曰："蚩尤旗如箕，可長二丈，末有星。"又曰："……有雲若植雚（這就是俗寫的鸛字，爲一種大雀的名字。在此處没有意義。按吕氏春秋"華"字，有本就作"萑"字。這個雚字像是"萑"字的誤寫。不管它原文爲華，或爲萑，總是象徵一種植物，指彗星尾像此植物）竹長，黄上白下，名曰蚩尤旗。"……或曰："本類星而後委曲，其像旗旛，可長①二三丈……"②所列的形像有六種之多。至於出見，歷代史志裏面倒也載的不少，但是不知道它們所指的到底是那一種。蚩尤一方面爲後人所訛屬，另一方面却是這樣地烜赫，也實在是奇異的現象。管子地數篇説："修教十年，而葛盧之山發而出水，金從之，蚩尤受而制之，以爲劍鎧矛戟。是歲相兼者諸侯九。雍狐之山發而出水，金從之，蚩尤受而制之，以爲雍狐之戟、芮戈。是歲相兼者諸侯十二。故天下之君頓戟一怒，伏尸滿野，此見戈之本也。"管子集校載尹桐陽説："後漢書郡國志東萊郡葛盧有尤涉亭，蓋因山而名縣者，在今山東膠縣境。"又載安井衡説："芮，短也。戈短於戟，故曰芮戈。"地數篇所載與龍魚河圖所説"造五兵，仗刀戟大弩，威振天下"③

---

①編者注："長"，原誤作"見"，據通行本隋書改。
②隋書卷二十妖星條下。
③管子集校許維遹案："'葛'字上'而'字衍。……書鈔百二十一、御覽兵部七十五、珍寶部九，事類賦九'葛'上並無'而'字，是其證。"其説很是。又戴望校據路史黄帝紀注兩"相兼者諸侯"，均作"諸侯相兼者"。又"見戈"二字，丁士涵云："'見戈'疑'得失'之壞字。上文云'得失之數皆在此内'，是其證。"姚永概云："上文'是歲相兼者諸侯九'，又'是歲相兼者諸侯十二'，則'見戈'當作'凡兼'。作'戈'者，涉上文'芮戈'而誤。"

的説法相合。有些學者據這兩段文字，就説當時已入銅器時代，蚩尤開始以銅爲兵，所以能"威振天下"。我們現在對於地下的考古工作才算開始，所以對這一點不能有確實的肯定或否定。我們現在所能知道的，僅只商朝後期青銅的冶煉很精，足證金屬的使用已有相當地長久。可是在千餘年前我們的先民是否已經知道使用金屬，我們却是毫無所知。所以什麼話全不能説。希望將來考古知識增加，可以對此問題與以決定的判斷。

至於五帝本紀所説"炎帝欲侵陵諸侯，諸侯咸歸軒轅。軒轅乃修德振兵……以與炎帝戰於阪泉之野，三戰然後得其志"，此軒轅就是黃帝。這一次黃帝與炎帝的戰爭爲華夏集團内部的戰爭。阪泉的戰事，古書裏面很有記載。如左傳僖公二十五年傳就有"遇黃帝戰於阪泉之兆"的説法，足證春秋時人相信這一次的戰役。黃帝與炎帝相爭好像與炎帝求救於黃帝而黃帝出兵的説法相矛盾。我從前疑惑這不過是炎帝族爲蚩尤族所逐，一方面求救於黃帝族，一方面狼狽北逃。黃帝族出兵以後，遇着狼狽潰散的炎帝族，不免有若干的衝突。流傳過久，遂成了像樣的戰事。依現在看，似乎也不必如此解釋。炎帝族還没有衰敗的時候，黃帝族也已經開始强盛，兩强相忌相爭，也是一件常遇的情形。"三戰然後得其志"一語含意也不够明瞭。我們覺得華夏集團中的炎帝支同黃帝支原是有聯盟關係的兩個部落，又猜測"三戰"是要指明黃帝族得勝的不容易，三是指多，並不是要説戰爭一定有三次。得志以後，原來有聯盟關係的兩部族或者又講了和，或者雖未和解而仇恨又經歷年月，已經逐漸淡薄。及至受異族的壓迫，大難臨頭，又不得不求救於原有聯盟關係的同族，也是歷史上常有的事情，並不稀奇。這樣的解釋似乎也不至於有大矛盾。至於由於古事的茫昧，由於與炎帝及蚩尤作戰的同是黃帝，就把炎帝、蚩尤混爲一人，那一定是錯誤。先秦古書中絶没有把此二名混爲一人的，以及嘗麥篇本文均可以證明，用不着再多談。

自此以後，華夏集團與東夷集團相處頗好，而同南方的苗蠻集團又開始衝突。

南方集團領導這一次鬥争的大約就是三苗氏族。在群經中，諸子中，各史中，談及此次鬥争的不曉得有多少處。此次鬥争大約時間相當地長：吕氏春秋召類篇内説："堯戰於丹水之浦以服南蠻。"丹水，今圖叫作丹江。發源於陝西東南終南山中，東南流入河南西南淅川縣境，順陝西、河南交界綫不遠處南流出河南境，至河南、湖北交界不遠的地方入漢水。浦就是水邊。水經注丹水下於商於後引吕氏春秋此文。商於在今陝西商南，河南西峽、淅川各縣境内。堯時此次戰役大約就是此次大鬥争的開始。因爲是開始，所以作戰區域還不過在河南極西南，陝西、河南交界的地方。左傳昭公元年下説："虞有三苗。"吕氏春秋上條引文下也説："舜却苗民，更易其俗。"這就是此次大鬥争的中期。舜也許真曾御駕親征，走到洞庭湖附近。堯女舜妻爲湘君，在史記秦始皇本紀中已經説到，這樣説法雖不足爲典要，可是相傳已經很古，就足以證明舜的聲威在這一地區早已遠播，所以關於他的神話相當早期已經發生。此外"舜葬於蒼梧之野"的傳説在禮記檀弓篇已經記載，這一篇可能是戰國前期的著作，那這個傳説當更古老。其他在湖南境内關於他的傳説還不曉得有多少。這些神話，如果相信它們的字面，固然是太笨，但是神話也應當有它自己的來源，必須舜的聲威在此地區異常地烜赫,而後關於他的神話在此地區內才有發生的可能性。如果用三國志中所載諸葛亮南征時的真正史實同現在在四川、雲南一帶所流行的各種傳說相參證,就更可以理解傳說與史實的關係。看關於舜的神話在湖南地方特別豐富,就可以想像舜同此地區一定有若干特殊的關係。禹伐三苗大約爲此次大鬥爭的末期。墨子非攻下篇説:

> 昔者三苗大亂,天命殛之:日妖宵出;雨血三朝;龍生於廟;犬哭乎市;夏冰;地坼及泉;五穀變化。民乃大振。高陽乃命玄宫。禹親把天之瑞令以征有苗。四電誘祗。有神人面鳥身,若瑾以侍。搤矢有苗之祥,苗師大亂,後乃遂幾。

這一段有不少的訛字,不容易解釋。"殛"是誅責的意思。"日妖宵出",孫詒讓墨子閒詁説"日妖不可通",疑"日"爲"有"的訛誤。又據通鑑外紀所引隨巢子、竹書紀年"三苗將亡,日夜出,晝日不出"之文,而疑"妖"爲衍文。其實可以不必這樣地疑惑。妖,異也,日而夜出,就是妖異,"日妖"二字並沒有什麼"不可通"。"振",閒詁引畢沅説"同震",是。"高陽乃命玄宫",閒詁引王念孫説"此當作'高陽乃命禹於玄宫',下文禹征有苗正承此文而言。又下文'天乃命湯於鑣宫'與此文同一例。今本脱'禹於'二字則文義不明",很是。"四電誘祗"難解。閒詁:"疑當爲'雷電誖振':'雷'壞字爲'田',又誤爲'四'。'誖''誘','振''祗',形並相近。'誖''勃','振''震',字通。書無逸云'治民祗懼',史記魯世家'祗'作'震',是其證也。"雷電誖振,就是説當禹受天命的時候,雷電大震。這雖是神話,但是看當日進化的階段，很可能發生這樣的神話。"有神人面鳥身"，閑詁説"即明鬼下篇秦穆公所見之句芒"（句音勾），很是。"若瑾以侍"，閑詁謂："義不可通。'若瑾'疑'奉珪'之誤。'若'鐘鼎古文作'ᗒ'，'奉'篆文作'ᕰ'，二形相似。'珪''瑾'亦形之誤。儀禮覲禮記方明六玉云：東方圭。周禮大宗伯禮四方玉云：東方以青圭。白虎通義文質篇云：珪位在東方。是珪於方位屬東。句芒亦東方之神，故奉瑾（珪）。猶國語晋語説西方之神蓐收執鉞矣。"它這樣解釋"若瑾以侍"。就是説：句芒神手捧着玉珪在高陽旁邊侍立。"撗矢"，閑詁説："未詳。""祥"，閑詁説："疑當作'將'，'將'或通作'牂'，與'祥'形近而訛。"當是。"幾"，閑詁引説文説："'幾，微也'。言三苗之後世遂衰微也。"是。

　　這一段書摻雜不少的神話，但這是早期的神話。所述三苗氏的妖祥爲勝利方面的誇張附益，毫無疑問。"高陽乃命禹於玄宮"句，頗滋疑竇。因爲據平常的意見，禹與舜同時，與帝顓項高陽氏中間隔着嚳、堯二帝，何能從他受命？孫詒讓閑詁又據藝文類聚符命部所引"天命夏禹於玄宮"之文，説他"非高陽所命"。這全是因爲不明當日的社會情形，所以對這很靠得住的説法橫生疑問。他們全覺得當日中國一統，五帝相承，並且他們享壽全是特別地長，所以不能解釋。我們現在確鑿地知道當日的社會不過氏族林立，絕非一統。某氏族當某一時期，特別興盛，它那首長的聲名就流傳到後世；否則不傳。五帝不過是戰國末葉後起的説法。帝顓項的時代雖較堯舜爲早，可是他們中間並没有什麽帝嚳和帝摯的間隔。他們的享壽及在位年數，我們毫無所知。但是這些全不要緊，我們並不能因此就結論到禹有見作宗教改革的帝顓項的可能性。因爲我們雖不完全相信他們所相信的一切，可是帝顓頊的時代離夏禹的頗遠，却是極近情理。那麼，禹受命於高陽到底應該如何解釋？我們從前面的研究，已經知道帝顓頊是一個大巫或宗教主。當他生存的時候，威靈烜赫，固然可以説"小大之神⋯⋯莫不砥屬"[1]。可是他死以後，他的氏族依然存在，他的子孫仍不妨繼續他那大巫或宗教主的教職，不過威靈比他們的祖先差得很遠，所以就不够顯著。不知道又過了幾百年，才到了堯、舜、禹的時代。他們當時又有若干的事業，聲威遠播，超過帝顓頊。但是就在這個時候，帝顓頊的後裔，高陽氏的首長，大巫或宗教主仍可同時存在。玄宮大約就是帝顓頊所遺留下的神宮。有虞氏雖然出於高陽氏，也屬於宗教集團，但是舜個人的事業多在民事方面，大巫或宗教主的職位仍屬於高陽氏。所以禹伐三苗，未必受命於舜[2]，却是不能不受命於大巫。受命於大巫就是受

①史記五帝本紀。集解引王肅説："砥，平也，四遠皆平而來服屬。"
②韓非子五蠹篇説："當舜之時，有苗不服，禹將伐之。舜曰：'不可。上德不厚而行武，非道也。'乃修教三年，執干戚舞，有苗乃服。吕氏春秋上德篇有相類的記載。它説："三苗不服，禹請攻之，舜曰：'以德可也。'行德三年而三苗服。"荀子賦篇説："干戈不用三苗服。"僞古文尚書大禹謨大約是由荀、韓、吕三書的意思，又推演出來一些：推演出來舜的命辭，"三旬苗民逆命"，又推演出來益的贊辭，説禹用益言，"班師振旅"，"舞干羽於兩階，七旬有苗格"。它這一推演雖是由荀、韓、吕的意思出來，可是很失原意。因爲照韓所説"修教三年，執干戚舞"，干爲輴〔編者注："輴"，疑爲"楯"之誤〕，戚爲斧，或爲鉞，全是武器。韓意"修教三年"，是説施厚德於自己的人民，也就是孔子所説"教民七年亦可以即戎"（論語子路篇）的意思。"執干戚舞"，是説民既懷德，將要再出師，大習武事。"有苗乃服"是恐怕再被伐預先降服，或是又經過戰爭才又降服，原書不詳。但是原意是指修武事，不指修文教，是很清楚的。荀、吕雖較略，意思大約一樣。大禹謨改三年爲七旬，不知當日交通不便，禹所作爲，經過短期，三苗怎樣能知道？改干戚爲干羽，不知古人武舞用干戚，文舞用籥用翟（即羽），兩手一文一武，是要作什麼呢？所以大禹謨所説實係魏晉人的謬見。那一段裏面謬誤還有，不詳説。

命於天。隨巢子内的話同墨子的話毫無衝突。據左傳昭公二十九年傳,句芒爲木正,並非刑神。又據國語晉語二,"天之刑神"實爲蓐收。此次征伐大事,何以刑神蓐收不列席,而木正的句芒獨列席? 很可疑惑。其實並無足疑。五官的説法不知何時成立,但必相當晚近。水正玄冥應當就是商人所郊祭的冥。冥世當夏中葉,所以知道五官的説法不能很早。後人因此五官的氏族爲少皞、顓頊、共工,遂覺得此説法在三代以前已經成立,實屬錯誤。只有句芒名重,就是帝顓頊時的南正重,他死後,他的子孫當世爲南正,爲巫長,所以此次獨得列席。這一次的大征伐本來含有宗教意味,所以火正的巫長已經隨軍前往(後詳),僅僅剩下南正列席玄宫的典禮。至於所謂"鳥身",大約是因爲重出於少皞氏,而"少皞氏以鳥名官"①,那鳥應當就是少皞氏族的圖騰。今日屬於鳥圖騰的淺化人民,他們的兒童修髮的時候,還在前面留一撮以像鳥頭,後面留一撮以像鳥尾,兩側各留一片以像鳥翼。依此類推,南正的身上也或者有像鳥的裝飾以表示他所屬的圖騰。世遠傳訛,遂變成了鳥身。這雖然純屬猜測,但近情理,希望大家繼續研究。"撻矢有苗之祥",雖"撻矢"未能解釋,但看下文"苗師大亂"的話,或者是指苗民的將官中了禹師的箭,遂潰散敗逃,也很難説。

這一次戰爭奠定了兩敵對集團勝敗的局勢,關係頗爲重要。可惜古代材料不多,無法知道詳細。此外周書史記篇有"外内相閑,下撓其民,民無所附,三苗以亡"的話。韓非子説疑篇説它有

---

①左傳昭公十七年。

"亡國之臣"成駒。周書的話頗爲重要,但含意不很明瞭。

　　關於這一次大戰役還有個很重要的問題需要解決,就是它同另一個大巫,火正黎的後裔有什麼關係? 我在前邊已經考證過:祝融的故虛在今河南省的中部,他後人八姓建國也多半在河南、江蘇、山東、河北的平原;他們同苗蠻發生關係,到底是因爲他們在北方的伯權喪失以後,轉徙南下,才君長於其間呢? 或是在很早的時候已經爲他們的首長,這一次的大鬥爭已經有他們參加,不幸慘敗,多年不振,直到周朝衰微的時候才由楚而恢復勢力呢? 這種問題,據現在所有的史料,實在不足以解決它。不過搜羅旁證,猜測當日的經過,也是今日所能作的辦法。關於這一類的材料,尚書呂刑篇所記大約可以說是最古的了。它說:

　　　苗民弗用靈。制以刑,惟作五虐之刑,曰法。殺戮無辜。爰始淫爲劓、刵、椓、黥。越茲麗刑,并制,罔差有辭。民興胥漸,泯泯棼棼,罔中於信,以覆詛盟。虐威,庶戮方告無辜於上。上帝監民,罔有馨香德,刑發聞惟腥。皇帝哀矜庶戮之不辜,報虐以威,遏絶苗民,無世在下。

　　這一節與前所引"若古有訓"節緊相連接,因爲那一節叙蚩尤的亂事,後人總是把這一節所叙亂事同蚩尤那一次說成有一定的關係。鄭玄說"苗民……上效蚩尤……"[1],偽孔傳也說"三苗之君習蚩尤之惡"。其實按正文所說,毫無此意。這是兩件事

————————

[1] 孫星衍在尚書今古文注疏本條下槩括書疏中所引鄭玄意爲此說。

情,叙完一件,再叙一件,何能因爲文字連接,就臆斷它們互有關係? 至於鄭氏所説"有苗,九黎之後。顓頊代少昊誅九黎,分流其子孫,爲居於西裔者三苗"(孫星衍尚書今古文注疏引,"爲"字在"者"字下,"三苗"上,當是),與先秦舊説完全不合,是毫無證據,完全臆測的説法。"苗民弗用靈"句頂重要,這一句解釋不通,就會全盤皆錯。禮記緇衣篇引作"苗民匪用命"。墨子尚同中篇引作"苗民否用練"。"弗""匪""否"義同,無關係。緇衣用"命"改"靈",大約是據當日的解釋改原文,此例古書内很多。拿五帝本紀同它所用的尚書本文相比較,就可以得到不少的例子。"練"字大約爲同音古字的通假。實在靈字好像並不錯誤。有些學者就用緇衣篇作者的解釋,解作命令的命。另外一些學者,比方説孫星衍,他説:"按詩箋云:'靈,善也。'與'令'(也有'善'義,不用'命令'義)通義。'弗用靈',當是弗用善以治姦民。"不管解作命,解作善,全不是靈字的本義。説文玉部:"靈,巫也。以玉事神,从玉,霝聲。或从巫。"它解釋靈爲巫,很是。但是它以从巫的靈爲或體,以从玉的爲正體,又用"以玉事神"解釋从玉的意義,殊嫌牽强。我們從它的意訓猜測从巫當爲正體,从玉或爲戰國時代的簡體。楚辭九歌東皇太一篇内"靈偃蹇兮姣服",雲中君篇内"靈連蜷兮既留",東君篇内"思靈保兮賢姱",王逸皆解釋爲巫。其餘靈字還很多,王逸隨文解釋爲神,爲君,爲精誠,又爲日神、雲神、河伯等名。其實這些全是巫義的引申。巫代表神,自然可解爲神,也可以解釋爲各種神。人君也是從神的意義再引申。精誠也是從神意義另一方面的引申。古時巫教盛行,合於教義的就是善,不合的就是惡,所以靈又可引申爲善,並不須從

"令"字假借再轉一個灣子。威靈的用法正從巫的本義直接引申出來。天命、神命，從巫傳出，所以又引申爲命。下文"罔中於信以覆詛盟"，就是說不守信義，對於詛祝盟誓反覆不肯履行。這裏所說的詛盟就是國語楚語中所說"無有要質"的"要質"，爲巫教中所看作神聖不應侵犯的東西。對於它反覆不肯遵守，當然是對於巫教的一種重大污辱，所以罵他們說"弗用靈"。從這一點就可以證明這裏所用正是靈訓爲巫的本義。大約當時在苗蠻集團裏面也有一種原始的巫教，同東夷集團中的九黎族的原始巫教，形式雖不能全同，可是它們的進化階段却是相同的，所以它們的形式也必有若干相類似的地方。所說的"三苗復九黎之德"，韋昭解爲"行其凶德，如九黎之爲"，很是。這與三苗爲九黎後人的說法毫無關係。帝顓頊在前幾百年改進了巫教，因爲他的氏族或部落屬於華夏集團，他個人同東夷集團有相當的關係，並且又與後集團的名人重等合作，所以在這兩集團裏面比較地容易成功。此時與苗蠻集團還沒有大接觸，所以也還沒有嚴重的衝突。看祝融氏的遺虚在今河南新鄭縣境內，就可以證明他的氏族在當時還沒有深入苗蠻。以後兩方面全漸漸發展，就要互相接觸；有接觸就不免有衝突。在這個時候兩方面的風俗習慣有顯著的不同：南方集團用的是原始的巫教，或可以說是巫術。這從北方集團比較進步的、帶宗教性比較濃厚的巫教的觀點來看，自然很不順眼。這是當日北方集團人主要的看法。另外還有一方面，就是在南方集團中的刑罰特別嚴酷。"制以刑，惟作五虐之刑，曰法"，墨子尚同中篇引作"折則刑，唯作五殺之刑，曰法"。"折""制"古音通假。"虐""殺"義近通用。這就是說苗民制作刑法，有五種酷刑，自名爲法。下面舉"劓、刵、椓、黥"，僅有四種。墨子尚同篇中也屢次説"五刑"。孫詒讓説："以吕刑五刑之辟校之，惟少大辟（死罪），蓋即以殺戮眹（即通用"該"字）大辟"，也許是的。"殺戮無辜"，是説殺無罪的人。"爰始淫爲劓、刵、椓、黥"，劓是割鼻子；刵是割耳朵；椓是椓破陰户，或去陽具，就是後來所叫作的宫刑或腐刑；黥是臉上刺文，用墨填磨，使它保留。這是説他們開始亂作這些酷刑。"越兹麗刑，並制"，鄭玄解麗爲施，説是"於此施刑，並制其無罪者"，或者是的。"罔差有辭"是説犯罪的人雖有辭説，也不肯作減刑。"民興胥漸"，胥就是相，漸近於欺詐的意思；這是説小民起來互相欺詐。"泯泯棼棼"是形容紛亂的意思。"虐威，庶戮方告無辜於上"，"方"與"旁"通，旁按説文，是溥遍的意思。這是説他們殘虐，致使衆得罪的人民溥遍地向上天訴他們的無罪。"上帝監民，罔有馨香德，刑發聞惟腥"，是説上帝看視衆民，没有祭祀的馨香上升，因爲被刑罰所發出的腥臭所掩蔽了。"皇帝哀矜庶戮之不辜，報虐以威"，皇帝，鄭玄説是顓頊，僞孔傳説是帝堯，實則這個"皇帝"當仍是上面所説的"上帝"，並不是指那一位人帝。這是説上帝哀憐衆得罪人的真正無罪，拿嚴威答覆行虐政的苗民。"遏絶苗民，無世在下"，是説要阻止着苗民，使他們在下土不得有後嗣。這一切全是戰勝人對於戰敗人的詬厲，要打很大的折扣。這些也不是衝突的主要原因——主要原因是發展而接觸——却是可以增加衝突的程度。鬥爭多年以後，終於文化高的得到勝利。不惟軍事勝利，北方較進步的巫教也漸漸得了戰敗人的信仰。吕氏春秋召類篇内説："舜却苗民，更易其俗"，"更易其俗"就是使他們改信北方比較進步的巫教。呂刑前引文後接着説:"乃命重黎,絕地天通,罔有降格。"下文又説命伯夷、禹、稷三后。鄭玄大約覺得"絕地天通"是帝顓頊的事,三后是帝堯時的人,兩不相符,所以就主張"以'皇帝哀矜庶戮之不辜'至'罔有降格'皆説顓頊之事……'皇帝清問'以下乃説堯事"[①]。其實按着原文實難分作兩個時代的事。並且"九黎、三苗非一物",孔穎達説的很對,帝顓頊按古書只與九黎有關係,與三苗毫無關係。即使照着鄭玄認爲分屬兩時的事,還是與呂刑本文不合。他所以這樣主張,是因爲不明白帝顓頊的"絕地天通"爲巫教本身的發展,祝融本身就是一位巫長,所以不敢用靈字的本義,又不明白宗教自身的推廣,由於地域的不同而時間也有差異:"絕地天通"在北方雖然是前幾百年的事,可是在南方又遲幾百年才能辦到,並不能因此説它時代不合。所以此段本文所説的"命重黎""命三后"全是堯、舜、禹時代的事。雖與世襲大巫長高陽氏有關係,與帝顓頊却没有關係。事迹自明,並無矛盾。國語所説"三苗復九黎之德,堯復育重黎之後不忘舊者使復典之",原義就是如此。這與堯典所説堯命羲和四子分掌四季的故事,來非一源,並無關係。後人因爲事情的相類,就把它們混成一事,是錯誤的。如果上面的猜測不誤,那祝融族這一次不惟没有領導南方集團的鬥爭,恐怕還參加了北方的戰團。他們與苗蠻集團融合是這一次大鬥争以後的事情,並非原來如此。看祝融的後人曹姓有邾,而"故邾國在黄州黄崗縣百二十一里"[②],就在今湖北黄岡縣境内,逼近長江,可以知道邾國原來

---

① 見呂刑本節疏。
② 史記楚世家正義引括地志。

在南方的長江邊上，以後東北遷才到今山東省的西南部。有人主張邾自北遷南，看春秋時邾國的形勢，絕不可能。淮南子天文訓內說：南方……"其佐朱明"。這一個朱明或者是祝融的別名，或者是邾國一個著名的首領。又證以季連"其後中微……或在蠻夷"①的文字，可以看出楚的先人遠處苗蠻中間已經很有年月。"鬻熊子事（周）文王"，大約在周"三分天下有其二"②的時候，與庸、蜀、羌、髳、微、盧、彭、濮同受周人的命令。邾楚兩國建國於江濱，大約在夏禹征服有苗以後。祝融的後人一小部分雜處苗蠻中間，可以傳播教化，全部勢力仍在中土，所以並没有部落被迫南徙的事實，也没有它壓迫有苗入山的行動。結果土人的宗教同化於中土，新徙民的言語習慣也漸漸與土著同化。看"楚人謂乳穀，謂虎於菟"③及"室於怒、市於色"的文字，就可以知道他們的語言同中土的有相當的距離。所以古人雖說楚人為明德之後，可是更常罵他們作荆蠻，也是因為他們的風俗習慣與蠻相同，與中土大異。不惟如是，苗族的五種刑法，雖為北方集團所詬病，可是看呂刑篇所記的五刑仍是同他們的無大差别，就足以證明它又逐漸為北方集團所采用。此點又可以證明兩族相遇，無論他們願意不願意，同化作用總在逐漸進行。這些南方集團等到一千多年以後，又由祝

---

① 史記楚世家。
② 論語泰伯篇。
③ 上條在左傳宣公四年。這就是説中土所説的乳，他們念作穀（此據阮刻十三經注疏本。段玉裁説文解字注子部穀〔編者注："穀"，原作"穀"，據通行本説文解字注改〕字下説"今本左傳作榖，漢書作穀，或作穀，或作穀，皆非也。音亦〔編者注："亦"，原作"異"，據通行本説文解字注改〕如構"，像是阮刻本有錯誤。須記此字念作構，不作谷），所叫的虎，他們叫做於菟。下條在昭公十九年。這是一種倒裝文法，就是説怒於室而色於市。色於市是説走到街上還有怒容。

融的後裔領導着與中土諸大國爭短長，結果却是同化作用更迅速地進行。及至戰國中年，南方集團的天才屈原大夫憂憤悲歌，成了我國文學的“不祧之宗”，而後同化作用才算達到了它的最高點。

夏朝一代夷夏的鬥爭，學者傅斯年在夷夏東西説①中説的頗詳細。除一部分瑣節外（如輕信帝王世紀所記，却不知道皇甫謐考古雖很精細而史識却很差，所以他所記録，拿先秦古書校正，大部分不足信。又如信太皞及伏羲爲一人，却未注意到他們一屬東夷，一屬苗蠻，絶非一人等類），大致可靠。他説伯益與夷羿皆爲東夷的首長，益、啟的爭或讓，夷羿、寒浞與夏的鬥爭均屬夷夏的交爭，也是很確鑿的。注意這一問題的人自己可以參考，我們無庸複述。我們現在所要説的是他還没有説過的幾點。

堯、舜、禹時代以前，黄河兩岸，氏族林立，不相統屬。某族有特出的首長，鄰近各族如有爭端，或請調處，或請仲裁，後代就稱頌他爲訟獄之所歸；因爲請調處或仲裁，遂致過往繁密，後代就稱頌他爲朝覲之所歸。因爲訟獄、朝覲暫時歸到他那裏，他也可以爲一定的宗主。當時的人因爲他代表一部分的神權，或也把他尊稱爲帝，但是這個帝和將來所稱的王或伯主，三詞内容涵意，並没有大分別：用現在的話來説，這三個詞所表示的，不過認他爲各氏族或各小國中間的老大哥。自周東征西討，滅國數十，大封宗親，而後我國一統的局面才向前大進一步，形勢同從前也大有不同，這三個名詞所表示的意義也逐漸有了顯著的差異。這個問題比較複雜，這裏暫不多説。所要説的是當日的帝死亡以後，他的宗

————————

① 蔡元培先生六十五歲紀念論文集末篇。

主權也跟着他消失，又過了若干年，又有其他氏族，其他足稱爲帝
的人涌現出來。所以後代所爭論的傳賢與傳子的問題，是用後代
的眼光去看古代，實則在當日這個問題還並没有發生。這一點清
朝儒者崔述已經看得很明白，説的很明白①，可是我們的並世學
者還有不少拖泥帶水的地方，也很可怪。雖然如此，據我個人多
年研究的結果，我覺得帝堯、帝舜、大禹諸人却還是時代相接，互
有關係的。我開始研究的時候還覺得他們未必同時，此後把先秦
古書中有關古史部分完全找出來，仔細地讀過一遍，才感覺到傳統
的説法雖説也有不少失真的地方，可是去事實的真相還不很遠。
我們研究傳説時代，僅能據古代的傳説加以整理。對於古代差不
多一致的，並且同現代歷史科學(人類學、民族學、考古學、社會進
化史等等)所得的結果還没有發現衝突的時候，我們並没有理由加
以否認。不過他們雖説互有關係，却不是像後代所想像那樣的君
臣的關係，只是各氏族間可以説互相幫忙的關係。孟子的書雖説
是以當日的眼光看古代，並且太理想化，可是也還保存着不少靠得
住的材料。比方説"堯薦舜於天"、"舜薦禹於天"、"禹薦益於天"，
固然是想像的説法，可是他不把舜、禹的受天命、爲天子，説作由於
堯、舜的揖讓，却説是由於朝覲、訟獄、謳歌之所歸，它對於當日社
會的情形還相當地明白。説堯死以後，"舜避堯之子於南河之南"，
舜死以後，"禹避舜之子於陽城"②，也是靠得住的史實。自然，所説

①參考崔氏所著的上古考信録。
②孟子萬章上篇。"箕山之陰"，史記夏本紀作"箕山之陽"。正義説："按陽即陽城也。
　括地志云：'陽城縣在箕山北十三里。'又恐'箕'字誤，本是'嵩'字而字相似。其陽城
　縣在嵩山南二十三里，則爲嵩山之陽也。"按史記似不誤：益既是避，何能仍在陽城？
　正義説非是。

的避還是想像的説法,可是,有虞的氏族本在南河之南,夏后的氏族本在陽城,當堯、舜身没以後,舜、禹各歸舊居,是一定的道理。本無禪讓,又有什麽躲避? 及至等到大禹身没的時候,形勢同從前却完全不同了。大禹因爲有治水的大功,人民對他歌舞不衰。同他有差不多同樣威望的皋陶已經先死,生存的只有比較後進的伯益(有人説他是皋陶的兒子,似乎不盡可靠。但這樣説,大約仍是因爲他比較後進),這已經同帝堯、帝舜没時的情形不相同了,並且治水的前後,事務殷繁,各氏族間的朝聘會遇自然不像從前的稀少。這樣,夏后氏族的所在地,陽城的附近,就漸漸成了當日的全中國的大都會。空桑雖説是少皞的舊都,東夷集團之所走集,帝丘雖説爲玄宫所在地,仍屬宗教的中心,或者均不能趕上陽城的繁榮。要之,此時因爲治水的緣故,夏部落的政治機構已經逐漸形成,要變爲夏王國,不像從前"人亡政息"的樣子。益與啟是否有争端,如古本竹書紀年①、韓非子②等書所記述,也很難説。孟子雖然説"益避禹之子於箕山之陰"③,但是,益爲東方氏族的首長,箕山就在陽城附近,他不像舜、禹的歸還故鄉,却徘徊於新都的郊甸,是否對於新政權未能忘情,就因此而引起"啟之人"的嫉視呢? 啟承藉他父親的餘蔭,繼世爲中國的宗主。墨子非樂上篇引武觀説:

　　啟乃淫溢康樂,野于飲食。將將銘莧磬以力。湛濁于酒,渝食于野;萬舞翼翼,章聞于大,天用弗式。

①晋書列傳二十一束晳傳説:"益干啟位,啟殺之。"史通疑古篇及雜説篇均引此説。
②外儲説右下説:"古者禹死,將傳天下於益,啟之人因相與攻益而立啟。"
③孟子萬章上。

　　這是説啓不勤政事、淫泆游宴的事。惠棟説“溢與泆同”，很是。俞樾説“‘野于飲食’，即下文所謂‘渝食于野’也。與左傳‘室於怒，市於色’，文法正同”，也很是。“將將銘莧磬以力”句，閑詁解釋很多，仍無法全通，現在不必强作解釋。江聲解“湛濁”爲“沈湎”，是。孫詒讓説“‘渝’當讀爲偷”，釋爲苟且，“謂苟且飲食於野外燕游之所”，當是。萬，舞名。翼翼，形容舞技閑習。“于大”，惠棟、江聲、畢沅都説“當作天”，當是。孫星衍説“萬舞之盛，顯聞於天，天弗用之”，是解“天用弗式”的“式”爲用。孟子溯夏傳子的原因之一爲：“啓賢能敬承繼禹之道。”①惠棟、江聲諸人信孟子的説法，就疑惑墨子中“啓乃”二字爲“啓子”的錯誤。孫詒讓據竹書紀年（由路史後紀十三轉引）、山海經（據大荒東經並此條注），及楚辭離騷中“啓九辯與九歌兮，夏康娱以自縱；不顧難以圖後兮，五子用失乎家巷”的文字，説：這“並古書言啓淫溢康樂之事”，並且斥王逸解“夏康”爲“啓子太康”的非是，他所引的證據很確鑿②。總之，夏朝政治組織的逐漸定型，是因爲禹有治水大功，所以就是他死以後，各氏族間的朝覲、訟獄、謳歌還是繼續着歸到他的氏族或部落，啓的賢與否却並無關重要。

　　帝夷羿爲東方首長，可無疑義。此次經過，左傳襄公四年及哀公元年所記輪廓已經明瞭。很可疑的，是夏本在西，夷本在東；太康失國以後，仲康與相顛沛流離，却皆在東方。據左傳，他們像是依靠斟灌、斟尋二氏。竹書紀年也説“太康居斟尋”“相居斟灌”③。

---

① 孟子萬章上。
② 這一節各家解釋墨子所引武觀篇文字的説法全是從墨子閑詁轉引的。
③ 水經注卷二十六巨洋水條下。史記夏本紀正義。

仲康都未詳。但相又有"居商邱"①的説法，王國維引通鑑地理通釋説"商邱當作帝丘"，很是。帝丘在今河南省濮陽縣境内。漢書地理志北海郡斟縣下，班氏自注："故國，禹後。"同郡平壽縣下，顏注引應劭説："古斟尋，禹後，今斟（錢大昕定此字爲'斟'字別體，很是）城是也。"同郡壽光縣下，顏注引應劭説"古斟灌，禹後"，今灌亭是。左傳襄公四年下杜注同應劭説。斟縣在今山東濰縣境内；平壽也在濰縣境内；壽光今仍用舊名。皆在山東中部偏北。但史記夏本紀正義引臣瓚説："斟尋在河南，蓋後遷北海也。"後又引紀年、尚書序、戰國策證斟尋在洛陽附近。據上所述，太康及相所都均有二説，未知孰是。我覺得尚書序所説"太康失邦，兄弟五人須于洛汭，作五子之歌"，是説太康兄弟作五子歌時在洛汭，並未説太康常居近洛汭，似未可引以爲證。紀年僅説太康居斟尋，並没有説斟尋何在。帝丘爲相所居，看左傳僖公三十一年"衛遷於帝丘……衛成公夢康叔曰：'相奪予享'"的文字，必須相與帝丘有關係，才可以在那裏奪康叔的享祀，那這一説像是信而有證。帝丘雖説没有平壽那樣偏東，可是與禹舊居河南登封縣的陽城來比，也偏東不少。帝相不惟在東方，並且很能用兵。他元年征淮夷、畎夷，二年征風夷及黃夷，七年于夷來賓②。就是仲康命胤征羲和一事③，也似乎與東方的兵事有關。羲和爲日之母，那她的氏族應該在東方。他們是西方失國土的首領，却

---

①太平御覽八十二。
②御覽八十二，但只有淮夷。路史後紀十三上。後漢書卷八十五東夷傳注引紀年止有"征黃夷"及"于夷來賓"二事。
③尚書序。

向戰勝者的根據地大動干戈，實在可疑。但仔細考察，並沒有什麼大可異的地方。西方夏都城的附近，因治水的關係，四方走集，漸漸爲天下重。雖説古人樸素，在那裏未必有多少聲色紛華的誘惑，可是經過后啟豐亨豫大的培植，應當已經不是東方所能趕得上。天問裏面説："帝降夷羿，革孽下民，胡射夫河伯而妻彼洛嬪？"王逸解革爲更，解孽爲憂，説"革孽夏民"是"變更夏道，爲萬民憂患"。這是説上帝降生夷羿，使他變更夏道，以致萬民不安。他怎麼又射河伯而搶奪洛嬪爲妻呢？看這些話，似乎夷羿在西方曾受了些聲色的誘惑。他所遷都的窮石離夏都郊坰不太遠，也很難説。他對於東方的根據地或也就像匈奴、鮮卑等族，當他們入居關洛以後，就把他們的舊地扔掉，完全不管。仲康與相在東方幸而還有宗親可以依靠，在那裏鳩集殘衆，漸漸剪除敵人的羽翼，也未見得不是實力還未充足，還不夠恢復以前的上策。古人有稱頌仲康的雄略，説他命胤侯征羲和是要逐漸剪除亂賊的爪牙的，綜覽全局，不能説它全無道理。並且帝相的時候，屢動大師。于夷來賓，也不能説無成效。後漢書東夷傳説"夏后氏太康失德，夷人始畔"，可以證明夷人同帝夷羿是沆瀣一氣的。帝相先從容易的着手，把較難的留待將來，很合兵機。如果淫荒的夷羿不死，未必不死於帝相的手中。羅泌没有注意到諸夷與夷羿的關係，就斥責帝相的"選蟜而佳兵"，又説他"以姑息失之"[1]。他的意見腐闊矛盾，却最好發議論，也很可怪。寒浞殺夷羿後，又東滅帝相，或者是怕他的英武，覺得再不剪除，就要舊業重光，也很難説。這

---

[1] 路史後紀十三上。選蟜是巽懦的別寫。羅泌好寫假骨董的文字，所以喜歡用這一類不常用的字以驚世駭俗。

一次鬥爭,用"盪舟"的羿①,才能打勝。經過這一次大殘毀,而華夏受東夷打擊的恢復事業又延遲了數十年。

少康復國以後各代,因爲前受夷患,社稷傾覆,經過了好多年,所以繼續經營,不敢大意。有史實可考的數事如下:

少康時,"方夷來賓"②。

杼時,"柏杼子征於東海,及王壽,得一狐九尾"③。

芬時,"即位三年,九夷來御"④。

荒"元年……命九,東狩於海,獲大鳥"⑤。

泄"二十一年,命畎夷、白夷、赤夷、玄夷、風夷、陽夷"⑥。

①論語憲問篇。羿,左傳作澆,是寒浞的兒子。盪是搖動或推動的意思。"盪舟"據舊説,是他的力大,能在陸地上行船。王夫之四書稗疏内反對此説,説此説理不可通,主要點是説:"凡人之力皆生於足。扛鼎、曳牛必堅立而後得勝。足力愈猛則足之所履愈堅。是將百羿千羿,徒增舟勢之安耳。"説極確鑿。他又説:"盪者搖以行也。……然則所謂盪舟者謂能乘舟以水戰也。"他的説法可以一掃舊説的誤謬。

②後漢書東夷傳注引紀年。今本紀年作二年。路史後紀十三下引有"獻其樂舞"四字。王國維疑爲"涉帝發事而誤"。

③山海經海外東經注引。太平御覽九百九引作:"夏伯杼子東征,獲狐九尾。"東經注中的"柏"當爲"伯"的假借字。路史後紀十三下"帝杼……五歲,征東海,伐三壽",注:"本作王壽"。又國名紀己東海下説:"后杼征東海,伐王壽。"

④芬,史記夏本紀作槐,杼子。索隱説:"系本作帝芬。"後漢書東夷傳注引紀年説:"后芬發即位三年,九夷來御。"御覽七百八十,"芬"作"方",下有"曰畎夷、于夷、方夷、黄夷、白夷、赤夷、玄夷、風夷、陽夷"十九字。郝懿行説:"疑本注文,誤入正文。"路史後紀十三下注有"畎、干、方、黄、白、赤、玄、風、陽:凡九。見竹書及後漢書"。

⑤夏本紀"荒"作"芒"。北堂書鈔八十九引紀年。路史後紀十三下注引紀年,"鳥"作"魚"。御覽八十二引紀年,"鳥"也作"魚",無"命九"二字。王國維説:"九"字下或奪"夷"字,疑謂后芬來御之九夷。

⑥後漢書東夷傳注引紀年。路史後紀十三下注引紀年下有"緤是服從"句。

古時蒐、苗、獮、狩，"皆於農隙以講事"，就是説，在閑的時候講習武事，拿現在的話來説，就是大操，有講武或示威的意思。帝芒的東狩大約也是向諸夷耀武。繼續五帝對於東方各有所事，可以證明他們對東方的重視。此後不降、扃、厪、孔甲、皋五帝的時候，没有什麽相關的記載，大約是已經賓服，没有特別的事可記。再後到帝發"元年，諸夷賓于王門，再保墉會于上池。諸夷入舞"①。是夏朝一代對於東夷始終不敢輕視。此後"桀爲暴虐，諸夷內侵"②，夏朝也就衰亡。東夷與夏后氏關係的重要，上面所舉各事，大致可以證明③。

國語鄭語説："昆吾爲夏伯矣，大彭、豕韋爲商伯矣。"後代大約承用這種説法。可是周書嘗麥篇説：

> 其在殷之五子，忘伯禹之命，假國無正，用胥興作亂，遂凶厥國。皇天哀禹，賜以彭壽，思正夏略。

這一節前後皆説到禹，説到夏，可是開始却説"殷之五子"，非常可疑。有人説"殷"是夏的誤寫：朱右曾周書校釋逕改殷爲

---

①東夷傳注引紀年，無"再保墉會于上池"七字。北堂書鈔八十二引紀年二次，前一次"墉"作"庸"。

②東夷傳正文。

③今本紀年記："桀三年，畎夷入於岐以叛。"王國維在紀年疏證内説它本於"後漢書西羌傳：后桀之亂，畎夷入居邠岐之間"。實則，這是范曄當日把東方的畎夷與西方的犬戎鬧不清楚，所以既把畎夷載於東夷傳，"夷有九種"下，却把后相"征畎夷"（只見西夷傳），后泄對諸夷"始加爵命"及"畎夷入居邠岐"事記於西羌傳中。路史記此事，注中雖也引用"畎（無夷字）遂入居邠、岐之間"，可是正文却正作"犬戎侵岐，居之"，不誤。今本紀年不曉得范曄的錯誤，遂致沿用。至於它所説的三年，大約又是纂集人的臆造。

啟,校注説:"'啟'舊作'殷',形近而譌。"又解釋説:"五子,五觀也,亦曰武觀。啟子,太康昆弟國於觀。"他這樣解釋很正確。就是改殷爲啟,也應該是正確的。國語内説"啟有五觀",後面指明説是"姦子"①。左傳内説"夏有觀、扈"②,也是指不遵守王伯命令的諸侯。墨子也曾引武觀篇的文字,裏面也説到啟的敗德。同本段引文相比較,就可以證明僞古文尚書五子之歌篇所講的故事與古訓完全不合。這一段是説啟的五個兒子忘掉他們祖父禹的命令,趁着國家政令不修,共同起來作亂,就使他們的國家敗壞。皇天哀憐禹有大功,就賜他,也就是説賜夏國一個人,叫作彭壽,他能想着整理夏的經界。今本紀年就説啟的"十一年,放王季子武觀於西河;十五年武觀以西河叛;彭伯壽帥師征西河,武觀來歸"。實則這是采摘群書,構成這樣説法,並不可靠。看上面所引周書的話,啟的兒子五人,它却把武觀説成王的季子,就成了一個人。北堂書鈔十三武功篇也只説"啟征西河",下注説"紀年云";路史後紀十三上只於"既征西河"下注説"紀年在二十五年"。究竟西河與啟之五子是否有關係,古書中並無證據。然則它所説的彭伯壽,是否可靠,也很難説③。不過莊子大宗師篇説:"彭祖得之,上及有虞,下及五伯。"史記五帝本紀中,舜時也有彭祖的名字,是則大彭建國頗古;此氏族中有一個長壽的首長也相

----

①楚語上。

②昭公元年。

③朱右曾本節注又説:"路史稱竹書云:'武觀以西河畔,帝征西河,以武觀歸。'是其事也。"實則路史中並没有這句話。路史所説正文中已經引過。朱氏自己著的汲冢竹書紀年存真的正文(卷上第六頁)也只説:"二十五年征西河。"分注中也引路史後紀這幾句話。

傳頗古；彭壽爲一人名，在夏啟時已經很有功績；大彭在夏朝已經
爲東方强國；應當是可信的。水經注濟水下説：“又東經韋城内，即
白馬縣之韋鄉也。史遷記曰‘夏伯豕韋之故國’矣。”這裏不説商
伯，却説夏伯，就可以證明這昆吾、大彭、豕韋三國，從夏朝中葉，已
經爲東方的强國。鄭語又説昆吾爲夏滅，可是詩經商頌長發篇叙
湯的武功，却説“韋、顧既伐，昆吾、夏桀”，叙昆吾於夏桀的前面，夏
桀爲商所滅，那昆吾也應當爲商所滅。又叙它於桀前，它的滅亡也
應當在桀前。後人或者因爲它亡於夏朝還未滅亡的時候，就説它
爲夏滅，也很難説。昆吾遺墟有二：一在帝丘（河南濮陽縣），一在
舊許（河南許昌縣）。何先何後，在古書内没有顯明的證據。韋昭
注鄭語説“其後夏衰，昆吾爲夏伯，遷於舊許”，照他的意思是自北
遷南。今本紀年就用他的意思，把此事寫在帝廑的四年。王國維
疏證説“左昭十二年傳：‘昔我皇祖伯父昆吾舊許是宅。’蓋謂陸終
之子昆吾，不得在胤甲（帝廑一名）時”，很是。實則虞夏之際，高陽
氏還在玄宫，爲宗教主，有虞氏正在强盛，它的國土也離玄宫所在
地不遠，無緣在它們的中間忽然間雜一個己姓昆吾的建國。祝融
居鄭，昆吾是他的長子，隨着他父親住在附近的許地，是較近情理
的事情。但許國爲大岳的後人，昆吾何緣也在那裏居住？頗成疑
問。不過許國從前是否有遷徙，古書中全無記載。如果説它無遷
徙，即使相信昆吾自北遷南，也要遇着同樣的困難。此事難明，不
必强説。夏后氏中衰，舊邦漸漸淪亡，昆吾氏或就在這個時候北
進，滅掉高陽氏，在那裏建設新邦。就是祝融族的他支，顧、温、蘇
及豕韋的建國，也許都在這個時期内。因爲夏朝初年，舜死未久，
有虞氏未必即境土日蹙。及至夏衰，虞也許遭到相似的運命，商還

没有强起來,當時在今冀、魯、豫三省交界處的平原,最適宜於群雄的紛爭。疆土變更應當在這個時候。又帝夷羿從東方的窮桑西進侵擾夏國,舊許一帶像是必爭的地方。昆吾氏北遷因爲受夷羿的壓迫,也很難説。"韋、顧既伐",接着就到昆吾。韋就是豕韋,在今河南滑縣境内。顧在今山東范縣境内。如果這個時候昆吾氏還在帝丘,與用兵的路綫也很相合。我也知道上面所舉的證據僅可作爲旁證,還不能起決定性的作用,但韋昭及今本紀年説的毫無根據,實極確鑿。謹將此問題提出,以供將來學者的探討。

　　豕韋建國綿歷夏商,就是"韋、顧既伐"的韋,當無疑問。但是它與陶唐氏後人劉累的關係却很可怪。左傳載蔡墨説:"有陶唐氏既衰,其後有劉累學擾龍於豢龍氏,以事孔甲,能飲食之。夏后嘉之,賜氏曰御龍,以更豕韋之後。龍一雌死,潛醢以食夏后,夏后饗之,既而使求之,懼而遷於魯縣,范氏其後也。"①這是説夏朝的帝孔甲有兩條龍,却不知道應該怎樣養活它們。陶唐氏的後有劉累從豢龍氏學會養龍的法子,帝孔甲很喜歡,就賜他姓御龍,來替代豕韋的後人。他所養的雌龍死了,他偷偷地把它剁成肉醬,送給夏后吃。夏后吃過,覺得很好吃,又要向他要肉,他無法應命,害怕得罪,就遷到魯縣去。春秋時晋國的范氏就是他的後人。又載范匄説:"昔匄之祖,自虞以上爲陶唐氏,在夏爲御龍氏,在商爲豕韋氏,在周爲唐杜氏,晋主夏盟爲范氏。"②此二説正相合。但是當時豕韋並未亡國,何能就替代豕韋的後人? 在商代,豕韋强大稱伯,劉累後人何以就能混稱豕韋氏? 杜預無法解

---

①左傳襄公二十九年。
②左傳襄公二十四年。

釋,就繞着彎説:"以劉累代彭姓之豕韋。累尋遷魯縣,豕韋復國,至商而滅。累之後世復承其國爲豕韋氏。"這是説豕韋先已被滅,因爲劉累遷去,它又復國。及至商代豕韋又被滅,劉累的後人又承受它的國土,仍叫作豕韋氏。這樣糾纏起來,對對付付地把兩面顧到,不致於有顯著的矛盾了。可是,豕韋第一次的被滅與復國,完全出於臆測,毫無根據。豕韋强國,孔甲想滅掉它,把它的國土給別人,談何容易。夏后賜劉累氏叫作御龍,不管他遷於魯縣,或又得豕韋氏的故土,均當稱御龍氏,不應稱豕韋氏。主要的是:商伯豕韋雖説不知道滅於何年,今本紀年説它亡於武丁五十年,雖也未見得有確實的根據,可是它亡於武丁時却近情理。因爲商當武丁的時候,兵力很强,闢地很廣。商頌玄鳥篇説:"邦畿千里,維民所止,肇域彼四海。四海來格。"這是説武丁的時候人民所住的畿輔廣大,疆域推廣到四海邊。海内的人全來朝賀。從今日所得到的甲骨材料研究,也可以證明玄鳥篇所説並不太誇張。商都黄河南岸時,未必有力干涉到北方的豕韋。盤庚遷殷以後,武力像是還不很强,也未必就有兵力去滅一個纍世的伯主。獨到武丁的時候,享國久長,兵威大振,卧榻之旁不容他人鼾睡,也是一定的道理。勞師動衆,去了肘腋間的一個厭物,却又把國土給了一個不相干的劉累後裔,這樣的事情也太難索解了。這樣的記載同左傳文公十三年所説的"其處者爲劉氏"合起來,而劉氏的一部分——因爲還有姬姓的劉①,無法抹殺——遂與晉范氏同姓,同出

---

①姬姓的劉,左傳所記有劉康公。宋朝人書,如通志氏族略、路史國名紀全説是王季的兒子封於劉,後人因以爲姓。氏族略更説他受封在周成王時。其實這些話毫無根據,源出誤會。左傳成公十三年杜預注:"劉康公,王季子。"魯成十三(轉下頁注)

於唐堯。我們雖不相信劉歆等——或劉歆以前的人——大規模摻亂左傳，可是這三處太像他們有意的摻入了。他們正在爲研究左傳的人爭太學的講坐（博士名位），隨便加進去幾句話，證明劉氏出於帝堯，獻媚於當日的統治階級以求達到他們私人的利祿目的，豈不是很方便？看漢書眭、兩夏侯、京、翼、李傳內"漢家堯後"的説法，似乎這種摻亂在漢昭帝以前已經作出，並非劉歆開始作僞。無奈作僞的本領不高，還是露出馬脚。他們不惟摻亂左傳，並且把范匄的話大同小異地摻入國語①裏面。不過並不難看出它與當日的情勢不合，完全不足信據②。

　　殷商一代，關於三集團相互關係的史料保存的很少。伊尹以

（接上頁注）年當周定王八年，這個"王"當指周定王；季子是幼子的意思。宣公十年左傳經："秋天王使王季子來聘。"杜注説："王季子者，公羊以爲天王之母弟。"正義更引公羊傳原文説："其稱王季子何？貴也。其貴奈何？母弟也。"這一條的左傳就逕説："秋劉康公來報聘。"杜注："即王季子也。"這一注正與成十三年注相合，毫無疑問。後人鹵莽讀書，竟把（周定）"王季子"誤認爲"王季"的兒子，可笑至於如此！

① 卷十四晉語。

② 這一點的作僞實在很粗陋，所以很早像唐朝的孔穎達等就已經看出。我在這裏可以附帶聲明：我們同極端疑古派頂不同的一點，就是不相信康有爲新學僞經考中劉歆大批作僞古文的説法。康氏想"托古改制"（並非孔子），可是看到左傳諸書與他的説法不合，所以不得不如此説。康氏的想"托古改制"，自有苦衷，我們不惟諒解他，並且很佩服他。但是他通過這種帶色眼鏡所研究出來的結果，我們却無法接受它。此後跟隨康氏的學者，如錢玄同、顧頡剛諸先生，當他們論述古史時也無法完全扔掉左傳所記載，就鬧出同他們意見相合的就認爲國語原文，同他們意見不合的就認爲劉歆竄改的情形。在這兩部分中間有什麼客觀上的分別？可以説完全没有。這樣來整理古書，怎樣能達到科學的標準？我鄭重聲明：這是我們看法的各點中頂主要的一點。如果我研究的結果還能有大部分的正確，那同這一點就有極大的關係；反過來仍是一樣。我希望將來無論贊成我的主張，或想反駁它的人全特別注意此點。因爲如果我這一點錯誤，我在此書中所得的結果一定有很大部分要跟着倒塌。另外一方面，我們却不否認在左傳中有若干節的竄改。除漢爲堯後的説法以外，我們也相信西漢儒者"左氏不傳春秋"的説法，相信左傳中的"三十凡"爲劉歆所加入。但是這是早期經師普通的作法，並不能因此就指他爲作僞。

空桑的賢豪爲湯的佐命功臣①。空桑是少昊的都城,那伊尹也應
該是東夷集團中的人物。商氏族起自東方,與東夷集團關係頗
密,伊尹爲湯輔相,没有什麽奇怪。關於東夷,僅有仲丁征藍夷一
事②。苗蠻就完全没有。後人拿高宗所伐的鬼方③附會後代黔中
的鬼國,是錯誤的。鬼方在北,王國維考的已經很明確④。殷商的
兵力似乎還没有達到今日的兩湖,不要説貴州了。這一部分史料
缺乏的原因,或者因爲商人本爲東方的氏族,他們的都會又不少在
東方,建樹立國規模的伊尹又爲東方的人,他處理東方的事情應該
比較得宜,所以就没有什麽大變化。至於南方的苗蠻,或是因爲宗
教的問題已經解决,而又與中原多隔山河,交通困難,所以也没有
大衝突。並且在夏、商、周三代,王國的規模一代比一代完備,組織
一代比一代嚴密,所以商朝統治階級的力量比較充實。所説的“賢
聖之君六七作”⑤,就是因爲從前國王的宗主權殊爲薄弱,普通的
時候總是“人存政舉,人亡政息”的;單獨商朝當這六七君的時
候,兵力優越,真能作全中國的盟主。從這一點看,不惟過去的夏
朝差的很遠,就是將來的周朝也似乎還差一點⑥。三集團的鬥爭
在商代没有特別顯現出來;這或者也是重要原因之一。等到它的

①呂氏春秋本味篇所載伊尹出生時的神話有“有侁氏女子采桑,得嬰兒于空桑之中”
　的説法,是拿“空桑”一詞作公名用。這像是因爲在戰國末年,“空桑”的名字對於念
　書人,尤其是對於普通人已經生疏,所以又吸收其他神話而生伊尹的母親化爲空桑
　的説法(黄東發就已經主張空桑爲地名)。
②後漢書東夷傳。
③周易下經既濟卦下説:“高宗伐鬼方,三年克之。”
④觀堂集林十三鬼方、昆夷、玁狁考。
⑤孟子公孫丑上。
⑥王夫之春秋世論卷五論宋事有此説法,我認爲很精確。

末葉,同人方(就是夷方)的鬥爭又漸漸地劇烈起來。紂盡全力
經營,才能把它征服①,可是國力已經消耗得很厲害。紂由於一
時的勝利就衝暈了頭腦,沈湎淫泆,歌舞昇平,數百年的宗主權遂
爲周人奪去。關於這些經過,徐中舒先生在他的殷周之際史蹟之
檢討一文裏面説的頗詳細②,讀者可自行參考,不再贅述。

八、炎帝是否屬於南方集團

我個人於 1939 年開始研究我國傳説時代的歷史,工作了若
干時候,才漸漸看出來我國古代的氏族分成三個不同的集團。以
後,才聽到友人説在我工作以前若干年,蒙文通、傅斯年已有相類
似的説法,暗中摸索,大致相合,足以證明所得各條並非一人的私
見。所不同的是蒙文通把炎帝、共工、蚩尤、祝融全分屬於南方的
江漢民族(就是本書内的苗蠻集團),而我把炎帝、共工分屬於西
北方的華夏集團,把蚩尤分屬於東方的東夷集團,雖也把祝融歸
於苗蠻集團,却指出他原來屬於華夏集團,在禹完全征服三苗以
後,才到南方去,此後除宗教外,他那族姓的習慣與語言才漸漸與
苗蠻集團同化。從現在看,我覺得對於祝融的問題我同蒙文通的
看法,分別並不太大,不過我對於傳統一致的説法,如果没有充足
的理由,不願意輕加駁斥或抛棄,並且從我對於帝顓頊的研究使
我得到另一種如前面所説的看法。這個問題太大,我所提出的看

---

①左傳昭公四年説:"商紂爲黎之蒐,東夷畔之。"昭公十一年内説:"紂克東夷而隕其
身。"甲骨文中保存關於人方的史料很多,可參考董作賓所著殷曆譜的下編第三卷
及第九卷帝辛日譜。
②歷史語言研究所集刊第七本第二分本。

法將來能否成立，我自己也覺得還沒有十分把握，只好留待將來學者的繼續研究。關於蚩尤屬於東夷集團的問題，我覺得已經不很可能有其他的看法。從前人把他歸於苗蠻集團，純屬誤會，現在也可以不談。成大問題的是炎帝與共工屬於何集團的問題，而共工氏姜姓，與炎帝本屬同族，然則只剩了一個炎帝問題。對於這個問題傅斯年的意思也是把他歸於南方集團的。現在把我不能同意他們兩人的意見略述如下：

　　姜姓起源於陝西西部黃土原上的意見，自從我於 1934 年到寶雞鬥雞臺作田野發掘的時候就已經深切地感覺到。由於前面所說到的姜城堡、清姜河、神農廟、磻溪水、姜氏城諸遺跡的指引，就覺得姬、姜兩姓的關係從來已久，絕不能分屬兩族。以後研究古史，才注意到炎、黃二帝氏族均從少典氏族分出。又注意到共工氏族居住的確在黃河出山入平原北轉的地方。並且共工的從孫爲大岳（就是堯典中的四岳①），佐禹治水有大功。姜姓的建國

①左傳內說：“夫許大岳之胤也。”又說：“謂我諸戎四岳之裔胄也。”許與姜戎皆出姜氏，大岳、四岳，明明是一個人。墨子非攻下篇有“卿制大極”的文字，孫詒讓“疑爲‘鄉制四極’。……四篆文作⚏，與‘大’篆文亦近，故互譌”。然則大與四古書中互譌，也很常見；大岳、四岳，並非二人，古人也曾說過。杜預左傳隱公十一年注就說：“大岳，神農之後，堯四岳也。”對此點可無疑問。不惟如是，就是伯夷與許由二名，我覺得也是指此人，並不是另外的人。國語周語太子晉諫靈毅、洛篇，前面說：“共之從孫四嶽佐之。”又說：“祚四嶽國，命以侯伯，賜姓〔編者注：“姓”，原作“氏”，據通行本國語及後文改〕曰姜，氏曰有呂。”是姜姓爲四嶽後。鄭語却說：“姜，伯夷之後也。”韋昭感覺到此矛盾，就注：“伯夷，堯秩宗、炎帝之後，四嶽之族。”可是四嶽、伯夷爲同時人，如非一人則既爲四嶽後，就不能再爲伯夷後。姜既繼承四嶽，又繼承伯夷，就足以使人想到此二名本指一人。史記齊世家說：“其先祖嘗爲四嶽，佐禹平水土，甚有功。”是明說齊的祖先爲四嶽（岳、嶽同一字）。陳杞世家末却說：“伯夷之後至周武王復封於齊，曰太公望，陳氏滅之。有世家言。”是又說齊爲伯夷後。這並不是太史公自相矛盾，却是因爲他所著書還保存着一部分未受系統化（轉下頁注）

本不多,而除申、呂以外全在北方。申或爲呂的別支,建國在於周朝時候,可以不談。呂也是大岳的後人,或者是隨着堯、舜、禹的南征,遂建國於今河南的西南部,與真正南方的苗蠻,次南方的祝融八姓全没有關係。古史材料裏面有三事,二事從現在看來,僅僅出於誤會,還有一事,雖説也可以解釋,不過問題還不能弄得太清楚,還有些可疑的地方存在。(一)爲後漢書西羌傳所説的:"西羌之本出自三苗,姜姓之別也。其國近南岳。及舜流四凶,徙之三危,河關(縣名)之西南羌地是也。"這樣説,那姜姓本出苗蠻,以後才到西北方。此説本於左傳。左傳屢次説到姜戎,並且襄公十四年傳明説"謂我諸戎四岳之裔胄也",昭公九年傳又明説"先王居檮杌於四裔以禦魑魅",所指的都是姜戎,這樣,似乎三苗屬於姜姓不成問題了。但這裏有很重要的一句,大家對它却不够注意,也没有在那裏生出疑問,所以也没有設法去解決它,誤會就是從此生出。很重要的一句就是緊接"先王居檮杌於四裔以禦魑魅"下面的"故允姓之姦居於瓜州"。姜戎明明姓姜,何以又罵他們爲"允姓之姦"?我在前面已經説過,今日淺化人民中

(接上頁注)的史料,後人就可因此辨識堯典綜合材料的訛誤。至於許由,太史公審慎,不敢爲他作傳,後人多疑爲"堯讓天下於許由",不過是莊周的寓言,這個名字不過是"子虛""烏有"之類。實則,莊子内固然有許多寓言,但這一點却是由於傳説推演出來。大岳(四岳)後人封於許,用後人的説法,稱他的氏爲許,並不錯誤。堯典述堯的話説:"'咨四岳,朕在位七十載,汝能庸命,巽朕位。'岳曰:'否德忝帝位。'"這是説堯歲數已老,叫四岳説,你能用命,把位讓給你。四岳答説:我没有德,將要忝辱帝位,所以不可這樣作。下文堯才叫他也可以舉卑賤的人,四岳才推舉舜。這件事情也許是後人對於堯、四岳、舜諸人理想化的結果,未必有歷史的價值,但是這個傳説與"堯讓天下於許由"的傳説同出一源,似乎不會有大錯誤。莊子所載堯的話是莊子自己作的文章,不惟與堯無干,並且與傳説也不相干。可是傳説自有來源,並不是莊子虛造出來。

間,統治家族與被統治階級不屬於同氏族人的情形,時常遇見。姜與羌本屬同源,爲西方著名的氏族。把南方的"允姓之姦"遷移到那邊,使姜姓的首長管理生業,也是很可以有的事情。戎子駒支自述他華貴的種姓,就説"四岳之裔冑也",周王的臣下斥猾夏的戎蠻,就罵他們爲"允姓之姦",這裏面並沒有一定矛盾的地方(因爲在"姜姓"二字後面加"之姦"二字,似乎就太古怪了)。因爲三苗氏族竄到西北的一部分曾同姜姓發生過關係,就説他們的氏族完全屬於姜姓,這種用偏賅全的辦法是很不對的。

(二)把神農與炎帝合爲一人,又把神農與"烈山氏之子"柱合爲一人,而後炎帝、神農、柱三名全代表一個人! 又因爲烈山氏的地域在今湖北隨縣境①,炎帝遂成了江漢民族的首長。這全是受大一統觀念的蔽塞,遂以爲有相似的行爲就是一個人。其實炎帝絶不是神農,封禪書中説的很清楚②。當日的氏族林立幾個地方,在差不多的時期内,不相謀地共進了農業的階段,又有什麽可奇怪的地方? 烈山氏屬何集團,現在找不出確實的證據。依地望推測,像是屬於南方的苗蠻集團。即使不然,呂國早已建國於今河南南陽縣境内,該縣離隨縣不過三二百里,中間並没有高山與大

①關於烈山氏之子柱的史料,左傳襄公二十九年内説:"有烈山氏之子曰柱,爲稷,自夏以上祀之。"國語魯語上内説:"昔烈山氏之有天下也,其子曰柱,能植百穀百蔬……故祀以爲稷。"禮記祭法篇内説:"是故厲山氏之有天下也,其子曰農,能殖百穀。夏之衰也,周弃繼之,故祀以爲稷。"厲、烈古音同,互相通假。漢書地理志南陽郡隨縣下,班固自注説:"故國。厲鄉,故厲國也。"這是説隨縣原來是隨國;境内的厲鄉,原來爲厲國。水經注卷三十二潕水下説:"一水西逕厲鄉南,水南有重(趙本作"童")山,即烈山也。山下有一穴,父老相傳云是神農所生處也,故謂之烈山氏。"烈、厲,又作賴,三字音同通假。水經注把烈山與神農已經説成一人。
②史記封禪書内説:"神農封泰山,禪云云;炎帝封泰山,禪云云。"

川的間隔。這兩縣現在雖分屬兩省,而在漢代却同屬於南陽郡。
我們曾説過:炎帝氏族雖與神農無干,可是他們却是早已進入農
業階段。那屬炎帝支的吕氏族的旁支東南進三二百里,在那裏建
立一個農業的團體,以後就成了那邊農業的"不桃之宗",也不是
一件很難能的事情。這以上兩點完全由於誤會,一經説破,全不
相干。小有可疑的是第三點。山海經末頁説:"炎帝之妻,赤水
之子聽訞(音妖)生炎居;炎居生節並,節並生戲器。戲器生祝
融。祝融降處於江水。生共工;共工生術器。術器首方顛,是復
土壤以處江水。共工生后土,后土生噎鳴;噎鳴生歲十有二。"這
一段内所説的世系和地域,有與從前傳統的説法相異的,也有相
同的。相同的是它同左傳、國語、禮記祭法篇一致,説后土出於①
共工。相異的是帝繫篇與楚世家一致説祝融出於帝顓頊,此段却
説他出於炎帝。又我在前面説過共工氏的地域就是後此所説的
共頭、共首、共縣,那它就在黄河北岸,黄河出山入平原,向北曲的
地方,可是按這一段所説,共工同江水也似乎有關係了。至於祝
融與江水的關係,大約是祝融後裔南入苗蠻,建國於今湖北西境
的反映,並無衝突。共工的兒子術器與江水的關係或者可以作這
樣的解釋:我們已經説過,所傳説的三代以前的"生"大約是氏族
分合的關係,並不是個人血統的關係。共工氏族或者有一部分隨
祝融後裔南下,留在南土,與江水真正發生過關係,也很難説。至
於祝融氏族到底是由高陽氏族分出,或者是由炎帝氏族分出,那
傳説的來源並不是一個,因而不相符合,我們既没有理由取其一

---

①編者注:"出於",原誤作"於出"。

而捨其一，也就不必强説。我們要説的一句話，是：炎帝氏族或部落屬於華夏集團，高陽氏族或部落也屬於華夏集團，却與東夷集團有很深的關係，祝融氏族或部落的一部分後來雖南入苗蠻集團，成了那邊的宗教的和政治的首長，可是氏族或部落的本身仍屬於華夏集團，它的大部分也仍留在本集團中，並未南下，這樣，祝融氏族的來源出於哪一氏族的問題就没有很大的重要了。並且，再進一步説，我們分三集團，是覺得這樣地分才可以更實在地反映當日的情形，並可以增加我們工作的方便。實在每集團的内部也還相當複雜。我們不得不把華夏集團分成炎帝和黄帝的兩大支，又不得不把祝融八姓各國從真正南方的苗蠻集團中分出來，又不得不在華夏與東夷兩集團中間把高陽氏、有虞氏、殷人的特殊地位劃分出來。實則，如果覺得不方便，即使分作五集團或六集團也未始不可。不過就是這樣劃分起來，只要我們對於時間和空間二要素把握得够緊，並且不忘記早期所留遺的史料和晚期史料的不同價值，仍不難看出炎帝和黄帝關係比較密切，祝融和華夏及苗蠻兩集團，高陽氏的宗教集團同華夏及東夷兩集團均有密切的關係，不是同其他集團的關係所能比。所以對於姜姓，只能説它是姜戎或羌，却不能説它是姜蠻，就是由於這個道理。

九、餘論

我國古代部族的三集團的分布，它們相互的關係及重大的變化，我們現在所能考出的大致就是這樣。對於這些將來一定還要有若干的修正，但是希望大致的間架不致錯誤。

最後還有幾句補充的話：當我談過黄帝、蚩尤大戰以後，就説:"自此以後,華夏集團與東夷集團相處頗好";談過征服有苗以後,就説:"祝融的後人一小部分雜處苗蠻中間,可以傳播教化。全部勢力仍在中土,所以並没有部落南徙的事實,也没有它壓迫有苗入山的行動。結果土人的宗教同化於中土,新徙民的言語習慣也漸漸與土著同化。……這些南方集團等到一千多年以後,又由祝融的後裔領導着與中土諸大國爭短長,結果却是同化作用更迅速地進行。"這樣的看法是否有把此種同化活動理想化了的嫌疑? 換句話説,這樣的同化活動是不是一種理想的,根本就不存在的事情? 是否在實際上,仍像歐洲人到了美洲,土人逐漸消滅,新到的人民逐漸喧賓奪主呢? 對於這個疑問,我們現在的看法是這樣:第一,偏狹的民族主義是社會進化到資本主義初期階段的産物。歐洲於十四五世紀以後才逐漸成立。第一次最顯著的表示就是法國若望達安於十五世紀上半紀的驅逐英人。此後歐洲人民族主義更迅速地發展。他們到美、非、亞各洲,全是用他們優越的武力和經濟能力,對於土人加以無限度的掠奪和壓榨。我國在四千年前,社會進化還在氏族社會的後期,頂多也不過捉幾個俘虜爲奴隸,像十五世紀以後的大規模的民族壓迫,是不可能有的。第二,就是專從搶掠奴隸的觀點來看,"貨力爲己"的私有財産制度在堯、舜、禹時代才剛剛萌芽①,生産力的發展還在幼稚階段,還没有特別搶掠的必要。就有少數的奴隸,也不過進入氏族中間,爲氏族公有的奴隸,久而久之,結果仍是同化。第三,頂重要的是社會的活動及變化總要受經濟因素的影響。這就

————————

①禮記禮運篇。

是説受"人們生存所必需的生活資料謀得方式"的限制。我國在四千餘年前,主要的生活資料謀得方式是牧畜業和農業。如果在地理方面牧場及農場範圍過狹,人口已經很密,那也就會引起更多的爭奪牧場或農場的爭鬥,或强迫着人們到遠處尋求生活資料。如果他們文化較高,比方説:附近人民還在使用石器階段,而他們已經知道冶金,那他們就會拿他們所作的優越的銅器同落後的人民交換,或用鋒利的青銅武器去掠奪他們。掠奪他們的財産,也掠奪他們的人民。在古代,俘虜的人民總是奴隸最主要的來源。西方古代文化發達的各地方,如埃及、兩河流域、斐尼基、希臘各地,或爲沙漠所包圍,或爲海洋與山岳所圍繞,牧場和農場均很窄狹,可是他們的文化比附近的人民都高,所以他們通過生産以發達文化的道路,就是用他們精巧的手工製出産品以與附近人民進行交換,也附帶着掠奪他們的道路。中國却情形不同;從地理的觀點來看,我們當日所有牧場和農場的面積,不惟比上面所舉西方各地都廣大,並且比它們總和起來的面積大致也還要廣大。可是當堯、舜、禹時代的人民數目,據我們近年來考古工作及從文獻資料搜求研究的結果,知道洪水以前,人民還不知道鑿井的技術,所居住的地方僅僅限於河流及湖泊的附近,人民很稀少(詳見後洪水解)。帝王世紀所説"禹平水土,還爲九州……其時九州之地凡二千四百三十萬八千二十四頃,定墾者九百一十萬八千二十四頃,不墾者千五百萬二千頃(旭生案:後兩數相加爲二千四百一十一萬零二十四頃,與前一數不全合,疑有誤字)。民口千三百五十五萬三千九百二十三人"的數字,尤其是人口的數字絶不可靠。由現在各種材料去推測,當日人口數目不能超過百萬。由於人民治水的辛勤，就發現了鑿井的技術，而後我國廣大的平原才均可居住。可是此時人口還稀，爭奪可以較少。在此廣大的地域上面很有餘地去休養生息，可以"取精用弘"以孕育發展將來的高度文化。不需要渡重洋，冒巨險，以與其他人民作交易，或掠奪他們。所以我國古代文化發展的方向不同於古代西方各國。主要原因是受了生產方式不同的限制，間接也是受了地域環境的影響。我國古代的奴隸社會不能發達到希臘、羅馬的高度，這大約也是主要原因之一。這個問題太大，現在可以不談。所要談的一句話，就是我國古代地域廣，人口少，爭奪牧場及農場的鬥爭不劇烈，所以互相殘殺的事比西方古代文化發達的國家也比較地減少，不要說比西方近代的國家了。由於以上所説的三種原因，我們覺得拿資本主義社會興起以後互相殘殺的慘酷情形推論我國古代也有相類似的情形，是顛倒歷史的看法，是非常不科學的。所以我前面所提出的幾句話，據我們自己的分析，並沒有把古史上的事件理想化的嫌疑。

第三章　洪水解

一、洪水傳説的性質

在世界上歷史較古的人民裏面差不多全有關於洪水的傳説。浮淺的觀察人，有些人覺得這是一種公同的神話，裏面毫無歷史的因素，跟着就想用這種公同的神話證明人類的同源。實則，人類是否同源是一個與洪水問題没有深切關係的問題。人類即使異源，如果他們處於相類似的環境，仍不妨發生相類似的以至於相同的神話或傳説。各族人民發生這樣相類似的洪水傳説，起源頗爲複雜。本書後面附錄蘇秉琦同志所譯的富勒策的洪水故事的起源，在這一篇文中的結論，我們相信大致是正確的。讀者可自參考，我不擬對此點多説話。我現在只想對兩類的研究人説幾句話。

這兩類的研究人全承認洪水的傳説有歷史的因素，並且全想在科學方面找出根據。一類研究人聽説地質上常常有變遷，比方説：在遠古亞洲與澳洲曾相連爲一大陸，印度及中國的一部分曾爲大洋等類，就推論説“滔天”並幾乎毀滅全人類的洪水就是這樣的大變化。在十八世紀及十九世紀前半的神學家們往往主張這一種説法。這一類的大變化雖然實在發生過，但是這發生在古生代、中生代或新生代的前期，它們離現在或超過十億年，或已經幾億年，最近的也在幾千萬年或幾百萬年以前，可是我們人類的出生僅在於新生代的後期——更新統，距現在不能超過一百萬年。像前面所説的遠古，當日還没有人類，怎樣能有遺事的流傳？所以這一類的解釋很不適當。另外一類研究人用冰期的消退解釋洪水的起源。他們覺得當日地球上的氣候變暖，冰河消融，泛濫流溢，遂成洪水。這一類的解釋比上一類近情理得多，距現在僅幾萬年，仍爲人類記憶範圍之所能及。雖然如此，我國洪水發生的時期相當明確，大約不出公元前第三千年的後期。冰期在歐洲留遺的痕迹比較明顯。我國古代是否有冰期，現在還没有定論。即有冰期，它的消退也似乎不能在萬年以内。拿它來解釋洪水，時代仍嫌過遠。所以這一類的解釋仍不能認爲適當。

我們覺得想解釋我國所發生的洪水的性質，預先應該注意到兩件事：

第一，應該注意到掘井技術的發明是一件相當晚近的事。大宛在漢太初元年（公元前104年），城中還没有井，在城外流水中汲水。“新得秦人”（即中國人），才學會穿井取水的方法①，這就足以證明掘井技術的非原始性。我國在洪水以前，掘井的技術還没有發明（見後），人民居住的地方不能離水邊太遠。如果在陝、

①史記卷一百二十三大宛列傳。

甘及河南西部黃土原邊的臺階地上面,離水不遠,可是它的高度
已經頗快地增加,那是古代人民住居最理想的地方。在那裏平時
順原邊掏窰洞居住很容易,下原取水也不困難,即使有霖雨爲患,
河水增漲,可是他們居住的窰洞高在原邊,飄没它們却是不會有
的事情。在山西山岳地帶的山坡上,情形大約也相差不多。至於
伏牛、外方、太行各山脉東邊的大平原,一望無際,走過幾百里不
見一個小山坡的地方到處都是。湖、河的底同岸的高度的差別有
些地方不過幾尺。在那樣的地方雨潦稍多,就很容易成災。

　　第二,應該注意到地球上的雨量是有定期性的。美國專家島
格拉斯以松柏類樹木年輪的厚薄研究各年降雨量的多寡,證明自
四世紀後雨量驟減。直到十世紀末量又稍加。五十年後又減。
到十二世紀的末葉至十四世紀的初期,雨量又增加。從十五世紀
到十六世紀的初期,雨量又很減少。我國專家竺可楨先生也從我
國數千年來史册上的記載證明我國在南宋時代,黃河流域下游四
省的水災比北宋、五代特別少,旱災却除河南外,比北宋、五代特
別多。他又據 Wolfer 的學説,知道這樣氣候是受了日中黑子的影
響,當十二世紀時日中黑子的確特別地多,可是在這個時期,長江
流域各地却是同黃河流域相反,雨量有增加的現象。這一切可以
證明:(1)降雨量經過數十年或數百年可以有重要的變化。
(2)地面上各地由於離海洋遠近的不同,去高山距離及海洋温寒
流距離的各異,分成各個不同的區域,各區域中降雨量的增減,可
以互不相同或互相反對①。

────────────

①參考東方雜誌二十三卷竺可楨先生所著的中國歷史上的氣候的變遷。

　　注意到上面所說的兩種現象，再設想在某一個大平原上面，有幾十年或幾百年降雨量比較稀少，人民因爲當日還沒有發明出來掘井的技術，生活就被限制在湖泊或河流的附近。冬春水小，夏秋水大，他們由於經驗，是很知道的。他們積數年或數十年的經驗，可以看出夏秋的漲水總有一個超不過的界綫。在這界綫以外的近處就應該是他們氏族聚居的地方。這樣就在冬季取水也還不至於太遠，在雨季水漲的時候也還不至於有飄没的危險。在他們的廬舍裏面，集放些磨光的石器、粗陋的陶器，以及其他費了不少勞力製造出來的用具。他們經過慘淡經營以後，以爲將來雖然仍是辛辛苦苦，却可以安安生生地地生活一輩子了。不料過了若干年以後，氣候忽然變遷，雨量增加，山水大來，湖泊或河流的漲溢超出了前幾十年或幾百年的界綫。他們的住居全被冲壞，他們大部分的用具全被飄没。如果山水來在深夜，大約還不免有人畜的傷亡。在將來掘井技術發明以後，人民可以住在離水遠的地方，或在已經築有堅固堤防的時候，這樣規模的灾害也許算不了什麼，可是當日大家還不能離水遠住，又没有什麼樣的堤防，就會成了無法忍受的巨灾。並且，如果這個時候人民的生活狀況還滯留在漁獵與畜牧的階段，那還不很要緊：在漁獵的境況，水漲水落本没有大關係；在畜牧的境況，也不妨把家畜趕到高處，"逐水草而居"。在這時候洪水的成灾還不能在人民的心理上留下太深的印象。可是人民生活一進入農業階段，那就室有定居，田有定界，日用器皿也逐漸複雜美備。雖說古代人口稀少，閑田還多，遷移不怕没有地方，可是水灾以後，重建廬舍、重置器皿的工作全不容易。更棘手的是：冬春水落，常常仍退到原來的界綫，移居過遠,又會遇着取水的困難。就舊居重建,而明年夏秋仍受威脅。連年水漲,生活的困難就會逐年地增加。並且他們的耕地離開他們的住所不能超過三二里地的距離,再往前走,大約要受巨大喬木森林的包圍,因爲當日的人所用的主要工具是石器,用這些粗陋的工具以清除林木,實在太不容易。大約還是用火的時候更多,古人所説的"火耕",本義就是這樣。可是火雖説能燒掉樹木的枝幹,却不能消除它們的根株。後一種的工作是他們經過若干年,費去很多的艱辛才能達到。所以在當日想改換住居和耕地的位置,實則是一件幾乎無法克服的困難。這個時候,洪水的流量未必就遠超過往時,可是損失的巨大,對於人民印象的深刻,却會超過很遠。

從以上所説就可以明白各地方的有關洪水傳説,不惟各有它的歷史及地理的背景,多非臆造的神話,並且它們那相對的時間雖説大約全在農業的初期,可是絕對的時間却是各有差別,並非同時。傳説中間所涵神話量的多寡却與每一部族人民的幻想力發達的高度爲正比例。我國人民性情樸質,幻想力不够發達,所以他們所保存的傳説離實在經過的歷史還不很遠。搜集較古的傳説,用批評的精神,區別某部分爲純粹的神話,某部分爲歷久失實的傳説,某部分爲當時真正的經歷,那就是我們作歷史工作的人所應該竭力以赴的目標。

二、我國洪水的命名　　洪水與浲水

爾雅釋詁釋洪爲大,從此以後大家總是承用這個説法。但是這是它後起引申的意思,並非它最初的解釋。説文洪字下解釋

"洚水也",這是本於孟子書的説法。孟子滕文公下篇引尚書説
"洚水警予",接着解釋説"洚水者,洪水也"。告子下篇解釋洚水
的意義説"水逆行謂之洚水",也接着説"洚水者,洪水也"。"夆"
"共"古音均屬東江部,見紐。廣韻"洚"字有户公、户冬、下江、古
巷四切音,"洪"字爲户公切。古巷切爲洚字的今音,下江切與今
音近。户冬、户公二切無大差異,均近古音。户公切與洪字音全
同。這就是説:按古初傳説是寫作洚水,按着戰國時普通的用法
却寫作洪水。孟子拿"洪"來解釋"洚",是用當時語解釋古語。
至於洚的意義,孟子所解釋的"水逆行"同説文所解釋的"水不遵
道",大致相近。許慎大約是感覺到水無法"逆行"(逆行就是俗
話所説的倒流),所以用"不遵道"的解釋輕減"逆行"的意義。但
是究極説來,這些還全不是洚字的本義。尚書禹貢篇導河條下
説:"東過洛汭,至於大伾;北過降水,至於大陸。"這裏所説的"降
水"明明就是孟子書中所説的洚水,雖説這兩個字的偏旁有從
阜、從水的不同,可是古人用字多不用偏旁,偏旁多爲後人所增
加,那異體二字本屬一字。禹貢的寫成雖説一定在春秋中葉以
後,但是裏面却包括不少古代的傳説,一概抹殺不是適當的辦法。
況且這個地名仍爲春秋及戰國時人所沿用,那大禹是否從那裏導
河雖説還是疑問,可是黄河經過降水却是並無問題。水經注河水
條下引禹貢"北過降水"的文字,接着就説"不遵其道曰降",很明
顯地仍用説文洚字的解釋,把降、洚看作同一的字。這兩個字並
不是不同的字,毫無疑問。那麽這條降水是在什麽地方呢? 這有
三種説法:一、漢書地理志信都國信都縣條下,班固自注説:"禹
貢絳水亦入海。"這個"絳"字仍是"洚"字的別體。信都爲今河北

省冀縣，按此説，絳水位置最在東北。二、孔穎達尚書正義禹貢
“北過降水，至於大陸”條下，説：“地理志云：‘降水在信都縣。’按
班固漢書以襄國爲信都，在大陸之內（旭生按：這是據的阮本。
阮元校刊記説：“閩本、明監本同；毛本‘內’作‘南’。”按“作南”
較好。又今漢書地理志並無此説。只有後漢書郡國志趙國襄國
縣條下有“本邢國，秦爲信都，項羽更名……”），或降水發源在
此，下尾至今之信都，故得先過降水，乃至大陸。若其不爾，則降
水不可知也。”襄國爲今河北省邢臺縣，當冀縣的西南。三、水經
注濁漳水條下説：“鄭玄注尚書，引地説云‘大河東北流，過絳水
千里，至大陸爲地腹’，如志之言，大陸在鉅鹿。地理志曰：‘水在
安平信都。’鉅鹿與信都相去不容此數也。水土之名變易，世失
其處，見降水則以爲絳水，故依而廢讀，或作絳字，非也。今河內
共北山，淇水出焉，東至魏郡黎陽入河，近所謂降水也。降
（jang）讀當如‘郟降於齊師’之降（hiang）。蓋周時國於此地者惡
言‘降’，故改云‘共’耳……”這是鄭玄引地説及地理志的説法駁
漢書地理志信都縣條下“禹貢絳水”的説法。他所説“如志之言”
的志是指漢書地理志，因爲該志於鉅鹿郡鉅鹿縣下曾説：“禹貢
大陸澤在北。”他所引的“地理志”却不是漢書地理志。全祖望説
“安帝改信都曰安平，則是安帝以後的書”，很是。因爲信都離鉅
鹿太近，所以鄭玄説“不容此數（千里）”。他所説的共北山就是
漢書地理志河內郡共縣條下所説“北山，淇水所出”的北山。共
縣今爲河南省輝縣。共北山就是輝縣西北七里的蘇門山。此山
今有百泉水，下流爲衛河。按鄭氏説，此淇水原名降水，“周時”
才改名共水。那降水又在襄國南數百里。三説中以孔説爲最無

理,以鄭説爲最受詆排。襄國的信都雖係秦時舊名,可是自項羽時即改名襄國,漢信都當今冀縣,襄國方面,孔氏也説不出有絳水的名稱,班固當無緣指襄國爲信都。並且説"北過絳水",準禹貢上文"東過洛汭"的例子,絳水當已於此處入河,何以"下尾"能"至今之信都"?孔氏實私臆妄解,毫無根據。至第一説中的絳水雖本漢時舊名,可是禹貢明説"北過降水,至於大陸",是大陸在降水的下游,毫無疑問。大陸所在,漢書志雖有禹貢大陸澤在鉅鹿縣北的説法,可是孫星衍説:"吕氏春秋有始覽云'晋之大陸',注云'魏獻子所居'。又云'趙之鉅鹿',注云'廣阿澤也'。則周、秦以前人皆不以大陸爲鉅鹿。左氏定元年傳:'魏獻子田於大陸,焚焉;還卒於甯。'注云:'禹貢大陸在鉅鹿北,嫌絶遠,疑此田在汲郡吴澤荒蕪之地。'水經注淇水注引晋書地道記曰:'朝歌城本沬①邑也,殷王武丁始遷居之爲殷都也,紂都在冀州大陸之野,即此矣。'則此大陸即魏獻子所田之處。案修武今河南縣,與成皋接界,是大陸在河南懷慶府境内,去直隸之鉅鹿絶遠……案釋地云'高平曰陸,大陸曰阜',尋大陸當是高平之土,不合以鉅鹿澤當之。"②他雖説還未能實指大陸當今何地,可是他能辨明大陸並非鉅鹿北舊日所傳的大陸澤(準"高平曰陸"的定義,"大陸澤"一詞殊爲不通),實在很對(旭生案:孫氏前未説到修武,後忽然釋"修武今河南縣",很怪。友人鍾雲甫先生説:他似乎是引後漢書郡國志河内郡修武縣條下,注引魏獻子田大陸事,後接着説:"杜預曰:'西北吴澤也。'"印書時脱落,遂致難通。雲甫又

---

①編者注:"沬",原誤作"沫"。
②尚書今古文注疏禹貢本條下。

説：“古修武在今獲嘉，非今修武。”按雲甫説很是。但孫氏此小
小錯誤，還不致於影響他的結論）。考二十餘年前申報館所出版
的“新地圖”（非分省圖。參考它，是因爲它的等高綫比較清楚），
在黄河北岸，山西中條、王屋諸山向東行；到河南的輝縣北，山西
的陵川縣東南，山勢向北轉，爲太行山，直走至北京的西邊。可是
在輝縣的西方，山勢已經離開黄河，河北岸還有濟源、沁陽、博愛、
武陟、修武、獲嘉各縣。山東面的表示海拔五十米至二百米高度
的淡綠色地面，却是北面較窄，南面較寬。再東就成了表示從海
面起至五十米高度的綠色地面。考城、濮陽、内黄、成安各縣爲淡
綠色地面的最東界，定陶、菏澤、清豐、南樂、大名、永年各縣爲綠
色地面的最西界，東明、廣平二縣城在二色分界綫上。因此這種
淡綠色地面，在這一帶成了一個三角地帶，略當河南省的河北地
區。這種淡綠色所表示的地面，從更低的綠色表示的地面看起，
實符“高平曰陸”的定義，禹貢的大陸一定在此區域内，並不限於
孫氏所指的修武。如果信第一説，那絳水反在大陸東北，顯與禹
貢不合。孔氏駁鄭氏説“此鄭胸臆，不可從也”，這只有判斷，並
無理由。至酈道元駁鄭，則比較具體。他説：“稽之群書，共縣本
共和之故國，是有共名，不因惡降而更稱。禹著山經，淇出沮洳；
淇澳衛詩，列目又遠。當非改絳，革爲今號。但是水導源共北山，
玄欲成降義，故以淇水爲降水耳。即如玄引地説，黎陽、鉅鹿非千
里之遥。”（下有舛誤）今按地説所説的千里實不能作爲根據。因
爲三説中即取最遠的也没有那樣地遠，而除了這一段，這些地名
又没有地方放。此外他要説淇、共兩個名詞來源都很古，並非降
字所改。看共縣本爲共工氏舊地，商周間又有共頭的名，似乎共

的名字來源古，並不成問題。但是鄭氏所説是改水名，並没有説改地名。當時水名和地名用同音的兩字寫，也不是不可能。淇水的名來源也很古，當也不成問題。這一點使問題的解決發生困難，我們並不避諱。但是我們覺得：如果從淇水發源問題方面去找，或者可以得到解釋。按山海經北山經北次三經所説，淇水發源於沮洳之山，淮南子墬形訓説："淇出大號。"這個沮洳①之山及這個大號山在什麽地方，我們不很容易知道。只有水經説："淇水出河内隆慮縣西大號山。"隆慮今爲林縣，這寫得很明白。可是此後人多爲共北山説所牽掣，説沮洳、大號都是共北山的别名，所以像元和郡縣志諸書都説淇水發源於共城縣（就是漢的共縣，今輝縣）。輝縣與林縣雖係鄰縣，但相去還相當地遠，並非一地。按今圖，淇水發源還在林縣西山西境内陵川、壺關二縣山中，這與淮南子、水經説相合。它流入林縣境内，附近有臨淇鎮。再前，過湯陰縣及淇縣境，至淇門入衛河。至於衛河，按今圖，百泉水爲各源之一。上面還有自山西高平、陵川、晋城各縣境内流入河南的大丹河。它入河南後經過博愛、修武、獲嘉各縣與百泉水會。我們覺得大號山實應按水經説，在林縣西，不應在輝縣西。至於衛河上游的大丹河，按嘉慶一統志，應爲小丹河。因爲丹水自山西流入河南後，"至丹口，分渠九道。大丹河直歸沁河，其餘六渠民引溉田。惟小丹河、上秦河二渠所餘水，用以通衛。每歲三月初，塞入河渠，使水歸小丹河入衛濟漕……"我們覺得百泉水僅爲淇源之一，並非正源；它自名共，不名淇。後與從林縣來的淇水會，

———————————

①編者注："洳"，原誤作"如"，據前文及通行本山海經改，後同。

才蒙淇水的名字。按今圖,在輝縣西,衛河還有更來自遠處的源。就是小丹河在古代也未必與衛河不通。發源於今輝縣的諸水因爲在共工氏舊地附近,所以聲名很大。其他水流雖來源很遠,但因爲離共工氏舊虛較遠,聲名全不如共水大。水經注在"淇水出焉"句"淇水"二字下,案朱、趙本還有"共水"二字。這大約是後人由於上文所説,疑惑淇水當作共水,校改於本文下,後遂摻入本文。趙一清大約也疑惑它是正確的,所以未刪。究之,"泽"與"洪"爲古今字的不同,孟子書中有確證。春秋、戰國時有降水在大陸的上游,禹貢裏面有明文。大陸爲今河南省河北地區的三角地帶,非鉅鹿縣的舊大陸澤地,按之古書及新測地形,不可能有其他的説法。水出共山,故名共水,後加水旁爲洪,也很難有疑義。那末,降水(泽水、洪水)所在,只可能如鄭氏説,前二説實不可從(至水經注中所説濟水故瀆所合的洪水,遠在今山東省鉅野、東平各縣界内,像是與這裏所説的洪水無關)。至鄭氏惡降音改共的説法頗難成立。因爲由於義釋的差異而區別音讀,當爲後起的現象,古時無此類區別。他那改泽爲洪的説法與孟子書合,當有所本。原因不明,未便强解①。

————————

①我於 1940 年初寫此文時,在昆明據十三經注疏一板本,孔疏引鄭,作"河内共縣,洪水出焉",作"洪",不作"淇"。又據朱、趙本,淇水下有"共水"二字,遂以爲漢志"淇水"的"淇"字爲形近訛誤。並且以爲"共和之稱及淇澳之詩均出於周之中葉,不足駁周時改名"的説法。這樣,問題就容易解決的多。但從現在看起,古書中説淇水發源共縣的很多,漢志像不是訛誤。並且共工的名稱更早,我們還覺得共水的特別著名與共工氏很有關係,這無論怎樣,不能説成周時的改名。剛改泽爲共,不久又改爲淇,更難説通。此問題很複雜,不像從前所想像的簡單。現在所能得到的解釋也不能完全滿意。但是我覺得這一個或有的缺點,對於本文所要考證的各點沒有不可分離的關係,因之也不能影響結論的正確性。

上面説了很多的話，只是要證明"洪水"原爲一專名，並非公名；地域在今輝縣及它的東鄰各縣境内；它與淇水會合後，入黄河，在它入河以前略與今衛河相當。至於洚怎樣又得到"逆行"及"不遵道"的後起引申的意思，後面再解釋。

三、共地的重要　共工氏的興亡

"洚""洪"雖爲古今字，可是究竟不過是一個專名，並且僅僅是一條小水，何以轉變成公名，又用它代表"浩浩滔天"的洪流呢？這必須看我國全國的地形才可以明白。我國地勢西高東下。我國古代人民的居住地區，文化發展的地區，大致是在黄河流域。黄河自青海高原流出，曲折穿過甘肅、内蒙古自治區、陝西、山西間及河南西部的高地，由高山或黄土原緊束，不能成大患。在此段内，僅只走到河套的時候，地頗平衍，可是因爲水流不急，並且因爲受納的支流還少，水量也還不豐富，不惟不能爲患，善爲引導，反成大利。及至到河南省東部，忽然落到平原，來處既高，水勢湍急。並且它從此走到廣莫的平原上面，毫無拘束；轉而北行，遷徙無常，才成了大患。歷代水患總是在這一段内。共地（輝縣）正當黄河轉折地方的北岸，爲河患開始的地方。並且黄河已經受納不少的支流，而山西的汾、陝西的北洛、渭、河南的洛、沁，全是大川，所以到東方，水量更加豐富，爲患也才厲害。淇、共諸水匯流，水量大致可觀。因爲共有古代著名的氏族，所以淇水雖是來源較遠，流量較豐，可是還不能奪共水（洪水）的名字。黄河在上游不能爲患；初入平原，納了共水，才奔騰衝擊，構成大患。共地的居民没有遠出考察，不知道黄河逕流山間、原間及平地的關係,只看見它原來不能爲患,納了共水,才無法制約,釀成大患,很容易誤會禍源不屬於河而屬於共。並且金沙江爲長江正源,現在已經成爲受教育人的常識,可是我國直到元、明,還誤認岷江爲正源。東方未能遠出的氏族或誤認淇、共諸水的源爲黃河正源,也很難説。至於"逆行"的説法,我們覺得這同禹貢導河條的"同爲逆河",可以合同解釋。大凡兩水會合的時候,水大的力强,水小的力弱。黃河正在洶涌入海,可是潮水上升,勢更凶猛,衝擊河水,遂成倒流。"逆河"的名字大約就是這樣來的。淇、共諸水入黃,遇着奔騰的黃流,力弱勢小,也成倒流;這就是古人用"逆行"解釋洚水的原因。倒流的時候不免有泛溢,"水不遵道",也正是由此種現象演出。

漢志於共縣條下,自注説"故國",但並没有指明爲何國。酈道元才指明爲共和的故國,自然不誤,但在此地從遠古就有建國。我在前面已經從共工氏與帝顓頊的關係證明共工氏應居於此地。現在就它與水的關係證成此説。在古書中多傳共工氏的事迹,上及遠古,下到虞夏,可以指明共工在古代爲一顯著的氏族。共係地名,工未知何義。對於共工氏的傳説頗不一致:有恭維它的,也有詆毁它的。可是不管恭維與詆毁,它的傳説幾乎全同水有關。共工氏以水紀,故爲水師而水名[1],已經足以證明它同水有很深的因緣。恭維它的有國語魯語上,説:"共工氏之伯九有也,其子曰后土,能平九土,故祀以爲社。"禮記祭法篇略同國語説,不過改"九有"爲"九州",實則"九有""九土"皆當解爲九州,這是古

————————

[1] 左傳昭公十七年。

今語的不同。左傳昭公二十九年中説這位后土的真正的名字叫作句龍。這幾種古書全是説此氏族中有人很有功績，當日就得"后土"的名位，將來被祀爲社神，俎豆馨香，經歷很長的時候。詆毁它的有國語周語下内説："昔共工氏棄此道也，虞於湛樂，淫失其身，欲壅防百川，墮高埋庳以害天下。皇天弗福，庶民弗助，禍亂並興，共工用滅。其在有虞，有崇伯鯀播其淫心，稱遂共工之過，堯用殛之於羽山。其後伯禹……共之從孫四嶽佐之……祚四嶽國，命以侯伯，賜姓曰姜，氏曰有呂，謂其能爲禹股肱心膂，以養物豐民人也。"這一節叙共工氏最後覆亡的歷史頗爲詳細。"棄此道"是説它抛棄了"不墮山，不崇藪，不防川，不竇澤"的軌則。這是説古人任天地的自然，對於高山不毁墮它使低，對於無水的低土不培累使高，對於河流不防障它使不流，對於積水不决開它使流。可是共工氏獨不肯遵守這樣的軌則，偏要防制河流，把高地剷低，低地墊高。韋昭注説："虞，安也；湛，淫也。""虞於湛樂"就是安於淫樂。這些全是對於失敗者普通的斥責，無大重要。重要的是指明它不肯任天地的自然，却去想改變它；此後鯀（鯀）的治水仍是用它的辦法；鯀失敗後，禹改變它及他父親的辦法，才能成功，此時共工氏族内另一個成員，四嶽幫助禹治水有功，又建呂國。我在後面要證明鯀治水的方法是修築土圍子式的堤防。現在所要注意的是他這個方法是從共工氏學來的。這以上所引，有恭維，有詆毁，表面似乎很矛盾，其實並無矛盾。大約這個氏族居住在黄河轉折、水患嚴重的地方，自然要焦思極慮，尋找防範它的方法，這是人類對於自然的初步鬥爭，並不是共工氏特别荒謬。他們找到的方法還很原始,就是修築土圍子式的堤防。句龍所用未必同將來失敗的首領所用的方法有重大的差別。大約當他的時候,霖雨較少,他也精神奮勵,一半由於天時,一半由於人事,就得到很大的成功。以後氏族興盛,聲名洋溢於各部落中間。由盛而驕,又碰到氣候的變遷,天時人事交互震蕩,就得到覆亡的結果。看他們在敗亡的前夕,還在"墮高堙庳",這就是說他們還在把高處的土運到低地方,把低處堙塞起來以杜水患。這又可以證明他們在惡劣環境的下面,對於水患仍作極大努力的掙扎。周書史記篇說:"久空重位者亡。昔有共工自賢,自以無臣,久空大官,下官交亂,民無所附。唐氏伐之,共工以亡。"這大約是共工氏滅亡的人事方面的主要原因。看他們的首領們自以為賢,覺得臣下的話全無可聽的情形,是否在他們的族人裏面已經有人感覺到他們那種"頭痛醫頭,脚痛醫脚"的辦法現在已不適用,應該尋找其他較好辦法,可是他們的首領們固執己見,牢守着他們那些過時的辦法,以至民窮財盡,催促覆亡的到來,都很難說。看淮南子中所載關於共工氏的後期神話[1],就足以證明這個氏族曾經烜赫一時。由於沈溺於淫樂,也或由於不知道變通盡利的道理,遂致覆亡,實使後人感慨係之。幸而族人中還有四嶽(就是太岳),生於治水的世家,能利用前人失敗的經驗,更精密地觀察到水的本性,才能革除前人的錯誤,輔佐大禹,導治洪水,得了極大的成功,以至他的族姓——姜氏又成了顯著的群后。這實在不是偶然的事情。

---

[1]原道訓、天文訓、精神訓。

四、洪水發生的地域

如果詳細考察我國的地形，各代河患的沿革，以及我中華民族發展的階段，就可以明白洪水發生及大禹所施工的地域，主要的是兖州①。豫州的東部及徐州的一部分也可能有些小施工。此外北方的冀州，西方的雍、梁，中央豫州及南方荆州的西部，山岳綿亘，高原錯互，全不會有洪水。荆州的東部及南部，三苗末服，勢力達不到那裏。東南方的揚州，地多湖沼，人烟稀少，勢力也達不到。至於錢塘江以南的山岳丘陵地帶也不至於有洪水的泛濫，並且在那裏人民稀少。直到漢朝，會稽郡還只有寥寥的幾縣，福建一省，在兩漢僅有冶縣一縣，就是因爲人民稀少。虞夏間長江以南的情形大約也差不多。並且當時實在還在化外，舟車未通，更可以不談。東方青州及徐州的一部分，地又較高，就有些水患也不會太厲害。兖州當今日山東西部及河北東部的大平原，豫、徐平原當今日河南東部、山東南部及江蘇、安徽的淮北部分。換句話說，洪水所指主要地是黃河下游及它的流域。淮水流域的一部分也可能包括在內，此外全無關係。如果細讀禹貢篇的文字，還可以看出在它裏面還包括有關於此點的記錄。大家可以注意：禹貢篇開頭有"禹敷土，隨山刊木，奠高山大川"十二字，這可以說是一個總冒。此後就是分叙各州的壤土貢賦。再以後是叙

---

①所說的九州，同九山、九川、九澤、九藪、九原、九陝、九土、九有同類。三與九兩數字是古人拿來表示多的意思。汪中的述學釋三九篇解釋得很詳細。所以九在這裏並不確指比八多一、比十少一的數字，六、七、八、十、十一、十二等數無不可稱爲九。九州不必有一定的名稱。爭論它的名稱及數目是春秋、戰國以後的事情，絕非大禹時所能有。現在因通用的便利，跟着這樣叫，不可誤會當日有九州的行政區劃。

述導山與導水。最後自"九州攸同"以下就可以説是它的總結。文字的次序既是這樣,那叙述關於洪水全面的事情,不在總冒裏面,就應該在總結裏面,那是邏輯必然的次序。所以在分叙九州段中,除去各州下叙貢賦的幾句,每句中一定包括一個或幾個專名,例外只有兩處:一揚州下有"篠簜既敷,厥草惟夭,厥木惟喬"之文,這種草木的特別情形,自然是一州的特色,與別州無干。另外一條是兗州下,説"桑土既蠶,是降丘宅土"。丘指高地,土指平地。這是説洪水平治後,原來宜桑的土地又可以養蠶,人民從高地下來,住到平地。這是談洪水既治後普通的情形。如果九州全有洪水,就不是兗州特殊的情形,不應寫在兗州條下。不惟如此,就是下文"作十有三載",後人因爲它叙在"厥賦貞"下,總是解作關係賦税的事情。其實,史記河渠書引夏書説"禹抑鴻水十三年",漢書溝洫志引作"禹堙洪水十三年"。"抑""堙"爲聲的轉變,義仍相同。現在尚書已經無此文,但兩漢時一定有,所以馬、班同引。按着這一句夏書,明明是説禹治洪水經歷十三年的長久。這同前面的兩句全是與治洪水自身有關的事情。如果各州全有洪水,那這些話不叙在總冒和總結裏面,就應該各州下全這樣寫。現在總冒和總結中没有,各州條下全没有,只有兗州下有這幾句話,這不是已經可以證明洪水只在兗州境内發生麽?

以上所説對於説明當時人重視洪水的原因還有不足,此種真正原因還有下列兩端:(1)我們的先民雖可分爲華夏集團、東夷集團、苗蠻集團,可是前二集團發生相互的關係早,後一集團與前二集團發生關係較晚。炎、黄公同淵源的少典氏族大約在西方渭水的上游。炎、黄兩大部落順着渭水及黄河兩岸東下,太行及熊耳、外方各山麓就有很多的古國（氏族）。我們所知道堯、舜、禹時期的國（氏族）名很少，姑就所知道的主要國邑一考其所在：屬於炎帝部落的共工氏建國於太行山南麓，前面已經說過。共工族人四嶽（即太岳）受封於許，就是今河南中部的許昌。古人封國差不多全是因襲它的舊地，疑惑共工的族人舊日就居於許。後人多信堯、舜、禹均建都於今山西省的西南境，但西漢人尚無此說。就是漢書地理志河東郡安邑、蒲反、平陽三縣下，班固自注也並無唐、虞、夏都等類的話，僅蒲反下有"有堯山、首山祠"一語，未說是都城。平陽下顏師古注引應劭的話，才有"堯都也"一語，可是這已經到東漢末年了。後漢書郡國志平陽縣下也有"堯都此"一說。說堯、舜、禹都在這一帶建都，大約最先是皇甫謐這樣說。史記堯本紀正義引帝王（世）紀說："堯都平陽。"舜本紀集解引："皇甫謐曰：'舜所都，或言蒲阪，或言平陽，或言潘。'"除潘在今河北宣化一帶，不在此。夏本紀集解引："皇甫謐曰：'都平陽，或在安邑，或在晉陽。'"晉陽離這一帶較遠，但仍在山西中部。水經注汾水條下，在平陽也引應劭說，但却是"堯、舜並都之也"。於安邑注說："禹都也。"於蒲坂無說。這些後起的說法大約全是相信中國當日已經一統，堯、舜、禹"踐天子位"以後必須遷都；又因為禹貢從冀州開始，就相信帝都必在冀州，可是有虞氏、夏后氏舊地全不在冀州，所以必須到那裏去找。他們不知道當日不過是氏族林立，還沒有國家的組織，有什麼"踐天子位"的可說？所以也沒有遷都的必要。至於他們總在平陽（今臨汾）、安邑（今仍舊名）、蒲坂（今永濟）三地作文章，我疑惑他們也有些來歷，並不是向壁虛造。按漢志巫咸山在安邑縣南。董祐誠說"在今夏縣東，

亦即中條山也"①,很是。巫咸山爲"十神巫升天"的處所,雖説在
帝顓頊"絶地天通"以後,只有南正重可以從那裏升天,傳達天神
的命令,可是巫咸山仍當繼續爲宗教中的聖地。各氏族在它的附
近或各有湯沐邑②。安邑、蒲坂均離巫咸山不遠,或皆爲它們湯
沐邑所在。獨平陽遠在北方,當與巫咸山無關。也許是各氏族在
霍太山(今霍山,古代也叫作太岳山)附近的湯沐邑,或是它們别
支分居的地方,都説不定。晋陽和潘及其他傳説中都邑的問題全
應當這樣看。主要的是當日還没有"天子位"的可踐,也没有都
城的可找。踐天子位及有都城全是夏王國成立以後積漸發生的
問題,在那以前,這一類的問題全不存在。現在只剩餘一個問題
就是找他們的氏族住居處所的問題。陶唐氏舊地應該是今河北
省唐縣、望都一帶。漢志中山國唐縣下,班固自注:"堯山在南。"
顏師古注引:"應劭曰:'故堯國也,唐水在西。'張晏曰:'堯爲唐
侯,國於此。堯山在唐東北望都界。'"望都縣下,顏注引張晏曰:
"堯山在北,堯母慶都山在南。登堯山見都山,故以爲名。"後漢
書郡國志唐縣下注引帝王世紀曰:"堯封。唐堯山在北,唐水西
入河,南有望都山,即堯母慶都所居,相去五十里。都山一名豆
山。"水經注在滱水下對於堯山、都山、唐故城、望都故城的位置
考據得很詳細。這些材料雖説全不太早,可是唐及望都全是西漢

---

①引見長沙王氏校本水經注涑水條下。

②現在在陝西秦嶺山脉裏面,各縣邑常各設有"湯房"。它們在山間可以設站的地方蓋
　有一組房子,留一二人看守。雖也供神,但這並不是它主要的任務。它主要的任務是
　備有鍋碗爐灶,備鄉人來朝山的時候可以在裏面食與宿。這就是古代湯沐邑制度的
　殘餘。不過今日的湯房設在山中,並不種地,也無地可種。古代的湯沐邑,既叫作邑,
　一定有不少的人家,設立當在山跟,務農爲生,局面比今日的湯房大得多。

的縣名,水經注所載更多民間承自遠古的傳說,那麼,現在的唐與望都,以至於行唐各縣的得名全與陶唐氏有關,或屬於、或近於它的舊壤,固當可信。有虞氏的舊地前面已經說過,大約在今河南省虞城縣境內。淮水流域及今山東省,屬東夷集團,還有不少故國。皋陶舊地在曲阜,前面已經說過。夏后氏的舊地,那周書度邑篇說:"自雒汭延於伊汭,居易無固,其有夏之居。"(史記周本紀同)朱右曾說:"雒汭,雒水入河之處,在河南府鞏縣北;伊汭,伊水入雒處,在河南府偃師縣西南五里。延,及也;易,平也。"固,說文解爲"四塞",是險阻的意思。這是說從雒汭到伊汭,土地平坦,沒有險阻,爲夏后氏舊居。孟子書說:"禹避舜之子於陽城。"陽城就是今河南登封縣東南三十五里的告成鎮。漢書地理志潁川郡陽翟縣下有"夏禹國"的說法(陽翟今禹縣)。這一切全足以證明夏后氏舊地在黃河以南,外方山跟,離河南省東部平原很近。那麼,當日的著名氏族差不多全在兗、豫、徐諸州境內,或在冀州東部與黃河相離不遠的地方。可是這些地方却受洪水衝擊,人民"蕩析離居",也難怪當日的君臣上下震駭恐懼,驚爲滔天大禍了。這並不完,還有其它的緣故。(2)自黃帝死以後,不曉得經過了幾百年,又出來了一位帝顓頊大巫。他的"神通廣大",聲名洋溢,雖然沒有多少戰功,可是人民景仰他遠過於黃帝。他的都邑在今河南省的濮陽縣。他的葬處,山海經中有三條:海外北經作務隅之山;海內東經作鮒魚之山;大荒北經作附禺之山。這三個名字聲音全很相近,所指應該是一個地方,但未知在何處。東經說它爲漢水所出,北堂書鈔引作濮水①。漢水所出

①卷九十二。正文作"附隅";注中引山海經,"鮒"字下又落"魚"字。

山在西方,不應見於北經與東經。濮水在今黄河北,地方偏於當日所知中國的東部,見於北經與東經全可以解釋,那濮水正,漢水誤,當無疑義。大荒北經有"河水之間"一語,足以證明它離黄河不遠。皇覽説:"顓頊冢在東都濮陽頓丘城門外廣陽里中。頓丘者,城門,名頓丘道。"①郭璞説:"顓頊(旭生按:此處似脱一墓字)號爲高陽冢,今在濮陽,故帝丘也。一曰頓丘縣城門外廣陽里中。"②據皇覽説:頓丘爲濮陽縣的城門名,因爲它通頓丘,所以叫作頓丘道。郭璞所記的"一曰",像是因皇覽説錯誤出來。他們全説在濮陽,大致近是。看禹征三苗時還要受命於高陽氏的玄宫,然則帝丘的玄宫在當日仍爲宗教中的聖地。並且,"有虞氏禘黄帝而祖顓頊……夏后氏禘黄帝而祖顓頊"③,那有虞、夏后兩氏族與高陽氏族似乎有分支的關係。水經河水下説:"又東北過黎陽縣(今濬縣東北)南。"注説:"河水舊於白馬縣(今滑縣東北)南泆(溢)通濮、濟、黄溝……金堤既建,故渠水斷,尚謂之白馬瀆。故瀆東逕④鹿鳴城南,又東北逕白馬縣之涼城北……白馬瀆又東南逕濮陽縣,散入濮水,所在決會,更相通注以成往復也。"這就足以證明河水經今濬、滑二縣後,直衝濮陽。宗教的聖地,各大氏族的宗邑,一旦受洪流的冲刷,群情震恐也是必然的情勢。所以尚書説"洚水警予"⑤。是當時人對於洚水的驚恐,以爲天降大災,是故意來警戒

---

① 史記五帝本紀集解引。
② 海外北經注。
③ 國語魯語上。
④ 編者注:"逕",原作"經",據通行本水經注及後文改。
⑤ 孟子滕文公下篇引逸書。僞孔書大禹謨篇有"帝(舜)曰:'來禹,降水儆予。'"的文字,不足信。但這是當時一重要人所説,表明當時人對於洚水的驚恐,却是可信的。

我的。因爲驚恐大家就起來謀挽救的方法，也是事件一定的進程，不足爲怪。

五、大禹的治水

大禹是從他的父親就開始治水的，所以談他的治水，就應該從他父親談起。他的父親叫作鯀。按國語周語下稱他爲崇伯。漢書地理志潁川郡崈高縣下，班固自注：“武帝置以奉大室山，是爲中岳。”顏師古注：“崈古崇字。”今稱嵩山，嵩爲崇的別體。崇地就是指今河南登封縣嵩山附近地。國語鯀作鮌，是因爲玄古作幺，與“系”形近互訛。另外還有幾個異體，因爲不常見，可以不説。關於鯀的傳説有兩大類：一類是説他治水，因爲他不循正法所以無成功。尚書堯典及洪範，國語周語下全説到這件事，下面還要詳細解釋。另一類是説他創作城郭。呂氏春秋君守篇説：“夏鮌作城。”禮記祭法篇正義解鯀，引世本説他“作城郭”；水經注卷二河水下也引世本説“鯀作城”；廣韻引世本却説作郭。內爲城，外爲郭，分別不大。或世本原爲“作城郭”，所以水經注同廣韻各引它的一半。淮南子原道訓也説：“夏鯀作三仞之城，諸侯畔之，海外有狡心。”這兩大類的傳説，從前人沒有從它們中間看出有什麼關係。我們覺得這實在是一件事，並非兩件。堯典説帝堯憂洪水的泛濫，問大家誰可以治，大家公推鯀可以治；帝堯説他任性得很，不贊成，四嶽説使他試試看，不行再作商量，帝堯只好讓他去治；可是果然“九載績用弗成”，這就是説他治水多年也沒有成功。堯典所述的經過或與當日經過的實在情形相差不遠，因爲當日的部落會議，首長也無法不采用大家的意思。不過據堯典所説，堯最初問的是四嶽，以後强舉鯀的仍爲四嶽，我們倒覺得這未必靠得住，因爲據國語周語下所説，四嶽是因爲佐禹治水有功，才受命爲侯的。在這樣的早期就有很大的權力，像是不很可能。但是，據堯典所説，堯還要讓位於他，以後在先秦諸子中又演成堯讓天下於許由的傳説，又似乎他很早已經顯名。古史茫昧，不可妄加測度。關於洪水的原因，莊子秋水有"禹之時，十年九潦，而水弗爲加益；湯之時，八年七旱，而崖不爲加損"之文，管子山權數也有"禹五年水"之文，荀子富國有"禹十年水"之文，淮南子齊俗訓也有"禹之時，天下大雨"這一些全可以證明堯舜時代恰好遇着雨量由少變多的周期。説鯀治水九年没有成功，九仍是指多的意思，並不限於八加一、十減一的數目。這裏只説他不成功，却没有提到他不成功的原因。尚書洪範篇説："鯀陻洪水。"陻與堙同，是窒塞的意思。可是他怎樣去堙塞，也不詳悉。國語周語上説的更詳悉一點："有崇伯鯀……稱遂共工之過。"這就是説他所用的不適當的辦法是沿用共工氏的舊法子，共工氏却是"欲壅防百川，墮高堙庳以害天下"，這就是説他想防治水流，就把高地方剷平，把低地方（庳與卑同）填高。這樣工作後人解釋爲築堤防是對的。不過現在人一談及堤防就會想到"千里金堤"一類的建築，綿亘幾百里，夾河兩岸。其實這也像"萬里長城"，是古代所不能有的東西。共工氏不過是當時的一個氏族。國語雖説它"伯九有"，就是説它爲九州的伯主，這也是拿春秋時的形勢揣測古代的情形，其實它也不過是强盛顯名，在部落會議裏面，其他的氏族也常常需要聽用它的話罷了。在各氏族的疆域裏面興師動衆，建築沿河的長堤，在當日的環境中是不

可能的。那麽,它所使用的堤防是什麽樣的呢? 學者錢穆却曾
説一句很中肯的話,是:"耕稼民族的築城有兩種用意:一是防
游牧人的掠奪,而另一是防水灾的飄没。"①城同堤防本來是同
一的東西:從防禦寇盗説就叫作城;從防禦水患説就叫作堤防。
共工氏所發明、鯀所沿用的堤防(也就是鯀所作的城或城郭)大
約就像今日北方鄉間所築的土寨子或叫作護莊堤。因爲共工氏
不過防它自己氏族的淹没,所築有限,鯀却是爲各部落所推,大規
模地工作,所以創作城郭的榮譽不正確地歸於他。主要的城恐怕
是築起以防宗邑帝丘的淹没,餘下的防禦其他都邑。規模也許相
當地大;不惟包圍人民的廬舍,並且包圍他們的耕田。每年秋後
雨季過去,他就發動民衆,大興工程,覺得明年雨季大約可以不
怕,可是次年雨季山水一來,又復飄没。他想不到水流不暢,防治
無益,就又再作,加高加厚。歷年加高,或真有些到了"三仞"。
可是不管他怎樣努力,他那頭疼醫頭、脚疼醫脚的辦法終究無法
成功。鯀既失敗,被逐遠出(殛是誅責的意思。古人辯鯀並非被
殺,大致不錯),但是洪水繼續爲患,還是不能不治。共工氏同鯀
雖説失敗了,可是他們積纍了不少失敗的經驗,成了治水的世家。
不想治水則已,想治水就不得不往治水世家裏面找人才。大禹同
四嶽被舉治水,利用他們家世的失敗的經驗,覺悟到從前所用枝
枝節節的辦法不能解決問題,必須大規模疏導,使水暢流,才有辦
法。禹貢篇内所叙導山和導水的辦法,固屬張大其辭,把春秋
戰國時候所知道或聽説的(如黑水)山水完全叙述一遍,不是大

①治史雜誌論秦以前封建制度。

禹時代所能有的事實，但是想疏濬水道，必須把水源、上游及下游約略考查一過，也是必然的道理。禹貢内説"導河積石"，是説積石山爲黄河發源處，導河從那裏開始。後人對於積石山的所在處，紛紛聚訟，歸結也未能找出定論。其實對於這個問題實在不必聚訟。山海經屢次説到"禹所積石之山"①足以證明"積石"二字並不是一個專名。我們可以想像大禹、四嶽同他們的幾個隨從順着黄河上溯，經歷險阻，走過不少地方。最後走到某一地方，覺得考查已經可以作一段落，於是積一大堆石頭，就像現在蒙古人所堆的"鄂博"一樣，以幫助將來對於此地的記憶；後人因爲這件事情，就把這一帶的山叫作禹所積石之山；積漸歲月，遂縮短爲積石之山或積石山；應當也是很近情理的事情。地方是在今山西、陝西、内蒙古自治區、甘肅？均不可知。所可知的，地在今龍門的上游，名爲固定的名，地却非固定的地，隨我國人地理知識的進步，地名也逐漸遠移，就像昆侖的名字一樣：大約是一定的。他們這一次的施工，我國遠古三部族集團，當時因爲三苗氏還没有降服，南方苗蠻集團大約没有參加。至於華夏、東夷兩集團合作的程度相當密切。東方的首領，皋陶與伯益，由論語②、孟子③、秦先世的傳説④，及其他古代的傳説，均足以證明兩集團的合作達到接近理想的地步。禹娶於

①海外北經。至海内西經却作"禹所導積石山"。大荒北經説："其（先檻大逢之山）西有山，名曰禹所積石。"只有西山經次三經作"積石之山"。
②顔淵篇末説："舜有天下，選於衆，舉皋陶。"
③滕文公上篇説："舜使益掌火。""舜以不得禹、皋陶爲己憂。"
④史記秦本紀中説："……大費與禹平水土，已成，帝錫玄圭，禹受曰：'非予能成，亦大費爲輔。'……大費……是爲柏翳（伯益的異寫）。"

塗山氏①，塗山爲今安徽懷遠縣東南淮水南岸的一座小山，那末，禹妃或出於東夷集團。禹與該集團有婚姻的關係。

這一次的施工方法，在先秦書中，只有國語、墨子、孟子三書所記較詳。除墨子所記過於誇張，留待下文檢討外，我們可以從國語、孟子兩書得到它大約的輪廓。國語周語下説：

> 高高下下；疏川導滯；鍾水豐物。封崇九山；決汨九川；陂障九澤；豐殖九藪；汨越九原；宅居九隩。合通四海。

"高高下下"是説順天地的自然，高的培修使它更高，低的疏濬使它更深。鍾是聚的意思，"聚畜水潦"，可以養魚蝦，種菱芡，爲民生利用，所以説豐物。此下説九，仍是指明它的衆多，數目不限於九，也不一定分散於九州，更不應該，也不可能强求它們的名字。"封崇九山"，韋昭注説"封，大；崇，高也。除其壅塞之害，通其水泉，使不墮壞，是謂封崇"，解釋得很好。"決汨九川"韋注説："汨，通也。"這是説把壅塞的川流決通。"陂障九澤；豐殖九藪"，"澤""藪"二字意義很相近，可以合起來説，也可以分開來説。合起來説，就是説文藪字下所釋的："藪，大澤也。"周禮夏官職方氏注："大澤曰藪。"分開來説，周禮地官澤虞職下注："澤，水所鍾也；水希曰藪。"説文通訓定聲藪字下，朱駿聲釋爲"謂澤之地多水，草木所聚者"，解釋很確。大致説起，

---

①尚書皋陶謨、呂氏春秋音初、史記夏本紀均載此説。楚辭天問也説："禹之力獻功，降省下土方，焉得彼嵞山女而通之於台桑？""嵞"就是"塗"的異體。天問王逸注引淮南子也有啟母塗山氏化石的傳説，但今本淮南子無此説。

澤與湖泊一類，藪與沼澤一類。澤水大，所以陂障起來，使它不致漫溢。藪水少，有水可以養鵝鴨，有沮洳可以種蒲葦，有陸地可以走麋鹿。這一切對於人民生活均有增益，所以特別豐殖。"汨越九原"，"高平曰原"，"越，治也"。通治原上的道路，可以便耕耘，可以通行旅。"宅居九隩"，說文解"隩"爲"水隈厓"，又解"隈"爲"水曲"，水旁岸上有厓，不惟高出水面，並且高出岸平。它離水不遠，取水方便；曲處，兩方後有高厓遮蔽，可禦風寒，所以爲最適宜"宅居"的地方。"合通四海"，我國古人相信我國四面有水環繞，就叫作"四海"。韋昭解此句爲"使之同軌"，就是說使轍迹相同，才可以便交通，解釋應當是對的。這一段中更主要的是"疏川導滯，鍾水豐物"及"陂障九澤，豐殖九藪"數句。因爲從前水流不暢，到處全是沼澤，深不足以豐水產，通舟楫，淺却足以妨害耕種，阻礙行旅。現在把滯塞的地方疏導開來，水流自可通暢。水有所聚，把它的深處陂障起來，成爲大澤，免致泛溢；淺的地方，就決之使乾以利耕種，或置之爲藪以豐財物，那人民就可以"利用"，可以"厚生"了。

孟子書講禹治水事迹的有兩處：一在滕文公上篇；

當堯之時，天下猶未平：洪水橫流，氾濫於天下。草木暢茂；禽獸繁殖；五穀不登；禽獸逼人；獸蹄鳥迹之道交於中國。堯獨憂之，舉舜而敷治焉。舜使益掌火，益烈山澤而焚之，禽獸逃匿。禹疏九河，瀹濟、漯而注諸海；決汝、漢，排淮、泗而注之江。然後中國可得而食也。當是時也，禹八年於外，三過其門而不入。

它這一節説得很明白，並且大致不差。平地全成了沼澤或沮洳，自不免有"草木暢茂"以下數句的情形。想疏導壅窒，減少它的沼澤，排乾它的沮洳，焚薙草木也實在是一種不可少的工作。至於解放前在北方平原，除了村頭、廟宇及墳墓以外，幾乎没有剩餘林木的現象，那不是<u>益</u>的功或罪，却是後代人口漸密以後，開闢斬伐的結果。因爲當時澤、藪還很多，在那裏仍還是"草木暢茂，禽獸繁殖"，同洪水以前的舊情形差不很遠，不然，也説不到"鍾水豐物"了。九河也就同九州、九山、九川等類的數目一類，表示它們的繁多，實在的數目多也可到十餘，少也可以並不到九，不必泥執。"治<u>尚書</u>，善爲算，能度功用"的<u>許商</u>，也不過知道三條，他説："古説<u>九河</u>之名有<u>徒駭</u>、<u>胡蘇</u>、<u>鬲津</u>，今見（現）在<u>成平</u>、<u>東光</u>、<u>鬲界</u>中。自<u>鬲</u>以北至<u>徒駭</u>間，相去二百餘里。今河雖數徙，不離此域。"[1]<u>爾雅</u>釋水雖有"<u>徒駭</u>、<u>太史</u>、<u>馬頬</u>、<u>覆釜</u>、<u>胡蘇</u>、<u>簡</u>、<u>絜</u>、<u>鈎盤</u>、<u>鬲津</u>：九河"的説法，博雅如<u>鄭玄</u>，也僅能説"今<u>河間弓高</u>以東至<u>平原鬲津</u>，往往有其遺處"[2]，並不能指明什麼河在什麼地方。並且"<u>簡絜</u>"是兩河，是一河，後儒也有不同的意見[3]，可見九河的名字也未必全備。可是自<u>唐</u>以後到<u>明</u>，<u>九河</u>"皆犁然有其處所"，<u>胡渭</u>問的很對："以<u>漢</u>人所不能知，而一一臚列如此，可信乎？不可信乎？"<u>西漢</u>人所知三名，並指明"<u>徒駭</u>在<u>成平</u>（今<u>河北交河縣</u>東北）、<u>胡蘇</u>在<u>東光</u>（今仍舊名）、<u>鬲津</u>在<u>鬲縣</u>（今<u>山東德縣</u>北）"，

①<u>漢書溝洫志</u>。
②見本節疏中。<u>詩經周頌</u>末篇<u>正義</u>中所載<u>九河</u>名與<u>爾雅</u>完全相同，只有<u>覆釜</u>作<u>覆釜</u>，僅爲古今字的不同。
③<u>禹貢錐指</u>卷三"<u>九河既道</u>"條下説："<u>曾彦和</u>云：'<u>九河</u>其一不名者，河之經流。先儒分<u>簡絜</u>爲二，非也。'<u>林少穎</u>以爲不然。"

大致可信，餘均無考。又漢書地理志河間國條下注引應劭曰"在兩河之間"，却未指明何水。王先謙補注引何焯説"兩河謂虖池河、虖池別河"。他所説虖池就是現在的滹沱河。可是漢人所説的"河"是一個專名詞，爲今黃河所專有，他水不得混稱。在史記河渠書、漢書溝洫志中還全没見着"黃河"的名字，所以滹沱不能稱河。河間一名見於戰國策①，應該是先秦的舊名字。漢河間國屬四縣：東到今東光縣界，西到今武强縣界。大約這些地方平衍卑溼，水流散漫，爲九河經流的地方，所以得到河間的名字。

　　要之，孟子曾説"禹之治水也，行其所無事也"②，説的最好。大致禹治水以前，黃河下游水勢雖散漫，可是精細觀察起來，總有主流若干條。大禹把主流加深加寬，使"水由地中行"，水有所歸，自不致再爲患。把其他渙散微弱的流水決通，使歸於主流，水就可以漸乾，久即可耕。主流有十數道之多，就叫做九河了。王莽時人王橫引周譜説"定王五年（公元前602年），河徙"，也没有説明從何處徙於何處③。西漢人對於禹黃河故道已經説不太清楚在哪裏，後代紛紛聚訟，到底也没有定論，可不必談。大致可知的，是黃河出山後所行道比今日的行道略爲偏北，從新鄉、汲縣境東北去，過濬、滑二縣境，近濮陽，就往北轉，幾成一南北綫，略由今日的滏陽河道、子牙河道，至天津附近入渤海。因爲下游水勢散漫，所以支流很多，略如今日的淮水，無法指定由何

---

①戰國策燕策一："效河間以事秦。"又："則齊軍可敗而河間可取。"
②孟子離婁下篇。
③漢書溝洫志。後人有"河徙砱礫"的説法，實則是念了訛本，訛上加訛，致成笑談。可參考禹貢錐指卷十三下。

處入海。大禹也是順着河水下游自然散漫的形勢加以疏導，使它不致壅塞，並不是創始穿鑿以殺水勢。史記河渠書説："禹以爲河所從來者高，水湍悍，難以行平地，數爲敗，乃厮二渠以引其河，北載之高地……"厮義爲分，"厮二渠"就是説分作二渠。漢書溝洫志全録此説，僅改"厮"爲"釃"，義仍相同。水經注引此説，並詳述二渠所經過。如果它們的説足信，那上面所述的河道當爲北渠，它的東渠入漯川，所經過地比現在黄河經流略北，入海處却比現在入海的利津縣較南。"北載之高地"，看賈讓所陳治河上策"決黎陽（今滑縣境）遮害亭，放河使北入海。河西薄大山，東薄金隄，勢不能遠泛濫……"[1]的説法，那"大山"在黎陽境，所指的絕不是太行山，僅只是前面所説過的由緑色所表示地看淡緑色所表示的較高的地帶。分渠處，據水經注説是在涼城縣東六十里的長壽津。涼城在今滑縣東北，那長壽津當已離濮陽不遠。大禹於此地分疏河流，或許是想減輕宗教聖地——帝丘的水患，也很難説。

"瀹濟、漯"，瀹義爲治。濟水源出河南濟源縣，在黄河北，古道早已枯竭；禹貢又有"溢爲滎"的説法，它就又到黄河南。它怎樣會絕河而南，後儒無法解釋，就有從清濁説，有從水味説，有從伏流説，聚訟紛然，無法究詰。這全是溺於"經文"，不顧説法不通。我疑惑是古代二水同名，經人混傳，又寫到"經書"裏面，就變成了定説！現在對於這些可以不談，僅知當日在今河南、山東境内，有一水叫作濟也就够了。漯水源出東郡東武陽縣（今山東舊朝

①漢書溝洫志。

城縣境）。在高唐縣與河水合。但看此文"瀹濟、漯而注諸海"，像是漯水獨行入海，不與河水合。孟子鄒魯人，所記東方事當不致有大誤。然則此後約二百年太史公的記録及後七八百年酈道元的記録是否足信，也很成問題。古事茫昧難明，也只好疑以傳疑了。

　　孟子北人，所記關於江水事，大致沿襲當時人誇張的説法，殊不足信。汝水離夏后氏陽城（今河南登封縣告成鎮）舊都不遠，曾經疏導，也或者可能，但據水經注，它發源於梁縣（今河南臨汝縣境），東至原鹿縣（今安徽太和縣境）入淮，不入於江。雖説水道間有變遷，可是汝水南有伏牛山脈相隔，出山向南稍遠，又有桐柏、大別二山脈相隔，怎樣也不能進入江水。所説汝、漢、淮、泗四水，依文獻的判斷，僅有一漢水入江。可是它的上游在秦嶺山脈的南面，流於山谷中，不能成災。"堯戰於丹水之浦以服南蠻"，丹水在今陝西商縣、商南，河南淅川各縣境内，南流入漢。這就足以證明漢水下游當日還在苗蠻集團的勢力範圍。此集團與其他二集團同化較晚，此時就有水患，大禹也無法在那裏施工。我們今日據可靠的史料推測，大禹對於淮水有些關係，可能在那裏動一點工程，但也没有什麼證據。禹致群神於會稽之山的説法起源很古①，今會稽在浙江中部，可是當日的會稽實爲今安徽的塗山，爲大禹的婦家所在。水經注於淮水下説的很清楚："春秋左傳哀公七年，大夫對孟孫曰：'禹會諸侯於塗山，執玉帛者萬國。'杜預曰：'塗山在壽春東北。'非也。余按國語曰：'吳伐楚，墮會稽，獲骨焉，節專車。吳子使來聘，且問之。客執骨而問曰："敢問骨何

①國語魯語下。

爲大?"仲尼曰:"丘聞之:昔禹致群神於會稽之山,防風氏後至,禹殺之,其骨專車。此爲大也。"'蓋丘明親承聖旨,録爲實證矣。又按劉向説苑辨物,王肅之叙孔子廿二世孫孔猛所出先人書家語,並出此事。故塗山有會稽之名,考校群書及方土之目,疑非此矣。蓋周穆之所會矣。"在酈道元的時代,大禹的傳説已經擴張定型,所以他雖説知道得很清楚,却不敢信。爲環境所限,也很難怪。越爲夏後,説很難信。我頗疑惑它的先世不明,後人誤讀左傳哀公元年所載伍員諫詞,遂訛傳爲夏少康的後裔。淮水雖説不知道大禹曾施工與否,可是江水與淮水的交通始於吳王夫差的通邗溝,已經爲歷史家所熟知,説江、淮在大禹時已有交通,當不可能。泗水在淮水北,淮不入江,泗水也無從入江。所以孟子書所説"決汝、漢,排淮、泗而注之江"殊不可靠。至於"八年於外"及"三過其門而不入"的傳説,或者來源很古,可能性也不小。不過不要把這些數目字看的太嚴格就是了。

孟子書中關於治水另外還有一段,但比較簡單。滕文公下篇中説:

> 當堯之時,水逆行,氾濫於中國,蛇龍居之。民無所定;下者爲巢,上者爲營窟。書曰"洚水警余",洚水者洪水也。使禹治之,禹掘地而注之海;驅蛇龍而放之菹。水由地中行,江、淮、河、漢是也。險阻既遠,鳥獸之害人者消,然後人得平土而居之。

"營窟",趙岐注説"鑿岸而營度之",解營爲營度。焦循孟子正義说:"按説文宮部云:'营,市居也。'凡市闤軍壘周市相連,皆曰营。此营窟當是相連爲窟穴。营度即是爲,不得爲爲窟矣。"按焦駁趙説,很是。"下者爲巢,上者爲营窟",是説廬舍爲洪水所衝没,洪水未退,無法重建,在低地方只好在樹上巢居,在高地方可以作相連的窟穴,暫時居住。這也是孟子的一種頗近情理的想像。趙注解菹爲"澤,生草"。"驅蛇龍而放之菹",是説驅除各種爬行動物,使回居於水草裏面,不與民居相混淆。"險阻既遠",趙注解爲"民人下高就平土,故遠險阻",很是。這一段頂重要的句子是"水由地中行",這就是説水道既已加寬加深,水全歸槽,不致泛濫於地上。"然後人得平土而居之",人定到底勝天了。

六、鑿井技術的發明

大禹與四嶽在離現在四千餘年的早期就與天争勝,能成大功,自然是我國歷史上的一件大事,但是後世腐儒,因是大禹治水後,到周定王時才又改流,此前經歷一千多年並無水患,就稱頌他神通廣大,技術精深,絕非後人所能及,那實在是一種誤會。我們覺得治水一役曾得到極偉大的一件副産品,它的重要性比治水的本身有過之而無不及,就是鑿井技術的發明。我個人半路出家,從事考古工作。於 1933 年在陝西中部真正開頭的時候知道的事情很少。尋找先民居住過的遺址是到處跑的:當我走到廣大原野的中間,高山峻嶺的腰部,全抱着獲得先民遺址的希望。經過各處奔走數年以後却摸索到一點規律,就是離水邊過一二里以外的地方絕没有石器時代的遺址。此後有友人告訴我説他們找到石器時代遺址的時候,我問他們的第一句話總是:"它離水邊有多少遠?"他們的答辭完全證實這條規律。再後我翻閱古書,搜集關於洪水的材料,才注意到鑿井技術是伯益發明的。呂氏春秋勿躬篇内説:"伯益作井。"經典釋文卷二井卦下引:"世本云:'化益作井。'宋衷云:'化益伯益也。堯臣。'"淮南子本經訓内説:"伯益作井而龍登玄雲,神棲昆侖。"是伯益作井的説法爲古代各家所稱述。據孟子及史記秦本紀所説,伯益是一個跟着禹治水的人。那末他是一個用石器時代末期(或銅器時代初期)的簡陋工具,常時在河湖附近挖土取深的人。在水邊水源很淺,很容易見水。他第一次挖掘幾尺深以後忽然見水,一定非常驚駭和詫異:天上既未下雨,無從來水;地上他水不通,也無從來水;這水從哪裏來的問題爲先民所不能解釋,或爲神異崇拜的對象,也很難説。可是久而久之,不惟今天挖土可以見水,明天及常時挖土全可以見水,才漸漸悟到水濱地下的有水。開始或認爲只水濱地下有水,可是以後逐漸在平地挖掘,雖説水源較深,只要繼續挖掘總會出水,這就會徹底悟到地下有水的規律。鑿井技術爲常時挖土的伯益所發明,最合邏輯。經典釋文同條下雖説也曾引周書云:"黄帝穿井。"別書也有不少相類的説法,但是一方面參考考古工作的結果,另外一方面看文獻中在禹治水前無大規模挖土的記載,周書所述很像不是真實的。在鑿井技術還没有發明以前,我們的黄河流域雖有廣大的平原,可以開闢爲農場,可是因爲取水不便,人民無法定居,只能任它"草木暢茂,禽獸蕃殖"。一旦發現隨處挖地全可以得水,那末,何必迫近河湖居住,年年雨季受它們的威脅?雖説拿當日的簡陋工具去砍伐林木,建設村落,還有困難,好在發明了火已經很久,在林木裏面放火一燒,就可以很快地闢出大片平地,便利村落的建設。孟子書所説“舜使益掌火,益烈山澤而焚之,禽獸逃匿”,就是從這樣一系列的事實流傳下來的。這樣一來,我們北方潛在的廣大農場就可以逐漸爲我們所征服,我們的經濟生活就可以逐漸擴大,我們的文化就可得有發展的妥善基地,它的重要性不需要再多説了。我們人類對於水,在還没有得到高深的科學和技術,可以把它完全控制住以前,只要人口未密,不日日與水争地,也就可以小安。鑿井技術發明以後,征服我國北方的廣大平原,開闢爲富實的農場,雖説已具有可能性,但是工具還很粗陋,進展不能很快,因此人口的蕃殖也還受着相當的限制。人民揀擇到平坦易居的地方建設都邑,附近闢爲耕田,方圓數十里或百里就成一國。此國與彼國的中間大約還有不少荒蕪的林野。至於離河湖幾十里的近處,更没有人居住,任它荒蕪,同鑿井技術未發明以前的民居處所相比較,成了完全相反的情形。水即泛濫也不能超出數十里以外。這個時候怎麼能再有水患呢? 夏、商、西周千餘年無河患,真正的原因就是如此。

七、對於鑿龍門傳説發生的猜測

現在的人一談到大禹治水就要想到龍門的開鑿。龍門在今陝西韓城及山西河津二縣中間。據懂工程的人説:依專家估計,就在今日工程技術很發達的時候,想要開掘這樣險峽,還不容易,何猶數千年前? 大禹時代未知已經發明冶銅技術與否。以一群無金屬工具或具粗陋金屬工具的人民想興這樣宏偉的工程,不惟無可能性,並且也不可能有這樣的企圖。但是這一傳説來源頗遠。最先載於墨子書中，並且是在兼愛中篇①。那末，關於龍門的傳說至遲在春秋末葉已經大致形成了。墨子説："古者禹治天下，西爲西河漁竇，以泄渠孫皇之水。北爲防原、泒、注后之邸、嘑池之竇；洒爲底柱，鑿爲龍門，以利燕、代、胡、貉與西河之民。東方漏之陸，防孟諸之澤；灑爲九澮，以楗東土之水，以利冀州之民。南爲江、漢、淮、汝，東流之注五湖之處，以利荆楚、干、越與南夷之民。此言禹之事。"這是叙禹在四方所治的水。西、北、南下皆曰"爲"，獨東下曰"方"。孫詒讓説："以上下文例校之，東方，方當作爲，與'西爲''北爲''南爲'文正同。"他的説法應當是的。今山西、陝西中間的黃河，古人叫作西河，以與冀州東的東河相對。孫氏疑"漁竇"的"漁"爲"渭"之譌。他又引顧千里説："'竇'即'瀆'字。周禮大宗伯注'四竇'，(經典)釋文本亦作'瀆'。"那末，"漁竇"或爲"渭瀆"的譌誤。孫氏疑"渠孫皇"爲"蒲弦澤"的譌誤。他引漢書地理志右扶風汧縣條下的"北有蒲谷鄉、弦中谷"，又説："'蒲''渠'字並从水旁，因而改誤。'弦'正字作'弨'，亦類'孫'字。'澤'作'皇'者，古書'澤'或混作'皋'……又作皋，與'皇'字並絕相似，故傳寫譌互矣"。又説這個澤就是周禮職方氏所記雍州澤藪的"弦蒲"。"據漢志，弦即汧水入渭、渭復入河，故西河、渭瀆可泄此澤之水。而蒲谷鄉與弦中谷合而名澤，故'弦蒲'亦可倒稱'蒲弦'。参互審校，似無疑義"。他的説很

---

①墨子自尚賢至非命各篇全是門人所記墨子的遺訓。墨子爲一宗教主，後人述説他的遺訓，不敢失真。即使各弟子非一次所聽講，傳習小有異同，也不敢有所去取，只敢並録起來，傳示後世。這些篇的每一題目全有上中下三篇，差不多全是大同小異，就是因爲後人不敢去取，只敢並存。謹嚴如此，對於宗師的原意絕不致大有出入。

辯，但我們還不敢確定它的是否。"防原泒"（泒音同孤），孫氏釋防爲堤防，"原亦水名，無考。泒水……即嘑池（滹沱）之原，此舉其原，下又詳其委"。"注后之邸"，孫氏疑"后之邸""即職方氏并州澤藪之昭餘祁"。他的説也未知是否。"嘑池之竇"就是滹沱之瀆。"洒爲底柱"，孫氏釋"洒與下文灑同"；"灑、釃字通……分也"。很是。"漏之陸"，孫疑"當作漏大陸"。"言大陸之水漏而乾也"。也未知是否。孟諸澤，按爾雅釋地，在宋地。就是現在河南商邱附近各縣的低窪地，早已無水。"九澮"，畢沅説："此巜字之假借。爾雅云：水注溝曰澮……案九巜即九河。"我又疑惑"九澮"原作"九川"，川古寫作巛，與古澮字的巜形近致誤。"楗"，畢沅説："説文云：'楗，門限。'則此楗蓋言限也。"很是。"干、越"，孫氏説："干、越即吳、越……干、邘之借字。説文邑部云：'邘，國也，今屬臨淮。一曰邘本屬吳。'管子内業篇云：'昔者吳、干戰。'據管子説，則吳、干本二國、後干爲吳所滅，遂通稱吳爲干，故此云干越矣。"他的説法很是。墨子宗法大禹，所述禹本事，當選擇群説中最張大的（從現在看起，頂張大的當推禹貢。墨子不取，或此書當日還未傳播出來）。那末，這一節所述，或是春秋末年所傳屬於大禹的總賬目。所述各事也未必就是子虛烏有。但是那一件事發生於哪些年，是哪些人的業績，大約都很成問題。比方説"宣汾、洮，障大澤"，明明是臺駘的業績[1]，與大禹無關，可是後人不很知道臺駘的名字，又把在今山西一帶治水的業績全歸在大禹名下。因爲大禹成爲治水的代表人物，後人把一

---

[1] 左傳昭公元年。

切關於治水的傳説全堆垛於他的名下，不足爲怪。"鑿爲龍門"，文頗明白。傳説——寧可叫作神話——已經形成，應當没有疑問。神話不是短時就能形成，並且龍門也不是夏后氏初年的故地，不是形成此種神話適宜的地方。案今河南洛陽縣南二十餘里的伊闕，俗名龍門，並且有"假龍門，真香山"的説法，是現在的當地人也並不認它爲真龍門。但是此地龍門的名稱來源頗古：杜甫集中有游龍門奉先寺詩，就是指這個龍門。韋應物龍門游眺詩"鑿山導伊流"，明指伊水，也是説這個龍門。這就足以證明唐朝人總是把伊闕叫作龍門。兩京新記内説："（隋）煬帝登北邙，觀伊闕，曰：'此龍門也，自古何不建都於此？'"①它所説未知確否。但是伊闕又名龍門，雖不見於漢書、水經注各書，却來源頗古，並非起自唐時，大約可以斷言。此地山不高，東西橫亘，中斷若門。大家走隴海路，過洛陽的時候，如果開窗南望，就可以遠遠地看見。這個地方正是夏后氏的舊地，神話在那裏很容易形成。古人看見山被橫截，疑惑它出於人工。什麽人能有這樣偉大的業績？不是大禹還能有別的什麽人？我個人開始覺得伊闕山不高，大禹在此地曾動工程，也並不是不可能。但是以後想到它雖然不高，可是並非黄土原，是由很堅固的青石所成（龍門石質比大同雲岡

---

①兩京新記，唐韋述著，原有五卷。現在像是已經没有全本。我見到的有四種本子：一、佚存叢書本；二、粤雅堂叢書本；三、正覺樓叢刻本；四、南菁札記本。前三種相同。佚存取日本金澤文庫藏本收入叢書。僅有第三卷，且有殘闕。粤雅、正覺全是翻印佚存本。南菁札記本是曹元忠取太平御覽、太平廣記、玉海、秘笈新書、汗簡、長安志、事文類聚前集並後集、七修類稿、通鑑注、太平寰宇記、事類賦、佩觽、永樂大典引河南志、西谿叢語各書所引逸文以補金澤文庫本，較爲詳備。本文所引見御覽一百五十六。

堅硬得多,所以兩處的雕像差不多刻於同時,雲岡已經輪廓模糊,龍門卻仍像是新刻的)。未發明或初發明金屬工具的人民絕没有開鑿它的可能性。大約最初水穿山梁下經過,經歷年月,穿孔漸漸地大起來。不知道什麼時候,又經一次大地震,遂致中斷。初斷的時候,石塊壅塞,上流一定泛濫,下流一定乾枯。又經過若干時日,或全由於天然,或也曾參加一部分人力,水又恢復通流。可是縱有人力參加,恐怕也遠在大禹以前,未必同時。這一種現象,在地質上實屬常見。後人把天然力看作人力,就推演出來不少神話。左傳昭公元年:"天王使劉定公勞趙孟於潁,館於洛汭。劉子曰:'美哉禹功,明德遠矣。微禹吾其魚乎!吾與子弁冕端委以治民,臨諸侯,禹之力也……'"杜預注:"洛汭在河南鞏縣南。水曲流爲汭。"杜注説洛汭在鞏縣南,或者是泥於禹貢"東過洛汭,至於大伾"的文字。可是按説文汭从水内會意,那就不只"水相入"處爲汭,凡曲流的地方全可爲汭。潁水發源登封,在洛陽東南,犒勞趙孟於潁,没有理由走向東北方的鞏縣。尚書召誥内篇説:"太保乃以庶殷攻位於洛汭。"是指周成王時初營洛都的事,僞孔傳解洛汭爲"洛水北,今河南城"。胡渭説:"漢河南縣即周之王城。東去鞏縣之什谷尚百有餘里。召公治都邑之位,豈逼側洛水入河之口乎?"①胡氏這段話,正可駁杜氏鞏縣南的説法。左傳這一節所説的洛汭,現在也不能確指爲何地,也許就是召誥中的洛汭,那就在洛陽附近。也許在洛陽東南某地曲流與潁水相近處。總之,鞏縣方向不合,並且與伊闕相遠。劉

---

① 禹貢錐指卷十"涇屬渭汭"條下。

定公這次感歎，應當是在伊闕附近，望見它，想到大禹開鑿的功績。這一點的經過正足以證明春秋時的人全相信伊闕是由大禹開鑿的。他説要不是大禹我們或者早就變成了魚，又足以證明春秋時人心目中的大禹已經同後人在傳説大擴張後心目中的大禹差不多。我們猜想龍門的名字本來是屬於伊闕的。因爲今山西西南部與夏后氏關係很深（左傳定公四年内説周封唐叔虞於夏虛），而這種關係却偏在中後期，並不在前期，由於夏民的遷移，伊水傳説遂被於河水的上邊，河水經流的峽谷也得到龍門的名稱，這也是頗近情理的事情。至於河水上的龍門何時得名的問題，水經注河水下（卷四）曾引竹書紀年“晋昭公元年，河赤於龍門三里。梁惠成王四年，河水赤於龍門三日”。那末，它的得名也不會太晚。要之，我們因爲不相信夏后氏當早期即已經居住於今山西的西南部，所以提出這個雖非全無根據而證據很不充實的新假設。希望繼續研究這一問題的人特別注意到這一點，那對於判斷此假設正確與否的工作當有一點益處①。

---

① 古生物學專家楊鍾健同志嘗對我説：“在地質時代，今日的黃河像是分爲三水，並不相通。一爲發源青海、甘肅各水，匯流於今日的河套爲大湖，南由山陝間的山隔開，不得南下。二爲發源陝西、山西各水，匯流於今潼關的東面爲大湖，東由三門峽附近各山間隔，不得東出。三爲河南西部及山西東南部各水匯流，又合河北、山東各水入海。後由數千萬年自然力的衝擊，才能冲成峽谷，互相通連，成今日黃河的水道。”那末，吕氏春秋愛類篇所説：“昔上古龍門未開，吕梁未發〔編者注：“發”，原誤作“通”，據通行本吕氏春秋及後文改〕（高誘注：“發，通也。”），河出孟門，大溢逆流……”好像也不是毫無道理。不過這是在地質時代的事，離現在恐怕已經幾億年，至少也是幾千萬年。當日還没有人類，那有什麽疏鑿？

八、九河的堙塞和堤防的修築

九河的堙塞,河渠書、溝洫志均無明文。只有毛詩正義周頌般篇疏引禹貢鄭注説:"周時齊桓公塞之,同爲一。"自有此説,就引起後世的聚訟。有人説齊桓公主盟葵丘,禁止曲防(焦循説:"防即堤也,謂曲設堤防以障遏水泉,使鄰國受水旱之害。"很是),他不能自己禁,又自己來犯;有人説葵丘五禁[1],不過是一紙好聽的具文,不可認真。異論紛紛,無從折衷。我們統觀全局,疑惑鄭氏所説未必可靠。大禹的疏九河,並不是從獨流疏導它成九道,是順着當日河勢的自然,把它整理成爲十數道的經流,加寬加深,使水有所歸,不致泛濫。河水多帶泥沙,這十數道支河日久又會堙塞。人民生殖漸繁,遠河湖的可耕地經過了千百年,幾乎完全開闢,就要有人不得不再近水居住。他們墾殖灘田,恐被冲没,就要積土高築,把田圍繞起來。我們看到近代長江兩岸及各大湖的周圍,人民常時築圩,與水爭地,其實這樣與水爭地的情形在過去時代實爲一種永久的現象。這樣就要加速河流的堙塞。秋冬水落,或者就要斷流。就是一支的斷流也必須經過很長的歲月,不是很短的時期所能完成。遍覽史書,暫時的除外,真正斷一河流還没見有成例。齊桓及管仲應該不會有塞九河的意思;就是他們有此意也不是可能的。並且當時也没有必要。洪水的時代人民依山居住,水土平後才又"降丘宅土",但是直到春秋時代,今日津浦綫附近,德縣以北,像是還很少居民。齊桓公伐山戎還師

[1]孟子告子下篇。焦循説是在他的孟子正義本節下。

的時候，"燕莊公遂送桓公，入齊境。桓公曰：'非天子諸侯相送不出境。吾不可以無禮於燕。'於是分溝割燕君所至與燕"①。燕莊公的出境由於齊桓公的未注意。如果桓公早注意已到境上，他一定辭謝，不致失禮。他不注意的原因就是由於人民稀少。如果"雞犬相聞"，那國君至關應當有前來迎接的人，何至於會忘辭謝的禮儀？就是因爲曠無居民，所以可以隨便過境，也可以隨便割讓。周襄王因爲晋文公勤王有功，把原、陽樊等地賞給他，就在居民中引起了不少的麻煩②，齊桓公無緣無故割地與鄰國，却什麼麻煩也沒有引起，這不是已經可以證明在這些地方就有居民也是極少數麼？在這樣的情況下，有什麼曲防與塞河必要呢？即使君相妄想塞河，又有什麼勢力可供使用？這不是很清楚的事情麼？對於堤防的興築，賈讓所説已够詳細。他説："堤防之作，近起戰國。雍（壅）防百川，各以自利。齊與趙、魏以河爲竟（境）。趙、魏瀕山；齊地卑下，作堤去河二十五里。河水東抵齊堤則西泛趙、魏；趙、魏亦爲堤去河二十五里。雖非其正，水尚有所游盪。時至而去則填淤肥美，民耕田之，或久無害，稍築室宅，遂成聚落。大水時至漂没則更起堤防以自救，稍去其城郭，排水澤而居之，湛溺自其宜也。今堤防陿者去水數百步，遠者數里。"③堤防逐漸興築的歷史大致就像他所説的。九河雖非齊桓公所塞，可是堤防的興築確由齊人開始。因爲他們的地方卑下，加以人口衆多，不得不如此。他們有了堤防，得了保障，對岸的趙、魏受了大害，也不得

---

①史記齊太公世家。
②參考僖公二十五年左傳。
③漢書溝洫志。

不跟着修築,兩岸大堤就是這樣漸漸成功的。開始還够寬闊,後
爲民居所占據,遂致越來越窄,水患也就要不斷發生。大致春秋
戰國時代爲我國變化很大的時期。齊桓、晋文以後,高度文化的
國家逐漸團結,文化落後國家的侵擾逐漸防止,中國北方遂得少
安。自蕭魚之會以後(晋悼公十一年,公元前562),中國有百餘
年無大戰事,春秋家把此時期叫做太平。人民小安,戶口自然蕃
殖。並且這個時候,鐵器已經發明,用鐵器耕田,可以使人民生活
相當提高,就更可以促進戶口的增加,到春秋末,戰國初,中國北
方人口幾將充滿。九河因此埋塞,堤防因此興築。

九、結論

以上所説可撮要爲以下各點。

(一)我國洪水傳説發生於我們初進農業階段的時候。

(二)洪水的洪原本是一個專名,指發源於今河南輝縣境内
的小水,因爲輝縣舊名共,水也就叫作共水,洪字的水旁是後加
的。因爲它流入黃河後,黃河開始爲患,當時人就用它的名字指
示黃河下游的水患。至於洪解爲大是後起附加的意義。

(三)洪水的發生區域主要的在兗州,次要的在豫州、徐州境
内。餘州無洪水。禹平水土遍及九州的説法是後人把實在的歷
史逐漸擴大而成的。

(四)鯀所築的堤防不過圍繞村落,像現在護莊堤一類的東
西,以後就進步爲城,不是像後世沿河修築的“千里金堤”。

(五)在我國上古部族的三集團中,主持治洪水的人爲華夏
集團的禹及四嶽。同他們密切合作的爲東夷集團的皋陶及伯益。

南方的苗蠻集團大約沒有參加。

（六）大禹治水的主要方法爲疏導。它又包括兩方面：（1）把散漫的水中的主流加寬加深，使水有所歸；（2）沮洳的地方疏引使乾；還不能使乾的就闢它爲澤藪，整理它們以豐財用。

（七）大禹在黄河下游，順它自然的形勢，疏導爲十數道的支流，後世就叫作九河。以後由於人口漸密，日日與水争地，遂漸漸埋塞，最後變成獨流。

（八）治洪水得到一件關係非常重大的副産品，就是鑿井技術的發明。因爲有了這件大發明，我國北方的廣大平原、廣大農場，才有可能爲我們先民逐漸征服，真正利用。

（九）禹鑿龍門的傳説可能是由夏后氏舊地的伊闕發生，逐漸挪到今日山、陝間的龍門。

（十）九河的埋塞，長堤的興築，約在春秋、戰國相銜接的時期①。

---

①我於 1940 年春在昆明寫成洪水解初稿，主張洪水僅指黄河下游，禹治洪水主要的工程爲對於黄河的治理。當時還覺得這是我個人的創見。抗戰勝利後回北京，翻閲船山遺書，才知道王船山於二三百年前已經很清楚地説到這一點，非常興奮，覺得只要細心探討，即使暗中摸索，也會得到同一的結論。這就足以證明歷史科學實有客觀性，主觀臆造絕不得爲科學。現在把遺書中關於此問題兩段抄録於下，以備參考。

書經稗疏卷一“決九川”條下説：

禹之治水，其事凡二，先儒多合而爲一，故聚訟而無所折衷。堯典所謂“洪水方割”者，大抵河水爲害也。龍門未鑿，河之上流壅滯於冀、雍之域；九河未宣，河之下流瀰漫於兖、豫之野；而兖、豫之患爲尤甚。蓋河自出太行而東，南北兩崖平衍沙壤，水無定居，隨所奔注，輒成巨流。故禹既治壺口，分播九河，則水患息。孟子亦以“疏九川，瀹濟、漯”爲首功者，此之謂也。大河既平，中原底定，人得平土而居之，此則治滔天之浡水者其一也。若禹所自言“決九川，距四海，濬畎澮，距川”者，則洪水既平之後，因以治天下之水，爲農計也。故曰“烝民乃粒”，又曰“荒度土功”。論語亦曰：“盡力乎溝洫。”而禹貢所紀定田賦，“六府孔修，（轉下頁注）

（接上頁注）庶土交正”，不復以民免昏墊爲言。此則徧履九州，畫其疆場，作其溝澮，
潦患可蠲，旱亦獲濟。故詩稱之曰：“惟禹甸之。”此以開三代井田之基者又其
一也。所以然者，當禹之時，大河北流，未與淮通，而南條諸水限以冥阨、灊、
霍、楚塞諸山，則勢不得與江、淮相接。至荊之南土，梁之西陲，較豫、兗之野，
高下相去又不知幾百里。使浩浩滔天，漫及荊、梁，則兗、豫、青、揚深且無涯，不
復有人矣。若云大河、江、淮及諸小水同時各漲於其地，則必天下同時皆苦霪雨。而
河源遠出絶域，彼中晴雨必無一揆之理。江、漢之漲則因雪液。河水莫大於羕水，在
春夏之交。漢水盛於夏；江水盛於秋；其他小水多盛於春。此漲彼落，不能九州而
同，況九年而如一日也。雍、梁、荊之地山高岸峻，水即壅泛，不足爲民患。何必措力
於隨盈隨涸之流，以自勞而勞民也哉？然則九川之决，畎澮之濬，平土也。龍門之
鑿，九河之播，平水也。舜曰：“禹平水土。”兩紀其功也。先後異時，高下異地，濬治
異術。合而爲一則紊矣。

四書稗疏“浲水”條下也説：

浲本音户工切，與洪同音。許慎曰：“水不遵道也。”洪水者洪河，謂黄河也。當
禹之時，河水驟漲，險阻淤塞。其上流則滯於龍門，橫决晋地。已而畜極妄行，隨處
坌出，不循故道。河本東行，逆流而北，邢、魏、曹、濮之間匯爲澤國，故曰：“氾濫於中
國。”中國者，冀、兗也。大名、廣平沙磧平衍，尤爲浲水之所瀦。故禹貢云：“東過洛
汭，至於大伾；北過浲水，至於大陸。”浲水本爲不遵道之水名，而以名大伾、大陸間之
水者，以此爲浲水之所尤聚也。孟子釋書言“浲水者洪水也”。九州之水河爲最大，
謂之洪流。故申明浲水之所自，實河水之洪流也。禹治水凡二：一治浲水，專於河；
一濬九州川澮以行水利，節旱潦，則江、淮、汝、漢皆治焉。傳注往往混合，愚於尚書
稗疏言之詳矣。繹孟子浲水洪水之旨尤爲顯徵。集注言“浲洞無涯之水”，則言浲
水已足，又何勞孟子之釋哉？

我覺得船山所論，除鑿龍門一説，還爲古説所牽掣，未能明辨以外，餘下的全很精確。
就是對於龍門，他也只説“壅滯”或“淤塞”，他措詞似乎也很有斟酌，並不相信原無水道
而禹開始斧鑿。

第四章　徐偃王與徐楚在淮南勢力的消長

一、徐偃王人物的逐漸發現

徐偃王的故事大約自公元前第三世紀上半紀（或少前）才傳播於中土。他的人格同仁義的問題有很深的關係。可是較古的史書，如左傳及國語，較古好談仁義的子書，如論語、墨子、孟子，好挖苦仁義的子書，如莊子，在這些書裏面完全没有見着這位老先生的大名和踪迹。及至戰國的後期，在尸子和荀子裏面，才漸漸地露出他的名字。尸子書已亡逸，引見他書，關於偃王的故事有兩條：

第一，

徐偃王有觔（古筋字）而無骨。①

————————————

①史記秦本紀集解引。山海經大荒北經“有繼無民”條下注也引此，但無“而”字，“觔”作“筋”。

第二,

> 徐偃王好怪:没深水而得怪魚,入深山而得怪獸者多列
> 於庭。①

他是這樣一個古怪的人物!

在荀子書裏面也差不多。非相篇内説:

> 徐偃王之狀,目可瞻馬(馬或作焉)。

可是在這一段裏面,他同仲尼、周公、皋陶、閎夭、傅説、伊尹、禹、湯、堯、舜同列,似乎是一位了不起的大人物。但是他到底是一個什樣的人,什麼時候的人……我們從上述二書裏面,一點也不知道。

到韓非子裏面,他那人格的輪廓才漸漸地現出。五蠹篇内説:

> 徐偃王處漢東,地方五百里,行仁義。割地而朝者三十
> 有六國。荆文王恐其害己也,舉兵伐徐,遂滅之。故文王行
> 仁義而王天下,偃王行仁義而喪其國,是仁義用於古而不用
> 於今也。

---

①山海經南山一經猨翼之山條下注引。

我們從這一段文字知道他所住的地方,他的有名的同時人及他的大略行爲。他原來是這樣一個品行極好,開始烜赫,結果又這樣不幸的人物。

又過了百十年,在淮南子人間訓裏面説得更詳細,同韓非子所説大同小異。

> 昔徐偃王好行仁義,陸地之朝者三十二國。王孫厲謂楚莊王曰:"王不伐徐,必反朝徐。"王曰:"偃王有道之君也,好行仁義。不可伐。"王孫厲曰:"臣聞之:大之與小,强之與弱也,猶石之投卵,虎之啗豚,又何疑焉?且夫爲文而不能達其德,爲武而不能任其力,亂莫大焉。"楚王曰:"善。"乃舉兵而伐徐,遂滅之。

我們從這一段文字得以知道滅徐的倡議人爲王孫厲。但是滅徐的楚君却成了楚莊王,比荆(楚)文王較晚六七十年(文王,公元前 689—675 年;莊王,公元前 613—591 年)。此外朝徐的,據韓非子爲三十六國,據淮南子爲三十二國。但論衡非韓篇已經説"徐偃王修行仁義,陸地朝者三十二國",那今本韓非子或有訛誤。可是我們從此總應該可以注意到:在初期的記載裏面,偃王是春秋時代的一個國君,與周穆王不發生關係,並且楚自動滅徐,未受命於任何人。

再後二三十年,中國歷史上最高的權威——史記出現。在那裏面也談到這位徐偃王。秦本紀裏面説:

造父以善御幸於周繆（與穆同）王……西巡狩，樂而忘歸。徐偃王作亂。造父爲繆王御，長驅歸周，一日千里以救亂。[1]

趙世家裏面也説到這件事：

造父幸於周繆王……繆王使造父御，西巡狩，見西王母，樂之忘歸，而徐偃王反。繆王日馳千里馬，攻徐偃王，大破之。

這兩處所説大致相同，破徐的爲周的繆王，與楚並無關係。後説詳於前説的爲穆王西巡狩，一直到了西方很遠的西王母的國家，及穆王歸來後有一次大戰事。

徐偃王的傳説，從此以後靠着史記的勢力，同周穆王發生幾乎不能分離的關係：我們每一次想到周穆王，就不自禁地聯想到西王母，聯想到造父，聯想到徐偃王[2]。

二、徐與楚

史記的説法，雖由於書的權威比較地得到普遍的承認，但韓非子及淮南子的説法仍繼續着爲念書人所信任。史記絶未提及

---

[1] 百衲本史記脱"一日千里"四字。正義引古史考駁"日行千里"的"非實"，足證殿本有此四字不誤。

[2] 楚辭七諫沈江篇内説："偃王行其仁義兮，荆文寤而徐亡。"七諫爲東方朔所作。朔與司馬遷差不多同時。荆文就是楚文王。這就足以證明太史公同時人相信徐偃王爲楚所滅，與周無關。

偃王好行仁義一點，可是我們每一次提到他總會聯想到仁義，聯想到迂腐，就是顯明的證據。但是這三說中間的矛盾到底應該怎樣解決呢？滅徐的到底是楚呢，是周呢？偃王到底與周穆王同時呢？與楚文王同時呢？與楚莊王同時呢？這幾個問題常常使研究人煩惱。後漢書東夷傳中所説：

> 後徐夷僭號，乃率九夷以伐宗周，西至河上。穆王畏其方熾，乃分東方諸侯命徐偃王主之。偃王處潢池東，地方五百里。行仁義，陸地而朝者三十有六國。穆王後得驥騄之乘，乃使造父御以告楚，令伐徐，一日而至。於是楚文王大舉兵而滅之。偃王仁而無權，不忍鬥其人，故致於敗。乃北走彭城武原縣東山下，百姓隨之者以萬數，因名其山爲徐山。

它説的這樣詳細，大約是采擇韓非子、史記及其他傳説綜合記述的。它所説的"穆王……乃使造父御以告楚，令伐徐……於是楚文王大舉兵而滅之"，就是要調和周或楚的問題。無奈周穆王與楚文王的時代相差過遠（周穆王大約是公元前第十世紀末期的人，與楚文王相差二百餘年）。這一點譙周早已看到，他所著的古史考中曾經説："徐偃王與楚文王同時，去周穆王遠矣。"①就可以看出一般學者對於這一類調和的不滿意。在史學界中似乎更相信徐的滅亡是由於楚，但最苦惱的是在左傳和國語等歷史書裏面沒有一句話提到徐偃王。他們覺得：以如是烜赫的徐偃

①原書已亡逸，引見史記秦本紀正義。

王,如果他生當春秋時代,那左傳等書的絕不提到爲不可解。關於周穆王的傳説又太富於傳奇的意味,爲帶實證精神的歷史家所不滿。由於這種種困難,關於徐偃王的歷史事蹟遂成了一個很難解決的謎底。現在我們如果想對於這一個問題有所努力,那最先就需要對於此二國所在的地域問題清理一下。

徐,嬴姓,在周代爲東夷集團中最大的國家。它的地域,按左傳僖公三年杜注:"在下邳僮縣東南。"據清一統志,僮縣故城在今安徽泗縣(清泗州)治東北。又漢書地理志臨淮郡徐縣條下,班固自注爲"故國,盈姓"。盈即嬴,同音假借。據清一統志,徐縣故城"在舊州城西北,周時徐子國。"它又説:"泗州故城在今州城東南一百八十里。"二説的地望雖小有不同,却相差不遠。杜説似少偏東北。要之均在今泗縣境内,今洪澤湖的西北。這是春秋時徐國的位置。但是在周初魯伯禽的時候,"淮夷、徐戎亦並興反,於是伯禽率師伐之,於肸,作肸誓"[1]。肸有作費,作鮮,作獮,作粊的。此篇裏面曾説"魯人三郊三遂",對於芻茭、楨榦應該特別負責。邑外叫作郊,郊外叫作遂,也可以叫作近郊、遠郊,全是離國都不遠的地方。芻是割的草,茭是乾草,全是牲畜飼料。楨榦是作版築時所用的木材。看他們對於這些笨重的物資應該負責的情形,那戰地應該離魯郊不遠。又誓師開始的時候説"淮夷、徐戎並興",可是後面只説"甲戌我惟征徐戎",似乎是淮夷遠來,徐戎逼處,征服徐戎,淮夷就不能再爲患的情形。如果上面的推測不誤,那徐國在周初當在今山東東南部曲阜縣附近,以後才

----

[1]史記魯世家。

遷到南方數百里外。詩經大雅常武篇説"率彼淮浦，省此徐土"，
是説順着淮水的邊岸，省視這個徐土，那徐國在周宣王的時候
（公元前第九世紀之末，第八世紀之初），已經南遷到淮水的附
近。他們或者就是因爲躲避魯伯禽的兵力（約在公元前第十一
世紀後期），開始南遷，也很難説。但是徐在東夷中爲最强盛的
國家，周室屢興大兵，僅僅能遏止着它的氣燄，絕不是像其他東夷
各國，如郯、莒、江、黃、鍾離等所能比。"徐"字在金文中均寫作
"郤"。春秋僖公三年内説"徐人取舒"，玉篇引作"徐人取郤"①。
據説文余从舍省聲，然則"徐""舒"二字，古不只同音，實即一
字。群舒就是説群徐。別部離開它們的宗邦，還戴着舊日的名
字：住在蓼地的就叫作舒蓼，也就是徐蓼；住在庸地的就叫作舒
庸，也就是徐庸。這一群戴舒名的小部落全是從徐方分出來的
支部。離開宗邦的時候稍久，所用的字體也許小有不同，由於
不同的字體記出，群徐就變成了群舒。這些部落也各有君長，
但是全奉徐爲上國，大約沒有疑義。這一點是研究徐方的人所
必須知道的。

　　楚原名荆，就是詩經小雅采芑篇所駡的"蠢爾荆蠻"，屬於苗
蠻集團。他們的祖先追溯到高陽、祝融，但當夏、殷兩代他們的世
系和所住的地方全不明瞭。到周成王的時候才"封以子男之
田"，建立楚國。同它初建國有密切關係的地方有兩個：一爲丹
陽，一爲荆山。史記楚世家内説："當周成王之時，舉文、武勤勞
之後嗣，而封熊繹於楚蠻，封以子男之田，姓芈氏，居丹陽。"左傳

————————————
①玉篇卷二邑部。

桓公二年正義引世本説:"楚鬻熊居丹陽,武王徙郢。"按楚世家,
鬻熊爲熊繹的曾祖。按世本説,初居丹陽的不始於熊繹。但古人
所説的封常常是就他原住的地方擴充並劃定疆界,加以封號,那
上二説中間的區別不大。左傳昭公十二年内説:"昔我先王熊繹
辟(僻)在荆山,篳路藍縷以處草莽。"杜注:"篳路,柴車;藍縷,敝
衣。"這是説熊繹僻處在荆山的地方,用具衣飾全很簡陋,僅用柴
車,穿破衣,在草莽裏面建國立業。荆山在今湖北保康、南漳各縣
境内,古今無疑問。關於丹陽却争論很多,又可分爲兩系。一爲
東方系。漢書地理志丹陽①郡丹陽縣下,班固自注説:"楚之先王
熊繹所封,十八世文王徙郢。"漢丹陽爲今安徽當塗縣。如果那
樣,它的初建國在東方,與吴、越毗鄰,由東方發展到西方。一爲
西方系。在這一系中又分三説:(一)左傳桓公二年與上同條下
引宋仲子(即宋均)説:"丹陽在南郡枝江縣。"縣今屬湖北,仍舊
名。但從前縣治江中洲上,到宋朝才徙治江南岸。(二)水經注
卷三十四江水下説:

> 故宜都記曰:"秭歸蓋楚子熊繹之始國。"……江水又東
> 逕②一城北……楚子熊繹始封丹陽之所都也。地理志以爲
> 吴之丹陽。論者曰:"尋吴、楚悠隔,繾縷荆山,無容遠在吴
> 境,是爲非也。"又楚之先王陵墓在其間,蓋爲徵矣。

酈道元駁漢志説,説它説的丹陽離荆山過遠,很有理由。他

---

①編者注:"陽",原作"揚",據通行本漢書地理志改。
②編者注:"逕",原作"經",據通行本水經注改。

又引用秭歸的地方古迹，拿"楚之先王陵墓"證明他自己説的確
實。至丹陽名稱所由來，他有前面江水"東過巫縣南"條下注引
山海經海内南經的孟塗居"在丹山西"，又撮要引郭璞注。按郭
注説："丹山在丹陽南。丹陽，巴屬也。今建平郡丹陽城，秭歸縣
東七里，即孟塗所居。"是丹陽由丹山得名。（三）宋翔鳳過庭録
四楚鬻熊居丹陽武王徙郢考駁漢志的説法，説漢丹陽爲古豫章
地，也就是楚世家中的楊越和越章，也就是秦朝的鄣郡，又斷言
説：此地楚"至熊渠始得，則斷非鬻熊之故封矣"。他又説：

> 史記秦本紀：惠文王後十三年，"庶長章擊楚於丹陽"。
> 楚世家亦言："與秦戰丹陽，秦大敗我軍……遂取漢中之
> 郡。"屈原傳作："大破楚師於丹、淅。"索隱曰："丹、淅二水名
> 也。謂於丹水之北，淅水之南，皆爲縣名，在弘農。所謂丹
> 陽、淅是也。"案漢志弘農郡丹水"水出上雒冢領山，東至析
> 入鈞。密陽鄉，故商密也"。淅即析縣，並在河南南陽府内
> 鄉縣境内。水經："丹水出京兆上洛縣西北冢領山東南。過
> 其縣南，又過商縣南。又東南至於丹水縣，入於均。"酈注：
> "丹水通南陽郡……又經丹水縣故城西南。縣有密陽鄉，古
> 商密之地……春秋之三户矣……又南經南鄉縣故城東北，又
> 東經南鄉縣北。丹水經流二縣之間，歷於中之北，所謂商於
> 者也。故張儀説楚絶齊，許以商於之地六百里[1]，謂以此矣。
> 吕氏春秋曰'堯有丹水之戰以服南蠻'，即此水，又南合均

---

[1]編者注："里"，原誤作"地"，據通行本過庭録改。

水,謂之析口。是戰國丹陽在商州之東,南陽之西,當丹水、
析水入漢之處,故亦名丹析。鬻熊所封正在於此。"

這是宋氏對於丹陽所提出的新的主張。他所説的丹陽是在
陝西、河南交界處,商南、淅川各縣境内。對於漢書地理志的主張
也極有理由地説:"且使封於漢之丹陽,熊繹何能越二千里而西
至荆山?"要之,熊繹初經營的地方在荆山,有很古的史料可以證
明,對於此點不能有什麼疑問。荆山所在地也很清楚,所以爭論
丹陽問題,總先要看它在哪裏同荆山的配合才更合適。西方系三
説所主張的地域雖不同,却都與荆山相去不遠,漢丹陽與荆山隔
離很遠。如果楚早期就在東方,很難解釋。並且,漢志説"十八
世文王徙郢",那是要説楚在文王以前全都丹陽。可是文王的父
親武王時已經進入春秋,史實相當明瞭。他當日還局促於漢水南
岸。兵力雖嘗侵入漢東,還不能大得志(見後)。如果説他東在
安徽東部,那就與史實完全乖謬,所以東方説可以不談。西方三
説中,枝江説,宋翔鳳説它"絶無證合,不可信據",也是實在的情
形。此外丹淅及秭歸二説却很難斷定那個正確。秭歸有"楚之
先王陵墓在其間"似乎可爲確鑿的證據,可是宋翔鳳也很有理由
地説:"秭歸……自爲夔子之國,熊渠之孫熊摯之後,乃楚國支孫
所封。"夔國的陵墓訛傳爲楚先王的陵墓,可能性也不太小。丹
淅在戰國時就又叫作丹陽,可見它的名稱來源很古。但宋翔鳳所
説"鬻熊爲周師,以功德受封,當與周京稍近",却理由很薄弱。
要之,在商南、淅川境内的丹陽以丹江得名,説秭歸舊名丹陽,也
有丹山可依據。這兩個地方離荆山全不太遠。如果熊繹封於別

名丹淅的丹陽,那楚族的發展爲由北而南;如果在秭歸,那他們的
發展就是由西而東,全可以説得通。宋翔鳳雖可以説"春秋僖二
十六年經書'楚人滅夔,以夔子歸',則當屬、宣之時而有夔國,至
是始滅。顧謂楚遷郢以都秭歸之丹陽,又何地以處夔子乎",可
是楚至熊渠已經闢地很廣。宋氏以熊摯爲熊渠之孫,不以爲子,
是用譙周的説法,不用楚世家的説法。譙氏説熊摯爲熊翔長子,
因廢疾不得立①。廢疾不能勝擴張時的辛苦,長子留守舊邦,只
要不拘執遷郢以前必世居秭歸,也很可以説得通。此問題非今日
所能解決,不必强辯。異日地上或地下的考古工作或可以幫助解
決,也很難説。至於宋氏所主張漢丹陽爲春秋時的豫章,秦鄣郡
的名稱由豫章轉來,雖或可以成立,但是他説這就是楚世家中的
楊越及越章却太牽强。楚世家説:熊渠"興兵伐庸、楊粵,至於
鄂"。庸爲今湖北竹山縣,鄂爲今湖北鄂城縣,楊粵不知何處。
但説"至於鄂",那是指他兵力所到最遠的地方。看左傳及國語
所記錄,楚在穆王、莊王以前,兵力在東未能多侵入今安徽境內。
所以説楊粵、越章已到安徽東境,實不可通。並且楊粵、越章也未
必指的一個地方。古書茫昧,只可闕疑。

三、對於徐偃王史蹟的探討

我們現在可以進一步對於較古的三説加以個別的探討:徐偃
王到底是與周穆王同時呢? 還是與楚文王同時呢? 或是與楚莊
王同時呢?

①史記楚世家索隱引。

　　周朝初年對於東夷的鬥爭大約相當地劇烈和延長。征奄（今山東曲阜）既見於尚書多士、多方各篇，孟子滕文公下篇；征淮夷、徐戎也著於尚書費誓。就在金文裏面，明公毀的"伐東國"，班毀的"伐東國"，"靜東國"，小臣謎毀的"伯懋父以殷八自（師）征東尸（夷）"，寧（字未識）鼎的"伐東夷"[1]，均無疑義地與東夷的戰役有關。以我們所見到不很多的銅器，竟有四件靠得住的文字記錄對於東夷的戰事（南征、北征均無如此之多），足以證明鬥爭劇烈的程度。到昭王時宗周鐘載有"南夷、東夷具見廿又六邦"[2]，大約是兩方暫時平靖。此後昭王"南征而不復"[3]；穆王又"欲肆其心，周行天下，將必皆有車轍馬迹"[4]。這個時候，東夷的大國——徐方乘間奮起，雖在簡策上沒有明確的記載，可是據古本竹書紀年，穆王在東南方曾用大兵一次。藝文類聚九引紀年："周穆王三十七年，伐楚，大起九師，至於九江，比黿鼉爲梁。"初學記七引："周穆王三十七年，東至於九江，比黿鼉以爲梁。"北堂書鈔百一十四征伐篇注引："穆王伐大越，起九師，東至九江，駕黿鼉以爲梁。"文選江賦注引："周穆王三十七年，征伐，大起九師，東至於九江，叱黿鼉以爲梁。"恨賦注引同，但"征伐"作"伐紂"。太平御覽三百五引："周穆王四十七年，伐紂，大起九師，東至於九

---

①郭沫若兩周金文辭大系圖録考釋第六冊。

②郭沫若兩周金文辭大系圖録考釋第六冊。

③左傳僖公四年。吕氏春秋音初篇内説："周昭王親將征荆，辛餘靡長且多力，爲王右。還反涉漢，梁敗，王及蔡（春秋正義引作祭）公抎（同隕）於漢中，辛餘靡振王北濟，又反振蔡公。"高誘注據左傳王不復的文字説："由此言之，昭王爲沈於漢，辛餘靡焉得振王北濟哉？"按昭王雖在漢水中得救，或不久得病死，也未嘗不可以説"不復"，不必泥指。

④左傳昭公十二年。

江,比黿以爲梁。"同書七十三引:"周穆王七年,大起師,東至於九
江,架黿鼉以爲梁。"廣韻二十二元黿條下引:"穆王十七年,起師至
九江,以黿爲梁。"通鑑外紀於穆王三十七年下記:"王起六師,至於
九江,伐楚。"路史國名紀己卷三綂條下:"穆王伐之,大起九師,東
至九江,蚖蟬爲梁,在江東矣。"下注:"紀年四十七年。"同一件事就
有八部書談到十次。明指引紀年的共有七書九次。外紀雖没指明
引自何書,來源所自却也很清楚。這些雖然來自同源,可是所引仍
有小異。"比黿鼉以爲梁"當是原文,"叱"與"架"當均係"比"字的
訛誤。"蚖蟬"爲"黿鼉"的訛誤。這是此史實中摻雜的神話,可以
不必多管它。在諸書中凡舉師的數目的全説是九師,獨外紀説是
六師,這是因爲劉恕泥執"天子六師"的制度,所以改九爲六。他一
方面不知道"天子六師"並不是一定的制度,不過是後儒從古書材
料中歸納出來的一種看法;另外一方面他或者也不知道古人所説
的九不過是指示最多數的意思,並不一定指八九十的九;所説的九
師也只是要指明他興動大師,傾國以出,並不要指他的師數一定有
九個。所以這一點的小異也無關重要。關重要的有三點:一、這次
用兵在哪一年;二、在哪個地方;三、對付何國。關於年數問題,御
覽一書自身即有矛盾,它所説的七年,他書中無一相同的,訛誤當
不成問題。記十七年的僅有廣韻一書,像是"十"字上脱落一字。
此外作三十七年的有四書五見,作四十七年的有二書。内唐人四
書,除書鈔無年外,全作三十七年。劉恕治史態度比羅泌謹嚴得
多,他也記爲三十七年。所以大致可以決定此事發生在三十七年。
所在地各書皆指名九江,無異詞,可是古九江何在却是聚訟紛紛,
很難指定。最西的説是今湖北西南部入長江的水有九,最東的爲

漢水①。較東的爲洞庭②。更東的爲漢的尋陽,在今湖北黃梅縣
附近③。稍北的是秦漢的九江郡,治壽春邑,就是今安徽的壽縣。
異説凡四,可是均與今江西北部的九江無關。我覺得南方的水皆
稱江,九又爲表示多數的泛指,那九江一名,古書中所指的就未必
是一地。如禹貢以九江爲荆州水,可是秦漢的九江郡明明與荆州
無關,但是他們這樣叫想也有一定的原因。與其牽强附會,倒不
如認爲異地,較爲直截。所以此役在九江雖無異説,可是苦於不
知道此所謂九江究竟在什麼地方。如果對付何國問題能解決,或
者對於研究九江問題能有幫助。對付何國,類聚、外紀同爲伐楚,
書鈔爲伐大越,恨賦注爲伐紂,御覽爲伐紆,路史的紓就是紆的別
體,那它也主張伐紆。伐紂一定錯誤。書鈔主張的伐大越,有的
本子“越”作“鉞”,並缺起字、駕字,足以證明書多訛誤,不可盡
信。並且越王句踐世家中毫無影響,又與九江懸遠,邈不相及。
類聚、外紀所主張的伐楚,恐怕是因爲春秋時中國的大患爲楚,遂
致此誤。據楚世家,楚在熊渠以前,勢力還很微弱,不能爲中國
患。紆雖僅見於御覽及路史,可是“紂”“紆”形近,容易互誤,由
於紆能誤爲紂,可以推斷恨賦注也原作伐紆。按紆从于聲,于與
余同音④,徐、舍、舒、余古皆同音,與紓也是同音。同音自可假
借。又與秦漢的九江郡相近。兩湖的九江雖也可與楚相近,但從
周看起,似應稱南,不稱東。這裏各書皆引作東至於九江,似不應

①王夫之書經稗疏卷二“九江孔殷”條下引唐詩注説。
②參考胡渭禹貢錐指荆州“九江孔殷”條注。
③漢書地理志廬江郡尋陽縣下説:“禹貢九江在南,皆東合爲大江。”史記河渠書也説:
　“余南登廬山,觀禹疏九江。”
④參考段玉裁説文解字注卷二上八部余字注。

指今兩湖地區。並且穆王曾會諸侯於塗山①。塗山爲今安徽懷遠縣境内淮水南岸的一座②小山，與徐很相近。在這裏的會盟也像是有事於東方。此會與伐紆，未知孰前孰後。今本紀年列於此役後二年也近情理。今本紀年關於此役説"伐楚""遂伐越，至於紆"，也許是見此三説，想調和綜合，遂有此牽强的説法。

　　周穆王曾經征伐徐方，從以上所説當無疑義。但時當徐國何王却不可知。徐國名王在偃王以外還有一位駒王。禮記檀弓下篇記徐大夫容居説："昔我先君駒王西討，濟於河。"那他的兵力曾到黄河以北。我疑惑駒王的濟河或在伯禽東征前後。因爲此後徐國或已南遷，離黄河太遠，"越國圖遠"未見可能。並且古代侯國國土褊小，封國稀少，中間還有不少空隙，所以遠征阻礙較小。周自成、康以後，北方有齊、魯等大國，已經不很容易。到春秋的時候，各大國中間已經互相鄰比，一國想越國遠征，幾乎全不可能。説周穆王與徐駒王同時，可能性雖較偃王爲大，可是假設毫無證明，成立的希望不大。至於偃王那就幾乎不可能。因爲比史記較早的史料，韓非子、淮南子雖説有的主張文王，有的主張莊王，却是皆與楚有關係，那末偃王的覆敗不由於楚，殊難解説。可是，我們知道：楚在此時當熊勝的時候③，還蟠伏於今湖北省的西部，與徐若風馬牛的不相及，發生關係並無可能性。所以史記所記周穆王擊敗徐偃王的説法殊難使人信服。

---

①左傳昭公四年："穆有塗山之會。"
②編者注："座"，原作"坐"，據文意改。
③史記楚世家。

此後周宣王時也曾命召伯虎征伐淮夷、徐方。詩經大雅江漢、常武二篇記載此事。

至於楚，到周夷王時代（公元前九世紀上半紀），熊渠才沿着長江東下，順着長江，"皆在江上楚蠻之地"①建立了好幾個小國，直到現在的武漢附近。小有北上，也不過"伐庸"，到今竹山縣附近。又遲百十年才到若敖（公元前790—前764）、蚡冒（公元前757—前741）的時候還在荆山的脚下"篳路藍縷以啟山林"，可以看出他們的國家還在草昧締造的時期。蚡冒的弟弟熊通立了以後，自己號爲楚武王（公元前740—前690）②，由他這一種的自己稱號就可以看出他漸漸接收了北方的文化，不自安於苗蠻榛狉的習俗。他的後半生已經入了春秋時代（起自公元前722）。我們靠着歷史名著——左傳，對於當時各國的活動經過才能比較明瞭。但在春秋以前，當周平王的時候，詩經王風揚之水篇內已經説到"戍申""戍甫""戍許"的事蹟。除了許在今日河南的中部，看當日兵力所能到的地方，似乎還與楚無干。申在今唐河縣境內；呂又叫作甫，在今南陽縣境內，均在河南省的西南部。那裏當日遠煩王人的戍守，一定是因爲防禦荆蠻的侵軼（今本竹書紀年有平王三十三年楚人侵申，三十六年王人戍申的記録，不知道它有所本否）。不必等到魯桓公二年（周桓王十年，楚武王三十一年，公元前710年），"蔡侯、鄭伯會於鄧"，才爲"始懼楚"的表示③。他此後的用兵如下述：

①史記楚世家。
②史記楚世家三代世表。
③左傳桓公二年秋七月事。

桓公六年(楚武王三十五年,公元前 706)侵隨。

桓公八年(楚武王三十七年)伐隨,大敗隨師。

次年圍鄧、鄾,大敗鄧師,"鄾人宵潰"。

桓公十一年(楚武王四十年)敗鄖師。

次年伐絞,"爲城下之盟而還"。

又次年伐羅,"羅與盧戎兩軍之(夾攻它),大敗之"。

莊公四年(楚武王五十一年,公元前 690)伐隨。

他在這十六年裏面,用兵七次,交兵五國。除絞,杜預無注不可考外①;隨,注:"今義陽隨縣。"今在湖北北部,縣仍舊名。鄧在今河南西南部鄧縣境內。鄾爲鄧邊邑,注:"在今鄧縣南沔水之北。"就是説在漢水北。鄖,注:"在江夏雲杜縣。"在今沔陽縣境內②。羅,注:"在宜城縣西山中,後徙南郡枝江縣。"今二縣均仍舊名。這幾次戰役所在地,鄖、羅或均在漢水南,左傳內説:"伐絞之役,楚師分涉於彭。"杜注:"彭水在新城昌魏縣。"正義引釋例:"彭水……東北至南鄉筑陽縣入漢。"昌魏今房縣,筑陽今穀城縣,皆在漢水南。絞像是離彭水不遠。那末,絞或者也是漢水

----

①高士奇春秋地名考略內引或説:"在今鄖陽府西北。"即今鄖縣的西北或鄖西縣境內。但是左傳桓公十一年內説:"鄖人軍於蒲騷,將與隨、絞、州、蓼伐楚師。"那五國的地域當相去不遠。我們的確知道隨在今隨縣境內,蓼在今唐河縣境內,鄖陽在數百里外,不容易合兵。所以此説恐不可信。

②水經注卷三十一溳水下説:"隨水又西南至安陸縣故城西,入於溳,故鄖城也。"安陸今仍舊名,在漢水北。此後元和志及通典均説爲古鄖子國。邧、溳、鄖三字古通用。此説與杜注不合。高士奇春秋地名考略卷十三鄖下説:"鄖境本廣,而安陸、雲杜、竟陵皆接壤……溳水遶安陸固宜爲鄖都。"他是想調和不同的説法。但是,照他的説法,鄖地跨漢水兩岸,與桓公六年左傳所説"漢東之國隨爲大"似不能合。並且杜預在襄陽多年,對於這一帶地理,似不致誤,所以仍用杜説。

南岸的小國。戰事兩勝一敗，足以證明漢南各地還没有完全賓服。並且伐羅時"楚師盡行"，是傾國大舉，可是仍不免大敗，可以證明羅與盧戎還相當强大。桓公七年左傳説："穀伯綏來朝。"杜注：穀國在南鄉筑陽縣北。漢南小國遠朝於魯，足以證明它還能獨立。鄧國在漢水北，戰争起因只由於邊疆細故。鄾人雖然夜間潰散，此後楚人是否能據有它還很難説。獨隨爲漢水東岸大國，十六年之中用兵三次。雖説中間一次大勝，可是它所能利用的隨寵臣少師已死，隨的忠良季梁還在，楚國的謀臣看清楚"隨未可克"，仍只好"盟而還"。直到楚武王快死的時候還要大舉親征，足見他一生對隨還不能大得志。在這個時候，楚世家有"始開濮地而有之"的記載。濮地在今湖北石首縣南境。楚第二次伐隨以前，曾"合諸侯於沈鹿"，黃、隨兩國不會。隨立時見伐，黃只見讓（責讓），這不是楚獨厚於黃，是因爲它的勢力還不能全達到。杜注："黃國今弋陽縣。"莊公十九年，杜又注："黃，嬴姓國。"弋陽今河南潢川縣。嬴姓是已屬於東夷集團。把以上各説集起來看，就可以看出楚國當武王的時候，在江邊的開拓頗有成功；漢水南岸還有保持獨立的小國；它的兵力雖説屢次過漢水以經營東北，但是還没有太大的成功。這一方面可以看出楚國自西向東開拓的階段；另外一方面也可以看出楚當武王時没有同安徽東北部徐國大接觸的可能性。

武王的兒子熊貲，就是楚文王（公元前 689—675。史記楚世家及十二諸侯年表説他只有十三年，那他就死於公元前 677[1]。

①編者注："公元前 677"，原誤作"公元前 678"，據文意改。

今從左傳)。他在位的時間頗短,可考見的還有下列諸次兵事:

莊公五年(楚文王元年)"與巴人伐申而驚其師。巴人
叛楚而伐那處,取之,遂門於楚"(杜預注:"攻楚城門。"此事
見左傳莊公十八年。左傳在"與巴人伐申"前,有"及文王即
位"五字。考楚武王死在去年春,那伐申一役也可能在去年
下半年,疑不能明,姑錄於此。至於巴人的伐那處及攻楚城
門或不在此年。因未知何年,只好附記於伐申下)。

莊公六年(楚文王二年)伐鄧。

莊公十年(楚文王六年)秋九月敗蔡師於莘,以蔡侯獻
舞歸。

滅息,奪息侯的妻息嬀(此事記於莊公十四年左傳,未
記事在哪一年。考楚的滅息是因爲蔡哀侯敗於莘懷恨,那末
應在莊公十年九月以後。到了莊公十四年秋天息嬀已經生
了兩個孩子,那末滅息當在莊公十年冬至十二年間)。

莊公十四年(楚文王十年)入蔡。

莊公十六年(楚文王十二年)伐鄭。滅鄧。

莊公十八年(楚文王十四年)巴人伐楚。

次年禦巴人,大敗於津。遂伐黃,敗黃師於踖陵。

楚文王這個人貪黷異常:鄧是他的母舅家,他竟然兩次用
兵,終於把它滅掉!因爲要奪人家的女人就滅息!又因爲要取
悅於他所愛的女人,就又入蔡。可是他的兵力北滅申(據哀公
十七年左傳"縣申、息"的文字,滅申也在文王的時候,但是不知

道在哪一年），滅鄧，已經跨有河南的西南部；並且兩次入蔡（今河南上蔡縣及其附近），伐鄭（今新鄭縣及其附近），兵力已經達到河南的中部。東滅息（今息縣），伐黃，他的兵力又已達到河南的東南部。伐黃足以證明他的兵力已經與東夷集團接觸。但是這個時候徐國的勢力還局促於安徽的東北部（下詳），與楚還没有接觸的機會。所以楚文王滅徐一説雖説見於較早的一書——韓非子，可是從全體來看，徐、楚勢力的接觸仍没有可能性。

文王死後，據史記楚世家説：他的兒子杜敖立五年，爲他的弟弟熊惲所殺。無大事，可以不談。

熊惲（左傳作熊頵）爲楚成王（公元前 671—626），是一位雄才大略的君主。他的輔相，鬭縠於菟（縠音構）就是有名的"令尹子文"，也是一位公忠謀國，了不起的人物。所以他那時候國勢很强盛。他雖然不幸生與齊桓公、晋文公同時，可是很有名的召陵之役（周惠王二十一年，齊桓公三十年，楚成王十六年，魯僖公四年；公元前 656[①]），齊桓公和管仲並不能奈楚何。齊桓公死後，楚北上爭宋、爭魯、爭衛、爭曹。春秋的時候，頭等大國有齊、晋、秦、楚、吳、越；二等大國爲魯、衛、宋、鄭、陳、蔡、曹、許等國。北方各國，魯、衛、曹常跟着齊、晋走；南方各國，陳、蔡、許多跟着楚走；中央的宋、鄭爲齊、晋與楚所爭。到公元前 633 年，城濮戰的前一年，除了頭等國家齊、晋、秦以外（此時吳、越還没有登上舞臺），不惟陳、蔡、許、鄭等全靡然從風，只有

---

①編者注："公元前 656"，原誤作"公元前 652"，據前文改。

宋時合時離,就是北方的魯、衛、曹等國也相繼去求好! 他這樣的威風幾乎要超過齊桓公。幸而晉文公(公元前 636—628①)出來,勵精圖治,又用了不少陰謀,拉到齊、秦兩國,於公元前 632 年(魯僖公二十八年,周襄王二十年,晉文公五年,楚成王四十年)與楚在今河南、山東搭界的地方——城濮打了一大仗,把楚兵打了個落花流水,這才算把楚的氣燄暫時壓抑下去。這一戰同此後五年(公元前 627)殽之戰,遏止了當日淺化人民——楚與秦的前進,奠定了此後二百餘年小康的局面(直到第四世紀魏惠王、秦孝公以後,戰事才又繁數並加劇烈),使孔、墨的偉大學派才能孕育,成立和光大起來。這兩次戰役對於我國古代社會起一種進步的作用。

現在把當他的時候楚人北爭中原及東禦東夷集團的事蹟分述如下:

魯莊公二十八年(楚成王六年)伐鄭,齊人、魯人、宋人救鄭。

按左傳,此次荒謬的戰役是由於楚令尹子元想同楚文王强奪的女人姘居,遂不惜殺人以獻媚。他回來以後,不久被殺,子文才代替他爲令尹。所以此次侵略當與楚成王及子文二人無干。

魯僖公元年(楚成王十三年)"秋楚人伐鄭,鄭即齊故

---

①編者注:"628",原誤作"626"。

也"(左傳)。

僖公二年(成王十四年)冬楚人伐鄭(左傳)。

僖公三年(成王十五年)冬楚人伐鄭(左傳)。此後連年興師,開始與齊爭伯。

僖公四年(成王十六年)春正月"(魯)公會齊侯、宋公、陳侯、衛侯、鄭伯、許男、曹伯侵蔡,蔡潰;遂伐楚,次於陘"。"楚屈完來盟於師,盟於召陵"(春秋)。

這是齊桓公鳩集北方(魯、衛、曹)、中部(宋、鄭)、南部(陳、許)幾乎全體的大諸侯與楚爭伯,足見楚勢的强大。所得的不過是楚人來請盟,承認齊人的伯權(當老大哥);楚國元氣並未損傷。

僖公五年(成王十七年)夏"(魯)公及齊侯、宋公、陳侯、衛侯、鄭伯、許男、曹伯會王世子於首止"。"秋八月諸侯盟於首止,鄭伯逃歸不盟"(春秋)。

齊桓公正在責楚人不貢包茅於周(周制,祭祀的時候必用楚國的菁茅,裹束起來,把酒澆上去以祭神。周衰,楚人不貢"包茅",所以齊桓公責備他們),强他們復貢以尊王室,又因周惠王愛少子,想廢世子,王室不安,因會於首止以定世子,遂以"寧周"。可是因此惹了周惠王的惱怒,召鄭伯從楚,反齊,所以鄭伯逃盟。因爲楚爲齊外惟一强國,所以周惠王恨齊,就又向楚倒去。

僖公六年（成王十八年）“夏（魯）公會齊侯、宋公、陳侯、衛侯、曹伯伐鄭”（春秋）。“秋楚子圍許以救鄭，諸侯救許，乃還”（左傳）。

這一次，雖說諸侯救許，可是按着左傳說“冬蔡穆侯將許僖公以見楚子於武城，許男面縛銜璧（杜注：“縛手於後，唯見其面；以璧爲贄，手縛，故銜之。”），大夫衰絰，士輿櫬”（杜注：“櫬，棺也。將受死，故衰絰。”這全是自認死罪、甘心受死的屈辱表示），僅得免於亡國。是此役齊未能得鄭，楚終於得了許。明年春齊人又伐鄭，鄭才又聽命於齊。並且是年年底周惠王死，他的世子鄭——襄王立。新王由齊得立，內間失勢，齊桓公才能於魯僖公九年（周襄王元年，齊桓公三十五年，楚成王二十一年；公元前651）爲葵丘的盛會，成了伯主。可是到底由於內間未净，北方大國的晉獻公由於宰孔（宰，官名；孔是他的名字）的煽惑，中途歸國，不與會。從這一年起到齊桓公死（魯僖公十七年），共八年，楚除與齊的東夷集團的盟邦——主要的是徐國——爭勝負外，並未北上爭中原。在這個時候二等大國跟着他走的只有一個蔡國。管仲、齊桓公力爭經營，總算很有成功。

齊桓公死後次年春“鄭伯始朝於楚”（左傳）。四年後鄭伯又“如楚”（到楚國去朝賀）。直到在城濮晉兵打敗楚兵的時候（僖公廿八年），鄭總是跟着楚走。

僖公二十一年（楚成王三十三年）春，“宋人、齊人、楚人盟於鹿上”（春秋），宋人“求諸侯於楚，楚人許之”（左傳）。

“秋宋公、楚子、陳侯、蔡侯、鄭伯、許男、曹伯會於盂”（春秋），“楚執宋公以伐宋，冬會于薄以釋之”（左傳）。

齊桓公死後，宋襄公雖無雄才，却有雄心。他因爲齊亂，就伐齊，敗齊師，立孝公，就想代齊桓公爲盟主。他欺負滕、鄫諸小國，以至於曹，不能得諸侯，遂“求諸侯於楚”，可見此時諸侯已經服於楚了。盂之會有陳、蔡、鄭、許、曹，薄之盟又有魯，足見楚的勢力不惟遍及於南部、中部，又滲入中國北部了。宋襄公雖受盟，却總想爭伯，於次年伐鄭，“楚人伐宋以救鄭”，“宋公及楚人戰於泓……宋師敗績”。襄公因爲傷股，又次年死，此後至城濮之戰，中原没有同楚人爭伯的。

僖公廿三年（楚成王三十五年）秋楚人伐陳（春秋），遂取焦夷，城頓而還（左傳）。

廿四年秋宋及楚平，宋成公如楚（左傳）。

廿五年楚人圍陳，納頓子於頓（春秋）。

宋及楚平，中原中部完全跟着楚走。它又用頓逼陳，爲陳人所不喜，所以在三年内兩次用兵。

魯僖公二十六年因爲齊伐魯，魯求救於楚，“以楚師伐齊，取穀”。魯國又南向事楚。不過這一年宋人因爲對於晉文公有舊交，而文公已回國二年，由於周王室亂，出兵納王，有大功，又要爭伯，遂又“叛楚、即晉”，所以是年冬楚人伐宋。次年“冬楚人、陳侯、蔡侯、鄭伯、許男圍宋”（春秋）。又因晉文公與曹、衛有舊怨，

"侵曹"，"伐衛"，曹、衛也求救於楚，所以城濮戰前，楚令尹子玉使人對晉文公説："請復衛侯而封曹，臣亦釋宋之圍。"這時候楚國的勢方達到當日的最高點。幸而魯僖公二十八年夏"晉侯、齊師、宋師、秦師及楚師戰於城濮，楚師敗績"（春秋），才算遏止了楚人對中原的侵略。

楚成王的力征經營，主要的方向是北上以争中原。對於東方似乎不很注意。隨還能"以漢東諸侯叛楚"，作最後的挣扎。"楚鬥穀於菟帥師伐隨"，也不過"取成而還"①，並未嘗大動干戈。雖然如此，因爲這時候徐勢漸强，齊與徐修好，並通婚姻②，又南收江、黄以逼楚，楚與徐遂開始有衝突。

徐於春秋時，在魯莊公二十六年（公元前 668）才見於春秋經："秋公會宋人、齊人伐徐。"對於這件事三傳中全没有解釋。

左傳杜預注説"宋序齊上，主兵"，很是。以情理推測，宋與徐國境相接，可以有疆場的争端。宋人不能自己解決，需要齊、魯的幫助，足以證明徐當此時國勢頗强。此後二三十年中徐人見經與傳的次數頗多。現在把徐事及與徐有重要關係的事全叙在下面：

僖公二年秋九月"齊侯、宋公、江人、黄人盟於貫"（江、黄全是嬴姓，屬於東夷集團）。

僖公三年（周惠王二十年，齊桓公二十八年，楚成王十五年；公元前 657）徐人取舒。

①左傳僖公二十年。
②左傳僖公十七年內説："齊侯之夫人三：王姬、徐嬴、蔡姬。"

對於這件事左傳、穀梁傳中全無傳。公羊傳説:"其言取之何? 易也。"這只是説他們取得很容易,没有費多大氣力。我個人覺得這件事和將來宣公八年所記的"楚人滅舒蓼"爲研究徐偃王史蹟的重要關鍵。滅舒蓼事後面再説,現在先來探究"徐人取舒"的含義。我前面已經説過徐與舒出自同源,群舒奉徐爲宗國。群舒見於左傳的僅有舒蓼、舒鳩、舒庸諸部,但據文公十二年左傳疏引世本,還有舒龍、舒鮑、舒龔各部。這些小國現在頗不容易知道它們的地域。看各家的解釋,似乎都在今安徽舒城、廬江二縣境内。可是蓼在今河南固始及安徽霍邱二縣境上,舒蓼雖與蓼非一國,或相去不遠,疑惑應該在今霍邱或壽縣境内①。羅泌於舒龍條下説:"舒城、懷寧皆有龍舒鄉。"②南宋時懷寧先後治今潛山及懷寧。由此足以證明群舒散居,西面跨過淠河,南面到了江邊了。我覺得當日淮水南,大江北,如今霍邱、壽縣、六安、霍山、合肥、舒城、廬江、桐城、懷寧等縣,西不過霍山山脉,東不過巢湖,這一帶平坦的地帶,除了六、蓼、鍾離各國以外,全屬群舒散處的地域。小國星羅棋布,分合無常。雖未必就有三十六或三十二的數目,却是部落繁多,絶不只所已經知道的八九國,大約可以斷言。"徐人取舒"的舒就是淮南、江北的群舒,高士奇在他的春秋地名考證裏面説得相當清楚,不應該有什麽疑問。又此事公羊傳説它是"易";杜預釋例内説:"取者,乘③其衰亂,或受其潰叛,或

---

①左傳桓公十一年内曾説:"隨、絞、州、蓼。"那個蓼却在漢湖陽縣,今河南唐河縣南境。現在附近還有一小河叫作蓼陽河。與此河南、安徽境上的蓼相隔頗遠,自非一地。

②路史國名紀乙。

③編者注:"乘",原作"稱",據清嘉慶刊本十三經注疏及武英殿聚珍版春秋釋例改。

用小師而不頓兵勞力，則直言取。"①這全是説明徐人這一次没有動大兵，没有"頓兵勞力"，這是因爲徐本是羣舒的宗國，或者在這時候偃王好行仁義的聲名已經昭著，所以略動小師就全體歸服。至於此節疏疑惑"今檢杜注，徐在下邳，舒在廬江，相去甚遥，而越竟（境）滅國，無傳無注，不知所以"，也是因爲它不知道它們中間本有的關係。並且中間本没有國，更説不到"越"了。

> 同年秋齊侯、宋公、江人、黄人會於陽穀。
> 僖公四年秋及江人、黄人伐陳。
> 次年秋楚人滅弦，弦子奔黄。

左傳此經下説：

> 楚鬥穀於菟滅弦，弦子奔黄。於是江、黄、道、柏方睦於齊，皆弦姻也。弦子恃之而不事楚，又不設備，故亡。

杜注："弦國在弋陽軑縣東南。"軑縣在今湖北浠水縣東境。杜注："道國在汝南安陽縣南；柏，國名，汝南西平縣有柏亭。"春秋地名考略卷十三道條下説："安陽當作陽安，蓋傳寫之誤也。漢志陽安縣屬汝南郡。應劭曰：'陽安有道亭，故道國。'今按漢汝南郡有陽安縣，也有安陽縣。漢志安陽縣注："應劭曰：'故江

---

①此據春秋疏僖公三年本條下所引。武英殿聚珍版書的釋例卷二滅取人例第七下，"小師"作"少師"。

國,今江亭是。'"據此,道國在漢陽安縣境内,就是在現在河南的
確山縣境内。安陽縣今爲正陽縣,自是江地。弦、道、柏皆不知何
姓。羅泌説弦是嬴姓[1],顧棟高説它是隗姓,都没有注明根據。
現在據地望及與弦姻親的關係來推測,它雖未必就是嬴姓,但與
江、黄同屬東夷集團,像是没有疑問。隗姓的勢力似乎到不了河
南南部。就是道、柏也似乎屬於東夷集團,才能與弦那樣地密切。
江、黄、道、柏、弦及六、蓼、英等諸小國,雖不屬於群舒,但也當在
三十六國或三十二國的數目裏面。齊在此時聯徐,聯江,聯黄及
道、柏,徐又幾乎囊括了安徽的淮南、江北地域,這對於楚成了它
東北方的一個大威脅,所以它不得不出來力争。滅弦一事就是它
對齊、徐聯盟力争的第一步。後四年,齊桓公大合諸侯於葵丘,可
是此次江人、黄人已經不與會,是否由於弦滅感到受威脅,已經不
敢專心傾向齊、徐聯盟了呢?

　　　僖公十一年冬楚人伐黄。次年夏滅黄。

左傳關於滅黄説:

　　　黄人恃諸侯之睦於齊也,不共楚職。曰:"自郢及我九
　　百里,焉能害我。"夏,楚滅黄。

此次伐黄及滅黄是楚對齊、徐聯盟力争的第二步。滅黄的

_____

[1]路史國名紀乙。

次年,齊侯會諸侯於鹹,左傳説:"淮夷病杞故。"公羊傳對病杞(在僖公十四年"諸侯城緣陵"條下)説的更明確:"徐、莒脅之。"齊正與東夷集團聯合謀楚,可是徐、莒又侵犯杞國,那末鹹之會或者是要彌補聯盟内部的矛盾吧。諸侯因爲救杞就去"城緣陵",可是左傳説它"有闕",杜注解釋説:"謂器用不具,城池不固而去,爲惠不終。"公羊傳也有"爲桓公諱"的説法,這是否因爲徐本爲重要的盟國,不願意多得罪,所以對杞僅能敷衍塞責呢?

成王二十六年(魯僖公十四年)滅英。

這件事不見於春秋經及左傳。楚世家及十二諸侯年表均曾記載。可是年表文爲"滅六、英"。世家集解説:"一本作黄。"正義説:"英國在淮南,蓋蓼國也,不知改名時也。"那末是另有三異説。英,春秋地理考略及春秋大事表皆以爲就是左傳僖公十七年的英氏,並説:"六安州西有英氏城。"説也近是。可是大事表又説:"僖十七年見,後滅於楚。"那就與楚世家不合。大約是僖公十四年時楚已滅英,英降爲楚邑,名叫英氏。僖公十七年時"齊人、徐人伐英氏"是攻楚邑以報復楚的滅英。六,左傳文公五年杜注説:"今廬江六縣。"就是今六安縣。蓼,同年杜注説:"今安豐蓼縣。"大事表説:"霍邱縣西北有故蓼縣城。"六、英、黄、蓼四國相近,所以容易相混。但按左傳:楚滅黄在前二年,滅六與蓼皆在楚穆王時,三異説似皆錯誤。楚的滅英當爲楚侵入今安徽西境的第一步。

僖公十五年春正月楚人伐徐；三月諸侯大夫救徐。秋七月齊師、曹師伐厲以救徐。冬楚人敗徐於婁林。

左傳推論楚人伐徐爲“徐即諸夏”，就是説徐與齊聯盟，爲楚所不利，所以它力圖破壞。楚攻徐急，齊與諸侯救徐也很急。厲，杜注説：“義陽隨縣北有厲鄉。”隨縣今仍舊名，在湖北北部。婁林，杜注説：“徐地，下邳僮縣東南有婁亭。”僮縣在今泗縣境内。我覺得他這樣的解釋也是由於他對當日的實在情勢不清楚，所以向今安徽東北部徐國境内去找近似的地名。實則，“徐人取舒”，他們得志於淮南、江北的廣大地域已經十幾年，楚人去年才滅英，才剛侵入今安徽境内。左傳記楚事相當地詳，可是全没有看見它的勢力深入今安徽中部的痕迹。如果此次楚人敗徐人於安徽東北部，那就是孤軍深入；反過來，如果徐人禦楚人於安徽西境，那却是近在邊陲。所以我覺得婁林的地望像是在今淠河的左右岸。左傳説徐人敗的原因是“徐恃救”，他們在安徽西部，與在今湖北北部的齊師、曹師仍可聲氣相通，所以恃救；如果遠在安徽東北部，又怎樣能恃他們的救援呢？

僖公十六年夏齊伐厲，不克，救徐而還。

徐到底得救，楚仍無奈它何。徐在婁林偶敗，想也無傷大體。

僖公十七年春齊人、徐人伐英氏以報婁林之役。

這一年齊桓公死,此後徐又多年不見於經或傳,像是没有大事可記。對於這一節的研究還要有三個疑問需要答覆:第一,齊、徐聯盟,何以召陵之役,陳轅濤塗獻"出於東方,觀兵於東夷,循海而歸"的計劃,而鄭申侯又有"出於東方而遇敵,懼不可用"的話説①? 第二,齊桓公在日齊與楚盡全力争徐,桓公一死,正楚人快心於徐的好機會,何以當日反倒没没無聞,似乎比較平静? 第三,群舒散漫,戰鬥力弱,徐兵也不很强,何以與强大的楚爲鄰,而竟能支持數十年才折入他國(至魯宣公八年。下詳)? 這三個問題,統覽當日的情勢,並没有難答的地方。第一,徐人取舒,雖得了廣大的地域,但是他們似乎還不能像晉人滅耿、霍、魏、虞、虢的例子,把這些部落組織成爲一個强大的國家。它雖爲東夷集團的大國,但因爲它的兵力不强,東方莒、郯、鄟等小國也像是没有奉它爲盟主,聽它的號令。大兵從那裏過,並且在那裏觀兵,他們或受驚散亂,或因不喜歡驚擾就奮起掠奪輜重,全很難説。歸師無鬥志,申侯所慮不爲無見,所以齊桓公和管仲立時采納。第二,楚的主要意圖是争中原,只因爲齊聯徐,聯江、黄,東面受逼,所以不得不轉向東略。婁林一戰,徐國的氣燄已經消减;齊桓公又死,正好進兵中原,争取天下的重心,宋與鄭,再北上以威脅魯、衛的時機,徐國兵力不强,已經不足爲重輕了。第三,處混亂的時期,最大的不利是未占地利,未聚賢才,而虚憍自大,妄圖争雄。如果兵少力弱,不爲四鄰所忌,又所處的並不是關係全局必争的地方,常可以倖免到頗長的時候。西夏的祖先拓拔氏當唐末及五代,兵力

———————————

①左傳僖公四年。

很少，可是各國並無奈它何。高季興當五代時據荆南（湖北西南
部）形勝的地方，疆域狹小，勢力微弱，只因爲他向各方稱臣，不爲
人所重視，也竟然支持了幾十年。徐國保持安徽北部幾十年，主要
的原因就是由於它的地方在當日還不算形勝，兵力微弱不爲四鄰
忌嫉，當强鄰向他争霸，勝負未分的時候，没有閑工夫去迫害它。

　　城濮戰後，楚人在北方不容易發展，才把目光轉向東方。現
在把穆王（公元前 625—前 614）、莊王（公元前 613—前 591）時期
的東方經略列在後面：

　　　　文公三年（楚穆王二年，公元前 624）楚人圍江，晋伐楚
以救江。

　　　　次年楚人滅江。

　　　　又次年楚人滅六、滅蓼。

　　　　文公九年（楚穆王八年，公元前 618）楚自東夷伐陳。

　　　　文公十二年（楚穆王十一年，公元前 615）群舒叛楚，楚
人執舒子平及宗子，遂圍巢。

　　　　文公十四年（楚莊王元年，公元前 613）楚伐舒蓼。

　　　　宣公八年（周定王六年，楚莊王十三年，公元前 601）"楚
爲群舒叛故，伐舒蓼，滅之。楚子疆之。及滑汭，盟吴、越
而還"。

　　楚在二十多年裏面，大兵出動七八次，終於把今安徽北部收
進在自己的勢力範圍裏面。江、六、蓼滅亡以後，楚國的兵力雖不
過達到安徽的西部，可是由於它的聲威遠播，散漫不統一的群舒

又亂紛紛地聽它的號令。七年以後群舒又叛楚,對楚稱叛足以證明它們從數年以來已經屬楚、不屬徐了。舒子平也許是群舒中一個較大部落的首領。宗大約也是群舒中的一部落,宗子無名,也許由於他的部落不很重要。楚兵一出,遽行圍巢。地名考略及大事表全説今巢縣東北五里有居巢城,爲巢國的舊地。那楚的兵力已經達到安徽東部巢湖附近。舒蓼大約還不肯完全屈服,所以又兩次用兵。至公元前第七世紀的最末一年,舒蓼滅亡,局面全換。所説"楚子疆之",就是整理群舒的舊疆界,使他們不要再受徐人的指揮,也就是説奪了徐人的指揮權,使他們改受楚人的指揮。這一次楚國兵力深入安徽東部,就同江蘇南部及浙江北部的吳、越相近,所以又與吳、越盟誓。此後莊王還有十年,未見再有經略東方的事情,大約是因爲徐人已經退出舞臺,吳人、越人還不知道"射御""乘車""戰陳(陣)①",所以還不能對楚爲害,楚人又可盡全力以爭中原:縣陳、圍鄭、滅蕭、圍宋。這些年裏面徐人見於春秋僅有文公七年(公元前620)徐人伐莒一事,大約因爲他們在西方已經完全失敗,僅能東進以求倖存的一種結果。春秋及其前後的二三百年間,徐人爭雄成敗的陳迹大致如上所説。雖古書殘缺,並且因爲徐方屬另一文化區,與諸夏赴告多有隔絶,可是大綫還可以考出,並不紊亂。

　　現在再回到徐偃王的問題:他大約同楚成、穆、莊三王同時。他所服的三十六或三十二國,大約不出於群舒、江、黃、英、六、蓼、宗、鍾離(在今鳳陽縣境内)諸國。它們受他的影響,他却不能或

————————
①左傳成公七年。

不肯用兵力把它們夷滅,統治,更進一步把它們組織成一個强固
的國家,像齊、晉、秦、楚、吳、越的樣子,仁義的頌仰,迂腐的詬詈,
全同他不能組成强大國家的氣質有關係。"徐人取舒"距"楚滅
舒蓼"不過五十六年;如果退到楚滅六、蓼的年,那就只剩三十五
年。如果偃王享年老壽,那盛衰全由他一身經歷,毫沒有不可能
的地方。並且俗人常情總是喜歡談論武健,輕忽文治,但是如果
文治的首長享年久長,也可以多得後人的稱道。駒王的兵力達到
黃河附近,可是後人傳述,遠没有偃王的烜赫,那偃王享國久長很
近情理。偃王敗後退到哪裏,也是一個重要的問題。水經注濟水
末説:"偃王愛民不鬥,遂爲楚敗,北走彭城武原縣東山下,百姓
隨者萬數,因名其山爲徐山。"武原舊縣在今江蘇邳縣西北。前
面曾説到文公七年徐人伐莒,莒爲今山東莒縣,與邳縣相近。地
近衝突,也很近情理。水經注同節又説臨淮郡的徐縣"故徐國
也"。又説將來昭公三十年楚所滅的徐就是那裏。徐縣在今盱
眙縣西北,與彭原相去也不很遠。春秋時淮水下游一帶,地曠人
稀,可隨便遷移,偃王逃處偏北,後人又稍南下,建國於盱眙附近,
也似乎可能。從以上所述的史實推斷,淮南子書的著作雖較韓非
子晚近百年,它所主張徐偃王與楚莊王同時,實較近於事實。此
後徐還存在,可是上述二書全説它滅亡,恐怕是因爲徐本大國,一
旦逃避荒野,遠道傳説遂變爲滅亡了①。

----

①因爲徐偃王的史實暗昧不明,且多矛盾,錢穆在他的先秦諸子繫年九九節裏面,大
　膽斷定徐偃王就是戰國的宋王偃。他立説的根據:一方面證明謚號一人可以有二
　三名的不同,又證明楚頃襄王又號莊王;另外一方面證明宋自春秋中葉早離睢陽東
　遷,又推斷在宋王偃時都城在彭城(今銅山縣,古徐州),結論説宋王偃稱徐偃王也就
　像魏惠王東遷大梁後改稱梁惠王的例子。現在即使完全承認他的證據,(轉下頁注)

四、徐偃王的人格

關於這一點的材料異常貧乏。後期的如<u>水經注</u><u>濟水</u>下所引<u>劉成國</u><u>徐州地理志</u>所載皆不足據。早期材料僅有前面所引<u>尸子</u>、<u>荀子</u>各節。有筋無骨，理不可能，但錯誤也要有它的原因。按偃字的本義爲仰。<u>參同契</u>內說"男生而伏，女偃其軀"①，<u>論語</u><u>鄉黨篇</u>"寢不尸"下，<u>何晏</u>引<u>包</u>注說"偃臥四體，展布手足，似死人"，全

（接上頁注）也僅僅證明<u>宋王偃</u>稱<u>徐偃王</u>有可能性，至於必要性還是完全沒有。我檢查的結果，可以確鑿斷定<u>徐偃王</u>萬不能爲<u>宋王偃</u>有二事如下：（一）凡對於人頌揚的話或詬罥的話，大致是誇張的，其中極大一部分是不可靠的。雖然如此，它總還有若干限制。這些限制就是說無論它怎樣失真，它同它所頌揚或詬罥的對象的德性或過失本質的方向總還是相同的或相近的。因爲，從一方面講，這樣的頌揚或詬罥才有希望可以迷惑平常人的視聽，否則不會有人相信，從另外一方面講，每個人只要他純任自己的主觀去觀察別人，也的確就看成那樣。現在我且把詬罥此二人的話比較一下看是如何：詬罥<u>徐偃王</u>的話是"仁而無權，不忍鬥其人，故致於敗"（<u>後漢書</u><u>東夷傳</u>），他是這樣仁慈而迂腐的人。至於<u>宋王偃</u>呢？去掉那些射天、笞地、斬社稷、剖偃背〔編者注："背"，原誤作"臂"，據通行本<u>戰國策</u><u>宋策</u>改〕、鍥朝涉脛（<u>戰國策</u><u>宋策</u>）等類污蔑的說法不必談，<u>史記</u><u>宋微子世家</u>還說："東敗<u>齊</u>，取五城；南敗<u>楚</u>，取地三百里；西敗<u>魏</u>軍；乃與<u>齊</u>、<u>魏</u>爲敵國。"<u>戰國</u><u>宋策</u>也說他"滅<u>滕</u>、伐<u>薛</u>，取<u>淮北之地</u>"。他是這樣好用兵，不惜民力的人。這樣的兩個極端怎樣能配合起來，使人信服？（二）前面已經說到<u>荀子</u><u>非相篇</u>記載<u>徐偃王</u>，把他同<u>仲尼</u>、<u>周公</u>、<u>皋陶</u>、<u>閎夭</u>、<u>傅說</u>、<u>伊尹</u>、<u>禹</u>、<u>湯</u>、<u>堯</u>、<u>舜</u>同列，認他爲一位了不起的大人物。可是在<u>王霸篇</u>裏面也談<u>宋王偃</u>，稱他爲<u>宋獻</u>，從來的注釋人沒有一個人提出疑問。我們來看看它怎樣說："國者天下之制（此字疑衍文）利用也；人主者天下之利埶也。……不得道以持之則大危也，大累也；有之不若無之。及其綦（<u>楊倞</u>注："綦，謂窮極之時。"）也，索（求）爲匹夫不可得也。<u>齊湣</u>、<u>宋獻</u>是也。"罵他爲不得道，拿他與<u>齊湣</u>王相比。<u>荀子</u>與<u>齊湣</u>及<u>宋偃</u>皆爲同時人，他這樣來判斷他，這怎樣能與<u>徐偃王</u>的偉大人格相配合呢？這以上兩點已經可以駁倒<u>錢</u>氏的說法，更不必說<u>宋</u>亡於公元前286年，<u>韓非子</u>著書於第三世紀的中葉，前後相去不過四十年上下，他對於當前的事情絕不至於鬧出大錯誤來了。

①姹女黃芽章第二十五。

是解作仰。説文解字段注偃字下説:"晋語(國語卷十):'篷篨不可使俛。'韋注:'篷篨偃人。'"①荀子"目可瞻馬"下,楊倞注也説:"其狀偃仰而不能伏,故謂之偃王……'瞻馬',言不能俯視細物,遠望纔見馬。"那末,偃王病篷篨,不能彎腰,擁腫無度,遠道傳訛,就成了"有筋無骨"了。

偃王仁義的稱號,前面已經説明它的來源。尸子記他的好怪,不過記述他的奇怪性情,並不是要恭維他。可是科學的開端與好奇心頗有關係。亞里斯多德借着亞里山大王的動植物搜集品,才可以奠定西方生物學的基礎。如果徐國當日能竭力自衛,偃王的搜集品不致散失,那在中國生物學的奠基早於希臘二三百年也很難説。我們生在兩千六七百年以後,想起古人科學興趣的發達,可是他們辛勤搜羅的成品又因爲無力自衛,完全散失,真是不勝欽慕與悵惘了。

又徐國文化本高,現在出土的銅器中確鑿知爲徐器的還有六件。裏面只有徐義楚見於昭公六年左傳,作徐儀楚,所以徐王義楚鍴的時代還可以知道。此外儵兒鐘銘文説"余義鄝之良臣……",是與義楚同時,時代也還清楚②。其餘全不知在偃王前或後。看它們的作風,或者全是春秋中葉器,在偃王後。如果這樣的揣測不錯誤,那偃王雖奔敗,可是徐國的文化經他的提倡,頗有增高,也是很可能的。

---

①據明道本國語考異,此據宋庠補音本。明道本則作:"篷篨,直者,謂疾。"
②郭沫若兩周金文辭大系圖録考釋第八册。

五、徐偃王後的東夷

在公元前第七世紀,徐人與楚人在今安徽北部、河南東南部爭雄長。徐人先勝後敗,等到此世紀末,完全退出江淮中間的舞臺。楚人開始在這一帶完全勝利,可是並不能長久。吳國北結晉國,起來與它相爭,逐漸蠶食。群舒部落忽吳忽楚,最終全被剪滅。到第六世紀末葉差不多也全完了。現在把偃王以後這一帶東夷的變化與吳、楚爭奪這一帶地域的經過列在後邊。莒國雖也屬東夷集團,但是它的地域偏北,不入此列。

　　成公七年(公元前 584)"吳伐郯,郯成(郯求和)"。
　　同年吳入州來(今安徽鳳臺縣)。

這一年的左傳載:"吳始伐楚、伐巢、伐徐。"却不知道是那一年的事,但它敘在入州來的前面,大約可以推斷爲在前一二年。它伐徐、伐郯,勢力也已經很北進。後面又說:"蠻夷屬於楚者吳盡取之。"這大約是指今江蘇江北一帶地及安徽東南部各部落。至於安徽中部一帶,吳、楚還在爭奪,歸屬不定。

　　成公八年(公元前 583)晉人、魯人、齊人、邾人伐郯。
　　成公十五年(公元前 576[1]) 晉人、齊人、宋人、魯人、衛人、鄭人、邾人會吳於鍾離。"始通吳"。

---

[1]編者注:"公元前 576",原誤作"公元前 578",據前文改。

吳從這一年才開始參與中國的會盟。

成公十七年(公元前 574[1]) 舒庸人"道(導)吳圍巢,伐
駕,圍釐、虺"。楚師襲舒庸,滅之。舒庸及楚四邑,除巢外,
均不知所在。

襄公三年(公元前 570)楚伐吳,"克鳩茲(在今蕪湖縣境
内),至於衡山"(在今浙江吳興縣境内)。吳大敗楚師,遂取
駕(此次楚進攻在大江南岸,但未知駕在大江南北)。

襄公七年(公元前 566)郯子朝魯。

襄公十年(公元前 563)晉侯、宋公、魯侯、衛侯、曹伯、邾
子、滕子、薛伯、杞伯、小邾子、齊世子光會吳子壽夢於柤(柤
未知何在,但左傳有齊世子光先會諸侯於鍾離的説法,當離
鍾離不遠)。

襄公十三年(公元前 560)吳侵楚,楚敗吳師於庸浦(庸
浦未知何在)。

次年楚師於棠(今江蘇六合縣境内)以伐吳,吳敗楚歸
師於皋舟之隘。

襄公二十四年(公元前 549)夏楚子伐吳,無功而還。吳
召舒鳩人,舒鳩人叛楚。楚子師於荒浦,讓舒鳩,舒鳩人
請盟。

次年(公元前 548)"舒鳩人卒叛楚",秋楚伐舒鳩,"及
離城"(杜注:"舒鳩城。"未知何在)。吳人救舒鳩,楚大敗吳

---

①編者注:"公元前 574",原誤作"公元前 576",據前文改。

師,遂滅舒鳩。

　　舒蓼、舒庸、舒鳩諸部大約爲群舒中較大的部落,還能較久地保持一些獨立的局面。舒鳩滅後,群舒大約被吳、楚兩國吞食完了。

　　　　是年冬十二月吳子伐楚,"門於巢"(杜注:"攻巢門。")。楚人射之,卒。
　　　　襄公二十六年(公元前547)"楚人、秦人侵吳,及雩婁(今河南商城縣東北),聞吳有備而還"。
　　　　昭公四年(公元前538)夏楚會諸侯於申,楚人執徐子。秋七月楚子、蔡侯、陳侯、許男、頓子、胡子、沈子、淮夷伐吳,克朱方(朱方在今江蘇丹徒縣境內)。"冬吳伐楚,入棘、櫟、麻(三邑皆在河南、安徽境上),以報朱方之役"。
　　　　次年"冬楚子、蔡侯、陳侯、許男、頓子、沈子、徐人、越人伐吳"。"吳人敗諸鵲岸"(在今安徽廬江縣境內),"楚無功而還"。
　　　　又次年秋徐儀楚聘於楚,楚子將執之,逃歸(杜注:"儀楚,徐大夫。"但據徐王義楚鍴,是儀楚爲徐君。可是君稱朝,不稱聘,或此時他還未立爲君)。楚人伐徐,吳救徐,楚遂伐吳,"師於豫章而次於乾谿"。吳人敗楚師於房鍾。

　　乾谿在今安徽亳縣境內。房鍾不知何在。漢豫章郡治南昌,就是今江西省會南昌市。但春秋時的南昌不在此地。宋翔鳳過庭録四内説：

　　左傳定二年"桐叛楚。吳子使舒鳩人誘楚人曰：'以師臨我，我伐桐。'秋囊瓦伐吳師於豫章，吳人見舟於豫章而潛師於巢"。按桐國在今安慶府桐城縣治，舒國在今安徽盧州府舒城縣治，巢邑在今盧州府巢縣治，其地並在江北。與漢豫章郡在江南者相去六七百里。吳人必不設疑兵於六七百里之外，知豫章當與舒、巢、桐邑相近。疑漢丹陽縣在今當塗，乃是春秋之豫章。……左傳昭二十四年"楚子爲舟師以略吳疆。越大夫胥犴勞王於豫章之汭"。如越勞楚於漢豫章郡，今南昌府，既非楚子入吳所徑。若指章水入江之處，則爲今九江府湖口縣，中隔廣信、饒州，皆爲吳地，知豫章之汭是越境之北界，斷在當塗之地……春秋時豫章與桐、巢俱在二百里之內。豫章在江南，濱江，故"吳見舟於豫章"。見舟則在江中，可以豫章繫之。"潛師於巢"，自由江北陸路用師也。巢在豫章西北而界江，桐在巢西南，舒鳩又在巢西。巢與豫章皆爲楚地，故桐、舒鳩俱不屬吳而屬楚，以平時有豫章、巢邑隔絕之也。吳、楚以豫章畫境，故楚與吳戰必師於豫章，以據江之上流也。

　　按宋氏所駁春秋豫章在漢豫章郡的説法全很確實。但左傳昭公十二年杜注據定公二年及四年傳推定"此皆當在江北，淮水南"，實比當塗説更妥善。因爲昭公十三年，"楚師還自徐，吳人敗諸豫章"，楚師自伐徐還，不過江南。如果豫章在江南，吳人何能在那裏擊敗他們？

　　昭公九年(公元前 533)二月"楚……遷許於夷,實城父 (城父在今安徽亳縣境内)。取州來淮北之田以益之"(正 義:"許國盡遷於夷,夷田少,故取以益之。")。遷城父人於 陳,以夷濮西田益之。

　　昭公十二年(公元前 530)冬"楚子狩於州來,次於潁 尾",使……師圍徐以懼吳。楚子次於乾谿。

　　次年楚子被殺於乾谿。"楚師還自徐,吳人敗諸豫章"。 冬吳滅州來。

　　是年楚反許人於葉。

　　昭公十六年(公元前 526①)"正月齊侯伐徐"。"二月齊 師至於蒲隧(杜注:"蒲隧徐地,下邳取慮縣東有蒲如陂。"取 慮在今江蘇睢寧縣西南),徐人行成,徐子及郯人、莒人會齊 侯,盟於蒲隧"。

　　次年秋郯子朝魯。

　　是年冬楚大敗吳師於長岸,吳又大敗楚師(長岸在今安 徽當塗縣境内)。

　　昭公十九年夏"邾人、郳人、徐人會宋公,同盟於蟲"。

　　是年"楚人城州來"。

　　昭公二十三年(公元前 519)吳人伐州來,楚及諸侯之師 救州來,秋吳敗楚、頓、胡、沈、蔡、陳、許之師於雞父(頓、胡、

————————————

①編者注:"公元前 526",原誤作"公元前 524",據前文改。

沈皆<u>河南</u>、<u>安徽</u>界上小國，<u>雞父</u>在<u>河南</u>固始縣境内）。

次年冬<u>楚子</u>爲舟師以略<u>吴</u>疆（<u>杜注</u>："略，行也。行<u>吴</u>界，將侵之。"）。<u>吴</u>滅<u>巢</u>及<u>鍾離</u>。

<u>昭公</u>二十七年（公元前 515）春<u>吴</u>伐<u>楚</u>，圍<u>潛</u>（在今<u>安徽</u>六安縣境内），<u>楚</u>師救<u>潛</u>。

<u>昭公</u>三十年（公元前 512）十二月<u>吴</u>伐<u>徐</u>，"防山以水之"（<u>杜注</u>："防壅山水以灌<u>徐</u>。"），遂滅<u>徐</u>。<u>楚</u>師救<u>徐</u>，"弗及，遂城<u>夷</u>，使<u>徐子</u>處之"。

<u>東夷</u>集團中主要的國家，<u>徐國</u>到這一年就滅亡了。從以上所述，我們可以看出：<u>徐</u>人退出舞臺不久，<u>安徽</u>中部已經變成會盟頻繁、征戰連續的場所。其實這還是就我們所知道的說，另外還有些地名，如<u>善道</u>（<u>襄公</u>五年）等未必不在這個區域裏面。因爲我們知道不清，所以只好暫時不談。在<u>安徽</u>中部當日各國勢力的變遷大約可分爲下列幾個時期：第一，是<u>東夷</u>集團中的<u>徐國</u>逐漸在那裏獲得了勢力，它並且進一步在北方同當日的伯主<u>齊國</u>結合，在西方同<u>河南</u>東南部、<u>湖北</u>東北部的同集團諸小國結合，以進逼<u>楚國</u>。它這樣的作法也許就是當年<u>商湯</u>或<u>周文</u>、<u>武</u>的作法，如果在前一千年的前期也許就會成功。可是不幸現在時勢變遷了，强大的<u>楚國</u>轉兵東向，與國的<u>弦</u>、<u>黃</u>、<u>英</u>諸國逐漸爲<u>楚國</u>吞食，<u>徐國</u>兵弱，<u>齊國</u>遠隔，只好忍氣吞聲，找不出辦法。這一個時期至公元前 642 年<u>齊桓公</u>死而結束。第二，開始時因爲<u>楚</u>正在北上爭中原，無暇東進，暫安數年。以後<u>楚</u>敗於北，無法北進，轉而東略。這一帶又去<u>晋</u>很遠，非它所必爭；<u>徐國</u>力弱，逐步退讓，勢力全失，

群舒部落逐漸加入楚國的勢力範圍裏面。這一個時期至公元前601 年楚滅舒蓼,疆理群舒而結束。第三,開始時又因徐人已退出這一帶的舞臺,楚勢正强,吳人還不會陸戰,無法北進,又暫安數年。及吳子壽夢初立年(公元前 585)前後,晋人與楚爭伯,不易爭勝,想聯吳以牽掣它的後路,吳人從晋人學得陸戰技術,遂逐漸進入這一區域,與楚爭强。徐國此時雖已退出安徽中部,却終爲東夷大國,遂爲吳、楚兩國之所必爭,倏此倏彼,越來越弱。楚靈王時(公元前 540—529)盡力東爭,屢興大師,也不能阻遏吳的北進。到公元前 512 年吳終滅徐,可以説這一時期又已結束。此後吳的勢力已不限於安徽境內,又西進到河南、湖北地帶以逼楚國。現在把此後這一帶的變化可考的寫在下面:

　　　　昭公三十一年(公元前 511)"秋吳人侵楚,伐夷,侵潛、六","楚師救潛,吳師還,楚師遷潛於南岡而還"。"吳師圍弦","楚師救弦,及豫章,吳師還"。

　　　　定公二年(公元前 508)夏"桐叛楚"。

　　　　是年秋楚"伐吳師於豫章,吳人見舟於豫章而潛師於巢"。冬十月吳敗楚師於豫章,"遂圍巢,克之"。

　　　　定公四年(公元前 506)冬"蔡侯、吳子、唐侯伐楚,舍舟於淮汭,自豫章與楚夾漢"。

　　這一次吳得蔡、唐的幫助,兵力才能達到漢水。以後連勝,幾滅楚國,因爲與東夷無關,不詳述。

哀公二年(公元前 493)"冬蔡遷於州來"。

哀公十二年(公元前 483)魯侯會吳於橐皋(在安徽巢縣西北)。

哀公十五年(公元前 480)夏楚伐吳,及桐汭(杜注:"宣城廣德縣西南有桐水。"廣德今仍舊名)。

這個時候吳爲越敗,又弱下去,楚國復强。這一次楚兵力到江南岸,相當深入。大約安徽中部又已入楚勢力範圍内,没有後顧的憂慮,所以能那樣深入。

哀公十九年(公元前 476)秋楚"伐東夷。三夷男女及楚師盟於敖"。①

這一次用兵不知在什麼地方。説"三夷男女"與盟,大約還不成國家,所以散漫無君長。

周貞王二十二年(楚惠王四十二年,公元前 447②)楚滅蔡。③

周貞王二十四年(楚惠王四十四年,公元前 445④)"楚東侵,廣地至泗上"。⑤

---

①這以上史實均據左傳。
②編者注:"公元前 447",原誤作"公元前 445",據前文改。
③史記楚世家。
④編者注:"公元前 445",原誤作"公元前 447",據前文改。
⑤同注③。

這是因爲吳已滅亡,可是越却"不能正江、淮北"①(正義:"正,長也"),所以楚乘機把勢力擴充到今江蘇北部,爲將來滅越打下基礎。

周威烈王十二年(公元前414)越滅郯。②

我們中國古代部族雖分爲華夏、東夷、苗蠻三集團,可是前兩集團發生關係較早。自從黃帝族在涿鹿戰敗蚩尤,更立少皞清綏懷東夷舊部以後,華夏、東夷兩集團的自然同化日有進步,可是兩集團的界限還存在了很長的時間。夏朝夷夏競爭貫徹前後。商朝本爲介於兩集團中間的氏族,王朝建立後處理華夷問題比較成功。可是到末年紂又爲虐於東夷,雖說勞民傷財,到底征服人(夷)方,擄掠夷民作自己的爪牙,而"紂有億兆夷人離心離德",周兵一到,"皆無戰之心,心欲武王亟入紂師,皆倒兵以戰"③,歸結王朝顛覆。周興於西方,對於東夷雖歷代總是力征經營,可是界限總難消除。穆王及宣王時周王室及徐方均有大規模的衝突,這並不是徐方特別好亂(相反他們比較偏於文弱),實在是由於他們代表東夷對華夏的抵抗。等到春秋時期兩集團的同化已經快完全成功,可是集團間的會盟赴告還是較各集團內部的稀疏,所以集團間的相互瞭解還不夠密切。開始徐國與齊結合逼楚,以後楚國步步進攻,逼迫徐人不得再爲東夷集團的伯主。再以後

①史記楚世家。
②水經注沂水條下引。
③史記周世家。

吴、楚交争,又逼迫許遷夷,蔡遷州來,而中原人民又不得不向此
方作大規模的遷移。這些動蕩全加速雙方文化的互相滲入。等
到公元前第五世紀初年越人滅郯,大約此後東夷已不復有建國。
到戰國時期兩集團分界的最後痕迹也完全消滅。就是我們作歷
史工作的人在兩千餘年以後,想刮磨爬梳,找出來當時各部族間
經過的真相也已經不很容易了!

六、附論史料隱晦及訛誤的原因

從以上所説,我們已經可以看出:關於徐國史料的貧乏,並不
是由於它的文化低落,却是由於它同中原的正統文化——華夏的
文化系統不同,所以由正統文化方面寫出來的歷史,對於它的事
迹知道不清,就記載得異常簡略。但是它的歷史何以到某一定的
時候又忽然顯出來? 劉安等生在韓非後百餘年,何以它所述的歷
史更近真相? 對於這些點我們不得不再説幾句話。

我們從以上所説,已經知道安徽北部同中原交通的大開是起
於公元前第六世紀。但是因爲那個時候終天打仗,所以很少的人
注意到它的歷史。中原學者注意到徐國歷史或在楚爲秦逼,東走
都陳以後(周赧王三十七年,楚頃襄王二十一年,公元前 278)。陳
與皖北接壤,並且國都所在,學者過從頻繁。耳目接近,史蹟漸復
傳出。尸佼、荀卿著書或者就在此時(漢書藝文志原注説:尸佼"魯
人,秦相商君師之。鞅死,佼逃入蜀"。此説不知可靠否。如果可
靠,那商鞅死於公元前 338,尸佼著書當在第四世紀末期)。韓非北
處中原,聞見或未能真。楚當武王時雖已開始强大,他的兵力還未
達到中原。楚文王時兵力才達到今河南南部,剪滅諸小國。中原

學者還未能切實考證，就把一切殘滅行動全說成楚文王，訛誤原因大約從此生出。徐國當日勢力已經達到今河南、安徽、湖北的境上，從漢水西岸的楚國看起自屬漢東，韓非子所說"徐偃王處漢東"，並不錯誤。至於劉安同他周圍的學者，雖說生年較晚，可是當日淮南的都城就在九江郡的壽春邑，已在當日徐國的範圍裏面，並且壽春開始入楚勢力範圍就在莊王時，所以能很清楚地知道敗徐的爲莊王，並非文王。就是王孫厲的勸駕，也應當傳授有自，並非虛造。史記的訛誤大約是由於周穆王也曾在東方用兵，徐偃王在春秋中葉以後或者已經成了徐國的代表人物。秦、趙與徐同祖，可以知道偃王的名字。但普通人對於時間並沒有精確的觀念，遂把偃王說成當日徐方的代表人。並且此種傳說的形成或者已在戰國初期，離偃王時已經遙遠，訛誤比較容易。可是最訛誤的傳說，由於史記書的權威，成了壓倒的形勢。此後的念書人不能細考當日的形勢，只敢跟着太史公的說法，支離附會，殊屬無謂。

第五章　五帝起源説

　　在我國古代帝與王的名號本無大分別,比方説,夏、商的王在史記本紀裏面就全稱他們爲帝。到周朝初年帝與王的稱號才開始有分辨:殷本紀末説:"於是周武王爲天子,其後世貶帝號,號爲王。"就是指這件事。此後周本紀裏面就不再見帝的稱號。當時人王不再用帝號的原因不很明瞭。但是周人對於神的觀念比較商人似乎有重要的進步。他們的祖先死了以後,還是同從前一樣,爲他們立主,把他們奉在廟中,可是僅僅把他們看作"在帝左右"①的人神,並不把他們混稱爲帝。所以殷人行禘祭的範圍很廣,可是周人只對於帝嚳才能舉行禘祭,同這種變遷大約有相當的關係。直到春秋及戰國前期還没有見到五帝的説法:在左傳、國語、論語、墨子、孟子等書中全不見有五帝的名稱,就是顯明的證據。周禮春官外史下雖説有"掌三皇五帝之書"的記載,可是

---

①詩經大雅文王首章末句。

周禮並不是"周公致太平之書",却是戰國時代的"一家之言",現在差不多已經得到歷史界公同的承認。到戰國後期五帝的説法才盛行起來。雖此後説法頗不一致,可是大家全相信古代的元首稱爲帝,却無疑義。近數十年來我國學術界受了西方學術的影響,相信真正歷史以前有神治的一時期。據我國傳説,古代有三皇、五帝及三王。簡單説起,三皇的時期可以説爲完全神治的時期,三王——又名三代的時期可以説已經進入人治的時期。五帝在三皇以後,三代以前,性質淆雜,頗不容易定他們爲神爲人。並且五帝説起源的晚,異説的多全很容易引起疑惑,所以近數十年來對於此點爭辯頗多。要而論之不出三端:或主張他們是神帝,説關於他們的傳説是純粹的神話,在古代並沒有他們真正人格的存在;或主張他們是人帝,還是承用從前傳統的説法;此外也還有主張五帝的説法起源於神帝,但他們的人格還是存在的,並非完全臆造。異説紛紜,直到現在還沒有定論。依我個人研究的結果,覺得五帝起源的問題實頗簡單。能找着它的肯綮就不致於"治絲愈棼"。現在把我所得陳述於後。自然,我並不敢説這個紛亂的問題從此就可以得了完全解決,可是如果由於此一平凡的工作能把隔絶解決此問題的距離縮短一些,那我就很滿意了。

一、禘的意義

古人所稱的帝就是現在人所稱的神。在卜辭裏面,只有申字,並沒有神字。申,卜辭作 🙰,作 𖠋,作 🙰,其它大同小異的寫法還有很多。原來的意思爲電,象閃電屈曲的形狀。此字後來加雨頭爲電。現在簡體字仍用它爲电,實合原義。因爲神的威靈最顯著的就是雷電，所以又加示旁作神。説文申下解："神也。"與古義的引申正相合。但是在卜辭中並没有用作天神的意義。古人對天神皆名爲帝。在卜辭中見到的很多。如：

今二月帝不令雨（藏 123.1）。①

羽癸卯帝其令風——羽癸卯帝不令風（乙 2452，3094）。②

"羽"，就是尚書裏面的"翼"。翼日就是明日。

庚戌卜貞：帝其降堇（前 3.24.4）。③

堇，有解作艱，有解作饉，有解作旱。

我其已（祀）賓，乍（則）帝降若——我勿已（祀）賓，乍（則）帝降不若（前 7.38.1）。

若解爲順。不若就是不順、不祥的意思。

貞王乍（作）邑，帝若（藏 220.3）。

---

① 此"藏"字爲鐵雲藏龜的簡稱；下"乙"爲殷虚文字乙編的簡稱；"前"爲殷虚書契前編的簡稱；"後"爲殷虚書契後編的簡稱；"合"爲殷虚文字綴合的簡稱；"戬"爲戬壽堂所藏殷虚文字的簡稱。
② 參見上注。
③ 參見上注。

這個若字,有允諾的意思。①

> 貞勿伐昌,帝不我其受又(祐)(前 6.58.4)。
>
> 帝其乍(作)王禍(乙 4861)。
>
> 帝若王(乙 5786)。

　　其他相類的文字還不曉得有多少。祭帝的禮也叫作帝,將來加示旁作禘,在卜辭中則原屬一字。如:

> 帝黃爽,三犬(前 6.21.3)。
>
> 貞:帝羔,三羊,三豕,三犬(前 4.17.5)。
>
> 甲辰卜,賓貞:帝於……(後上 26.5)。
>
> 癸酉貞:帝五丰,其三牢(後上 26.15)。
>
> 帝於東方曰析,風曰劦(合 261)。②

　　此外記禘祭的卜辭也還很多。古代人與神無別。禮記曲禮篇中說:"措之廟,立之主曰帝。"鄭注說:"同之天神。"實屬古義。在卜辭中有:

> 貞帝於王亥(後上 19.1)。

---

①參見上頁注①。
②參見上頁注①。

王亥是商先公裏面最烜赫的一位。殷本紀作振,索隱引世本作核。王國維在殷卜辭中所見先王先公考①裏面解釋得最精詳。

　　□□卜,貞:大……王其又……文武帝(即文武丁)……
(前1.22.2)。
　　己卯卜,設貞:帝甲(即祖甲)……其冓且丁……(後上4.16)。
　　□西卜,設貞:帝甲丁……其牢(戩5.13)。②

以上各卜辭可以證明祭先王先公均可行帝(禘)祭。並且禘祭的對象頗多,像是並不限於幾個先公和先王。

到了周朝,禘祭分爲兩系:一方面他成了各種祭祀之一,如禮記郊特牲及祭義二篇,都説"春禘秋嘗"。王制及祭統兩篇却都説:"夏曰禘,秋曰嘗。"雖二説春夏不同,把禘説爲祭祀之一却是一樣。春秋所説"吉禘於莊公"③"禘於太廟"④,左傳所記"將禘於武公"⑤等事及晉人也有禘祭⑥等皆屬此類。另外一方面,那却異常整重,如國語魯語所引展禽説:

有虞氏禘黄帝而祖顓頊,郊堯而宗舜。夏后氏禘黄帝而

───────────────

①觀堂集林九卷。
②參見第270頁注①。
③閔公二年。
④僖公八年。
⑤昭公十五年。
⑥襄公十六年:"晉人曰:'以寡君之未禘祀,與民之未息;不然,不敢忘。'"

祖顓頊，郊鮌而宗禹。商人禘舜而祖契，郊冥而宗湯。周人禘嚳而郊稷，祖文王而宗武王。

這樣整齊畫一的祀典，不但"周人"下所説是周朝的制度，就是"有虞氏""夏后氏""商人"下所説也是這三代的後人受到周朝的影響，整理成這樣的制度。有虞氏宗舜就可以證明這並不是當代的制度。商人行禘祭的對象與甲骨文内的材料不同，並不足以證明國語所記靠不住，僅足以證明國語所稱的商人實是宋人，夏后氏實爲杞人與鄫人，有虞氏實爲陳人罷了。它的對象每國均只一人，並且可以説是最尊的。此次周人以外僅只虞、夏、商的後裔才有這樣的祀典，所以此後就有禮記喪服小記及大傳兩篇所説"禮不王不禘。王者禘其祖之所自出，以其祖配之"的説法。"不王不禘"是很清楚的：照魯語所説，除了虞、夏、商三代的後裔均不能舉行禘祭，自然是不王不禘了。下一句大家很聚訟。

鄭玄注大傳説：

> 凡大祭曰禘。自，由也。大祭其先祖所由生，謂郊祀天也。王者之先祖皆感太微五星之精以生：蒼則靈威仰；赤則赤熛怒；黄則含樞紐；白則白招拒；黑則汁光紀。皆用正歲之正月郊祭之，蓋特尊焉。孝經曰"郊祀后稷以配天"，配靈威仰也；"宗祀文王於明堂以配上帝"，氾配五帝也。

喪服小記及大傳的説法應該是從國語上面引的一段推演出來的，可是鄭注却與國語義不合；一、國語分禘與郊爲二，鄭注却把這兩種祭典混合起來。二、他所引的孝經也與國語義不合，因爲按國語，周人對文王舉行祖祭，按孝經却是"宗祀文王"。尤爲特別的是他沿春秋緯的説法，説"王者之先祖皆感太微五帝之精以生"，這五帝並且有一些怪裏怪氣的名字。這一些名字一定很晚出，絕不是春秋戰國時所有的。另外他解釋祭法篇中的禘（完全出於國語，却改易一部分以求合於綜合材料）説"此禘謂祭昊天於圜丘也"①，又分別郊祭與圜丘祭爲二。此後王肅力反鄭説，説："天惟一而已，何得有六？"堅決反對鄭氏禘昊天上帝及五帝的説法。他又説："郊與圜丘是一，郊即圜丘。"王肅又説："虞氏之祖出自黃帝，以祖顓頊配黃帝而祭，故云'以其祖配之'。"他是要説"祖之所自出"，就是指黃帝、帝嚳，並非別有太微五帝。他的説法比較鄭説平易近人，所以雖有馬昭、張融力伸鄭説，可是宋儒如朱熹等却采用王説，自此以後幾成定論。清代樸學家孫星衍、惠棟諸人又力伸鄭説，主張感生帝，主張配天，爭論無已。我們覺得玄鳥生商②及履大人迹生弃③的神話均足以證明感生帝的説法確屬古代傳説，但感生帝是否係太微五帝却是另外的一回事，此説不會很古。至於配天的説法，見於尚書④、詩經⑤，絕非子虛。並且凡早期各氏族中所崇拜的神全是屬於本氏族的，沒有超氏族的。超

---

①禮記祭法注。下引王肅等説在同節疏中。

②詩經商頌玄鳥篇。

③詩經大雅生民篇。

④尚書多士篇内説："殷王亦罔敢失帝，罔不配天其澤。"孫星衍尚書今古文注疏解釋説："殷王亦無敢失天意，無不配天以終其禄。"

⑤詩經大雅文王篇内説："殷之未喪師，克配上帝。"師是衆的意思，這是説當殷還沒有喪失民衆的時候，它能配上帝。又周頌思文篇首説："思文后稷，克配彼天。"思是一個語詞。這是説有文德的后稷可以配天。

氏族的神或帝的出現是相當晚期的。商、周之交恐怕正是氏族神和超氏族神嬗變的時期。看甲骨文中所稱的帝和盤庚下篇所稱的上帝,像是超氏族神已經漸次出現,但是在這個時期似乎還是若明若昧,分別還不够清楚。等到周初,情形却大不相同。尚書召誥内説到"皇天上帝",詩經大雅皇矣篇説到"皇矣上帝"。這位上帝是"命靡常"①的,是"監觀四方,求民之莫"②的。這一定是超氏族的。此外各書所説的天或帝似乎全是超氏族的,但是各氏族自有的神或帝在這個時候並未退位。展禽所説的祀典全是氏族神或帝的祀典。像這樣氏族神及超氏族神同時共存的情形,配天或配帝的問題發生是很自然的事情。並且超氏族神或帝也未必僅有一位,但不一定就是太微五帝。

　　崔述在他的王政三大典考中的第二篇經傳禘祀通考却從另一個角度看問題。他用第一系的説法批評第二系國語爲"戰國之人取春秋之事而擬其語言者",所以它的説法爲後起,爲靠不住。他很正確地批評王肅、趙匡的説法,説:

　　　記云:"禘其祖之所自出,以其祖配之。"未嘗言禘其始祖所自出而以始祖配之,亦未嘗言所自出之爲帝也。'始'也者,最初之名也。'始祖'也者,即所謂祖之所自出者也。始祖之前豈遂無人,而莫知其爲誰,故即以此祖爲始祖而奉

————————
①詩經大雅文王篇内説:"天命靡常。"靡是無的意思。這是説天命無常,因爲文王敬天修德,所以上帝就命殷人歸周。
②詩經大雅皇矣篇。莫與瘼同。"民之莫"是説人民的疾苦。這是説上帝到四方去看人民的疾苦,看誰能安民,就把天命降給他,使他爲天子。

之於太廟；若復別有所自出之人，則此祖不得謂之始祖矣。趙氏乃加‘始’於‘祖’之上而叙帝於‘所自出’之下，以誣小記、大傳。既謂之始祖矣，復安得別有所自出之帝乎哉！……然則稷之前果更有帝嚳，則周之始祖乃嚳非稷矣。……蓋上古之時人情樸魯，典册不多，自稷以前皆已無考，是以即以稷爲始祖；豈容於始祖之前而復別求所自出哉！

崔氏駁王、趙的説法，斥他們爲頭上加頭是很敏鋭的。但是他對於國語的看法我們却不敢贊同。他説它是戰國人的著作固然不錯，但是著作人如果没掌握到春秋時的材料，他絶"擬"不出這樣的語言。崔氏看不起國語是因爲它所記多與"正經"不合。殊不知道它所保存的爲未經系統化的材料，比經過系統化的"正經"中的材料更爲可貴。可是國語所記果然有頭上加頭的嫌疑，又當如何解釋？——如果知道當日的社會是由氏族組成，那就不難解釋。我在前面曾經説過："古人所用地名、氏族名、個人名常常不分。"又説："國語所記有虞氏與夏后氏的禘黄帝，商人的禘舜，周人的禘嚳，大約全是氏族分離的關係，與個人的血統關係無干。時代越近，所謂生的，所祖祭、宗祭、郊祭、報祭的才多由於真正血統的關係，是因爲當時氏族制度漸漸衰歇無力的緣故。"不惟如是，每氏族皆有一個英雄爲代表（英雄用西文 heros，半人半神的意思）。比方説炎帝、黄帝、太皥、少皥等名，有時候可以指某一個人，有時候就代表它所屬的氏族，所以這個名字可以綿延幾百年。以後這個氏族又有了分支，在分支中所記憶到的總是原氏族中英雄的名字。距離或遠或近，但最近的也不會是此英雄的兒子或孫子。也許雖遠却還真有一些血統上的關係，也許毫無此關係。古人對於這些大約並不很注意，所注意的就是我們的氏族出自某英雄的氏族罷了。虞、夏、商、周人所禘的黃帝、舜、嚳全屬這一類的性質，所以不致於有頭上加頭的嫌疑。崔氏指出國語"此章之意皆主於祀有功"，固屬確論，但他説"嚳之禘但以其功故禘之耳，非以爲始祖所自出之帝也"，却非是。如果嚳與周人毫無關係，徒因其功，那周人何不禘黃帝、舜，或顓頊以下諸人，却單去禘嚳呢？另外，禘祭也同其他的社會現象一樣，既綿延了幾百年，就要有它的發展和變化或派分的歷史。不能究極它的變化或派分，泥執一部分的現象爲全體的現象，凡不合於此種現象的就被斥爲錯誤，那就要"治絲愈棼"，無法得到它全體的真象。崔氏所主張雖很大部分正確，可是我們不能完全跟隨他，也就是由於這個緣故。

　　此外我不能不對於禮記祭法篇所記録再説幾句話。祭法開始就説：

　　　有虞氏禘黃帝而郊嚳，祖顓頊而宗堯。夏后氏亦禘黃帝而郊鯀，祖顓頊而宗禹。殷人禘嚳而郊冥，祖契而宗湯。周人禘嚳而郊稷，祖文王而宗武王。

崔氏説"祭法此文乃竄易國語之文而失其意者"，實屬一語破的。尤其是他注意到國語先述黃帝諸人的功德而後叙祀典，祭法開始就叙祀典，後面才叙功德，以致"前文突然，後文缺然"。並且經它改竄以後，"删舜之祀而仍叙舜之功，不删郊稷之文而反删稷叙功之語,遂致記祀則十二人中有稷而無舜,叙功則十二人中有舜而無稷",爲"文理亦不通",實可令祭法作者啞口無言。注意此問題的人可以參考崔書,這裏就不再多引。我要添幾句話是要問祭法作者爲什麼這樣改竄。我覺得:第一是因爲他已經不知道這不過是當周代時,陳、杞、鄶、宋諸國的祀典,誤以爲是四代原來的祭禮,他又認爲有虞氏只指舜一代,所以不能不把宗舜改成宗嚳。至於把郊堯改成郊嚳,那又是改宗嚳後不得已只好往上推的辦法,却不知道有虞氏的郊堯僅只是保留母系氏族的一點殘餘,並不能再由堯而追溯到嚳。第二,祭法作者大約在五帝德及帝繫作者以後,當日帝繫的綜合材料已占勢力,所以他就把"商人禘舜"改成殷人禘嚳。

二、東西方的兩種五帝説

現在已經證明禘祭的對象就是帝,又已經知道四國所禘爲黄帝、舜、嚳,這三位應該稱爲帝已經没有疑義。不過在五帝名稱未興以前,對於帝名用法頗爲隨便。如俊、如江、如顓頊、如堯、如丹朱、如炎帝、如夷羿,如夏、商的諸王,皆無不可以帝相稱。及至子思、孟子以後五行説盛。戰國又是學術昌明的時代,把宇宙中間所已經知道的一切現象綜合起來,造成一個整齊的大系統,實在是學術昌明時期的特徵。時過境遷,學術進步,很容易指摘他們的錯誤。但是通覽各國的學術史,一方面没有一個學術發達的時候不喜歡作大綜合,成整齊系統;另外一方面没有一個大綜合、大系統没有錯誤。這兩方面似乎互相矛盾,但全是真實,皆非虛僞。所以戰國時五行説的發展並不足爲詬病。這一學説發展以後,知識界內一切的東西全要受它的影響，於是在三王以外五帝説逐漸興起。更需要注意的是先有五帝的觀念，以後才去找五位帝的名字來充實它，同先有九州的觀念以後才找九個州名以充實它相仿，並不是先有五位帝而後有五帝的名詞。在這個時候齊、魯的學者選擇五帝，一定要到四國的祀典裏面去找，可無問題。因爲他們是要選擇三代以前的五帝，所以禹、契、冥、湯、稷、文王、武王全不能入選。鯀雖在三代以前，可是他與堯、舜同時，並且治水無成功，也没有被選的資格。此外黃帝、顓頊、嚳、堯、舜恰好五人。堯、舜早有儒家、墨家的崇拜景仰，不成問題。就是黃帝、顓頊、嚳也一定有三國歌功頌德的傳説，尊他們爲帝，實屬至當。並且在國語中，展禽所列舉有功德的人，除稷及社以外，就説：

　　黃帝能成命百物以明民共財，顓頊能修之。帝嚳能序三
　　辰以固民。堯能單均刑法以儀民。舜勤民事而野死。

正是他們五位，此後才繼續談鯀、禹、契、冥、湯、稷、文王、武王的功績。齊、魯學者從四國祀典中選擇五帝的痕迹可以説很夠明顯。帝嚳未知生當何時，可是五帝的次序他列在堯前，恐怕就是出於這一段的叙述。崔述在補上古考信録前論中引此數語後接着説："但序五人之功，爲下郊禘張本耳，亦不稱爲五帝而謂帝必限以五也。大戴記遂獨取此爲五帝而他不與焉，亦非國語之意也。"他説大戴記述五帝本於國語此段文字，所見是很確鑿的。

這一説的五帝爲齊、魯學者工作的結果。可是齊、魯雖在東方，而在當時它們却是來自西方的華夏集團中的文化重要據點，所以原在東方的東夷集團中的明德，如太皞、少皞諸人全不能參與其間，這已經够奇怪了。更奇怪的是東夷集團中有一支異軍突出，從東方跋涉山川，跑到西方，在那裏"保世滋大"，漸成大國。這就是曾服役於商紂，及紂敗後輾轉西走的蜚廉的後裔——秦①。秦人嬴姓，自認爲出於少皞，與徐、趙同祖。所以史記封禪書説秦襄公"始列爲諸侯"，居於西垂（今甘肅天水縣境），就"自以爲主少皞之神，作西畤，祠白帝"②（周平王元年，秦襄公八年，紀元前770）。漢書郊祀志大約與封禪書同。山海經山經的西次三經長留之山下也説："其神白帝少昊居之。"他所祠的白帝就是少皞，無懷疑的餘地。他祠少皞也同周人祠帝嚳、祠后稷一樣。不過由於氏族不同，習慣也不同，所以他們所用的牲牢及名稱均與周人不同。此後十四年（周平王十五年，秦文公十年，公元前756），"秦文公東獵汧、渭之間"，就在那裏定居（今陝西寶雞縣境）。又因爲夢見"黄虵"（古蛇字），就在那附近鄜衍③的地方

①史記秦本紀。

②史記秦本紀關於此事作"祠上帝西畤"。六國表序也説："作西畤，用事上帝。"古人所祭多爲氏族神，祭超氏族神時極少。此次秦人所祠明爲氏族神，所以當以白帝爲是，上帝爲非。又按秦本紀後雖記立鄜畤、密畤事，均未記祠何帝。至秦靈公立吳陽上畤及下畤事則没有記録。大約此篇所記事主要的不在祀典，所以關於祀典事多闕略並訛誤。

③史記、漢書各注皆以鄜爲縣名，"屬馮翊"，是以鄜衍爲今洛川縣境。按秦文公十年國境還不能東至岐（今岐山縣），無緣能到陝北作畤。郊祀志内載匡衡説："今郊雍鄜、密、上下畤〔編者注：原斷句作"雍、鄜、密、上、下畤"，據通行本漢書郊祀志及後文文意改〕本秦侯各以其意所立，非禮之所載術也。"據此可以證明此鄜畤在雍。雍在今陝西鳳翔縣境内。參考史學集刊第一期蘇秉琦同志寫的石鼓文鄜字之商榷。

"作鄜畤①……郊祭白帝"。這件事應該注意的地方是秦文公雖然夢見黃蛇,可是鄜畤所郊祭的仍爲白帝,仍爲少皞。此後八十四年(周惠王五年,秦宣公四年,公元前 672),"秦宣公作密畤於渭南,祭青帝"②。依呂氏春秋孟春紀、淮南子時則訓、禮記月令所載東方色青的説法來推,青帝應爲太皞。秦人來自東方,太皞爲東夷集團的明神,太皞、少皞又同以"皞"爲氏,那秦人推少皞爲出於太皞,也很難説。如果這樣,那秦人祠太皞就同商人禘舜、周人禘嚳相類。即使不然,他們既同屬東方明神,應該有相當的關係,立畤祠他,也是情理之所應有。此後二百餘年,西人祠西神,東人祠東神,各守疆域,互不侵越。但是這是國邑未擴大以前的現象。等到國邑擴大以後,所征服的人民一天一天地多,對於他們的信仰也不能完全不管。魯爲周後,却也立有亳社③,也就是因爲它屬下有"殷民六族"④,所以不得不立他們的社。陝西西部黃土原上爲華夏集團炎、黃兩支發祥的地方,人民對於這兩位帝一定是繼續地崇奉。"雍旁故有吳陽武畤,雍東有好畤,皆廢無祠"⑤,雖没有指明所祠何神,可是在戰國初年,秦靈公三年(周威烈王四年,前 422),"作吳陽上畤,祭黃帝;作下畤,祭炎帝"⑥,

①史記秦本紀,十二諸侯年表,漢書郊祀志。封禪書作"其後十六年",與本紀、年表皆不合,與下文"作鄜畤後七十八年秦德公既立"的説法也不合。
②與上同。封禪書内説"德公立二年卒,其後六年……",語意含糊,使人或疑指宣公六年了。
③左傳昭公十年内説:"獻俘,始用人於亳社";定公六年内説:"盟國人於亳社。"
④左傳定公四年。
⑤史記封禪書,漢書郊祀志。六國年表也記立上下畤事。郊祀志記此事作"自秦宣公作密畤後二百五十年",與年表合。封禪書自萇弘計,説:"其後百餘年。"
⑥同上。

這大約是舊廢祠的興復;新祠祭黃、炎二帝,那舊祠所祭應當是同
樣的。大約原來由於統治的人不注意,人民無力修復,遂致荒廢。
現在由於秦人闢土廣,得民多,爲綏懷被征服的人民起見,遂又把
他們所崇奉的廢祠興復起來。此後五十五年(周顯王二年,秦獻
公十八年,公元前 367),秦的勢力已經遠達陝西東部(獻公二年
已城櫟陽,在今陝西臨潼縣東北,渭水北岸),遂"作畦畤櫟陽而
祀白帝"①。秦人作畤有六:三個祭白帝,剩下的三個祭青帝、黃
帝、炎帝。祭黃帝、炎帝比立西畤晚三百四十八年;比立密畤晚二
百五十年。白帝少皞的祀典特別隆重,是因爲他是秦人所自出;
青帝太皞繼立,是因爲他係同集團的明神。二三百年後並祭黃
帝、炎帝,是因爲多數被統治的人民的信仰對象不得不加以崇奉。
這個次序是很清楚的。漢高祖疑惑天有五帝,爲什麽只有四
位②,是五行説盛行後的看法。何焯以"秦自以水德當其一"③,解
釋無黑帝的説法,也是從五行説裏找解釋。實在五行的名字或者
較早已經出現,但拿五行的軌範來排列宇宙間的一切現象却一定
很晚。五行説勢力大張的時期,據現在學術界中所公信,不出
兩説:一爲據荀子非十二子篇所記,定爲由於子思、孟子的提
倡。那盛行就應該在他們二人以後。他一爲據史記孟子荀卿
列傳所記,定爲由於鄒衍的鼓吹。春秋秦開始祭白帝及青帝的
時候五行説未起,自不必説。就是戰國初年秦又祭黃帝及炎帝

---

①此據漢書郊祀志。秦本紀失載此事。封禪書不載年。可是封禪書及郊祀志皆載獻
　公因"雨金"的祥瑞遂作畦畤。本紀載雨金事於獻公十八年,與郊祀志合。六國年
　表却記雨金事於獻公十七年,可能是錯了。
②史記封禪書、漢書郊祀志。
③王先謙漢書補注郊祀志本條下引。

的時候,子思恐怕還未死,孟子是否已生還很難説,那末五行説即使已經産生,還在初期,未到盛行的時候,對於遠在西方的秦國的祀典怎樣會能發生影響? 鄒衍年代更後,更不必説。所以何焯的説法並無根據。

　　秦人由於宗教上和政治上的理由崇奉四帝,已經很够了。可是當呂不韋的賓客著書的時候,五行學説正如赤日中天。並且呂氏賓客這些雜家的學者頗有一種包羅萬有、建立嚴整系統的大抱負;帝不足五,那使命就還不算完成。少皞、太皞、黄帝、炎帝有官家的崇奉,已經固定,再添上一位,功德就可以圓滿。由出於東夷集團的秦人來着想,這一時期的明德,有被選擇的資格的,大約不出兩位:一爲顓頊,他一爲舜。因爲他們兩位同此集團有密切的關係。但是不惟有虞氏出自高陽,帝顓頊比帝舜早,並且帝舜還有不少對於民事的功績,不像帝顓頊的純粹宗教主的人格。後者的被選擇是有充足的理由的。

　　西方學者這樣選擇的結果雖然沒有取得太史公的采用,可是由於十二紀集爲月令篇被選入禮記裏面,成了經書,所以它也有很大的勢力。

　　先秦時代對於五帝的説法只有這東西兩種,可是東方東夷集團中的太皞、少皞二帝在東方齊、魯學者的系統中毫無勢力,却靠着西方秦國學者的努力才得到相當的地位,也可以看出當日文化交流是如何地密切了。

三、關於白帝及青帝的問題

　　在這裏却還可以有一件極大的疑惑:就是秦國對於各時的建

立不過是由於宗教或政治的緣故，並不是由於五行説的影響，可是白帝和青帝的名號明明同五行説有密切的關聯。在春秋以前或春秋初年就有這樣受五行影響的帝號，豈不是一件説不過去的事情？自然，我們未嘗不可以説世人也常常拿後日的名稱談從前的事情，白帝與青帝的名稱也屬於這一類。但是深切懷疑的人對於這樣的解釋很難覺得滿足。我們承認上面的批評是很嚴重的。我感覺現在在白帝一方面，我雖也還没有獲得確定的解決，可是解決大致已經有了眉目；獨關於青帝一方面，我雖然也好像找出來一點頭緒，可是距離解決還相當地遼遠。對於白帝問題的解決大致如以下所説：

在説文中白部内無"暤"字，日部内却有"暤"字，解爲"晧旰也"。各注多斥暤爲暤的俗體。段玉裁注："晧旰謂絜（潔）白光明之皃（貌）……古者大暤、少暤蓋皆以德之明得稱。俗作太昊、少昊。"可是月令中作"暤"，孟子中有"暤"字[1]，皆不作暤。我覺得太暤、少暤的"暤"與皋陶的"皋"本屬同字。皋本從白，可是暤又加白旁，這也同"然"字下本從火，可是"燃"又加火旁，"康"字下本從米，可是"糠"又加米旁相類，實屬疊牀架屋。至於從日的暤也爲後起字。許慎解皋爲"氣皋白之進也"，段玉裁説："當作皋氣白之進也；皋者，複舉字之未删者也。"他的説像是有理。大約皋的原義就是指氣體的白色，許解"之進"二字不過解皋字下從夲的意思（説文："夲，進趣也。"）。那皋的本誼與暤也很相近。再進一步看，古來從 ao 音的字很多都有高朗、顯著、潔白的意思：

---

[1]孟子盡心上篇："王者之民，暤暤如也。"

顥 白貌。灝 豆汁也,亦取其白色,假借爲浩。晧 日出貌。日出光白。俗字作皓,亦作暠,又作澔。浩 水大也。水大則白。翯 鳥白肥澤貌。滴滴滴,水白光貌。縞 白也。杲杲杲,白也。皎 月之白也。晶 讀若皎,白也。曉 明也。曉日之白也。霄 日旁氣也。日旁氣白也。昐 明也,白也。俗作的①。馰 馬白額也。敭 光景流也。凡光多白,故从白。皦 玉石之白也。鶴 (此字今人仍有念作豪的,古音在蕭豪部)白鳥也。雗 鳥之白也。駁 彤白雜毛曰駁。皎 明也。漢書谷永傳:"白氣皎然。"犥 牛黃白色。瀌 詩小雅角弓篇:"雨雪瀌瀌。"雪白色。驃 黃馬發白色。縹 帛青白色也。漂 水中擊絮曰漂澈。擊之則潔白。今俗曰漂白。鋈 白金也。

此外如表、暴、昭、耀,還有不少從 ao 音的字全有表著、明白的意思。皋从白得義,毫無疑問。爾雅釋天:"夏爲昊天。"郭璞注:"言氣晧旰。"那昊也是形容它的白光。"皋""昊"本義爲白,尊少昊作白帝,不需等待五行家的配合。

至於青帝何以爲太皥,現在還找不出愜心貴當的答覆。但是我也得一點綫索如後:東方叫作青州的説法相傳頗古。禹貢的寫定當在五行説盛行的前頭。除了青州的一個"青"字,再没有一句可以附會到五行説上,就是證據。"太皥之虛"雖在今河南淮陽縣一帶,可是他的後人却住在今山東東平一帶,當日大約在青、兗二州邊界上。青帝是指青地的帝,也就像戰國時人稱東方的帝爲東帝。我又疑惑青與齊、泲、有濟②、天齊均有關係。後四詞關係頗明。至於"青"與"齊"古音是否可通用的問題,我曾去信問

①編者注:"的",原誤作"昐"。
②左傳僖公二十一年。

魏建功同志,他的答覆如下:

　　濟與沛音同,四瀆之濟本爲沛,漢人已廢其字(詳段注説文沛字下)。齊字與濟字依切韻系統皆爲齒頭音,而有清音[ts](濟)濁音[dz](齊)之不同。若以聲音之演變求之,則"濟"音當出自"齊"音(清音由濁音演變),其時代或即在漢世,乃至早於漢世。"青"字在切韻系統,聲類亦爲齒頭音,特爲次清音[tś],从"青"之諧聲字中尚有讀濁音(如"情"[dz])及清音(如"精"[ts])者。青字漢人多有用爲精之通假字者,而絶不用爲情之通假字。此可知情之與青,漢代別之甚著,而青之於精尚未斷然異分也。是亦即青之聲讀在漢代濁清顯別,而次清與清之不同尚未明分。以聲音之演變言之,青之次清讀者,其前當有讀濁音或清音之階段。"情"與"齊"同爲濁音,"精"與"濟"同爲清音;从"青"之字讀"情"又讀"精",其事實當與齊之讀濟同。其演變之時代或亦相彷彿。齊之濁音始終存在,青亦有諧聲字讀濁音,是其讀濁音階段與齊音之價值實有相同之可能。切韻以後之近代音,"齊"由濁音變讀爲次清音,始與清全同。今國音齒頭音聲在[i]韻前均再變讀爲切韻標準之正齒音第二類(即ㄗㄧ,ㄘㄧ,ㄙㄧ皆讀爲ㄐㄧ,ㄑㄧ,ㄒㄧ,聲)。是齊之聲母在漢代與青之聲母雖爲濁音與清音或次清音之不同,吾人固難斷其不得相同也。故謂青帝與齊地之音變而來,在聲類問題上雖不能斷其必可,亦不能決其必不可。

　　至於青與齊韻類,在切韻系統以至古音分類皆有陰

（齊）陽（青），韻末有［ng］尾音不同之二類。齊之主要韻母爲［i］，青之韻首當爲［i］，或更爲［a］，要其有［i］則相同。按中國字音有所謂陰陽對轉之現象。齊韻字與青韻字在向來分韻系統上則無合此條件之例。即舊書記載無［i］韻與［ing］相轉也。然此亦不能絕對不許其可轉。試於今方音求之，西北晉、隴一帶（據高本漢方音字典所錄興縣、太谷、文水、鳳臺、蘭州、平涼方音），青韻陽聲字之鼻音尾音［ng］皆變爲與韻母同時讀出之鼻音，而別成一種鼻韻。此種鼻韻聽者往往與陰不分。敦煌掇瑣七六開蒙要訓之旁音讀（唐天成四年寫本）合於齊青兩韻可以相轉之例者，無慮十數事：

運輦提擎擎旁注亭　　　　髮髻髮鬢鬢旁注敬

唪唾呵噓唪旁注聽　　　　瑿璧碑磽瑿旁注暎

鼎鑊釜鐕鼎旁注帝　　　　樓犁耕耩犁旁注令

菹齏鮓脯齏旁注精　　　　涇鐺梯蹬梯旁注聽

鯨鯢鱒魴鯢旁注迎

此所舉例，時代雖均在切韻以後，而其代表之地域皆足示與先秦封域應有相當關係。是在韻類方面，言青帝之由齊帝音變，即謂爲秦人如此，似亦未嘗不可也。

據此，從聲韻一方面說，僅可以說勉強能通。如果想對於本問題起決定的作用，還需要其他有力的證據。

又五行家以五色分配五方固屬迷信，但是也應當有它的來源。南方近日，北方遠日，或爲以赤色配南方，黑色配北方的理由。但是與太陽近何不可以配白色？東方配青，西方配白，又有什麼理由？所以我疑惑以白配西就是因爲秦人以少皞爲祖，以青配東就是因爲東方叫作青州。在呂氏春秋以前並無五色配五方的説法。禹貢篇著於簡策，斷不能在呂氏春秋以後。那末，東方叫作青州，西人祭祀白帝，應該在五行家分配顏色的時候起重要的作用。這一點雖説是今日新提出來的假設，但是可以成立的希望似乎還不太小。希望大家對於此點加以注意和研究。

總之，少皞爲白帝，山海經、封禪書、郊祀志有明文。皋字原義爲白，與白帝有不可分離的關係。上面的説法應當可以成立。秦人先立時祭東方神，遲之又久才又祭西方神，綫索頗爲明白。雖説青帝問題還沒有得到圓滿的解決，但不致於影響此説的全體。呂氏春秋中的五帝説出於從東方遷往西方建國的秦人，可無疑問。

四、此後帝王名號的限制未嚴

帝與王的分辨及東西兩方五帝的説法雖已建立起來，可是在當日學術界中對於此種劃分並未嚴格遵守。東方的五帝説最先載於大戴禮記，西方的最先載於呂氏春秋，可是大戴禮記少間篇內説：

> 昔堯取人以狀；舜取人以色；禹取人以言；湯取人以聲；文王取人以度。此四代五王之取人以治天下如此。

堯及舜在這裏又成了王。呂氏春秋古樂篇，除篇首叙述朱襄氏、葛天氏、陰康氏（今本訛作陶唐氏）以外，接續着就叙述黃帝、帝

顓頊、帝嚳、帝堯、帝舜;最後又叙禹、湯、文王、武王、成王,全無帝
號,説又與大戴禮記的五帝德篇内説相合。

　　荀子書中已用五帝説,可是議兵篇内説:

　　　是以堯伐驩兜,舜伐有苗,禹伐共工,湯伐有夏,文王伐
　　崇,武王伐紂。此四帝二王皆以仁義之兵行於天下也。

這是把禹、湯同稱爲帝,仍沿用帝與王未分以前的舊説法。

　　韓非子難三篇内説:

　　　夫堯之賢,六王之冠也,舜一從而咸包,而堯無天下矣。

説疑篇内説:

　　　其在記曰:“堯有丹朱而舜有商均;啟有五觀;商有太
　　甲;武王有管、蔡。”五王之所誅者皆父兄子弟之親也。

又説:

　　　因曰:“舜逼堯,禹逼舜,湯伐桀,武王伐紂。”此四王者
　　人臣弒其君者也,而天下譽之。察四王之情,貪得人之意也
　　(顧廣圻説:“人字衍。”);度其行,暴亂之兵也。然四王自廣
　　措也,而天下稱大焉;自顯名也,而天下稱明焉。

它説"六王""五王""四王"，兼稱堯、舜，足見它並没有覺得帝與王有大分辨。

商君書徠民篇内也稱堯、舜、湯、武爲三王（王時潤説："三當作四，古字積畫，是以致誤"）。①

管子書中也稱五帝，可是侈靡篇内説："故書之帝八，神農不與存，爲其無位，不能相用。"它所説的"八帝"也不知道要指什麽人（尹知章注指八帝爲伏羲、神農、黄帝、堯、舜、夏、殷、周，與本文不合，簡直不通），僅僅知道"神農不與存"。但從此也可以看出在著者的觀念中帝的數目並不一定。

從以上所引可以證明在戰國後期五帝的説法雖説已經成立，可是一方面數目並不怎樣確定，另外一方面帝與王的分别並不很嚴。

等到漢朝，如陸賈新語、賈誼新書等書内的用法還同戰國後期的相差不遠。淮南子一方面常談五帝三王，另外一方面對於東西兩方面的五帝説似乎可以隨便用。天文訓中所説五帝名與吕氏春秋完全相同。時則訓也説到這五位帝，不過炎帝作赤帝，這似乎全沿襲西方學者的説法。可是兵略訓内説：

> 黄帝嘗與炎帝戰矣；顓頊嘗與共工爭矣。故黄帝戰於涿鹿之野，堯戰於丹水之浦，舜伐三苗，啟攻有扈。自五帝而弗能偃也，又況衰世乎？

這五帝又指黄帝、顓頊、堯、舜、啟，似乎仍用東方學者的説法，可

---

①王時潤説，據陳啟天的商君書校釋轉引。

是界限不嚴；譽無可舉,遂被省略；啟有戰功,遂被加入。

　　本來五帝德篇中所述的五帝是要說在歷史上有此五位人帝前後相承,呂氏春秋中所舉的五帝主要地是指示他們的神聖職務,分主五方。這兩種意趣完全不同。這樣,兩方面的說法也可以說並無矛盾。白虎通義明白地雜用兩說就可以代表這種意見。因此西方的五帝遂被看作神帝,東方的五帝却被看作人帝。

　　但是這個界限仍不能畫分清楚。不知道在什麽時候東夷集團的太皡同苗蠻集團的伏羲合了家,華夏集團的炎帝也同時代名詞的神農通了户。看史記封禪書内說:"虙(與伏同)羲封泰山,禪云云;神農封泰山,禪云云;炎帝封泰山,禪云云(云云,山名)。"書中舉虙羲,未舉太皡。泰山、云云二山皆在山東境。如果虙羲同太皡還未合家,像是很難生出虙羲封禪於山東境内山的傳說。書兼舉神農與炎帝,似乎在當日神農與炎帝還未通户。從這一段文字可以猜想伏羲同太皡合家,在太史公以前,或者可以早到戰國後期已經成功。至於神農與炎帝通户却在太史公以後,大約當公元前第一世紀才開始成功。漢書律曆志所引世經的說大約是三統曆的舊說,爲劉歆諸人工作的成績。它所定的古帝次序是:太昊氏(炮[伏]羲氏),共工氏(非序,不在帝列),炎帝(神農氏),黃帝(軒轅氏),少昊帝(金天氏),顓頊帝(高陽氏),帝嚳(高辛氏),帝堯(陶唐氏),帝舜(有虞氏)。此後禹、湯全没有帝的名號。它在五帝德篇所述的五帝以外又加進去太昊、炎帝、少昊三位,並確指太昊就是伏羲,炎帝就是神農,少昊爲金天氏。此處有帝號的八人,像是同管子"書之帝八"說相合,可是管子又說"神農不與存",那又像不合。如果考慮到管子内的說法可能發生於神農與炎帝通戶以前,那又未嘗不可以說它們相合。若是這個猜測不誤,就又可以推測把帝數加爲八的工作還在劉歆諸人以前。世經把五帝加三的理由清楚地告訴我們說。它指出增加太昊帝及炎帝的理由,一方面根據周易繫辭,另外一方面根據昭公十七年左傳郯子所說黃帝、炎帝、共工、太昊、少昊的次序,又以黃帝至太昊爲逆數,結論說:"言郯子據少昊受黃帝,黃帝受炎帝,炎帝受共工,共工受太昊,故先言黃帝、上及太昊。稽之於易,炮羲、神農、黃帝相繼之世可知。"至於少昊在顓頊前它指明是根據國語楚語"少昊之衰,九黎亂德,顓頊受之,迺命重黎"的記録(這是撮要記的)。實則以黃帝至太昊爲逆數的説法,崔述反駁極有理由。崔氏説:"且太皞、少皞二帝不同姓,若其時又不相及,則何爲皆以'皞'名? 而太皞紀官爲龍,少皞紀官爲鳳,亦似相比者然。然則少皞氏固當繼太皞而帝,左傳非逆數,太皞非包羲矣。"[1]他的史識要比世經作者高得多。繫辭的寫定,最早不能超出紀元前三世紀,最晚也不能晚於公元前二世紀中葉。這一點對於判定太皞、伏羲合家的時代時可以有些幫助。崔氏駁少皞爲金天氏説:"金天氏之名見於春秋傳,但云'裔子爲玄冥師'而已,未言爲少皞也。劉歆蓋以月令秋帝少皞,秋於行爲金,故以金天氏爲少皞耳。不知五德之説本鄒衍之妄談。且顓頊不取號於水,寧少皞必取號於金乎! 少皞氏之子雖嘗爲玄冥,然烈山氏之子柱爲稷,周弃亦爲稷,顓頊氏之子黎爲火正,高辛氏之子闕伯亦爲火正,則玄冥一官亦不必少皞氏之子孫而後可爲也。"[2]爲説也很確

---

① 補上古考信録卷下。
② 補上古考信録卷上。

實。所以世經作者此次綜合的成果我們無法接受。雖然如此，它這一段文字却把它們作綜合工作時候所用的方法，所經歷的過程告訴我們，從這個角度看却是很有意義的。

此後儒家多把伏羲、神農列爲三皇之二；此外六帝或去少昊以合史記的五帝，或將黄帝升爲三皇以免删去一人。

這些材料顧頡剛、楊向奎二先生在他們的三皇考裏面已經講的很清楚，注意此問題的人可自參考，不再贅述。

要之，對於三皇、五帝的説法，崔述所論斷的話："古者本無皇稱，而帝亦不以五限。"最爲確鑿。此後宋胡宏又依靠繫辭，以伏羲、神農、黄帝、堯、舜爲五帝，實則世經於少昊、顓頊、嚳下皆説"周毁（遷）其樂，故易不載"，已經開此説的端緒，那又是五帝説的餘波。

我覺得各種五帝説的起源大致就是如此，裏面並没有太糾紛的問題。

第六章　所謂炎黃以前古史系統考

　　無論何民族,從它有口耳相傳的故事的時候起,到把歷史寫在簡策上面的時候止,中間所經歷的時間總是很長的。在這很長的時間中間,各氏族間以至於各部族間常常有若干的融合,社會的內涵常常有頗大的變化。可是這些融合和變化平常變動得很慢以至於令人不注意的地步。我們的先民即使當時曾注意到這些事情,也一定會覺得這是很天然的。它對於他們那些素樸的心靈刺激很淺,所以時過境遷就完全忘掉了。使他們起深切的印象,傳播久遠還不容易忘掉的不過是寥寥幾件突然的大變化,尤其是能使他們的生活起一種嚴重變化的事件。比方說:劇烈的鬥爭,氣象方面鉅大的改變等類。等到他們有了文字,遲之又久,又想把他們所接受的傳說全寫在簡策上面,所寫上去的也不過是這寥寥的幾件大事。並且在那個時候他們對於時間的觀念也還沒有發達。在他們三五百年以前的事情和一千八百年以前的事情,由他們看來是沒有很大分別的。他們當時的記載,設想我們能發現它，是太可寶貴的材料了。但是，據我們揣想，在那裏面一定没有清楚的年月記載，我們所能分辨的不過是今與古的兩大類。更進一步，我們或者可以從首領的繼承方面理出來些事變相當的先後，但是也不過如此。從這個有簡策可以幫助記憶的時候起，首領的繼承對於他們總算是一個重要的事件，必須記錄；他們在位的年數也要附帶地記上，這樣就使先民對於時間的觀念得到初步的練習。又經過了很長久的年月，已經積纍相當豐富的記載，他們又可以遇着社會嬗變的時期。在這樣時期的人民是要遭受些困難和苦痛的。此時我們的聖賢看見了這些，總不免感覺到惻然心傷，想從古代的記載裏面看看我們是否曾經歷過同樣的或相類的灾難；如果也經歷過，就要看看古人對於這些灾難有什麽對付的辦法。這樣困難的時代因此就成了人類知識迅速進步的時代，文化發達的時代。他們比較的結果，時間觀念和求知欲望全得了很好的練習。他們越搜求，越比較，就會越感覺到材料的不足，於是到各處訪問，把他們所聽到的、所看見的完全記錄下來以便於將來的研究和探討。材料積纍多了以後，又加以他們很勤奮地工作，就會感覺到在這些材料中間有許多不逗頭的地方。人類知識發達到這一步是不會中途停止下的，他們一定要進一步作整理和綜合的工作。可是這些工作在他們是開創的，没有前例的，任何成功或失敗的經驗也没有的。他們很勇敢地用着當日全部的知識去工作；把那些不能逗頭的地方設法配合起來，彌補起來。他們的工作我們現在還可以看到一部分，用現在合乎科學規律的標準去衡量它，可以說：因爲他們當日的社會情形同古代還有一部分相似，所以也有一部分的成功；但是，另外一部分已經變化到痕

迹也不容易找出的地步，所以失實的地方也很不少。失實的重要
原因可分兩方面看：一、在遠古的時候社會組織的範圍是很小的：
氏族林立，交通不便。雖説偶然有一個特別的氏族在某一定期間
對於周圍的各氏族得着一種壓倒的優勢，但是各氏族中間還不能
有一種帶恒久性的組織。"人亡政息"，還不能融化成一個强大
的部族，也無法組織成一個强固的國家。社會發展到這一個階段
的時候，文化進展還是很緩慢的。文化進展迅速通常總是在王國
衰落，社會將嬗變的時候。因爲王國形成以後，政治有固定的組
織，社會分工越細，才能更容易地積纍知識，爲他日人類知識進步
作更好的準備。盛極轉衰，賢士哲人的精神受了一種深切的刺
激，而材料已經積纍豐富，便於作探討工作，然後人類的精神才能
得到重要的開放，文化才能有迅速的推進。可是這樣的時代離氏
族林立的時代相去太久了，他們所見到的，所聽説的是龐大的社
會組織，近於統一的現象（在我國的春秋、戰國時代是特別地如
是）。他們所依據以推測古代情形的、以彌補歷史缺陷的就是這
樣很實在却與時代不合的知識。推想也是歷史工作人所不能完
全避免的精神活動，但是在這樣推想的根基上面建立起來的歷
史，很容易看出來它同古代確實經歷的情形不相符合了。二、當
人類知識發展到這一個階段的時候，探討的人對於時間的確定性
有一種迫切的要求，可是在古代的記載裏面有很多的重要事變偏
偏沒有確定時期的指明。遇見這一類的情形，用種種適用的方法
去推測它那發生的略近時期是古代的歷史學者和近代的歷史學
者所公同用的辦法。所不同的是近代的人由於飽嘗了失敗的經
驗，才深切地明白所用的方法的自身也很有問題，必須特別地注

意它,研究它,時時改進它,然後用它來推測,才有可能得到相對
正確的結果。並且由推測找出的有成立希望的年月,如果我們判
斷太快,就認爲真實,所得的結果還是很難正確。想建立一種精
密的科學規律,必須嚴格遵守"知之爲知之,不知爲不知"的寶訓
才可以得到成功。可是,儘管嚴正的科學工作者對於這個寶訓三
令五申地説,今日初作科學工作的新手和不少缺乏忍耐性的科學
家還常常不自禁地作些誤認可能性爲必要性的判斷,又何怪於古
代經驗缺乏的歷史工作人對於欠缺的年月作一種太大膽的補足
呢? 並且由於他們很錯誤地認古代的社會爲近於一統的組織,所
以只要見着一個著名氏族的名號,就認爲一個"有天下者"的名
號。另外一方面,他們由於對歷史深思或由於對自然界觀察的結
果,又很正確地知道在人類的歷史中間具確實年月的部分遠不及
沒有確實年月的部分長。在這種情形之下,他們把同時的各氏旅
名號堆垛起來成了一種朝代系統的寶塔,又有什麽奇怪呢? 並且
人類還有一種精神趣向,就是覺得歷史越長,名譽越高。再碰上
幾位具若干曆象知識的綜合工作者,他們由於觀察天象看出來些
具周期性的行動,就可以大膽地把這些周期應用在人事上面! 這
樣一來,人類寫著簡策的歷史就可以延長到幾十萬年或幾百萬
年! 公元前第三世紀巴比倫的歷史學者伯婁蘇斯説大洪水以前
有十王,共御世四十三萬二千年! 洪水以後也有三萬五六千年!
大約就是用這一類的方法。我們中國的春秋命曆序、春秋元命苞
和乾鑿度所記的十紀、二百幾十萬年的時間,也是用這樣的方法
所得到的(後詳)。我們現在在他們所記錄的書籍中,除了經過
他們整理的材料以外,所保存的零金碎玉的古代的真正傳説,雖

不能説完全没有,却是極少。現在承認它的史料價值,固然是可笑已甚。因爲那裏面絶大部分是靠不住的,並且那延長數百萬年的部分可以説從來也没有一個像樣的歷史學者真正相信過。但是,如果找不出他們的錯誤癥結,就一筆抹殺,説他們是造謡騙人,這一班辛勤的綜合工作人,如果地下有知,或者不能心服吧!

我國研究古代歷史的人大致可分爲兩大派:第一派可以用儒家爲代表。他們的注意力通常是偏重於人事方面,態度相當謹慎,儘量找他們所相信爲真實的才肯述説。他們受時代的限制,不免有若干的錯誤,那是一定的。——將來看現在恐怕還要像現在看古昔!——但是他們的著作裏面所保存的材料是經過一番審慎的選擇的。他們並不冒險去作大膽的推斷。大致説起,可以説他們的態度同現代真正歷史家的態度還是相近的。不過他們所處的時代和我們不同,工作環境遠没有我們好。試想司馬遷用他的"一手一足之烈"——或者用很少的人手——把記載古事的竹簡或木簡堆了幾間屋子,辛勤地比較,排列,書寫,應該有什麽樣的困難! 並且他們由於對周圍他們那些淺化民族的情形不够明瞭,也就缺乏了可資比較的材料。那末他們比我們現在的工作環境相差得太遠了。因爲這些,他們的成績很受限制,我們對於他們所記載的事件還得用嚴格的科學方法,就是説用馬克思列寧主義的方法仔細地檢查一番,才敢使用。孔子、墨子、孟子、荀子、韓非子、太史公、劉歆,以及此後的譙周、劉恕、金履祥等全可以説是屬於此派的。第二派可以用方士爲代表。他們對於自然界現象的知識通常比第一派較爲豐富。他們喜歡高瞻遠矚,就很正確地感覺到人類的真正經過歷史要比所謂歷史記録綿長的多,世界的範圍要比確鑿知道的中國境域廣大的多。因此他們對於傳説或記録勤於搜求；可是另外一方面他們在主觀方面的想像力又很豐富，膽子又很大，於是就不難把所搜羅到的可靠的或不很可靠的材料，揉雜些他們自己的想像，創造出來些偉大系統。説他們故意騙人，的確有點冤枉，但是他們所記載的却是大部分不可靠，所創造出來的系統是完全錯誤的。鄒衍、命曆序的作者、丹壺書的作者，以及邵雍、羅泌等全屬此派。因爲我國人不喜歡架空，所以正統派總屬於第一派；第二派不過成一種别派，但也有相當的勢力。

　　自漢、唐以後，代表第一派古史系統的以從周易繫辭引出的伏羲、神農及黄帝以後各帝系統爲最受人信仰。我們如果能把這一個系統的來源和代表第二派的命曆序系統的來源分析清楚，找出來古代歷史學者的工作程序，對於我國古史的研究可以有很大的貢獻。但是這樣的工作幾乎是不可能實現的。雖然如此，由於古史的綜合工作（或可以叫作古史的創造工作）在漢、唐以後還有進行的事實和我國人類學者的搜求和探討，我們從這些材料還可以窺見和揣測古代歷史學者作綜合工作的過程。用這樣觀點去研究，對於古代歷史的研究也可以有相當的幫助。炎帝、黄帝、蚩尤、少皞以後的傳説比較可靠，我們在第二章中已經予以分析考證。我們現在先把古代烜赫的帝王，有巢、燧人、伏羲、女媧、神農的傳説加以探討，然後把命曆序中所述的各紀及各紀中帝王姓氏的來源加以整理，古代歷史逐漸創造的過程可以比較明白，對於古史的掃除障翳方面不無小補。

一、有巢、燧人、伏羲、女媧、神農各氏的來源

自從西漢,周易升高到經書的首坐,十翼又被認爲孔子的著作①,此後繫辭下傳中所述伏羲、神農、黃帝、堯、舜的系統,在儒者中間成了一種壓倒的形勢。但是伏羲、神農諸名的來源不明。太史公行遍天下,作實地考察以後,知道各地方的"長老"也僅僅"各往往稱黃帝、堯、舜之處",這就是説各地方的老人們所傳説的頂遠也超不過黃帝、堯、舜;再往前溯,連傳説也没有。所以他雖處在三皇、五帝説法盛行的時候,可是他只敢寫一篇五帝本紀,對於伏羲、神農一個字也没有提,良史這樣審慎的態度真可使人五體投地地佩服。可是他這種審慎的精神却没有能使古史界受到它應該受的影響。大家此後或者尊他們爲三皇之二,繼續着相信他們兩位爲首出御世的首長。另外相信左傳所載郯子的話爲顛倒追溯,黃帝前爲炎帝,炎帝前爲太皞,那麽炎帝當爲神農,太皞當爲伏羲,這樣的附合此後遂成了定論。但就我們今日探討的結果,知道炎帝、黃帝屬於西北方的華夏集團,太皞、少皞屬於東方的東夷集團,伏羲、女媧屬於南方的苗蠻集團,來源不是一個,不應該牽強附會。先秦書中談太皞、炎帝的並不談伏羲、神農;反過來説仍是一樣。伏羲、神農的來源應該到別方面去找,不應該

---

①周易的文言和繫辭常用"子曰"二字,引用孔子的話,這就可以證明作者並没有騙我們,説這些是孔子自己的著作。並且他們所引的離"子曰"以後不遠的話(因爲從前人寫文章没有引號,不知道他們所引的話到什麽地方爲止。孔子的話通常很短,可是後人常常把並不是引用的話混作引用的話)注意人事,與論語所記大致相類,可以相信他忠實地引用孔子的話,所以作者本人並没有造謠或托古的嫌疑。把十翼當作孔子的著作是由於西漢人的誤會。

遵循靠不住的綜合材料而人云亦云。就現在所能得到的材料去研討，我們可以推斷神農與有巢、燧人爲同類，是戰國時的思想家從社會進步的階段而想出來的指示時代的名詞。至於伏羲、女媧却同太皞、蚩尤爲一類，是另一集團的傳說中的英雄，他們的真實人格也許可以存在，也許並不存在。有巢、燧人在我國古史的系統裏面，由於特別有大功，或者更可以説由於他們的功業更容易被人瞭解，所以除了繫辭所述的古帝以外他們特別占着一種優勝的地位。現在我把上列的五個名字分爲兩組來談：

（一）有巢、燧人、神農

叙有巢氏及燧人氏的功業以韓非子五蠹篇爲最詳。它説：

> 上古之時，人民少而禽獸衆，人民不勝禽、獸、蟲、蛇。有聖人作，構木爲巢以避群害而民悦之，使王天下，號之曰有巢氏。民食果、蓏、蜯、蛤①，腥臊惡臭而傷害腹胃，民多疾病。有聖人作，鑽燧取火以化腥臊而民説（悦）之，使王天下，號之曰燧人氏。

這裏面除了“以王天下”一語是受了當日大一統觀念的影響以外，其餘所説是出於他們的推想，或是他們得自傳説，都未可知，但對於人類知識進化的情形全很符合。並且這兩位巢及燧的發明者，如果他們的發明在氏旅社會組織已經形成以後，靠着他們

①蓏音裸。説文蓏字下説：“在木曰果，在草曰蓏。”馬融、鄭玄説：“果，桃李屬；蓏，瓜瓞屬。”此外還有些大同小異的解釋，可參考説文蓏字下的段注。蜯與蚌同。説文解蚌説：“蜃屬。”音棒。蛤音鴿，國語注説：“小曰蛤，大曰蜃。”

發明的功績，一定可以成爲一氏族或多氏族的首長。那末如果我們對於"以王天下"四字不太拘泥字面，也可以説這一説並無錯誤。大約古代有巢居時代的觀念在戰國時相當地廣布，所以孟子談洪水事，也曾説"下者爲巢，上者爲營窟"①。莊子内的盗跖篇雖説一定不出於莊周自己的手筆，但是那裏面所陳述的思想同戰國後期人的思想並無不合。它説：

　　　　古者禽獸多而民少，於是民皆巢居以避之；晝拾橡、栗，暮栖木上，故命之曰有巢氏之民。古者民不知衣服，夏多積薪，冬則煬之，故命之曰知生之民。神農之世，卧則居居，起則于于②；民知其母，不知其父；與麋鹿共處；耕而食，織而衣，無有相害之心：此至德之隆也。然而黄帝不能致德……

這一段很顯明地指示黄帝以前有這三個時期。"夏多積薪，冬則煬之"，煬就是俗話的燒，這一説也與火有關，可是它並不把這個時代叫作燧人氏之民，却把它叫作"知生之民"，足以證明當日的學術界承認有這三個階段，可是還没有確定的名詞。禮記禮運篇也説：

　　　　昔者先王未有宫室，冬則居營窟，夏則居橧巢。未有火化，食草木之實，鳥獸之肉；飲其血，茹其毛。未有麻絲，衣其羽皮。後聖有作，然後脩火之利；範金、合土，以爲臺榭、宫

①孟子滕文公下篇。
②"居居，安静之容；于于，自得之貌"。

室、牖戶；以炮、以燔、以亨、以炙；以爲醴、酪；治其麻絲以爲
布帛。以養生送死，以事鬼神上帝，皆從其朔。①

這一段很清楚地把古人的住、食、衣的情形指陳出來，又把進化的
推動力歸之於"脩火之利"，這就是說整理火的用處。它對於火
的功用可謂認識的很明白。這裏面雖說没有有巢、燧人、知生、神
農諸名詞，可是同前兩書内的思想並無背謬。並且不强分時代，
尤與真相相近。孔穎達禮記疏把這些進化業績分屬於燧人、伏
羲、神農各時代，與著書人的本意並不符合。

　　從以上所引各節可以看出來在戰國、秦、西漢人的思想裏面
對於人類衣食住原始狀態的觀念異常地清楚。從衣和食方面他
們没有幻想出來"王天下者"的名號或時代名詞，大約是由於食
除了用火一點就太原始了，不需要誰來作發明；至於衣，那相傳的
胡曹及伯余②不够烜赫，或者時代也相當地近，所以也没有成爲
一個特別的時代。他們對於巢和燧的發明有時候注重它們的發
明人，就把他們叫作有巢氏、燧人氏，推戴他們上到"王天下"的
尊位；有時候僅只注意到它們的進化階段，這兩個名稱也可以不
存在。這一點在古書裏面相當清楚，並無疑問。

　　至於神農一名却介於時代名詞與氏族名詞之間。看史記封

①營窟，正義解爲："營累其土而爲窟。地高則穴於地；地下則窟於地上，謂於地上累
土而爲窟。"橧音增，正義解爲："橧聚其薪以爲巢。"茹是吃的意思。正義解："雖食
鳥獸之肉，若不能飽者，則茹食其毛以助飽也。"炮，鄭注。"裹燒之也。"燔，注。"加於
火上。亨同烹，注。"煮之鑊也。"炙，注。"貫之火上。"醴近似現在帶糟的甜酒，酪大
約就是現在的醋。朔，注。"亦初也。"
②吕氏春秋勿躬篇；淮南子氾論訓及修務訓。

禪書内所説：“神農封泰山，禪云云；炎帝封泰山，禪云云。”那太史公所傳聞的材料既没有把此二名合爲一人或一氏族，另外一方面，也似乎没有把神農看作一個時代的名詞。在其他古書裏面，可以説指事迹的都説炎帝，比方説山海經；頌揚至德的都説神農，比方説莊子。在周、秦諸子中，莊子是最好談神農氏的一部書。它一方面説“妸荷甘與神農同學於老龍吉”①，説“神農、黃帝”②，似乎把神農看成一個人的名字；可是另外一方面，它又説“燧人、神農”③，把“神農之世”列於“有巢氏之民”“知生之民”的後面，又像是把它當作介乎氏族與時代二者之間的名詞。到戰國末期及西漢初期，像吕氏春秋及淮南子諸書，就炎帝、神農兩個名字全見於書中，可是我還不能確定地説這兩個名字所指的是一個觀念或者是兩個各不相干的觀念。吕氏春秋以太皞、炎帝、黃帝、少皞、顓頊爲五帝，可是執一篇内却説“五帝以昭，神農以鴻”，神農與五帝並列，那神農應該不是炎帝。高誘解釋這兩句説“昭，明；鴻，盛也”，固然不錯，可是他解五帝不用吕氏春秋本説，却用五帝德篇説，又説：“神農，炎帝；三皇之一也。”我疑惑這是由於神農和炎帝早已合户，高氏看出來這兩句話與合户説有矛盾，却不敢對合户説法懷疑，只好這樣牽强遷就地解釋。他没有注意到秦人所主張五帝説本與東人不同。並且秦人同齊魯人作綜合工作的時間前後相差不多，秦人還不知道東方的五帝説也很可能。那末，炎帝既爲五帝之一，如果神農一名即指炎帝，那爲什麼五帝之

---

①莊子知北游篇。
②同書刻意篇。
③同書秋水篇。

外又列神農？高氏不用本書解釋本書，却用漠不相干的説法解釋本書，殊屬不合。呂氏春秋季夏紀又説：

　　　無發令而干時以妨神農之事。水潦盛昌，命神農將巡功；舉大事則有天殃。

　　月令篇季夏之月下大致相同，只"干時"二字換成一"待"字；"事"字下有一"也"字；"命神農將巡功"作"神農將持功"。"也"字有無，毫無關係。"干時"是説與時令不合。"待"，正義解爲"時未順而豫動召，以待後時乃使也"。這就是現在所説不到時候就召集民工，窩工不用。這意思也相近，無大關係。這裏所説的"神農"，高誘注説："昔炎帝神農能殖嘉穀，神而化之，號爲神農，後世因名其官爲神農。"鄭玄注禮記説："土神稱曰神農者，以其主於稼穡。"他們這兩説相同的是全把"神農"一詞當作神，相異的是高氏又把它當作官名。我覺得在農業開始發展的時候把土神叫做神農也許是此詞最初的意思，此後才用它表明時代，或把農業特別發達的氏族叫作神農氏。高氏説它在某一時期爲農官的名稱，也許簡單因爲它前面有一個"命"字，以爲神怎麼能受人的命令，所以就這樣解釋。其實這倒不必拘泥，這個命字也許指皇天上帝的命令，也許指宗教主的命令，後代皇帝不也偶爾命令某小神作某種事麼？月令對十二紀改易很少，可是對此句特別改爲"神農將持功"，也許是作者感覺到神難受人的命令，才這樣改易吧。主要的是這個名詞所指的絕非炎帝。否則夏季三月"其帝"全是炎帝，不管是"巡功"或"持功"，在這三月中似乎不應該一日缺勤,何以必到季夏才"巡功"或"持功"呢? 這又是二名不指同一的神或人的一個確鑿證明,無懷疑的餘地。淮南子也好談神農,但天文訓、氾論訓中也談及炎帝,時則訓中叫他作赤帝。赤帝就是炎帝,天文訓、時則訓的説法全出於呂氏春秋,均無問題。氾論訓在一篇裏面,既説過"昔者神農無制令而民從",又説"夫神農、伏羲不施賞罰而民不爲非",可是後面又説"故炎帝作(今本作"於",依讀書雜志卷十四改)火,死而爲竈"。前面兩條仍是頌揚至德,後面一條仍是指事迹,這似乎可以證明兩名所指仍非同一的人或神。比淮南子較前的新語內道基篇中説:

> 民人食肉、飲血、衣皮毛,至於神農以爲行蟲走獸難以養民,乃求可食之物,嘗百草之實,察酸苦之味,教民食五穀。

這一段所述關於神農的功績,看不出它同炎帝有什麼關係。新書內益壤篇中説:

> 故黃帝者,炎帝之兄也。炎帝無道,黃帝伐之涿鹿之野,血流漂杵,誅炎帝而兼其地,天下乃治。

這一段所述一定是炎帝的事迹,也看不出他同神農有什麼可以相混的地方。從以上所説可以推斷神農與炎帝在公元前第二世紀時大約還沒有合户。合户工作大約進行於前第一世紀時。可是到三國時譙周仍以神農與炎帝爲二人。禮記曲禮篇"太上貴德"

節正義引譙周的話説:"女媧之後,五十姓至神農;神農至炎帝,一百三十三姓。是不當身相接。譙周以神農、炎帝爲別人……"按譙氏的史識優於他的同時人皇甫謐。他在三世紀時仍能主張神農、炎帝非一人,在當時可謂特識。至於神農一名是指時代或指氏族的問題,那吕氏春秋慎勢篇内説:"神農十七世有天下。"這一句話也可以解釋爲此氏族强盛十七世,但也未嘗不可以解釋爲此時代綿延十七世。文字本身並不能決定問題的誰是誰非。只有戰國策秦策一有"神農伐補遂"的説法却無法不解釋爲指氏族或個人。總以上所説,神農一名可以有五個不同的解釋:據吕氏春秋季夏紀的説法,它不過是主稼穡的神祇或爲主農事的官員;據莊子盜跖篇的説法,它可以爲指時代的稱號;據戰國秦策及他書的説法,它可解釋爲氏族的名稱;據莊子受學於老龍吉的説法,它又必須爲個人的名字。除個人名字僅屬莊子寓言,農官稱號或由於高誘的誤會,可以不計外,神祇的説法當屬古義,但不久就爲後兩種説法所代替。時代與氏族的争論,驟然看來,似以氏族説爲占優勢,但頌揚至德的文字全屬空話,解爲指示時代也没有什麽不可。就是説他"教民食五穀",那也是當日托古的風氣,一談及農事不托於神農,就托於后稷,一定解釋爲指示氏族,也仍不免過於拘泥。大約戰國時的學術界普通相信在黄帝以前農業已經發展,成了一個特别的時代。此時人民素樸,和平相處,直到炎帝、黄帝與蚩尤相争鬥,才打破了這個和平空氣。神農一詞就是要指黄帝以前這一個時代。可是他們有時候注意到當日的氏族,就叫它爲神農氏。但是此處所指出的氏族,還不像炎帝、黄帝等氏族所指的固定。至於説成個人,除上面所引師老龍吉的説法,

還有呂氏春秋尊師篇“神農師悉諸”的記載。不過這些似乎全是受
了托古的影響，爲晚出的説法。另外在黃帝（指阪泉、涿鹿戰鬥英
雄的個人）時代以前，炎帝氏族散居黃河兩岸，爲中原的重鎮。公
元前第一世紀的學者大約由於此二名全指黃帝以前的主要氏族或
時代，就把它們綜合起來，認爲它們是指同一的對象。如果我們能
詳細比較和分析，這個名詞意義蜕變的痕迹似乎還不難指出來。

　　對於炎帝氏族的世系還有些傳説的留遺，我可以附帶着説一
説。炎帝的妻，山海經海內經末作“赤水之子聽訞”；周易繫辭下
傳第二章正義引帝王世紀作“納奔水氏女曰聽詙”（毛本：“詙”作
“詙”）；司馬貞三皇本紀説同世紀作聽詙；劉恕通鑑外紀也作聽
詙，却爲“莽水女”。訞、詙、詙三字是從一個字譌誤變出來，赤、
奔、莽也是從一個字譌誤變出來，都不成問題。哪個是對的，哪個
是錯的，我們也許永遠沒有法子去判別它們；並且這些傳説在歷
史上的價值很有限，我們也用不着費巨大的工力去考證它。炎帝
的後裔據海內經説：

　　　炎帝之妻，赤水之子聽訞生炎居，炎居生節並，節並生戲
　　器，戲器生祝融。祝融降處於江水，生共工，共工生術器……
　　共工生后土，后土生噎鳴，噎鳴生歲十有二。

　　周易繫辭下篇正義所引的帝王世紀却同山海經所記大不相
同；它説：

　　　炎帝神農氏……生帝臨魁，次帝承，次帝明，次帝直，次

帝嚳,次帝哀,次帝榆罔:凡八代,及軒轅氏也。

太平御覽七十八也引世紀,可是小有不同:按着這段引文,帝承在帝臨前,"臨"下無"魁"字。"嚳"作"來";"榆"作"揄"。"嚳""來"古音相同,"榆""揄"形近訛誤,"臨"下脱一"魁",都無大關係。只有帝臨、帝承的次序與正義互相顛倒,不知道哪一説爲世紀原文。

三皇本紀文,據司馬貞自注説是出於世紀及古史考,它説:

　　神農……生帝魁,魁生帝承,承生帝明,明生帝直,直生帝嫠,嫠生帝哀,哀生帝克,克生帝榆罔:凡八代,五百三十年而軒轅氏興焉。[1]

司馬貞與孔穎達差不多同時,所見的帝王世紀的本子不會有大不同,可是帝哀下又多帝克一代,並且"克"字與其他的帝名也沒有相類的,很使人費解。

外紀大致與正義相同,可是它於帝嚳下注:"一曰克。"它這樣注,似乎有意想對三皇本紀説加以調停。

但是這些還並不要緊,頂有趣的是羅泌的工作。原來正義、三皇本紀、御覽、外紀的説法雖有些不同,可是全出於世紀。世紀的説法不知道本於何書,但是與山海經的説法和吕氏春秋慎勢篇對於神農的説法來自三個不相混淆的源頭,是毫無疑問的。可是

———————————

[1]此據史記會注考證本。通行本脱"生帝魁……生帝嫠,嫠"二十字。

南宋的羅泌對於這些並不滿意，他還要作一次綜合。搜求的能力
也實在可驚。他看見尸子內有"神農七十世有天下"的説法（此
説御覽七十八也引過），並且據他所引的呂氏春秋，也是七十世，
並不是十七世（我們現在並沒有法子判定哪個對，哪個錯），他就
盡他的力去尋找他們的名字。從他這一次努力，炎帝的世系已經
不復是八世，却變爲十五六世，居然增加了一半！據他所考可列
表如下（內"—"表示相承繼；"…"表示不相承繼）：

神農—柱…慶甲…臨—承…魁—明—直（帝值）—釐

（帝來）—居—節莖—{ 克
　　　　　　　　戲—{ 器
　　　　　　　　　　　小帝（參盧，榆岡）

他這樣地考訂並不是向壁虛造的。他把他所用史料的來源在注
裏面完全告訴我們，我們現在不難從這些材料判定它那推斷的正
確或錯誤。

　　在春秋時代的傳説裏面並沒有見到神農；雖有炎帝，却與播百穀
無干。另外却傳説有一個烈山氏。國語魯語上記着展禽的話，説：

　　　　昔烈山氏之有天下也，其子曰柱，能殖百穀百蔬。夏之
　　　興也，周弃繼之，故祀以爲稷。

左傳昭公二十九年中把此二人分別開，説得更清楚：

有<u>烈山氏</u>之子曰<u>柱</u>,爲稷,自<u>夏</u>以上祀之;<u>周弃</u>亦爲稷,自<u>商</u>以來祀之。

這兩段説法可以互相補足,大約是很古的傳説。此後<u>禮記祭法篇</u>承用<u>魯語</u>的一段,但<u>烈山</u>變爲<u>厲山</u>,這是由於古音相同假借,無大關係;"<u>夏</u>之興"變爲"<u>夏</u>之衰",這或者由於<u>祭法篇</u>所見的<u>國語</u>是同我們現在所見的一個不同本子。其實"興""衰"二字古人用時也頗隨便:<u>夏</u>興未必就是指<u>禹</u>與<u>啟</u>的時代;<u>夏</u>衰也不一定就是指<u>桀</u>的時代。從這幾段我們可以推定:(一)古代所傳發明農業的人是一位很具體的人,屬於<u>烈山氏</u>族,名叫作<u>柱</u>的人,並不像<u>神農</u>那樣一位有神祇嫌疑的人,也不像<u>炎帝</u>那樣,爲完全另外一個氏族的名字。他是什麼時候的人却於古無徵,看他在<u>夏</u>代以前就被祀爲稷神,大約是相當早的吧。(二)可以看出在<u>夏</u>以前所傳説的后稷,這就是説管理稼穡的神,是指的這位<u>柱</u>,並不是指周朝的祖先名叫<u>弃</u>的。後人看見一個后稷的名字,就覺得是指<u>周弃</u>,至少説,裏面總有一部分是不正確的。(三)可以想像:等到<u>戰國</u>的時候<u>神農</u>説起,"能殖百穀百蔬"的<u>柱</u>的榮光幾乎完全被他遮掩,但是關於他的傳説總不會完全消滅掉。在這樣矛盾情形之下,必須把他們拉到一塊,才可以使兩面全不受傷。<u>祭法篇鄭玄</u>注、<u>魯語上韋昭</u>注所説"<u>厲</u>(或<u>烈</u>)<u>山氏</u>,<u>炎帝</u>也",<u>帝王世紀</u>所説"<u>神農</u>……本起<u>烈山</u>,或時稱之"[①],<u>三皇本紀</u>所説"<u>神農</u>本起<u>烈山</u>,故<u>左氏</u>稱<u>烈山氏</u>之子曰<u>柱</u>,亦曰<u>厲山氏</u>",全是這樣調和的説法。<u>神農</u>既成了<u>烈山氏</u>,那<u>羅泌</u>

①引見<u>太平御覽</u>七十八。

再進一步說"炎帝柱,神農子也",也是不足爲怪的了。

慶甲一代出於齊、梁間陶宏景所著的真誥,在今本卷十五闡幽微第一裏面。它的原文如下:

> 炎慶甲者,古之炎帝也。今爲北太帝君,天下鬼神之主也。

在南北朝時代道教徒正在日日僞造書籍以與佛教徒相對抗,真誥正是這一類的書,怎麼能在那裏面尋找古史資料? 像上面所引荒唐的語言,一望就可以斷定它毫不足信。可是羅泌珍重地把這一個名字補到炎帝世系的中間,並且說明他是"帝柱之仙"("仙"與"胄"同,是後裔的意思),所以我們對於羅氏搜羅的廣博實在還有點佩服,並且證明他加此一代絕非臆造,可是對於他那史識的貧乏又不能不感覺震驚!

繫辭正義引世紀,帝臨魁在帝承前,御覽引世紀,帝臨在帝承後。世紀說的史料價值如何的問題姑且不談,二書所引一定一正一誤,是無疑問的。可是羅泌兼用兩說,分臨與魁爲二,把它們分置於帝承的前和後! 既可調和兩說使皆無所傷,炎帝世系中又可以多得一代。巧果然很巧了,可是這樣工作是否有點可笑呢! 看孔穎達所引世紀,所說的"八代"明明是包神農自身在內。三皇本紀多出帝克一代,却仍說"八代",那似乎僅從帝魁算起。羅泌也說"帝魁之後八世而爲榆岡(與"罔"互訛,不知孰正、孰誤)",似乎同本紀的說法沒有分別,可是他既把魁列在承後,那"八世"還是不夠。他就又移花接木,帝釐後面並不接帝哀,却接帝居,這就從世紀系統暗暗轉入山海經系統。但按經説炎居後爲節並，可是路史却作節莖。"並""莖"二字形近互訛，無關宏旨。經節並後爲戲器，路史却把二字分開，説他們是父子二人！經內後面還有祝融後四代，路史倒没有把他們列到諸帝系統裏面。他又把祝融改爲祝庸，説他是黄帝的司徒（此説路史注未注出來源，疑惑他是臆造）。共工一代移在後面。後面的術器變爲術囂，應當也是形近互訛。后土的下一代却有垂，他却爲堯共工，這有堯典文的來源，但與山海經的次序顛倒。此下列噎鳴、歲十二，與山海經同，但以噎鳴爲即伯夷，恐怕又是由於聲音相近，就强往一塊拉！他雖列入器一代，却並没有説他登帝位。登帝位的是他的弟弟榆罔。節莖的兒子又有帝克，那又攙入三皇本紀系統。不過他並没有列帝哀一代，却説"哀"爲"克"的訛誤，合二爲一，似乎比本紀的説法更與世紀相近一點。炎帝世系最後爲榆罔，仍本世紀的説法。他又名參盧，大約本於五帝本紀"神農氏世衰"句下索隱所説"即班固所謂參盧，皇甫謐所云帝榆罔是也"的説法。

此外據禮記祭法篇正義、路史後紀卷三引春秋命曆序"炎帝八世，五百二十年"，路史後面又説是"八世，五百四十年"，三皇本紀却作"五百三十年"。這個數目來源不明。並且真正的曆法的製定，當在帝顓頊以後，此前尚無曆法，怎樣能有精確的年月？這個數目本身就不足靠，小小差異又何必去管它？羅泌也不相信它，可是原因却是由於他嫌它太短促。他説："夫神農七十世，以炎、黄之在位觀之，不下數百千年，而命曆序等類以爲八世、五百四十年，此所以致傳記之紛紛……知其難據。"又命曆序不過説神農世系爲五百餘年，並未指出八世各帝每帝各有幾年。路史注説世紀説本於命歷序，應當靠得住。看周易正義所引世紀説，八世包括神農在内，那五百餘年也應當包括神農在位年數，毫無疑間。可是在唐以後，各帝又都有在位年數，加起來也是四百幾十年，可是又不包括神農的一百二十年（路史注説："或云百四十。"路史則爲百四十五）。此説此後古史書大約承用。在這裏可以看出後代治古史的人有兩個傾向：一個是去古代越遠，知道的事情越多；另一個是時代越靠後，他所叙述的古代年數越長。要之全不足信。

羅泌這樣考出的新世系雖説牽强支離，但從另外一方面看，也可以説它幾乎無一字無來歷。並且有時候他也算能傳疑，不勉强附會，有時候他還能作實地調查（他曾到湖南茶陵，拜炎帝的陵墓），也頗具歷史家的風度！我個人最感興趣的是他作綜合工作的歷程。我並且疑惑這不僅是他個人工作的歷程，實在它對於以前作綜合工作的人有代表性：他們所用的方法同羅泌的大約也差不多。所以羅氏所考出來的新世系我們雖然無法遵從，但是我們却感謝他，因爲他把作綜合工作的方法約略地顯示給我們。

（二）伏羲、女媧

在戰國以後伏羲靠着周易繫辭的勢力成了聖人，可是在春秋時代和以前，他的踪迹一點也沒有見着。此後同他合成一人的太皞，據我們的研究，知道他是東夷集團的首長，看不出來他同伏羲有什麼關係。早期的書，如論語、墨子、孟子等書中没有提到伏羲一字。他最早的出現大約在戰國的中葉。稱述他的第一部書，據我所見當爲莊子。人間世篇説：

是萬物之化也,禹、舜之所紐也,伏羲、几蘧之所行終,而
況散焉者乎。

王先謙解釋説:"此禹、舜應物之綱紐,上古帝王之所行止,而況
凡散之人有不爲所化乎。"成玄英説:"几蘧,三皇以前無文字之
君。"①大宗師篇説:

> 豨韋氏得之以挈②天地;伏戲氏得之以襲氣母;維斗得
> 之終古不忒;日月得之終古不息;堪坏得之以襲崐崙;馮夷得
> 之以游大川;肩吾得之以處大山;黄帝得之以登雲天;顓頊得
> 之以處玄宫;禺强得之立乎北極;西王母得之坐乎少廣,莫知
> 其始,莫知其終;彭祖得之上及有虞,下及五伯;傅説得之以
> 相武丁,奄有天下,乘東維,騎箕尾而比於列星。③

這一節前面是説的道及對於道體的形容,此節就指出得到道的就
有這樣的好處。

莊子的内篇各篇雖然或者也不免有後人加入的話,可是上面

---

①王説見他所著的莊子集解;成説莊子集釋引。
②編者注:"挈",原誤作"絜",據通行本莊子集解及後文改。
③堪坏,山海經西山經次三鐘山下作欽鴉。畢沅新校正本條下注説:"欽亦作堪,音
同。鴉當作坏,或爲負,或借駓。鴉字俗寫也。莊子云'堪坏襲崐侖';淮南子作欽
負。又欽負,今俗本作鉗且。"西山經説:"欽鴉化爲大鶚,其狀如鵰,而黑文白首,赤
喙而虎爪,其音如晨鵠。"馮夷,集釋引疏説他"服八石,得水仙。……天帝錫馮夷爲
河伯"。肩吾,集釋引疏説:"肩吾,神名也。得道,故處東岳爲太山之神。"禺强,山
海經海外北經作禺疆,説:"北方禺疆,人面鳥身,珥兩青蛇,踐兩青蛇。"西王母,山
海經西山經次三玉山條下説:"西王母其狀如人,豹尾、虎齒而善嘯,蓬髪、戴勝。是
司天之厲及五殘。"

所引的兩段却不像後期的文字,大致可以相信是出於莊周自己的手筆。不過這兩段措辭深隱,並不能使我們了解許多。看大宗師篇中,各句首所羅列的一大批名詞,裏面有斗、日、月的自然現象,有堪坏、馮夷等的神話人物,有彭祖、傅説人格確實而被神化的人物,有黃帝、顓頊的古帝,可是豨韋氏與伏戲氏排列在最先。他們不惟排列在古帝的前面,並且在維斗、日、月的前面。"襲氣母"三字的意思不易明白,"天地"二字的意思人人皆知。成玄英説:"挈又作契,言能混同萬物,符合二儀。"這樣以契合解釋"挈"字,未必合原來的意思。説文以"繫持"解"挈",又以"挈"解"提",淮南子俶真訓内也説過"提挈天地"。如果用提挈的意思,那"挈天地""襲氣母"二詞所屬的人物或者是指天地開闢時候整理天地的純粹神話的人物吧。此外胠篋篇列舉"至德之世"的十二氏,伏戲、神農二氏却處最末。繕性篇内説:"逮德下衰,及燧人、伏羲始爲天下,是故順而不一;德又下衰,及神農、黃帝始爲天下,是故安而不順。"在這裏伏羲的時代確實地放在燧人氏後,神農、黃帝前。田子方篇内説:"古之真人……伏戲、黃帝不得友。"這裏只舉兩個人,但他也在黃帝前。從這三段文字可以看出伏羲的時代和古帝的地位已經相當確定了。不過這幾篇寫作的比較晚,或許晚到西漢的時候也很難説。括總説起,莊子書是一部最好談伏羲的古書了。

　　在莊子以後稱述他的還是不多。雖商君書(商鞅人在莊周前,可是書的寫著却應該在莊子後)、管子(管仲,管子書大部分爲戰國人所寫,小部分更在後)、荀子、戰國策也間或提及他,但全無關重要,我們從這些材料裏面什麼也推測不出。韓非子、呂氏春秋兩書特別好稱引雜事，可是對於他老先生一個字也沒有談到。它們每次談到遠古，也不過追溯到神農、黃帝。伏羲變成首出庶物的大聖人的原因是靠着周易繫辭的力量。至於後期談他最多的却要推淮南子。繫辭下篇內說：

　　　古者庖犧氏之王天下也，仰則觀象於天；俯則觀法於地。觀鳥獸之文與地之宜。近取諸身；遠取諸物。於是始作八卦，以通神明之德，以類萬物之情。作結繩而爲網罟，以佃以漁，蓋取諸離。庖犧氏没，神農氏作……神農氏没，黃帝、堯、舜氏作……①

它在本節裏面並沒有列舉很多古帝，僅僅談到頂烜赫的神農、黃帝、堯、舜，可是在他們前面却拿他老先生來開場。所談及的事迹裏面又毫不含神話。雖有"以通神明之德"的一句話，可是遍讀古代哲人的傳記幾乎沒有一個人不同神有或多或少的關係，這又不是他一個人的特點。他能仰觀俯察，又能"制器尚象"。如果這些叙述完全確實，他真是一位了不起的大哲學家，與希臘的達來斯、亞納柯西曼德爾、亞納柯西默奈斯一類人相較，也算出色！只要我們繼續相信繫辭的説法，他老先生"首出庶物"的大聖人的寶位是安若磐石的。

　　前人尊重繫辭的權威是由於說它是孔子的著作，而孔子却是

①今本作包犧氏。阮元校勘記說："釋文、包本又作'庖'。"旭生按御覽七十八引繫辭也作"庖"。作"庖"與下文的"以佃以漁"似有關係，所以從經典釋文寫作"庖"。"佃"爲"畋"的假借字。"取獸曰畋"。

絶不會錯誤的。現在據我們看，不要説孔子也會有錯誤，並且繫辭的著者也絶没有告訴我們説繫辭爲孔子所著作。我們現在並不疑惑繫辭作者的作僞騙人，可是在我們瞻仰這位大聖人以後，不禁要想問問：他這樣的寳位是怎樣上去的？

在周、秦及西漢初期的著作裏面談到伏羲同八卦的關係的，除了上述的繫辭，大約只有淮南子了。要略篇内説：

> 今易之乾坤足以窮道通意也，八卦可以識吉凶，知禍福矣。然而伏羲爲之六十四變，周室增以六爻，所以原測淑清之道而擽逐萬物之祖也。①

它没有説伏羲作八卦，却説"伏羲爲之六十四變"，驟看似乎同繫辭的説法不完全相同，但是，第一，它肯定伏羲同周易的密切關係；第二，繫辭下文説"蓋取諸益""蓋取諸噬嗑"等類，然則繫辭的作者的意思同主張"伏羲爲之六十四變"的人的意思並不衝突。因爲淮南子比較浩博，並且它也喜歡談伏羲，我們從那裏去探討，或者更容易發現伏羲的真相。

淮南子第一篇，原道訓就提到"泰古二皇"，高誘注説："二皇，伏羲、神農也。"我覺得二皇之一指伏羲，大致不成問題，可是另外一位是否指神農，却還須費考慮。主術訓内雖有"故不言之令，不視之見，此伏犧、神農之所以爲師也"的文字，氾論訓内雖有"夫神農、伏羲不施賞罰而民不爲非"的文字，可是覽冥訓内也

---

① 擽又作擽，作擽，音君，拾也，取也。"擽逐萬物之祖"是要説取萬物不同的現象，追溯到它們發生的原因。

曾説“<u>伏戲</u>、<u>女媧</u>不設法度而以至德遺於後世”；<u>俶真訓</u>内也曾説“乃至<u>神農</u>、<u>黄帝</u>剖判大宗，竅領天地①……”②。但<u>俶真訓</u>不惟上面也談到<u>伏羲</u>，可以證明“二皇”非指<u>神農</u>、<u>黄帝</u>，並且它接續上段引文就説：“於此萬民睢睢盱盱然，莫不竦身而載視聽，是故治而不能和下。”③這幾句話或者已經足以取消<u>神農</u>列於“二皇”的資格。固然，上面叙<u>伏羲氏</u>之世，後而却説“而知乃始昧昧㫰㫰（<u>王念孫</u>説“今本㫰㫰當作㽍㽍，昧昧㽍㽍，一聲之轉”，很是。<u>高誘</u>注：“昧昧，欲明而未也。”㽍㽍義當相近），皆欲離其童蒙之心，而覺視於天地之間，是故其德煩而不能一”，也表示一些不足的意思。但是，<u>淮南子</u>此節以“純樸未散”爲“至德之世”，到<u>伏羲氏</u>的時候人民“昧昧㽍㽍”，想要明白，却還沒有明白，按着它的説法，純樸還是未散，離“至德之世”，沒有比它再近的，從至德説，應當沒有比他再高的。當爲“二皇”之一，毫無疑問。至於其他一皇恐怕是<u>女媧</u>。<u>女媧</u>在古書中更爲稀見，僅在<u>楚辭天問篇</u>、<u>山海經大荒西經</u>、<u>禮記明堂位篇</u>内偶然遇到她的名字④。可是她到<u>淮南子</u>裏面却極烜赫，並且同<u>伏羲氏</u>好像有不能分離的關係。<u>覽冥訓</u>内説：

————————

①編者注：“地”，原誤作“下”，據通行本<u>淮南子俶真訓</u>及作者原注（注②）改。

②<u>高誘</u>注：“竅，通也；領，理也。”“剖判大宗，竅領天地”，這是由於前邊曾説“至德之世……渾渾蒼蒼，純樸未散”。“至<u>伏羲氏</u>……皆欲離其童蒙之心”，可是當時不過有這樣的傾向，純樸仍沒有大散。“大宗”就是指從前純樸未散的情形。<u>淮南子</u>作者的意思是説經過此次“剖判”，一切全明析顯著，可是從前的純樸完全消失。“竅領天地”是説把天地間現象整理起來，使各就條理。

③<u>高誘</u>注：“睢睢盱盱，聽視之皃也。”載有重的意思。這是説當時的人不得不視，不得不聽，盡力以視聽。

④<u>天問篇</u>内説：“<u>女媧</u>有體，孰制匠之？”<u>山海經大荒西經</u>内説：“有神十人，名曰<u>女媧</u>之腸（<u>郭璞</u>注：“或作<u>女媧</u>之腹”。），化爲神，處<u>栗廣</u>之野。”<u>禮記明堂位篇</u>内説：“<u>女媧</u>之笙簧。”

昔者黄帝治天下……然猶未及虙戲氏之道也。往古之時，四極廢，九州裂；天不兼覆，地不周載；火爁炎①而不滅，水浩洋而不息；猛獸食顓民，鷙鳥攫老弱。於是女媧鍊五色石以補蒼天；斷鼇足以立四極；殺黑龍以濟冀州；積蘆灰以止淫水。蒼天補，四極正。淫水涸，冀州平。狡蟲死，顓民生。背方州，抱圓天。和春，陽夏，殺秋，約冬。枕方，寢繩。陰陽之所壅沈不通者②竅理之；逆氣戾物、傷民厚積者絶止之。當此之時……侗然皆得其和，莫知所由生。浮游不知所求，魍魎不知所往。當此之時，禽獸蝮蛇無不匿其爪牙，藏其螫毒，無有攫噬之心。考其功烈，上際九天，下契黄壚；名聲被後世，光輝重萬物……道鬼神，登九天，朝帝於靈門，宓穆休於太祖之下。然而不彰其功，不揚其聲，隱真人之道以從天地之固然。何則？道德上通而智故消滅也。③

─────────

①編者注：“炎”，原誤作“焱”，據作者原注（注③）改。

②編者注：“者”，原脱，據作者原注（注③）補。

③爁音濫，廣韻：“火貌。”“爁炎”，“浩洋”，讀書雜志卷十三内説：“炎當作焱，字之誤也。説文：‘焱，火華也。’玉篇：‘弋贍切。’廣韻：‘爁，力驗切，爁焱，烻也。’太平御覽皇王部三，引此作爁焱，與廣韻合。洋當爲漾，亦字之誤也。玉篇：‘漾，弋沼切。’……御覽地部二十四，引此作‘浩漾’，皇王部三，引此作‘皓漾’。‘爁焱’‘浩漾’皆疊韻，‘浩洋’則不疊韻。蓋後人多見‘炎’‘洋’，少見‘焱’‘漾’，故焱誤爲炎，漾誤爲洋矣。”“顓”，高誘注：“善也。”説文顓字下説：“謹貌。”漢書賈捐之傳“顓顓獨處一海之中”，注：“猶區區也。”大約顓民是指謹慎獨處的人。“寢繩”，高誘注：“直身而卧也。”“陰陽之所壅沈不通者”，讀書雜志卷十三内説：“‘陰陽之所壅沈不通者’，當依文子精誠篇作‘陰陽所擁（“擁”“壅”古字通）沈滯不通者’。今本‘所’上衍‘之’字，‘沈’下脱‘滯’字，則句法參差，且與下文不對（若以‘壅沈’二字連讀，則文不成義）。”“蝮蛇”，讀書雜志同卷内説：“‘蝮蛇’本作‘蟲蛇’，此後人妄改之也。‘禽獸、蟲蛇’，相對爲文，所包者甚廣。改‘蟲蛇’爲‘蝮蛇’，則舉一漏百……文子精誠篇正作‘禽獸蟲蛇’。韓非子五蠹篇亦云‘人民不勝禽獸蟲蛇’。”“黄壚”，高誘注：“黄泉下有壚土也。”尚書禹貢篇豫州“下土墳壚”條下正義説：“壚音盧。（轉下頁注）

　　裏面的**處戲**就是**伏羲**,也就是**繫辭**中的**庖犧**,古音相同通假。上面説"未及**處戲氏**之道",語意含蓄未盡,下面就接着説**女媧**的功績,那**女媧**同**處戲氏**有很密切的關係可以想像出來。從前讀書的人總是忽略過這一句接筍的話,以爲下面是專叙**女媧**。其實下面必須也與**處戲**有關係,才需要這樣一句接筍的話,否則這句話毫無着落。**女媧**不是創造天地的神,却是整理天地的神。天地没有經她老人家整理以前,天也缺塊,地也缺角;火灾不息,水患不停;猛獸吃壯年,鷙鳥捉老弱:如果那樣可怕的情形繼續下去,人類是否還能生存也真成問題了。一經她老人家的工作,一切全都就序:水火息滅,四時調和;狡蟲死去,人復壯健;陰陽逆氣不通而傷民的均得竅理通暢;浮游(即蜉蝣,一種甲蟲)、魍魎、禽獸、蟲蛇雖還存在,却全不能爲害。她這樣的功烈,説它"上際九天,下契黄壚;名聲被後世,光輝薰萬物",真是一點不愧。可是她還是"不彰其功,不揚其聲,隱真人之道以從天地之固然",至德如此,如果她還不能被推爲泰古的一皇,還有什麽人能被推呢? 並且"氏"就指氏族,**處戲**下加一氏字,那所指的就不是個人,却是氏族的全體。**女媧**下不加這一氏字,那她或爲**處戲**氏族中的一員。此後各書中**女媧**後多加氏字,是因爲它們已經不明白他們同氏族的關係,遂致隨便濫用。

　　並且**淮南子**作者的思想是一貫的。**精神訓**中所説"古未有天

　　(接上頁注)説**文**:'黑剛土也。'""重萬物",**讀書雜志**同卷内説:"'重'字義不可通。**爾雅釋魚**疏引此作'光輝薰萬物',是也。薰,猶薰炙也。謂光輝薰炙萬物。故**高注**曰:'使萬物有輝光也。'""宓穆休於太祖之下",**高誘**注:"宓,寧;穆,和;休,息也。太祖,道之太宗也。"

地之時,惟像無形……有二神混生……",這混生的二神同泰古的二皇也有同條共貫的關係。所説"經天營地"也就同二皇的"能天運地滯,輪轉而無廢"①很相近,所説"孔乎莫知其所終極,滔乎莫知其所止息"②,同二皇的"鈎旋轂轉,周而復匝"也是相類的表現。可是二神表現爲"剛柔",爲"陰陽"。陰陽在人就成了男女。二皇同它相應,那就必不能爲伏羲與神農,只可能爲伏羲與女媧,也可以算有旁證了。

按三皇的名字,宋均、譙周雖有燧人、伏犧、神農的主張,白虎通義又有伏羲、神農、祝融的記載,可是鄭玄注尚書中候勑省圖引春秋運斗樞,文選班固東都賦注引春秋元命苞,皆以伏犧、女媧、神農爲三皇③。風俗通義也曾引運斗樞的説法。運斗樞、元命苞係緯書。緯雖晚出,但不得晚於西漢,早也可能在秦漢之際。這就足以證明女媧爲皇實屬古説。又自漢書古今人表以後各書全説女媧緊接着伏羲,帝王世紀説庖犧氏"繼天而生,首德在木"④,可是三皇本紀説"女媧亦木德王"。五德輪流,可是伏羲、女媧全"以木德王",就足以證二人本出於同氏族,不能分開。

從淮南子及上列其他各書所説已經足以證明伏羲、女媧二名有極密切、不容易分離的關係,可是他們的傳説從那個集團裏面發生出來仍是毫無所知。

清初陸次雲的峒谿纖志裏面曾説:"苗人臘祭曰報草。祭用

---

①高注:"運,行也;滯,止也;廢,休也。"
②高注:"孔,深貌;滔,大貌。"
③禮記曲禮篇"太上貴德"節下正義引。
④太平御覽卷七十八引。

巫,設女媧、伏羲位。"現代的人類學者實地考查,才得到些苗族傳説。按他們的傳説,苗族全出於伏羲與女媧。他們本爲兄妹(或姊弟)。遭遇洪水,人烟斷絶,僅存此二人。他們配爲夫婦,綿延人類。有一部分傳説,説這個男子叫作 Bu-i,女子叫作 Ku-eh。Bu-i 就是伏羲的古音,Ku-eh 同媧字的古音也極相近。Bu 字的原義爲祖先,i 是"一"或第一的意思;Bu-i 就是指最早的祖先。照這樣説,苗人所説最早的祖先就是伏羲、女媧。關心這個問題的人可看前歷史語言研究所編輯的人類學集刊内的芮逸夫著的苗族洪水故事與伏羲、女媧的傳説,不再贅述。所要説的是這兩個名字同漢族書中所載的同名萬不會是偶合。如果不是苗族受漢族的影響,就是漢族受苗族的影響(三代及以前以華夏與苗蠻分)。春秋時代所留下的文獻還算不少,可是没有看見伏羲和女媧的隻字。戰國前期仍未見到;中期若明若昧。大顯最早在戰國末期,晚也當在西漢初期。像這樣的情形,説這種傳説出於華夏集團,似乎不近情理。更重要的是此傳説中的兄妹結爲夫婦與儒家傳統的道德觀念不合。後代載籍中關於此二人普通的講述裏面也並没有這些。可是傳説並不是没有,就是不很顯著。這一故事又可分爲兩點:一點是他們兩個爲兄妹,另一點是他們結爲夫婦。據芮氏文所搜羅,關於第一點的有風俗通義的逸文、廣韻、通志三皇考、路史後紀、開闢衍繹、近人著的上古神話演義等書。關於後一點的記載較少,但也有漢武梁祠畫像、唐盧仝與馬異結交詩、僞三墳書、元杜道堅玄經原旨發揮裏面均有證明。盧仝詩"女媧本是伏羲婦",全唐詩下注:"一作'女媧伏羲妹'。"我疑惑這並不出於後來兩個不同的本子,却是盧仝原來就有兩個稿子,他原寫作一種，以後又自己改作他種。如果這個猜測不錯，那盧全是知道這個完全故事，所以兼説到兩點。因爲傳説同儒家的傳統觀念不合，所以受盡壓抑，可是它所遺留的蛛絲馬迹，在各代的著作裏面還都可以找出來。如果説這種傳説不是從南方傳播到北方，那上述的情況全要成了無法解釋的謎底。如果反過來説，那就很容易解釋。那末，何去何從，我們似乎不難抉擇了。

　　看芮氏所搜集的苗族傳説材料，伏羲、女媧由兄妹而成夫婦，大多數的材料都説是由女方主動，男方被迫，可也不是没有相反的説法。我個人相信由女方主動是母系社會中原型的傳説，相反的説法是社會制度變革後的改造。再看覽冥訓的叙述，上面雖説過"未及慮戯氏之道"，下面叙述的却全是女媧的業績，未及伏羲一字。再看風俗通義所記："俗説天地開闢，未有人民。女媧搏黄土作人，劇務力不暇供，乃引繩於絚泥中，舉以爲人。故富貴者，黄土人也；貧賤凡庸者，絚人也。"[1]像創造人類這樣重要的事業却完全出於女媧，與伏羲無干。這一切全可以使我們推測這個傳説起源很早，發生於母系制度時代。等到以後父系代替母系，伏羲的人格才漸漸重要起來，最後他幾乎遮掩了女媧。女方主動的事迹也逐漸變成男方主動的事迹。

　　苗人説他們最初出於伏羲及女媧；覽冥訓的説法同他們很相近；繫辭雖没有談到女媧，並且也没有談及人類出生的問題，但庖犧爲最古的帝，同苗族傳説的意思也可以説是相近：這是三方面相類的地方。另外，苗族傳説的中心點集中於人類起源方面；覽

---

[1] 御覽卷七十八引。絚，説文説："緩也。"在句中無意義，可疑。

冥訓的中心點注重於整理世界方面；繫辭注重於仰觀俯察，制器
尚象：這是三方面不相類的地方。我覺得當戰國中葉，楚國的勢
力深入湖南，苗族傳說逐漸輸入華夏以後，首先受它的影響的是
莊子一派人。莊周，蒙人（今河南商邱縣北境），雖不是南方人，
可是宋地綰轂南北，交通便利，固有受各方影響的可能性。並且
莊周游心遠古，話説得越遠越好，這樣正投到他的嗜好。女媧一
名女希①，那大宗師篇内的狶韋，是否同她有點關係也很難説。
楚辭天問篇的作者屬於南系，所以也受它的影響，談到女媧。最
初祖先的原義或者當日的中國人還曉得，所以此後的繫辭作者就
把他列於古帝的首坐。繫辭的作者不知是誰，但總是一位戰國後
期或西漢初期的儒者。他的思想很發達。繫辭裏面包有一種比
淮南子簡略而較精深的宇宙論，那麼他個人就是一位仰觀俯察的
名手。八卦代表天、地、雷、風、水、火、澤、山的説法此時大約早已
成立。誰也不知道它的確切來源，但相傳出於遠古。作者既相信
伏羲爲古帝的首坐，説八卦或六十四卦爲他的創造品，也很可以
理解。又在作者的思想裏面，八卦是表現自然界中最顯著的八種
現象的記號。伏羲既能在自然界裏面找出來這八件最顯著的現
象，"以類萬物之情"，這就是説他把紛然淆雜的萬物分成八類，
他怎樣能不是一位仰觀俯察的大聖人呢？在北方華夏集團裏面
古代所稱"比類百則"的是大禹②，在其他集團的，"以類萬物之
情"就會是另外的一個人。來源不同，人物自然也不能相同。
"近取諸身，遠取諸物"，是儒家的一貫思想，也由作者送給這位

①太平御覽卷七十八引帝王世紀。
②國語周語下。

首出庶物的聖人。不但如是，世經內説：“作罔（網）罟以田（佃）漁取犧牲，故天下號曰炮犧氏。”①説法出於繫辭。皇甫謐也説：“取犧牲以供包厨，故號曰包犧氏。”②司馬貞兼取兩説，分别解釋，説：“結網罟以教佃漁，故曰宓犧氏；養犧牲以庖厨，故曰庖犧。”③據路史所引，還有由於服牛乘馬而號伏犧的説法，羅泌對以上諸説均斥責爲“鄙妄”，獨采用禮緯含文嘉“伏者，别也；羲者，獻也”的説法。今按含文嘉及司馬貞的解釋全是望文生義，無遵從的價值。並且繫辭作者接收南系最初祖先的神話，又用自己的理想加上一種緣飾，我們今日只能承認伏羲爲神帝或神皇，不能拿他同原出氏族名稱，實屬人帝的太皞和少皞同等看待。但繫辭、世經、帝王世紀的説法也還有它真實的一方面，未便一筆抹殺。繫辭中的包犧氏，經典釋文就作庖犧氏。作者特别於神農以前提出“以佃以漁”的現象，他或者也是有意地不用伏羲、宓羲及其他同音字，却特用庖犧兩個有意義的字，他確切地認識社會進化在農業階段以前還有漁獵階段的存在：他所説的神農氏實在是指這一農業階段，庖犧氏是指漁獵階段。最初祖先的專指名詞到他的思想裏面又變成代表時代的泛指名詞。他所用的方法我們不能承認，但是他對於社會進化的分段觀念却不錯誤。此後淮南子的作者同南方的關係較深，對於伏羲和女媧的關係知道得更清楚，並且由於這樣的説法同他們那陰陽二氣的二元論的哲學觀點相合，所以稱述得更詳盡。可是洪水

---

①漢書律曆志末。
②太平御覽卷七十八引帝王世紀。
③三皇本紀。

時期情狀的描寫却仍是漢朝人的看法。這也可以證明無論什麼傳説,經過一次移地,全要受重要的變化了。

　　括總説起,我國古代三部族集團以華夏集團爲主幹。它同東夷集團接觸得很早,並且後者的文化並不比前者低——現時有些人説後者比前者更高,但是没有充分的證據——所以雖説暫時有些衝突,却是很快地就能合作,並且達到頗完善的地步。堯典内説"黎民於變時雍"(於讀同烏。"時,是也;雍,和也"①),這就是説東夷集團中九黎的遺民變化了,和睦了。這還是兩集團開始同化時候的情形。看左傳僖公二十一年末所記邾人滅須句事及論語季氏篇首章所記,就可以看出"崇祀皞、濟"的屬於東夷集團的須句、顓臾諸國與魯國的密切關係,已經達到融合無間,近於不分彼此的程度。太皞、少皞、皋陶、伯益等東夷賢豪很早就加入了我國古代聖君賢相的大系統内,並無足異。華夏不久又同苗蠻集團接觸,由於後者文化較低,所以華夏開始用武力,繼續長期地用宗教和文化把它征服。因爲主要地不是武力征服,所以除初期外,並無激烈的衝突,歸結也走到同化。可是因爲到底是征服,所以我們在早期知道的僅是些檮杌、驩兜、三苗等失敗英雄或氏族的名字。一直到戰國中葉,北方文化深入到湘水及沅水的流域,而後此集團的古老傳説才能爲華夏集團所接受和同化。等到漢朝,又與今日的畬和瑤相遇,雖説這一次是大帝國征服小民族,可是這時候的文化交流比早期密切的多,所以盤古開闢天地的神話傳説不久又爲我們所接受和同化②。雖説古史茫昧,今日還有不少

①尚書今古文注疏本條下。
②徐整三五曆紀,太平御覽卷二引。

可疑的地方，需要作進一步的研究，可是用現代的科學方法整理比較可靠的材料，它的痕迹總還可以看得出，不至於有大錯誤。戰國至西漢作綜合工作的歷史學者一方面廣搜博采，另外一方面又給它一種華夏的色彩，在第三方面又給它一種哲理上的根據，比方說：巢和燧的發明，漁獵和農業的分期。因爲他們的工作顧到的方面頗多，所以承用數千年，無人懷疑，也不是偶然的事情。用現代的眼光來看，他們把伏羲和太皞，神農和炎帝來自不同源的傳説强捏在一塊，應該爲我們所不滿。但是從另外一方面看，炎帝和神農的傳説雖説來源不同，可是我前面曾經説過：炎帝氏族開始的地方在今陝西寶雞、岐山一帶。我們在鬥雞臺的發掘，於史前遺址中在陶罐裏面見到霉黑的穀（小米）粒，使我們猜測到炎帝氏族進入農業階段比黄帝氏族爲早。周祖弃興起農業，此後被尊爲后稷，他的母親姜嫄明明出於炎帝氏族。周弃興起農業或者就是從他外祖家學到的技術。如果這個猜測不誤，就又是炎帝氏族早入農業階段的一個證明。那末綜合工作人把他們兩個説成一人，也不能説他完全無理由。太皞並非伏羲，但是他的時代似乎相當地早，對南方集團的漁獵階段也未必不同時。或者更進一步拿代表漁獵時代的庖犧包括這兩個集團的最古時期，也還可以説得通。這樣來看，這些歷史學者所作綜合工作的結果，雖説還談不上合於精確的科學，可是在當時也還有存在的理由。盤古加入古史系統的時間最晚，並且欠缺哲理上的根據，所以在清朝末年夏曾佑諸人已經看出他的馬脚。自此以後他在學術界中可以説已經推下寶座。可是我國古史上所有聖帝、明王、賢相的大系統，那裏面所包括的人名也不是全出於華夏族。這個系統的成功同此後盤古加入的性質完全相同。但是由於大系統於春秋、戰國時代已經成立，所以從前大多數的學者還不敢輕於疑惑它，一部分大膽的學者却傾向着要一筆勾消它。究竟這兩個極端似乎都不是真理之所在。從紛亂的史料中細心爬梳，找出來傳說中主要人物的個別來源，剝出來它裏面所包涵的歷史事件的核心，却有待於此後歷史工作人的耐心鑽研。

二、命曆序的古史系統及其補充的來源

到西漢中葉以後漸漸有緯書的出現。春秋緯中有一種叫做命曆序。它的本書早已亡逸。它不滿於五帝，也不滿於有巢、燧人、伏羲、女媧、神農等傳說，却創造出來一種偉大的系統，引見於廣雅、金樓子、禮記正義、三皇本紀、通鑑外紀、路史各書裏面。它把古史分爲十紀：一爲九頭紀；二爲五龍紀（外紀及路史都説一作五姓紀）；三爲攝提紀（金樓子作括提；外紀説：“或云七十二姓紀……或曰括提。”路史説：“是謂五十九姓紀。”）；四爲合雒紀（禮記正義及外紀都作合洛。外紀及路史都説或作三姓紀）；五爲連通紀（外紀及路史都説或作六姓紀）；六爲序命紀（路史作叙命。外紀及路史都有四姓紀的説法）；七爲循蜚紀（金樓子作脩飛；三皇本紀作修飛；外紀作循飛。路史説：“是謂二十一姓紀。”）；八爲因提紀（金樓子作因穆；三皇本紀作回提）；九爲禪通紀（路史説：“是謂十有八姓紀。”）；十爲疏訖紀（三皇本紀及外紀都作流訖；路史作疏仡）。上引廣雅據王念孫疏證本。但疏證説：“各本，‘攝’譌爲‘挺’；‘雒’譌爲‘雄’；‘連’譌爲‘建’；‘循蜚’譌爲‘修輩’；‘疏訖’譌爲‘流記’。”是疏證也是據各本校改的。除“雒”“洛”“序”“叙”“蜚”“飛”同字異寫可以不計外，其

他全不知道哪個是正字。十紀名目的來源如何，我們現在完全無從知道。但是從後面所述丹壺書對於後四紀的補充也大略可以窺見在它們那樣典型下面的工作方式。至於十紀的時間却綿長得驚人。據廣雅、禮記正義、外紀等書，從天地開闢到魯哀公十四年西狩獲麟，春秋絶筆的時候爲二百七十六萬歲！"大率一紀二十七萬六千年"。外紀又説："或曰二十六萬七千年。"禮記禮運篇正義也與外紀的或説相同。三皇本紀引作三百二十七萬六千歲；路史引作二百二十七萬六千歲。來源相同，數目却有出入。旭生按：外紀所稱的或説"六""七"二字誤倒；路史所引由於衍一"二"字鬧出錯誤；本紀所引既多衍一"二"字，"二百"又誤作三百。二百七十六萬這個數目在曆算上有根據。漢書律曆志上卷的末尾説：

　　　二象"十有八變而成卦"，"四營而成易"爲七十二，參三統，兩四時相乘之數也。參之則得乾之策，兩之則得坤之策。以陽九九之爲六百四十八，以陰六六之爲四百三十二，凡一千八十，陰陽各一卦之微算策也。八之爲八千六百四十而"八卦小成，引而信之"。又八之爲六萬九千一百二十。天地再之爲十三萬八千二百四十，然後大成，五星會終，"觸類而長之"，以乘章歲爲二百六十二萬六千五百六十而與日月會。

這一個 2626560 數目很重要，必須找出這個數目的來歷，才可以找出命曆序中 2760000 的根源。它的原文有點不容易懂，並且摻雜些神秘的氣息。不過經過清儒的整理解釋，大致已經明白。"二象十有八變而成卦"，除了"二象"二字外是抄録繫辭上傳第八章内的文字。李鋭解釋説："二九一十八。""四營而成易爲七十二"，前五字也是繫辭同章内的文字。錢大昕解釋説："四乘十八之數。""參三統，兩四時相乘之數也"，錢氏解："三三而九，二四而八，八九七十二。""參之則得乾之策，兩之則得坤之策"，繫辭同章内説"乾之策二百一十有六，坤之策百四十有四"；李氏解："三乘七十二得二百一十六；二乘七十二得一百四十四。""以陽九九之"至"陰陽各一卦之微算策也"，李氏解："九乘七十二得六百四十八，六乘七十二得四百三十二；並之得一千八十。""八之爲八千六百四十而八卦小成，引而信之"，"八卦"至句末八字也是引繫辭同章内的文字。這是又用八乘一千八十得八千六百四十。"信"是"伸"的假借，繫辭正作伸。"又八之"至"五星會終"，這是又用八乘，再用二乘，數目很清楚，無須細釋①。"五星會終"，後面再談。"觸類而長之"至"而與日月會"，前五字也是引用繫辭同章内的文字。志下卷首説："閏法十九，因爲章歲。""以乘章歲"，就是以十三萬八千二百四十乘十九。以上數目用算式表示就是：

$$\{[(2\times9)\times4\times9]+[(2\times9)\times4\times6]\}\times8\times8\times2\times19=(72\times9)+(72\times6)\times8\times8\times2\times19=(648+432)\times8\times8\times2\times19=1080\times8\times8\times2\times19=8640\times8\times2\times19=69120\times2\times19=138240\times19=2626560。$$

這些數目，除了章歲的十九爲古人由於實測知道每過十九年就應該有七個閏月，與三統曆的歲實三百六十五日又一千五百三

---

①漢書補注卷二十一上引。

十九分之三百八十五相乘("日法八十一",與章歲十九相乘,得
一千五百三十九;以此數除周天［就是十九年的日分］五十六萬
二千一百二十,除數爲三百八十五),絕無奇零,遂以十九歲爲一
章,我們可以明白外,其餘的"十有八變而成卦""四營而成易"
"陽九""陰六"等數目披上一層神秘的外套,使大家完全無法明
白。如果説穿,那全是他們的假托。他們有一個大假定,是預先
設想當天地開闢的時候,日、月、星辰不會是亂七八糟,却是排列
得很有次序。除了恒星它們相互間有一定的距離,永不變化,他
們無法設想外,日、月、五星,當我們看見它們的時候它們相互的
距離遠近參差不齊,但是據我們長期的觀測,可以知道它們的行
度各不相同。經過更長期的觀測,可以得到它們每個行度的規
律。知道此種規律以後我們就不難推算出來在某一定的時候它
們是排列得很整齊的。這樣的排列就是他們所説的"日月如合
璧,五星如聯珠"。這就是説在那一年的冬至朔旦的時候,日月
並列着,五星在天上的一方,列在一條綫上,並且它們中間相互的
距離也幾乎相等。這個時候就是天地開闢的時候,天地開始行動
的時候。他們把這個時候叫作上元,也叫作曆元。歷代的曆法推
算曆元,總算是一件大事。直到十三世紀<u>郭守敬</u>所定的授時曆才
堅決地廢去曆元。此後曆法才不使用曆元,可是還有不少的學者
對於<u>郭守敬</u>此舉非常不滿,足以證明舊傳統勢力的巨大。他們這
樣推算出來的天地開闢的時期,我們借着現代的科學,知道它一
定不對,可是他們這樣的推測不是也很可以理解麽? 他們的推算
是先由實測知道每一百三十五月有日月相交二十三次。但是這
個不到十一年(加閏算)的周期還有奇零的數目。必須積到四十

七個周期,六千三百四十五個月,五百十三年,恰好爲二十七章,四十七會,爲章月(二百三十五)與朔望之會(一百三十五)的最小公倍數,數無奇零。"於是交食復在朔旦冬至,循環一周。"他們又由實測,知道木星大約十二年一周天;他們把天上近赤道的二十八宿,分爲十二宫;又用它們配合歲陰的十二名,用它紀年(東漢後改用地支)。木星十二年一周天,就與歲陰相合,所以他們叫木星作歲星。但是他們又知道木星每年實在不只行一宫,所以就定爲一百四十四年超一宫,這就是説每遇到這一年就超過一宫來計算。——祖冲之、一行全已經知道過八十四年就應該超一宫,三統曆中一百四十四的數目不够精密——志中説"木金相乘爲十二(李鋭解:"天以三生木,地以四生金,三四一十二。"),是爲歲星小周。小周乘巛(坤)策,爲一千七百二十八,是謂歲星歲數。"歲數也叫作大周。他們又用相類的方法得到金星的小周爲十六,乘乾策得大周,爲三千四百五十六;土星的小周爲三十,乘巛策得大周,爲四千三百二十;火星的小周爲六十四,乘乾策得大周,爲一萬三千八百二十四;水星的小周也是六十四,乘巛策得大周,爲九千二百一十六。他們對於五以内數目的乘數有一種特別的愛好,比方説:$12=3\times2^2$;$16=2^4$;$30=5\times2\times3$;$64=2^6$;$144=2^4\times3^2$;$216=2^3\times3^3$。大約五星的小周的數目雖然也用五行的説法來緣飾,不過這只是緣飾,基本上還是出於實測,至於大周的數目,只看它僅僅限於用216與144兩個數目來乘,就可以斷定它一定不會與實測相合。他們又求五大周數的最小公倍數得十三萬八千二百四十,爲五星全復原位的年數。這個時候五星可以如聯珠了,但是日月還不能如合璧,所以又同五百十三年求最小公倍數,遂得此二百六十二萬六千五百六十年的數目。按着他們的說法,就是經過這樣多的年數,日、月、五星全回到原處,又"如合璧""如聯珠"了。律曆志中的世經說:"四分上元(這是古四分曆,並非東漢元和年所用的四分曆)至伐桀十三萬二千一百一十三歲。"又"據三統曆說,伐桀至(魯)僖(公)五年(公元前 655 年)積千九十六歲,而僖五年至太初元年(公元前 104 年)積五百五十一歲,則伐桀至太初元年積一千六百四十七歲。加入此四分上元至伐桀,爲十三萬三千七百六十歲"。他們以太初元年的實測冬至朔旦爲出發點,推算到以前的十三萬三千七百六十年,日、月、五星應該"如合璧""如聯珠",就把這一年叫作四分上元。但是他們覺得天地開闢離當時只有這個數目還是太少,所以又加上一大會數二百六十二萬六千五百六①十年,得二百七十六萬三百二十年。這一年叫作太極上元,緯書叫它作天元,這才真是天地開闢的一年。這個數目與命曆序所說開闢以來至獲麟的數目多三百二十年。魯哀公十四年西狩獲麟,春秋輟筆的一年爲公元前四百八十一年。再加上三百二十年,得前一百六十一年,爲漢文帝的後三年,與太初元年的前一百零四年相差五十七年,合三章的數目。後漢書補律曆志二記載順帝漢安二年太史令虞恭等議:"四分曆仲紀之元起於孝文皇帝後元三年,歲在庚辰。上四十五歲,歲在乙未,則漢興元年也。又上二百七十五歲,歲在庚申,則孔子獲麟,二百七十六萬歲。"他不說太初,卻說文帝後三年,像是想對於這相差的五十七年加以補正。但是這個相差總是存在的,我們今天絕不

---

①編者注:"六",原誤作"二",據前後文改。

應該把它隱蔽起來①。可是從另一方面看，命曆序所說開闢以來至獲麟年的數目是從這樣一個方法推算出來，似乎不能成爲疑問。他們既是這樣找出天地開闢的年月，並且覺得開闢以後不久就有了人。用現代的科學來判斷它，推斷人類發生有二百多萬年比今日的人類學者所說人類最早的出現不能超過距現在百萬年的固嫌太大，但比地質學者所說地球開始距現在約二十億年的又太渺小。並且宇宙是永恒的，更無所謂開闢。自然科學應該從確實的經驗起首，用辯證唯物的觀點去研究，用內籀歸納法求得近似數目。他們却從一個理想的，絕靠不住的理想點出發，用外籀演繹法去求，結果錯誤，固不待言。但是他們能注意到人類歷史的悠久，比局促於數千年中文字歷史的儒家不能不算作一種進步。又據禮記首釋名下正義、通鑑外紀卷一及路史前紀卷二末注所引鄭玄六藝論說：“遂(燧)皇之後歷六紀、九十一代至伏犧，始作十二(阮元校勘記引左傳定公四年正義引作“十言”，説此“二”字誤衍)言之教。”那十紀起自燧人氏。廣雅却說：“人皇以來。”正義同節又引六藝論說：“人皇，即遂皇也。”由此可以證明他們設想有人即能用火；證以周口店下層猿人已經有用火的痕迹，那末，他們這樣地推斷是正確的。

據路史及陳桱通鑑續編第一卷所引，易乾鑿度及春秋元命苞皆有這一段文字(現在元命苞本書已經亡逸，據玉函山房輯佚書所輯，僅引路史注內所引二百七十六萬歲的文字，沒有十紀的名

①朱文鑫曆法通志第五十四頁。參考上書七、八兩篇。我原稿說“他們用他們的曆法推算這個時候應該在漢文帝後三年庚辰(公元前 161 年)以前十三萬三千七百六十年”，是錯誤的。

字。但據陳書,元命苞中十紀名字及世數全很詳備。易緯乾鑿度及乾坤鑿度現在還存在,但是裏面並無此文,大約是因爲二書都是自永樂大典中輯出,裏面有亡逸),可以證明這種説法在當日爲學術界所公同承認。此後談古史的人就不能撇過這個系統。但是謹嚴的儒家學者對它都抱懷疑的態度。比方説,譙周就沒有談到;劉恕雖説把它載入外紀的開始,可是他記完一切以後,總結説:"諸儒各稱上古名號年代,世遠書亡。其存者參差乖背,且復煩而無用,今並略之。粗舉一二,可以見古今衆説誕妄不同。"可見他載這些異説不過要存誕妄的例子罷了。可是以方士爲代表的學者仍以爲不足,又加之以補充! 這些補充在路史前紀裏面記載得很詳細,羅泌並把它的來源詳細地告訴我們,卷三內説:

予既得丹壺、名山之記,又得呂梁碑,獲逆帝王之世,乃知天未喪斯文也。丹壺書云:"皇次四世,蜀山、傂傀六世,渾敦七世,東户十七世,皇覃七世,啟統三世,吉夷四世,九渠一世,僣韋四世,大巢二世,遂皇三世,庸成八世:凡六十有八世(旭生案:僅六十有七世),是爲因提之紀。倉頡一世,栢皇二十世,中央四世,大庭五世,栗陸五世,麗連十一世,軒轅三世,赫胥一世,葛天四世,宗盧五世,祝融二世,昊英九世,有巢七世,朱襄三世,陰康二世,无懷六世:凡八十有八世,是爲禪通之紀。"可謂備矣。而又有鉅靈氏、句彊氏,自句彊而下,次譙明氏,次涿光氏,以次至次民氏。如下所叙,總曰循蜚紀,有號而無世。自此以上,亦惟有九皇氏、地皇氏、天皇氏。又上而乃有盤古氏基之渾沌之説。其言渾沌之初,"上無復色,下無復淵",爲説甚繁,非足貽訓,故紬焉。自无懷降,所叙與名山紀大同。此予之史篇所取瀗(後來用"瀗"字,羅氏用爲定案的意思)者也。

從他在這一節所説,可以知道路史所叙是以丹壺書爲骨幹,間或引名山記來證明它。他説"自无懷(以)降,所叙與名山記大同",然則裏邊總有些不同的地方。名山記或是多篇的總名詞,未必爲一專書。現道藏中也並没有丹壺書一書,它大約已經亡逸。抱朴子遐覽篇所擧神仙家書目中有丹壺經的名字,也無從知道與此丹壺書是一是二。羅泌照着它的次序,又搜集和增加了許多材料。他述循蜚紀後,却説:"丹壺之書其不繆(謬)歟?"可見他也未嘗無若干的懷疑。現在照着他的次序排列於後,再看它的來源是否可以檢出。能檢出的寫在後面,現在還檢不出的就暫時缺着。

上面的引文對於循蜚紀没有開出詳細的單子。它的完全的名字如下所列:

　　鉅靈氏,句彊氏,譙明氏,涿光氏,鉤陣氏,黄神氏,狙神氏,犂靈氏,大騩氏,鬼騩氏,弅兹氏,泰逢氏,冉相氏,蓋盈氏,大敦氏,雲陽氏,巫常氏,泰壹氏,空桑氏,神民氏,倚帝氏,次民氏。

鉅靈也作巨靈。羅氏引書有遁甲開山圖、廣韻、九域志、李淳風小卷、水經注諸書。現遁甲開山圖已經亡逸。廣韻中無羅氏所引文,但脂部膗字下説:"汾膗,巨靈所坐也。"現行元豐九域志板本均不載古迹,所以不見羅氏所引文字。小卷,我現在没有檢尋出來,不知道還存在否。獨水經注河水條下詳載巨靈神事,説它出於左邱明國語。朱謀瑋説:"事在薛綜西京賦注引古語(在文選卷二)云云。"疑"國"爲"古"字的訛誤。但"國語"前有"左邱明"三字,路史注也説:"今國語亦無此文。"那"國"字像是並不誤,或者是由於酈道元的誤記,也很難説。

句彊氏下,羅氏無解釋,或是他也没有考出來源。但是山海經海外北經末説北方神叫作禺彊。"句""禺"古音同在侯部。彊本作畺,彊字就從畺得聲,古音在陽部。句彊當即禺彊。又吕氏春秋十二月紀中説:東方神爲句芒,南方神爲祝融,西方神爲蓐收,北方神爲玄冥。山海經四海外經末所記四方神,除禺彊外,餘與吕氏春秋完全相同。神名的第一字:句、祝、蓐、玄,全應該是地名或氏族名。如果這個句彊及下文的鉤陣原爲人名,那就應該與句芒同族。

譙明及涿光二名,羅氏已經指明出於山海經的北山一經。但是北山經説它們是山名,並非氏族名。

鉤陣氏,羅氏也没有解釋。但鉤陣①或作句陳,星名,六星,在北方,近極星。"陳",古"陣"字,鉤陣氏的名應當從句陳出。

黄神氏,羅氏所引有命曆序、鶡冠子、歸藏、本起經諸書。但本起經(今道藏中無此經名)所指"與此異",歸藏所指明爲黄帝,羅氏自已已經指出。所引鶡冠子在泰鴻篇,據引本文作"皇神",但今本(四部叢刊景印明翻宋本)却作"神皇",更不像是人名或氏族名。

---

①編者注:"陣",原誤作"陳",據前後文改。

狟神氏,羅氏説出命曆序。但他説:"人皇氏没,狟神次之。"
他在九頭紀下説是泰皇氏紀,在注中考證泰皇就是人皇。狟神如
果與人皇相接,次序不應該次於黃神氏。

犁靈氏,山海經大荒東經説:"有神,人面獸身,名曰犁䴢之尸。"
郝懿行箋疏説:"玉篇云:'䴢同䴢,又作靈,或作䴢。'"廣韻引此經作
䴢,説"或作䴢",與玉篇同。羅氏指出犁靈氏出於此經,應當不誤。

山海經中山次七經中有大騩之山,在今河南密縣。莊子徐
無鬼篇説:"黃帝將見大隗乎具茨之山。"釋文引司馬彪説:"在滎
陽密縣東,今名泰隗山。"水經注潁水條下説:"大隗即具茨山。"
大騩氏的名應當是從此出。在山海經中,山用騩爲名的很多,丹
壺書於大騩氏以外又列一個鬼騩氏,或許就是因爲這個緣故。
"鬼""騩"原來應當是一個字,我疑惑古人曾經用"騩"字或"隗"
字注"鬼",後來摻入正文,丹壺書遂承用此誤。

弇茲氏,羅氏也没有解釋。但是這個名字與崦嵫同音。崦嵫
爲日落時所進入的山,從古代就很有名。離騷及山海經西山次四
經内均説到這個山。弇茲氏的名字應該出於此山。

山海經中山次三經内説:"和山……實惟河之九都……吉神
泰逢司之。"和山在今河南孟津縣境内。羅氏指明泰逢氏的名字
出於此神。

莊子則陽篇内説:"冉相氏得其環中以隨成(郭象注説:"居
空以隨物而物自成。"因爲環中心處空,所以郭氏以空解環中);
與物無終,無始,無幾,無時;日(王先謙集解説"日字當屬上讀",
作"無時日")與物化者一不化者也(郭注説:"與物化故常無我;
常無我故常不化也。")。"羅氏就引此段書。

山海經海内經内有孟盈之丘,郝懿行箋疏説:“或作蓋盈。”
路史注引海内朝鮮記中九丘,所舉的名字大致與海内經相同,但
孟盈就作“蓋盈”。羅氏説:“蓋盈之丘,蓋盈氏之虚也。”“丘”
“虚”二字古雖通用,但丘本義爲四周高、中低的高處,與解作廢
棄人居的高處的虚字意義到底有差别。解“蓋盈之丘”爲“蓋盈
氏之虚”,如果没有他證,還嫌是出於臆斷。

大敦氏,羅氏也没有解説,我也没有檢出它的來源。

雲陽,本地名,羅氏所引有湖南茶陵、陕西甘泉、江蘇丹徒、山
西絳北四説,可是他又説:“云丹徒、絳北者非也。”是他僅信前二
説。但最顯著的只有陕西的雲陽。史記秦始皇本紀内説:“除道
道九原,抵雲陽。”雲陽,秦縣,縣境内有甘泉山。史記封禪書内
説:“黄帝接萬靈谷口,谷口者,甘泉也。”此縣舊地在今淳化、三
原二縣中間,今地圖中還有此名。雲陽氏的名字當出於此。

巫常氏,羅氏没有解釋,我也没有檢出它的來源。

泰壹就是太一。可參考顧頡剛先生三皇考中所論太一的演
變。周易繫辭内的“太極”也就是太一。

空桑,古地名,也作窮桑。一在山東曲阜縣,一在“趙、代中
間”(山西北部),一在“莘、虢中間”(河南西部)。又河南陳留縣
古代也有空桑的名字。空桑氏的名字當出於此。

羅氏引潛夫論卜列篇的“天地開闢有神民”以證神民氏。但
汪繼培潛夫論箋引國語中觀射父的話解釋此語,駁羅氏認爲帝者
名氏的説法爲錯誤,他的駁論很是。羅氏又引命曆序及海内經的
“神民之丘”。但據羅氏所引,命曆序作神皇氏,不作神民氏。神
民之丘,郝氏箋疏引郭璞注及文選游天台山賦注,訂正“民”字當

爲"人"字，也很是。然則神民氏的名字於古無證。

山海經中山次十一經内有倚帝之山，在今河南鎮平、南召二縣境内。羅氏就引用這一條以説明倚帝氏的名字。

羅氏引洛書摘亡辟及命曆序的"次是民"以證次民氏，但無法證明它不錯誤。

此紀中的二十二氏，除大敦、巫常二氏未知所出以外，其餘的都可以説有來歷。但是，這些本是要用來補充命曆序的不足，可是同它有關係的僅有四氏，三個可疑，剩下一個次序不合。又内有七八條僅爲地名，四五條僅爲神名，用來勉强填湊。在古書中稍有根據，可以稱爲氏族名或個人名的，僅有大騩、冉相兩條！這也可以説是盡拼湊支離的大成了。

至於其他兩紀的補充還不至於到這步田地。

　　因提紀：辰放氏，蜀山氏，豗傀氏，渾沌氏，東户氏，皇覃氏，啟統氏，吉夷氏，几蘧氏，狶韋氏，有巢氏，遂人氏，庸成氏。

辰放氏，羅氏引命曆序及太平廣記二書[①]。又引宋均命曆序注説他又叫作皇次屈。在丹壺書中叫做皇次。

蜀山氏，羅氏引世本、揚雄蜀紀、華陽志本、蜀論、益州記等書。華陽志本大約就是華陽國志。大戴禮記帝繫篇已經有"昌意娶於蜀山氏，蜀山氏之子謂之昌濮氏，産顓頊"的説法，華陽國志卷三首也用此説，然則蜀山在先秦已經相傳爲一氏族名了。

---

①作者還没有檢出在何卷中。

歷傀氏，羅氏引丹壺書作傂傀，"歷""傂"當屬一個字兩種寫法。羅氏僅引元和姓纂"有歷氏、傀氏"的説法。並説後世因爲他"不（顯）著"，把他同神農相混。

渾沌氏，莊子應帝王篇内説："中央之帝爲渾沌。"天地篇内説："彼假修渾沌氏之術者也。"然則莊子書已認渾沌爲一神名（古代神與人不很分）或一氏族名。

東户氏，淮南子繆稱訓内説："昔東户季子之世，道路不拾遺；耒耜餘糧宿諸畮（畝）首；使君子小人各得其宜也。"羅氏説子思子内也有此文（子思子現在已經亡逸）。

皇覃氏，羅氏説他又叫作離光氏。注中引命曆序説："次民没，離光次之，號曰皇談。"然則丹壺書及路史的次序與命曆序也不相合。

啟統氏，羅氏説他"別無考。獨起居舍人章衡運紹記若通載有之，而乃序之尊盧氏之後。觀衡自言：'歷觀四部圖錄。'其亦有所取矣"。是羅氏承認章氏書中的次序與丹壺書不合，他也不敢決定誰是誰非。

吉夷氏，羅氏僅引姓譜説"後有吉氏"，是羅氏也未能找出他的史料來源。

几蘧氏，丹壺書作九渠。莊子人間世篇説到伏戲、几蘧，前面已經引過。羅氏又把知生之民給他附合上去。

狶韋氏，莊子大宗師篇説到他，前面已經引過。知北游篇也説到"狶韋氏之囿"。

有巢和燧人二氏前面已經説過。遂人就是燧人。

庸成氏大約就是容成氏。羅氏雖説不應該用容字，可是他所引的穆天子傳、淮南子本經訓全寫作容成，没有作庸成的。羅氏又因爲有容成氏守先王册府的説法，遂又把古代相傳結繩的説法來附合他。其實結繩的時代有什麽册呢？

　　這一紀的十三氏，除豗傀、啟統、吉夷的來源不明外，餘下的全見於古書中。比前一紀的勉强雜凑要好些了。

　　但這一紀的名字還不免是由各書中搜集、連綴才能成功，至於接着的禪通紀中的十八氏，前十六氏却有一個古代相傳的間架，不過少加變化。這個間架我所見到最古的就算莊子胠篋篇。它裏面有這幾句話：

　　　　子獨不知至德之世乎？昔者容成氏、大庭氏、伯皇氏、中央氏、栗陸氏、驪畜氏、軒轅氏、赫胥氏、尊盧氏、祝融氏、伏羲氏、神農氏，當是時也，民結繩而用之；甘其食，美其服，樂其俗，安其居；鄰國相望，雞狗之音相聞，民至老死而不相往來；若此之時，則至治已。

此篇的作者——大約不是莊周，是比他較晚的人——理想着一種“至德之世”；他很明白地知道這樣的好時候晚近未嘗有過，又很正確地聽説古代有大同時代，這就是説有無剝削、無壓迫的原始共産社會時代。但是他所不知道的是有剝削、壓迫的階級社會的存在却是由於生産力有巨大進展，勞動人民生産的成果超出了他們所需要的生活資料，有剩餘價值可供剝削才能開始；所以階級社會的形成雖然又産生出來很多的罪惡，但從社會發展的意義來觀察却不能不承認它開始的時候是進步的。春秋戰國的學者知道從前有無階級社會的存在，對於它的消失發生出惋戀的情

感——尤其是道家此種情感特別濃厚——我們對於他們這一類
精神動態是可以了解的,並不能一概斥爲錯誤。雖然如此,他們
不曉得古今生産力的巨大差異的認識却是完全不符合於實際情
形的。因爲他們不很知道這一點,幻想遠古人的生産力同他們當
日的也差不多,所以就有"甘其食,美其服"的説法,把古代的社
會完全理想化了。由於他們有返回到原始共産社會的幻想,所以
就要盡力搜羅遠古氏族的名字及可以附合他們觀點的事迹以求
證明他們理論的正確。這一張十二個氏族的單子也許就是作者
所能搜羅到的總和。他這樣的排列也未必有次序時間的意思,可
是此後的人就覺得它有一定的次序,常是或多或少地跟隨着它。

到遁甲開山圖就删去四位,加七位,另成一個系統。它的次
序如後:

> 女媧氏没,大庭氏王有天下,五鳳異色。次有柏皇氏、中
> 央氏、栗陸氏、驪連氏、赫胥氏、尊盧氏、祝融氏、混沌氏、昊英
> 氏、有巢氏、葛天氏、陰康氏、朱襄氏、无懷氏:凡十五代,皆襲
> 庖犧之號。自无懷氏以上,經史不載,莫知都之所在。[1]

内"驪連"就是"驪畜"的異文。所删去的有容成、軒轅、伏羲、神
農四氏。後三氏的被删不難理解! 大約伏羲的傳説傳到北方以
後,不久就得了很特出的地位,成了"開天立極"的元首,女媧輔
佐他並繼承他。這些氏族既然在女媧的後面,伏羲不能在他們的

---

[1] 太平御覽卷七十八女媧氏條下引。

後面,用不着说。軒轅已經成了黃帝的別號,黃帝比較晚近;神農又已成了炎帝的別號,炎帝與黃帝相接,然則神農、軒轅都在此各氏的後面,所以不能列到這裏。獨容成氏不知道爲什麼也被删去。混沌至无懷七氏都是古代著名的氏族。

漢書古今人表大約也根據此説,叙此諸氏於帝宓羲氏後,次序爲:

女媧氏、共工氏、容成氏、大廷氏、柏皇氏、中央氏、栗陸氏、驪連氏、赫胥氏、尊盧氏、沌渾氏、昊英氏、有巢氏、朱襄氏、葛天氏、陰康氏、亡懷氏、東扈氏、帝鴻氏。

此表比遁甲開山圖所增加的有共工、東扈、帝鴻三氏,仍載容成氏,與胠篋篇相同。祝融氏不知道爲什麼被删。剩餘的與開山圖僅有次序上的小異。只有混沌氏作沌渾氏。按各書中没有作沌渾氏的,疑惑它是書寫顛倒,可是看顏師古的注又似乎並非誤倒。或者是唐初本已經誤倒,師古因承此誤麼?

帝王世紀所記如下(據周易繫辭正義,禮記書首正義相同,但用字小有歧異):

包犧氏没,女媧氏代立爲女皇(禮記正義無此五字),亦風姓也。女媧氏没,次有大庭氏、柏黃氏(禮記正義作柏皇氏)、中央氏、栗陸氏、驪連氏、赫胥氏、尊盧氏、混(禮記正義作渾)沌氏、皥(禮記正義作昊)英氏、有巢氏、朱襄氏、葛天氏、陰康氏、无(禮記正義作無)懷氏:凡十五世(禮記正義作代），皆襲包犧氏之號也。

在這裏面女媧後無共工、容成，最後無東扈、帝鴻，與開山圖相同。
但祝融氏也被删掉，朱襄次序在葛天、陰康前，却與人表相同。

金樓子興王篇所載也大致相同：

> ……十日疏訖。容成氏、大庭氏、柏皇氏、中央氏、栗陸
> 氏、驪連氏、赫蘇氏、宗盧氏、祝和氏、渾沌氏、昊英氏、有巢
> 氏、朱襄氏、葛天氏、陰康氏、无懷氏。

它裏面的赫蘇、宗盧，寫法與别書小有異同，不過是同音異字，無
關弘旨。但祝融作祝和，音稍相遠。又它把這些氏族叙於"十日
疏訖"的後面，或者認爲它們當疏訖紀時，也很難説。

三皇本紀由於"圖、緯所載，不可盡棄"，遂列此爲"一説"。
次序如後：

> 自人皇已（以）後有五龍氏、燧人氏、大庭氏、栢皇氏、中
> 央氏、卷須氏、栗陸氏、驪連氏、赫胥氏、尊盧氏、渾沌氏、昊英
> 氏、有巢氏、朱襄氏、葛天氏、陰康氏、无懷氏：斯蓋三皇以來
> 有天下者之號，但載籍不紀，莫知姓氏、年代、所都之處。

它把這些氏列在"人皇已後"，似與開山圖、人表、帝王世紀、金樓
子的説法全不合。但尚書大傳説伏羲就是人皇，用此説，就又與
開山圖及世紀説無大分别，可是這樣説，與六藝論的説法又不合。

它裏面多出<u>五龍</u>、<u>燧人</u>、<u>卷須</u>三氏。<u>五龍</u>、<u>燧人</u>二氏下<u>司馬貞</u>自己均有解釋,大約是因爲他自己所加,所以需要解釋。看<u>五龍氏</u>下的解釋,它是出於五龍紀,當無疑問。獨<u>卷須氏</u>不知所出。

通鑑外紀全載帝王世紀説。

看以上所述説就可以證明由<u>莊子</u>開始,由<u>遁甲開山圖</u>或<u>古今人表</u>所改正或補足的系統勢力的偉大。但是要注意的是除<u>胠篋篇</u>只指"至德之世"外,餘書幾乎全體一致認爲這些氏在<u>伏羲氏</u>以後,與禪通紀毫無關係。

<u>丹壺書</u>把這一套完全搬來算作禪通紀。次序前面已經引過。所增加的僅有<u>倉頡</u>一氏,其餘不過次序小有同異。它增加<u>倉頡</u>,大約是相信結繩終於因提紀末,文字始於禪通紀初。<u>大庭</u>不知爲何降後;<u>葛天</u>不知爲何升前。<u>軒轅</u>、<u>祝融</u>還仍用<u>開山圖</u>的舊説。<u>渾沌</u>因爲已經列入因提紀中,遂被刪去。

<u>路史</u>所用的名字與<u>丹壺書</u>又小有同異,他把<u>倉頡</u>改作<u>史皇</u>,<u>中央</u>作<u>中皇</u>以遷就道家的<u>中皇經</u>及<u>中黃子</u>(今道藏中無此目),<u>麗連</u>作<u>昆連</u>、<u>赫胥</u>作<u>赫蘇</u>、<u>宗盧</u>作<u>尊盧</u>、<u>祝融</u>作<u>祝誦</u>。除<u>尊盧</u>一名從多數外,餘皆<u>羅氏</u>臆改,並無什麼理由。

現在把各家的異同列於下頁。

<u>倉頡</u>在<u>先秦</u>及<u>西漢</u>諸子中頗爲烜赫。如<u>荀子解蔽篇</u>、<u>呂氏春秋君守篇</u>、<u>淮南子精神訓</u>及<u>修務訓</u>、<u>鶡冠子近迭篇</u>及<u>王鈇篇</u>中都説到他作書的事蹟。至於<u>隨巢子</u>[①]及<u>修務訓</u>所説的"産而能書"的<u>史皇</u>,不知道它們是否要指同一的人。

———————————

①<u>北堂書鈔</u>七。

書	伏羲／人皇	女媧氏	共工氏	容成氏	五龍氏	燧人氏	大庭氏	柏皇氏	中央氏	卷須氏	栗陸氏	驪連氏	軒轅氏	赫胥氏	尊盧氏	祝融氏	混沌氏	昊英氏	有巢氏	朱襄氏	葛天氏	陰康氏	無懷氏	東扈氏	帝鴻氏
莊子胠篋				容成氏			大庭氏	伯皇氏	中央氏		栗陸氏	驪畜氏	軒轅氏	赫胥氏	尊盧氏	祝融氏								伏羲氏	神農氏
古樂 呂氏春秋																				朱襄氏	葛天氏	陰康氏			
遁甲開山圖		女媧氏					大廷氏	柏皇氏	中央氏		栗陸氏	驪連氏		赫胥氏	尊盧氏	祝融氏	混沌氏	昊英氏	有巢氏	[15]朱襄氏	[13]葛天氏	[14]陰康氏	無懷氏		
古今人表	帝宓羲氏	女媧氏	共工氏	容成氏			大庭氏	柏皇氏	中央氏		栗陸氏	驪連氏		赫胥氏	尊盧氏	祝融氏	沌渾氏	昊英氏	有巢氏	朱襄氏	葛天氏	陰康氏	亡懷氏	東扈氏	帝鴻氏
帝王世紀	包(伏)犧氏	女媧氏					大庭氏	柏黃(皇)氏	中央氏		栗陸氏	驪連氏		赫胥氏	尊盧氏		混(渾沌)氏	鮮(昊英)氏	有巢氏	朱襄氏	葛天氏	陰康氏	无(無)懷氏		
金樓子				容成氏			大庭氏	柏皇氏	中央氏		栗陸氏	驪連氏		赫蘇氏	宗盧氏	祝和氏	渾沌氏	昊英氏	有巢氏	朱襄氏	葛天氏	陰康氏	無懷氏		
三皇本紀	人皇				五龍氏	燧人氏	大庭氏	柏皇氏	中央氏	卷須氏	栗陸氏	驪連氏		赫胥氏	尊盧氏		渾沌氏	昊英氏	有巢氏	朱襄氏	葛天氏	陰康氏	無懷氏		
外紀 通鑑	全載帝王世紀説																								
丹壺書				倉頡			[4]大	[2]柏黃	[3]中央		栗陸	麗連	軒轅	赫胥	[10]宗盧	[11]祝融		[12]昊英	[13]有巢	[14]朱	[9]葛	陰康	无懷		
路史				史皇氏			[4]大庭氏	[2]柏皇氏	[3]中皇氏		栗陸氏	昆連氏	軒轅氏	赫蘇氏	[10]尊盧氏	[11]祝誦氏		[12]昊英氏	[13]有巢氏	[14]朱襄氏	[9]葛天氏	陰康氏	無懷氏		

　　附注：這張比較表所列十書的名單，除了莊子、呂氏春秋、古今人表它們自身不見得有次序時間的意思，通鑑外紀抄錄帝王世紀，無關緊要外，餘下的六書總都有次序時間的意思，所以以前後次第頗爲重要。我爲便於閱覽及比較起見，不得不把相同的或字異實同的氏族名字列於一豎行中。有次序不合的就由右上角的小數目字表示它實在的次序。數目所表爲它在橫行中所應該占有的位置。例如在最下兩格中大庭、柏皇、中央右上角的數字，就是表示在丹壺書及路史裏面，大庭氏的次序應該在柏皇、中央二氏的後面。其餘類推。

柏皇氏,除莊子外,也見於命曆序、風俗通①、干寶晉武革命論②諸書中。

"大庭氏之庫"見於魯昭公十八年左傳。

栗陸氏,除莊子外,又見於鄧析子轉辭篇。

赫胥氏,除莊子胠篋篇外,又見於馬蹄篇。

昊英氏,見於商君書畫策篇。

朱襄氏、葛天氏、陰康氏都見於呂氏春秋古樂篇。陰康,今本誤作陶唐。孫詒讓說:"陶唐乃陰康之誤。顏師古注漢書司馬相如傳云:'古今人表有葛天氏、陰康氏……誘不觀古今人表,妄改呂氏本文。'案李善注文選,竟沿其誤。惟章懷注後漢書馬融傳引作陰康。"③

无懷氏見於史記封禪書。

羅氏把太昊伏戲氏、炎帝神農氏列於禪通紀的最後(女皇氏即女媧,附於太昊紀中)。

看以上所述說,可以證明以上諸氏在當日的學術界中全很有聲名,但或跟隨古今人表、帝王世紀把他們列於伏羲的後面,或跟隨路史列於伏羲的前面,此後念書的人見仁見智,因人而不同。前已引鄭玄六藝論說:"遂皇之後歷六紀、九十一代至伏犧。"鄭氏這樣說法應該是按照着命曆序的原文。按外紀引方叔機六藝論注說:"九頭紀一,五龍紀五,攝提紀七十二,合雒紀三,連通紀六,序命紀四:凡九十一代。"然則,按着命曆序,伏羲一定是循蜚

①今本此文已逸,引見通志氏族略及路史等書。
②文選卷四十九。
③四部備要本呂氏春秋本條下引。

紀的第一代。外紀又説："一云：'伏犧前六紀,後三紀,流訖紀自黃帝始。'"也與六藝論説相合。那末,命曆序中原來如何叙述雖未可知,可是始於燧人,伏犧差不多在十紀的中間,及至黃帝出世,已經到十紀中的最末一紀。這一切是毫無問題的。然則丹壼書及路史所記不但不足信據,就是對於命曆序等古書也是率臆私改,絶不忠實。

　　所謂炎、黃以前的古史系統的來源及變化大致就像以上所説。

　　括總説起,自漢、魏以後,念書人對於周易繫辭中的系統没有人不信仰的。本來去了庖犧的來源,專取他及神農社會發展的意義,它並没有錯誤。大家對於大戴禮記及史記内的五帝系統也相當地信仰,因爲這些叙述近於歷史,並且合於他們好古的理想。不過對於少昊是否受命的問題,還是有些爭論。對於伏羲後的各氏及炎帝後的諸帝則疑信參半。伏羲以前的有巢、燧人二氏,由於説法與理性相合,也得到相當地信仰。十紀及它的補充,除羅泌以外,恐怕相信的並没有幾個人。至於盤古及天皇、地皇、人皇的説法,傳布倒是很廣,信仰却無幾人。人人知道,人人談説,雖不否定,却也不肯定。然則從前的念書人也並不是盲目地信仰。他們的承藉不如我們,他們的工作成績還需要我們用嚴密的科學方法努力整理,當然是一定不可易的辦法。但現在有些念書人對於古書還没有翻閲過,探討過,就謾罵古人的盲從,殊屬不當。又近日的學術界中多誤信對古史的創造工作在漢、晋以後已經絶迹,也並不對。我個人從幼小十一二歲時,讀宋槧刻的通鑑綱目,就看見陳桱的通鑑續編有一卷冠於金履祥通鑑前編的前頭,也就

看見他所引的春秋元命苞中十紀的名字及它的補充。當日只驚
歎它所説年數的奇長及專名的浩博，對於它的真偽還没有能力去
辨析。並且當日也不知道這一卷是陳樫的原本（説原本是因爲
宋犖所刻裏面又有些後人所增加的部分，不盡爲陳氏的原本），
很多年中總是誤認爲金履祥書的首卷。此後對史事經過稍有所
知，能辨析金、陳的不同，也知道了元命苞及命曆序的名字，開始
對它們所説的懷疑，可是對於十紀及它的補充還未能辨別，誤信
這許多氏族的名字全屬命曆序所説。現在能把它的來源和去流
分辨清楚，四十年的積疑一旦豁然，也可以算作一件快事了！

附録一　洪水故事的起源

〔英〕富勒策　著　蘇秉琦　譯

英人富勒策（Sir James George Frazer）所著舊約中的民間傳説（Folk-lore in Old Testament）一書的第四章爲富氏在英國皇家人類學會赫胥黎周忌紀念會中關於洪水傳説的一篇演説稿。徐先生以其與所作關於中國古史問題的一篇論文——洪水解，互相參證發明之處甚多，特囑先節譯其首末兩節，至於其中叙述各地各種洪水故事各節容後補成之。譯者識。

導　言

當皇家人類學會請我（富氏自稱——譯者注）作這次赫胥黎氏的周忌紀念演講的時候，我很高興的就答應了這個邀請，對於他，就思想和爲人兩方面來講，我懷着深的敬意，還有他的對於生命的重大問題的態度，我是由衷的贊許，藉此得以和這樣的一個人結交，引爲極大的榮幸。他自己的功績將使他能够永垂不朽；

但是我們的科學研究應當在它的最崇高的典型之一的墳墓上邊，年年放上一個花圈，也是合於情理的。

爲要選擇一個適宜的題目，我想起來在赫氏的晚年曾以他的完全應得的餘暇的一部分致力研究在創世紀中所記載的關於地球的初期的那些傳説；因此我想我恰好可以拿其中的一個作爲我的演講的題目。我所選擇的就是人所共知關於洪水的故事。赫氏討論這個問題是在一篇用他的美妙動人而又明澈犀利的文筆所寫成的富有啟示性的論文。他的主旨是要説明這個故事，如果當作一個洪水的記載，這洪水曾泛濫全球，把差不多全部的人類和禽獸都淹死，和極淺顯的地質學不合，所以必須把他摒棄，當作一個神話。我不想强調或批評他的論證和結論，因爲一個簡單的理由，就是我不是地質學者，並且我如果對此表示意見真是太不自量了。我完全從另一方面，就是傳説的方面來討論這問題。關於洪水的傳説，差不多全部人類都消滅在這次洪水中，這個傳説分布於全球，是早已都知道的；因此現在我所要作的就是搜集和比較這些傳説，並且試問從比較研究中可以歸納出一些什麽樣的結論來。簡單説，我對於這些故事的討論就是適用的比較民俗學的研究，我的目的是要發現這些故事如何發生，如何廣布於全球；至於它們的真僞問題我並不十分注重，雖然在討論它們的原始問題的時候自然亦不容漠視。把問題如此限定並非是首創。特別在近年以來，它常常的被人采用，在探討它的時候，我曾經廣泛的利用前人的著作，其中有些人是曾經以他們的博學多能來探討這個問題。……

關於這些突然的，幾乎把全人類都毀滅了的大灾的閱歷的傳

説自身的意義暫且不説，專就它們的成爲現代人類學者間所熱烈
爭辯的問題而言，也值得研究了。問題是，世界各地距離遥遠的
種族的習慣和信仰之間所具許多顯著的相似點，我們將如何解釋
它們呢？這些類似之點是由於習慣和信仰的傳遞，由於直接的接
觸或侵入的人民作媒介，從這一族傳到另一族呢？還是由於在類
似的情況之下的人類心理的類似活動，在許多不同的種族中獨立
發生的呢？現在假如許可我對於這個聚訟紛紜的問題貢獻意見
的時候，我馬上就可以説，在兩種極端的意見中專取其一，在我看
來都是荒謬的。根據我的判斷，所有的經驗與所有的可能性都利
於這個結論，兩種原因一樣的普遍而有力的促成人類各種族間的
習慣和信仰的雷同：換句話説，許多的類似點可以拿簡單的傳播，
從這一族到那一族，加以或多或少的變化，來解釋，又有許多的可
以拿由於類似的環境條件與人類心理的類似活動而獨立發生的
來解釋。假定如此，——我認爲這是唯一合理而且可能的見
解，——那麽在論述任何不同的種族間的習慣和信仰所見的類似
點的特殊事例的時候，要專采用一個總的原則，屬傳播或獨立發
生，都是枉然；每一件事例必須經過公平的審查事實，就其真像加
以批判，隨着證據的較量是傾向於這一方面或是那一方面，或是
恰好介於兩者之間，再把它隸屬於這個或那個原則，或者可能是
結合兩個原則。

　　承認傳播和獨立發生兩個原則在某種限度以内都是真確的，
這一個總結論，從關於洪水的傳述的特別研究，得到一個證明。
因爲大水的傳説散布於地球上各地方的許多不同的民族之間，儘
所有的屬於這類事件的證據，足以證實在許多的這類傳説間所具

的毫無問題的類似點,一部分是由於直接的傳布,從這一民族到
另一個,一部分是由於類似的,但是獨立的,在世界許多不同的地
方的大水,或者是疑爲大水的發生的現象的種種經歷。毫無疑
問,如此關於這些傳說的研究,可能引導我們討論到它們在歷史
上的真實性,所達到的任何結論縱抛開不說,只要它讓兩種原則
的極端派知道在這個爭辯中,正如同許多其他的爭辯,真理完全
是既不在這邊,也不在那邊,而是在介乎兩者之間的地方,因而使
在辯論中有時所抱的熱情能够和緩,也就不爲無益了。

洪水故事的起源

我們還要問,洪水傳說的起源是如何呢? 人們何以會如此普
遍的相信當某一時期地球的全部,或是全部有人居住的地方,都
淹没到一個大的洪水之中,幾乎把全部人類都毀滅了呢? 對於這
問題的舊的解答是如此:這樣的大灾實在發生過,在創世紀中我
們有充分而且可靠的關於它的記錄,還有我們知道在人類中分布
的如此廣博的這許多關於大洪水的傳說就代表那次可怕的洪水
的多少不大完全的、傳訛附會的回憶。從海生蛤殼和化石,據猜
想都是當諾亞時代的洪水退落的時候擱淺在原野和山上的,又得
到了證明此説的有力論據。山上所發見的海蛤殼,特滔良氏
(Tertullian)引爲海水曾一度的覆没地球的證據,不過他倒没有明
白的把它們牽連到創世紀中所載的洪水。公元 1517 年,爲修補
味羅那(Verona)城,挖掘的時候,發見無數奇異化石,這發見引起
了許多的揣測,當中自然以"諾亞"和"方舟"(the ark)的故事最
爲顯著。但它們並不能够毫無阻礙的流傳下去,一個明哲的意大

利博物學家,佛拉卡斯透羅氏(Fracastoro)居然敢大膽的指出這個流行臆說中的難題。他注意到"那個泛濫未免爲時太短了:並且,如果它把蛤殼搬運到了很遠的地方,必須要把它們拋在地表,而不能把它埋在山的極深處",如果在問題的論辯中不曾感情用事,他把證據清楚的舉出來,這個論辯應當早已根本結束。近十七世紀的末葉,地質學界又讓一般神學家的隊伍侵入,在意、德、法、英各國迭加補充,本義愈失,混亂不堪。俟後,凡不肯贊同所有的海生有機物的遺蹟都是摩西時代洪水的憑證的論調的,就要受到不信仰全部經典的責備。自從佛拉卡斯透羅氏寫下"有機物的化石不過是大自然界的變幻"這句至理名言的時候起,虛度了百餘年,對於真正的理論的造詣幾乎是毫無進步。又一個世紀半的光陰又消磨在破除把有機物化石當作是被諾亞洪水埋到岩層裏邊的臆說。在任何一門科學中,從來沒有一個學說的謬誤會妨害正確觀察和事實的系統分類,嚴重到如此地步的。現代,我們的迅速的進步,主要當歸功於:憑藉它們的不同的有機物的内容,和它們的規律的層位以謹嚴的鑒定"礦體"中的排列順序。但是舊的主張洪水學說的人們,根據他們的體系,把所有的層次都混合起來,把一切現象都歸於一個原因,和一個短的時期,而非由於各種不同的原因經過長的連續的時代造成的。有時把事實說錯,有時從正確的材料會推出錯的結論;他們只看到他們所要看的現象。簡單的說,從十七世紀末葉到十八世紀尾,地質學的進步的大略就是新學說對於由若干世代的盲信所認可,並且以爲是有經典作憑藉的學說的不斷的和猛烈的鬥爭史。

來伊爾爵士(Sir Charles Lyell)所犯的錯誤歷久難滅。在不滿一世紀以前,巴克蘭氏(William Buckland)被任爲牛津大學的地質學講師,在他的就職講演中他還可以確告他的聽衆"在不很遠的時代,一次普遍天下的洪水的偉大實事是有如此確鑿而毫無問題的證據證實的,縱然我們在聖經或任何其他經典中從來沒有聽過這件事迹,地質學自身也必須要藉助於若干此種灾變來説明這些洪水作用的現象"。並且就在我們這個世代尚有另外一個著名的地質學家曾爲文發表如下:"我嘗想,在創世紀第七、第八兩節中的紀事,必須假設他是一個眼見者的當時的記載或日記,由創世紀的作者再把它編纂到他的書中,才能理解。全文的語氣自不待言,水漲水落的日期,達於最高潮時在山頂上測量水深的記録,以及其他的種種細節,似乎都需要如此的假設,並且可以把所感到的諸如此類的難題都解除了。"但是在創世紀中關於洪水的故事如果是當時的目擊者的日記,我們將何以解釋它所含的關於洪水的期限,和能容於方舟的獸類的數目,種種顯然的矛盾呢?如此的假説,決不足解決糾纏這個記述的難題,反而使他們更不可解,除非根據另外一種對於原來講述者的誠實或謹嚴同樣的有損害而且不合情理的假説。

　　近年在德國頗爲流行的關於洪水故事的另一種解釋我們也無須多費時間。根據這種見解,洪水的故事實在與大水或方舟没關係;乃是關於日或月或星辰,或三者一起的神話;關於曾作此驚人的發現的學者們,雖然他們聯合的排斥庸俗的解説,但對於他們的高深的"天體説"的種種細節,他們當中亦絶不一致。有的説"方舟"是太陽;其他就以爲方舟是月亮,那填縫用的松脂就是月蝕的譬喻;從講述造船的那三段故事我們無疑的會意識到月的

盈虧現象,最近"月球説"的擁護者想進一步的調和所有的紛歧,
把人類旅客搭到月球上,但把獸類却留置在衆星之中,讓它們自
己去挣扎。對於此等學者的謬説如果認真的研究,未免太重視它
們了。我提到它們不過是爲了有趣的緣故,拿它們來消遣一個嚴
肅而冗長的論題的枯燥罷了。

　　但是當我們把這些玄想打到它們的適當的牢獄以後,擺在我
們眼前的仍舊是關於洪水傳説的起源問題。它們是真的,還是假
的? 許多故事中如此言之鑿鑿的洪水,實在發生過没有呢? 現在
專説那些談到洪水曾布滿全球,甚至淹没最高的山脉,並且淹死
差不多全部的人類和禽獸的記述,我們可以具有相當把握的宣布
它們是假的;因爲,假如現代的地質學的最可靠的證據足資信賴,
在自有生人以來的時期内,地球上從未降過這樣的大災。遠在人
類出現在地球之上以前,或者,像有些哲學家所想像,一個大洋覆
被於我們的整個地表,那完全是另外一個問題。例如,來布尼兹
(Leibnitz)猜想地球"原來是一個火熾的發光體,自從它形成以來
逐漸變冷。當它的外殼冷到可以使霧氣凝結的時候便降落下來,
而成爲一個普遍世界的大洋,把最高的山脉都淹没,把整個地表都
蓋起來"。由康德(Kant)所首倡,後來又經拉普拉司(Laplace)的
闡揚,關於星體起源的著名的"星雲説",差不多必然的會産生一
種類似的見解,就是當原來星球的鎔解的物質熱度漸失的時候,
由水氣凝結而成爲一個原始海洋。拉馬爾克氏(Lamark)亦"深
感於老輩博物學者中流行的信仰,以爲在地球上有了生物以後很
久的時候,原始海洋把全球淹没"。但是此類假説,就讓原始人
類也曾想到它們,這個與説曾經把人類大部分毁滅了的洪水故事

明明是不同,因爲這些故事先已假定了人類在地球上的生存,所以不能提早到"更新統"(Pleistocene)以前的時代。

這種可怕的氾濫故事雖然差不多一定是虛構,但在神話的外殼下面許多可以包藏着真正的果子,這不但可能,而且是近乎真實的;那就是,它們可以包含着若干實在擾害過某些地域的洪水的回憶,但在經過民間傳説的媒介的時候被擴大成世界的大災,過去記載爲害廣遠的大洪水的例證很多;如果在那些個身受過它們的灾害的一代的後世子孫們當中竟不曾保留下關於它們的若干記憶,那才真是怪事。試舉此類成灾的氾濫的例子,我們不須遠求,近鄰的荷蘭國就是一再被害的地方。當 13 世紀中"沿屋里的窪地常受威脅,結果沉入大海,日耳曼洋(the Germanic Ocean)滾流到内地的富來否湖(Lake of Flevo)中,把成千的法里森(Frisian)村鎮,連它們的全部居民都淹没了。又在同種的諸族中劃了一道鴻溝,才有了這個多風浪的須得海(Zuyder Sea)。不僅是地理的,就是政治上與大陸間的聯繫也被這可怕的氾濫切斷。荷蘭人們就被如此危險的海水,與把他們和他們的在不列顛的盎格魯·撒克遜的同胞們分開的海一樣,與他們的東部的同胞們分開"。又一次,在 16 世紀初葉,颶風自北而來,不容海水從多弗海峽(Straits of Dover)流過去,就吹它到西蘭(Zealand)的低海岸上來。南必威蘭(S. Beveland)的堤防潰决了,海水捲上了陸地,成百的村鎮都淹没了,國土的一部分,從省區割裂下來,埋入海底。南必威蘭成了孤島,把它和大陸隔開的一衣帶水從此以後就名爲"沉陸"(Drowned Land)。不過在低潮的時候,如此形成的這個海峽,一個熟悉地形的慣於航海的人還可以涉渡過去。當爲荷蘭獨立而起了革命的時候，一隊<u>西班牙</u>軍，由一個勇敢的軍官<u>孟德拉岡</u>上校（Col. Mondragon）帶領，夜間涉過渡口，水深齊胸，把被革命軍圍困在<u>特爾構斯</u>（Tergoes）城中的駐軍救出來。

又一次，"近 1570 年年底，<u>荷蘭</u>又有一次可怕的天災降臨。這次氾濫比那最多這類天災的史籍中所記載的任何一次更爲可怕，冲過從<u>佛蘭德爾斯</u>（Franders）到<u>弗里斯蘭</u>（Friesland）的全部海岸，那次值得記念的 13 世紀的氾濫，<u>須得海</u>從它産生；又一次<u>杜拉爾</u>（the Dollart）海水把<u>格羅寧根</u>（Groningen）的村鎮教堂都永遠給封起來；還有那些時常復發的任何一次洪水，使<u>荷蘭</u>的居民，年年都要想到他們的祖國所由産生，而又每天有被它自己溶解了去的危險的海水的吼聲所引起的焦燥的記憶，都不曾引起這麼大的恐怖和與以這麼大的破壞。不停的猛烈颶風，一向是由西北方把大西洋的海水吹到北海，然而現在却把它們都推上這一帶脆弱的海岸。遠超過它們的力量所能勝任的堤防向各方潰決。<u>佛蘭德爾斯</u>離海已經很遠的一些城鎮，突然的都被海水侵襲。整個的狹窄的<u>北荷半島</u>馬上就有被永遠冲去的危險。<u>阿姆斯特丹</u>（Amsterdam）和<u>米頓</u>（Meyden）中間的<u>第摩</u>（Diemer）大堤冲斷了十二處。'Handpos'，一種用槲樹樁子作成，用金屬的夾板結住，下垂鐵錨，再用石子和花崗石保護起來的防禦物，也被冲打破碎，像粗繩一樣。僅'睡人'（一個堤的名稱，因爲除非有大的意外變化，風雨對於它尋常是毫無影響的）巍然獨存，並且抑制住了這次大災的完成。海水依然以可怕的猛力向陸地汹涌。<u>都爾特</u>（Dort）、<u>鹿特丹</u>（Rotterdam）和許多其他的城市都一度的差不多被淹没。沿岸的漁船，甚至較大的船隻，都漂上陸地，在叢林果園中互相絞絆到一起,或在房頂或屋牆碰撞成粉碎。遍沿海各省,生命財產的損失都很大,弗里斯蘭(Friesland)的毀壞更是一掃而光,那裏幾乎全部堤防和水閘都被冲成片段;廣大的田野變成波濤汹涌的大海。内地城市的屋頂、高塔成了海裏的孤島。成千的人命在幾小時内都被冲殲滅。全境各地,連全部的村莊、農場和教堂,離開它們原來的地方,讓海的力量把它們移來移去,有時擱放在國土的另一部分,有時完全被掩没。無數的男女和兒童,無數的馬、牛、羊和各種的家畜,在波浪中向各方挣扎。每一隻船,和各種可以當作船的東西都被匆匆的搶上去。每所房都被淹;甚至墳地都把死屍抛出來。在摇籃裏的嬰兒和久埋在棺裏的死屍一起漂流。古代的洪水似乎在重演。人都聚在各地的樹梢上,教堂的頂上,祈禱上帝保佑和同胞的援救。最後,風潮終於降落下去,船才駛往各地,拯救那些仍在水裏挣扎的人們,收斂那些業已淹斃的屍體,畢勒的封建諸侯(Seigneurde Billy)——羅伯爾(Robles)上校,從前因爲他的西班牙,或葡萄牙的血統,深爲人所憎惡,在慈善工作中非常活躍,由他和屬格羅寧根的隊伍的努力,許多的性命得救,感激代替了昔日的憎恨。據估計,僅佛里斯蘭一省至少死兩萬人。全荷蘭死十萬人,財產的損失,淹没入海的牲畜數目,幾乎無法統計"。

在種種場合,把荷蘭的大部分都没入水下的洪水不是由於大雨,而是海水上升。已經説過,在不少的洪水傳説中確指氾濫的原因,同樣的不是落雨,而是海水侵入,我們已發現的把海水上升認爲是洪水的起因的有尼亞斯(Nias)、恩干諾(Engano)、羅悌(Rotti)、臺灣、大希第(Tahiti)、夏威夷、拉康甲(Rakaanga)諸島,和皮盧群島(Pelew isls.)的土人們,美洲西岸南自提厄剌得翡哥(Tierra del Fuego),北至阿拉斯加的印第安部落,和北冰洋沿岸的愛斯基摩人。這樣故事在太平洋的海岸和島嶼中的普遍發見,非常的重要,因爲太平洋常有大地震波動,常氾濫到那些有洪水是由海水上升所致的故事流傳的海岸和島嶼。我們可否——不是説非此不可,追溯至少這些故事中的一部分是由於這些氾濫,認爲是它們的真實起因呢? 兩者間的關係,所有的可能性似乎都傾向於因果的,而非偶然的。

在太平洋要找這類地震波動的例子,我們可以一述一再侵襲秘魯利馬(Lima)的開勞(Callao)海港的那些可怕的天災,最可怕的一次,關於它,我們有完全的記載,發生在 1687 年 10 月 20 日,地震"在早晨四點鐘開始,震壞幾所公共大厦房屋,死了許多人,但比起後來的,這不過是一個預兆,並且使居民的最大多數得免於埋葬在城市的廢墟之下。早晨六點鐘震蕩又起,如此猛烈,凡是在第一次能抵抗住的,這一次都成瓦礫;居民們在第一次警告的時候都已經跑到大街或廣場,好像是這次總毀滅的旁觀者,無不深自慶幸。在二次震動的時候,海水從沿岸向後退的很遠,然後巨浪排山倒海而來,把開勞(Callao)和附近地帶,連那些不幸的居民完全淹没了"。淹没這城市的大浪把船往岸上推了 1"里格"(League 等於 3 浬——譯者注)遠,把沿岸五十"里格"的人畜都淹没了。

又一次是在 1746 年 10 月 28 日,開勞又被地震和海浪淹没。"夜 10 點半鐘,差五點三度月還不够正圓,震動一開始便如此劇烈,不過 3 分多鐘,全城的最大部分,如果不是全部,建築物,大大小小,都被破毁,凡是往街心或廣場,那是大地震時唯一的安全處所,避逃不及的居民都被埋在下面。最後這可怖的地震灾止住了;但平静的時候並没多久,震動又起來,至於如此頻繁,根據報告,在最初廿四小時内居民的計算達二百次之多……開勞堡壘,就在同時,亦沉入同一廢墟;但是它的建築物從地震所受的損害如比起後來的可怖的大灾來,簡直是不足道;因爲,像往常的這類情形一樣,海先向後退很遠,然後就是如山的大浪浮着激起的水沫捲回來,一下子便把開勞和近郊都變成大海。但是,這並非完全是由第一次的大浪的吞噬就成功的;因爲海浪向後退的遠些,捲回來的時候就更爲凶猛;大水淹没了該處的城牆和建築;如此,凡是逃過第一次的,完全又被那後來的浪山淹没;除去森大克盧兹(Santa Cruz)堡壘的一角還留着作爲這次可怖的大灾的紀念以外,完全蕩然,當時原有大小 23 隻船泊在港灣裏,其中 19 隻完全打沉了,餘下的四隻中有一隻名聖斐民(St. Fermin)的‘巡洋艦’(Frigate),被海浪的力量推上陸地很遠。這次可怕的氾濫蔓延到這海岸的其他港口,像喀瓦洛司(Cavallos)和關那坡(Guanape);和産開(Chancay)、瓜拉(Guara)等城鎮,得拉巴蘭加(Della Baranca)、則坡(Sape)和巴第維爾加(Pativilca)等河流域都與利馬同一命運。死在那個城的廢墟中的人數,截至同月 31 日,根據發現的屍體,達 1300 名,殘廢受傷的,許多不久即因傷致命,尚不在内。在開勞,居民原來約有四千,只有 200 人逃出;其中 22 個是藉着前述的那一角城牆,根據事變後送到利馬來的報告,在盧加那斯(Lucanas)的一個火山在同晚爆發,流出來許多水,把全境淹没;又在巴達斯(Patas)附近的山,叫 Conversiones de Caxamar-

quilla 的當中又有三個火山爆發，涌出可怕的水流"。從前述報
告的末段似乎是單獨火山爆發也可以發生洪水。

更近的觀測業經證明由大地震所引起的海洋擾亂不一定只
限於海岸的一段，而是可以擴大爲橫越整個太平洋的大波動。例
如 1854 年的 12 月 23 日日本的下田地震爲災，由它所掀動的海
浪越過北太平洋打到加里福尼亞的海岸。又一次，1868 年 8 月 3
日，在秘魯海岸亞里加（Arica）附近發生猛烈地震，由它們引起的
海上波動在美洲西岸往北往南都感覺到；在散得維齒
（Sandwich）群島附近波濤汹涌達數日之久，並波及薩摩亞（Samo-
an）群島，澳洲東海岸，紐西蘭，和茶坦姆（Chatham）群島。法國
巡洋艦 Nereide 號正駛往和倫角（Cape Horn），在南緯 51 度遇着
大量的嶙峋的冰山，是當大洪水深入到南冰洋底下的時候把它剛
剛分裂出來的。又一次，當 1877 年 5 月 9 日地震降災於秘魯的
伊基圭（Iquique）的時候，太平洋對岸掀起大浪，北起堪察加（Ka-
mtchatka）和日本，南至紐西蘭和茶坦姆群島。在薩摩亞群島浪
高 6 至 12 呎；在日本海水起落自 5 呎至 10 呎；在紐西蘭的海浪
高低相差自 3 呎至 20 呎。實在的，在南美和日本的海岸這些地
震起的海浪時常是更能破壞，所以比地震自身也更爲可怕。在日
本，地震非常頻繁，備有正式的地震曆，從它們當中我們知道該國
的東海岸常被海浪蹂躪，冲走的人民從 1000 到 10 萬。例如，
1899 年 6 月 15 日夜晚這樣的海浪冲過日本的西北海岸約 70 哩
長，生命的損失近 3 萬。有一處有四隻汽船被冲上陸地，同時有
大小各種的 176 隻船列滿在山脚。實在的，日本的舊都，曾達到
百萬居民，並且包括一個幕府的宮殿，因爲 1369 和 1494 兩年從

海突然而來的氾濫,結果,不得不廢棄。現在遺址爲砂丘和屈曲的松樹所掩蔽,上邊是一個安静的鄉村,叫鎌倉,只剩下一座 6 世紀以前所鑄,高五十呎的大銅佛像,莊嚴而平静的峙立着,證明那已成過去的輝煌壯麗。

地震的動蕩普通伴着或隨着有被海水侵襲的海岸地帶,土人們在感覺震動的時候的第一個動機當然是到高處去躲避,在那裏可以避免可怕的水的冲激。我們已經知道智利的亞勞加尼安印第安人(Araucanian Indians)他們有一個大氾濫的傳説,並且惟恐這大灾再來,爲安全起見,每當發覺地震的猛裂震動的時候就逃往山上;還有非支群島(Fijians)的土人他們也有一個大水灾的傳説,經常的備有獨木舟,惟恐類似的氾濫再度發生。綜合以上種種事實,我們可以承認美國人種學者哈剌休·嘿爾(Haratio Hale)關於非支群島土人的氾濫的傳説所下的解説是有理由而且大致可信的。説到非支群島土人們從前預備獨木舟以防洪水再來的記述,其説如下:

這種記述(我們從他方面聽來的與此詞句相同)會使我們懷疑在這群島的真實歷史中或者並未發生過一些足以引起這種傳説和所述的習俗的事故。1837 年 11 月 7 日,由智利的地震的震蕩所引起的一個大浪,從東往西橫越太平洋,一直到波甯(Bonin)群島都感覺到了。在散得維齒群島,根據佳維斯氏(Jarvis)在它的歷史書中第 21 頁的記載,在夏威夷的東海岸,水漲到比高水標還高出 20 呎,氾濫到低地,冲走幾個村莊,毀滅了多少生命。類此的震動在這些島嶼經過好幾次,如果我們猜想(無論從任何方面觀察這並非是不可能的)在過去的三四千年之內的某一時期,有兩倍於這次的高度的大浪越過大洋,掃過非支群島,它一定要把這一帶人煙最密的費提勒服(Vitilevu)東側的整個沖積平原淹沒。民衆無疑的多被毀滅。剩下的一定是已經逃到獨木舟中去的人們,穆崩戛(Mbongra)因爲是一個山島,就在它的附近,自然就成爲大衆的避難處。

　　類似的解說顯然的可以適用於其他太平洋諸島中所記載的關於大洪水的傳說,因爲這全部島嶼可能的同樣的受過大地震的海浪的侵襲。至少,就我們現在所知,暫接受這個美國人種學者的見解,總比采取一個著名的德國人種學者的學說,把所有的這些坡里尼西亞(Polynesian)的傳說都解釋爲日月星辰的神話,較爲妥當。

　　如果説大洪水是由於海水上升的傳説有些是可以如此的建立在歷史的基礎之上,便没有理由説大洪水是由於大雨的傳説中的一部分不當同等的也會有事實的根據,在此地,英格蘭,生在本國平原地帶的人,深知道本地由此發生的洪水;例如,不多年前諾福克(Norfolk)的大部,包括挪利支(Norwich)城,被一次急驟凶猛的傾盆大雨淹没水中。幾年前一個類此的原因氾濫巴黎的低窪部分,引起不只其中的居民,甚至世界各地的這個美麗城市的朋友們的焦急和驚慌。在愚昧無知的人民中,他們的智慧水準很難超過於他們的眼界範圍,一種類似的大災的記憶,輾轉口述,只經過幾代的工夫便會發展爲一個世界的大洪水,只有屈指可數的幾個微倖的人得以努力挣扎逃脱的傳説故事的過程，這是很容易理解的。甚至一個純地方性的洪水的傳説，許多人曾被淹死，被一個歐洲的居民或游歷者，從野蠻人得來而以他自幼已經很熟悉的諾亞大洪水的知識來解釋它，也可能無意的把它誇張煊染成廣大的範圍。例如，我們已知道許多洪水的故事據説就是由基阿那（Guiana）的印第安人説的。對於這個問題最好記住圖爾恩爵士（Sir Everard F. Im Thurn）所給我們的警告，他是深知道這些印第安人的。"一個印第安人，對於他或許是最缺少掩蔽的，就是被河水驟漲和相因而生的全部森林的大氾濫把他從家裏驅逐出來的天災。他的逃避的方法就是偕同他的眷屬和他的牲畜到他的獨木舟中，臨時去尋找比較高的地方，或者，也有的時候，如果找不到這種地方，全體衹好就住在獨木舟裏一直到水從地面消逝。各地有人所共知的'最老者'（oldest inhabitant）能如何記憶和述説那曾經發生過的最大的洪水的故事是很出名的。所以當印第安人用他的簡單的語言述説那覆没了儘他所知的整個小天地的最大的洪水，並且述説印第安人如何脱逃的故事的時候，這在理論上已存了諾亞，他的洪水，和他的方舟這類的偏見的歐洲的聽者動輒把兩種故事互相印證，並且和世界上各地的各種類似的故事來互相印證，這並非是難於了解的"。

用一樣的方法，打算拿幼發拉底和底格里斯兩河的下游年年都因大雨和亞美尼亞山上的溶雪所遭受的氾濫來説明巴比侖和希伯來關於洪水的傳説。"故事的背境，"我們聽説，"就是在巴比侖每年連續到數月之久的風雨季節，那時候幼發拉底河流域的全區都有要被水淹的現象。大雨和暴風爲害頗大，等到調節幼發

拉底和底格里斯河水外溢的運河系統完成以後，於是原來爲患的
轉變而爲福利的，並且把驚人的肥沃土壤帶來，巴比侖因此而出
名。希伯來的氾濫的故事追憶到一個特別的曾經留下深刻的印
象的破壞的季節，並且與亞述巴那帕（Ashurbanapal）的圖書館的
泥板文字上發見的并行的故事互相比較也足證實這個記事的地
方背景的見解。"

　　根據這個假說，大洪水是由非常的大雨雪所致；它不過是一
件普通事變中的特殊的事例，還有它在河的流域所生的廣闊的災
害深印在刼後餘生和他們的後裔的記憶中永難磨滅。還有在巴
比侖和希伯來的最古形式的傳說中惟一的確實指出來的氾濫的
原因是大雨，也可説有利於這種見解。

　　此説還可以拿該地由於同樣的自然的原因的影響仍舊每年
易罹的危險的氾濫作證據。當第一個古伊里支（Erech）城的發掘
者羅弗塔斯氏（Loftus）於 1849 年 5 月 5 日抵達巴格達的時候，他
正趕上全部的居民都在極度的憂慮驚慌之中。由於古的土
（Kurdish）山上的積雪急驟的溶解和幼發拉底河的河水經塞格勞
維雅（Seglawiyya）運河大量的流注，那年春天底格里斯河的水位
漲到 22 呎半的空前的高度；超過往年的最高記錄約五呎，越過了
1831 年的大水，那次河流把城牆冲倒，一夜的工夫毀壞了不下七
千所住房，同時在居民中可怕的疫癘正在盛行。這個英國團體到
達的數日以前，巴格達的土耳其"總督"（pasha）集合了全部人
口，同心協力，來抵禦這全體的危機，建築起一個堅固高大的堤防
把城牆整個包圍起來，用葦蓆放在堤外邊，使土能凝固在一起，這
才使水不致把城裏蹂躪，雖然它已經侵過細砂土到地窖中已深達

數呎。在城外它達到離岸頂只差不滿 2 呎。在河兩旁的房屋，多半非常的老朽，孤獨的在抵禦洪水的侵入，情勢嚴重，人們晝夜的駐守着監視堤防，假如堤防或任何一部牆基支持不住，<u>巴格達</u>城無疑的已經整個給沖跑了，幸而這壓力被抵禦住了，洪水漸漸的退落，周圍若干哩的地方都已經被水，以至於除掉建造起來當作渡船以維持對外交通的船隻以外簡直不能往堤外去一步，有一個時期城市簡直成了一個大內海當中的孤島，整整一月之後居民才能騎馬出城，夏季將完的時候，由積水蒸發引起瘧疾，嚴重到如此程度，從七萬人口中死於熱病的不下 1 萬 2 千人。

如果在<u>亞美尼亞</u>山脈由雪溶化而生的洪水一直到現在還能如此的威脅沿河的城市，設想在古代亦是如此，而<u>巴比侖</u>的傳説中<u>述里派克</u>（Shurippak）城的毀滅亦是由於這種氾濫便有了好的證據。這個城市似乎最後是毀於大火而非大水，這是確實的；但這與在比較早的時候它先被毀於洪水後來又重建起來的假説並不矛盾。

但是，要拿當地每年所遭受的氾濫來説明<u>巴比侖</u>和<u>希伯來</u>的洪水傳説的學説，可以從<u>埃及</u>的同類情形所得的論據提出反證，因爲<u>埃及</u>從渺茫的時代就受類似的常年的氾濫；可是，據我們所知道的，它便從未產生過，或從它的東方强敵方面得到過洪水的傳説，如果歷年的洪水在<u>巴比侖</u>足以產生這個傳説，可以問，爲什麼在<u>埃及</u>同樣的原因却不能產生同樣的結果？

爲應付這個難題，近年來一個著名的<u>維也納</u>的地質學者<u>蘇厄士</u>（Eduard Suess）教授關於<u>巴比侖</u>的故事又提出一種不同的解説。認爲<u>幼發拉底</u>盆地的每年照例的變化尚不足以説明這個傳説,他歸之於非常的或灾異的原因。他指出"另有其他的屬於幼發拉底流域的特殊情形,偶然的有加重與氾濫相伴而生的灾害的可能,該地非常容易有地震的擾亂,而一個猝然的地震動蕩的普通結果可以因它對於一個廣大的水面的影響而特別嚴重。再者,印度洋位於颱風區域之内;假定,正當氾濫的高潮,颶風從東南吹上波斯灣,把淺水驅上三角洲,並把河水截回,或者可以溯河而上到數百哩,簡直不難達到哈西薩得氏(Hasisadra's)的記録的大水灾"。

　　蘇厄士教授要以如此猝然而猛烈的地震的震動和颱風的爆發來補充和加重那比較的緩和的雨水壓力;爲辯護這兩種灾變的説法,他舉出在希伯來經典中關於洪水故事的兩點;有一點在文中是實在有的,另一點是他爲適合他的假説改竄原文妄自摻入的。我們要把他的論據分列的來討論。

　　第一點,關於地震,蘇厄士教授指出在希伯來的記述中確説過氾濫的一個原因是地下水的涌出(創世紀七章十一節,八章二節),他説"這種從地的深處涌出大量的水來,正是在大河流域冲積區域中一種特別的地震時的伴生的現象,地下水含於河流兩岸的大平原的近代冲積層中,它的上面向左右伸展高出於河的水面,離河道愈遠,它的水面愈高。在它下面是浸濕而流動的底,在它上面是乾燥而粗鬆的地層。在這種地帶,當地震發生的時候,脆弱的上層就會裂成長的罅隙,從這些裂隙中,地下水、清水或泥漿,便猛向外流,有時成爲巨流,有時從幾個噴口冒出幾碼高來"。例如,在窩雷啟亞(Wallachia)的多腦河附近的新冲積地於1838年因地震裂開,水從裂隙涌出,有許多處高達數"噚"(fathoms 度名,長 6 英尺——譯者注)。密西西比河的冲積平原,在與俄亥俄河(Ohio)會合處稍下,於 1812 年春受地震震蕩的時候,發生過一樣的事件;充滿地下空隙的水被迫的自尋出路,一個大聲的爆炸把地冲破,從噴口中抛出大量的炭化木,達 10 至 15 呎之高,同時地表往下沉降,涌出來一種黑漿高及馬腹。又一次,1862 年春一個猛烈的地震影響貝加爾湖南的全部,尤以流入該湖的色楞格河的三角洲爲甚。把庫大拉(Kudara)鎮的井泉上的木蓋,像香檳酒瓶的軟木塞一樣,冲上天空,温泉在許多處噴出,高達 20 餘呎。蒙古人們把喇嘛們請來舉行祭典,好讓那些——據他們的想像——搖動地球的惡魔們平静下去。

對於這一點,要注意提到地下水爲氾濫之一因的話衹見於關於此傳説的希伯來文經典中,就在那裏邊亦只見於晚期的教士的記述;而不見於較早的耶和華的記述,亦不見於更早的巴比侖文經典;最末,亦不見於巴比侖和希伯來的故事所由出的原蘇米利安(Sumerian)的傳説,因此可以把它當作傳説的後加部分去掉,根據它所作的任何臆説自不妥當。

關於地震説了許多;下邊要説颱風,蘇厄士教授亦是取自聖經的記述,他揣想當幼發拉底河流域還正在受地震撼動的時候,一個大海浪,被颱風驅上波斯灣,突然的捲上陸地,完成了這些命中注定要毀滅的城市和可憐的居民的破壞工作。他作此驚人之論僅很簡單的把希伯來經文中的兩節改竄,讀作"洪水自海而來"(flood from the sea)代替"洪水氾濫"(the flood of waters),文字的改變確乎是很小,因爲它只及於"母音符號"(vowel point),子音完全没變,雖則在原來的銘文中並没有這種"母音符號",它們的應用不能早過公元第六世紀,但它們是不能隨便更改的,因為它們代表的是經文的傳統的讀法,而它又是被一班專門訓練的學者,稱 Masarets,"專致力於保存不只是所承受的'子音經文'(consonantal text)的確切的書法,還有確切的讀法,甚至依照'猶太教會的歌頌規律'(rules of the synagogal chauting)'經文中每一個字的正當音韻',一代一代的,小心謹慎的傳流下來的。因此這種改竄在創世紀中的兩節文字的企圖業經當代的最優秀的學者加以合理的駁斥,而且根據以上的改竄,想憑藉希伯來的經文以為大洪水起源於海洋的證據必須認為是毫無實據,把它放棄。

因為他用來證明他的論據的薄弱,並不一定就斷定蘇厄士教授的學說是無稽,幸而世界上多少真實的結論是由不完全的或甚至完全不相干的前題得到的,否則,恐怕對於大多數的人們,無論何時,獲致真理的機會將要太少了。如果聖經的敘述,似乎可能的,有事實的根據,它所描寫的大洪水或者實在是因為地震,或颶風,或兩種合併而發生,也是很可能的,不過說洪水是如此發生的學說,從我們所能利用的少數僅有的典籍,希伯來、巴比侖和蘇米利安的傳說中,僅能取得極端微細的證據;因此它還不過是一種或然的臆說罷了。根據簡單的情勢估計,這種灾變的發作是由於在幼發拉底河流域每年都照例現示出來的,人所共知的,並且確可發生廣大的氾濫的力量,而非由於那種揣想的,雖則一定可能誘致成灾的洪水,但在該區域中的歷史記載中從未發生過的力量,大致可信;因為,除掉所舉的在塞姆族(Semitic)的傳說中的證據,我還不知道任何關於巴比侖的氾濫說是由於地震的波動,或颶風的記載。

　　然則,總而言之,似乎頗有理由相信,一部分,或者多數的洪
水的傳説不過是關於實在發生過的洪水誇大的報告。不論是由
於大雨,或地震,或其他原因的結果。所以,所有的此類傳説,一
半是傳説的,一半是神話的:專就它們保存實在發生過的洪水的
記憶而論,它們是傳説的;專就它們描述從未發生過的普遍世界
的氾濫而論,它們是神話的。但綜觀洪水傳説中,我們發現若干
個故事似乎是純粹的神話,那就是,描述那些從未發生過的氾濫。
例如,像那些撒摩得拉斯島(Samothracian)的和帖撒利(Thessal-
ian)的洪水故事,希臘人把它們牽連到達達那斯(Dardanus)和杜
加里昂(Deucalion)的名字。撒摩得拉斯島的故事或者不過僅只
是從黑海和它的出口博斯福魯(Bosphorus)和達達尼爾(Dardane
les)的地文形勢,謬誤的推論;帖撒利(Thessaliam)的故事或者不
過僅只是從帖撒利盆地和它的出口騰皮谷(the Gorge of
Tempe)的地文形勢而産生的一種謬誤的推論。同樣的,描述喀
什米爾(Cashmeer)和波哥大(Bogota)高原流域的奇怪的乾涸的
故事或者不過僅只是從這些山勢環繞的盆地的自然地形的謬誤
推論。所以,此類故事不是傳説的,純粹是神話的:它們所描述的
乃是從未發生過的灾變。它們就是屬於那類神話故事的例子,像
台勒耳(Edward Tylor)的情形,我們都可以名之爲由觀測得來的
神話(myths of observation),因爲它們是由觀測自然現象而聯想
起來的,但它們把它解釋錯了。又有一種洪水傳説,我們已經舉
過例子,也屬於這類的"實測的神話",就是那些根據在山上或去
海較遠的其他地方所發見的海生物化石的觀測而産生的大洪水
的故事,據我們所知,此類故事流傳於蒙古人,西里伯島

（Celebes）的 Bare's speaking 人，大希第人（Tahitians）和愛斯基摩與格林蘭人中。根據謬誤的揣想，以爲海原來一定是高出於現在發見化石的高地，那是一種錯誤的推論，或屬"實測的神話"；可是，假如他們曾經猜想到這類高地原來是低於海面，那它們豈不成爲真確的推論，或科學上的豫言了。

因此，雖然有理由可以相信廣布於全世界的許多洪水傳説本於實在發生過的灾變的記憶，但是還没有真確的根據證明任何此類傳説最早能超過數千年前；所以凡是似乎描述地球上的地形的重大變遷的地方，必須推到多少相當的遼遠的地質時期，它們所代表的大約不是當時眼見者的記録，而是更晚的思想家的揣測之辭。比起我們這個星球的大自然的現象來，人類不過是"隔日之事"，他的記憶更不過黄粱①一夢而已。

蘇秉琦譯

————————————

①編者注："粱"，原作"梁"。

附録二　論以歲差定尚書堯典四仲中星之年代

竺可楨

　　歲差（precession of equinoxes）之理，在希臘發明較早，當漢武帝元光元年（公元前 134）雪派扣氏（Hipparcbus）在天蠍宮（Scorpio）發見新星，於是着手重編星宿之目録，計測星一千零八十枚。雪派扣氏將其結果，與 150 年前鐵木開利司（Timorchoris）與阿列斯泰婁二人，所測之星度相較，遂發明各星之黄經（celestial longitude），均有增加。如二十八宿中角宿距星（Spica＝α Virgo）之黄經即相差兩度，换言之即每年差四十八秒。其後雪派扣氏更加以測算，乃決定歲差之數爲每年 36 秒。約爲百年差一度也①。氏並謂黄經雖移，而黄緯不變，歲差之故，由於赤道之移動而非由於黄道云。我國前漢洛下閎雖有八百年差一算之説②，但未説明其何

①見 A. Berry：*A Short History of Astronomy*, p. 54, Charles Scribner's & Sons, N. Y. 1910.
②見沈存中夢溪筆談卷七引唐書。

所根據。後漢書律曆志"賈逵論云,太初冬至日在牽牛初者,牽牛中心也……行事史官注冬夏至日,常不及太陽初五度,冬至日在斗二十一度,四分度之一……他術以爲在牽牛初者,自此遂黜,時永元元年(公元89)也"。又"元和二年(公元85),太初失天益遠,日月宿度相差浸多,而候者皆自冬至之日,日在斗二十一度,未至牽牛五度"云云。同時劉洪作乾象曆,制銅儀,始以天爲天,歲爲歲,而道有黃赤之分。候今歲冬至之日躔,較去歲微有不及之分,謂之歲餘①。是則星宿之有差度,至少在東漢章、和二帝時,本已知之。迨東晉虞喜始立差法以追其變。御製歷象考成謂"歲差之數各不同,虞喜以五十年差一度,劉宋何承天以百年差一度,祖冲之以四十五年差一度,隋劉焯以七十五年差一度,唐傅仁均以五十五年差一度,僧一行以八十二年差一度,惟宋楊忠輔以六十七年差一度,以周天三百六十度,每度六十分,每分六十秒約之,得每年差五十二秒半。元郭守敬因之,較諸家爲密。今法實測晷影,驗之中星得七十年有餘而差一度,每年差五十一秒。此歲差之數,在古法爲冬至西移之度,新法爲恒星東移之度"云云。新法古法,二說爭持頗久,至清初梅文鼎創爲"恒星東移有據"②之說,而國人始漸信之。但歲差由於地軸方向之轉變,赤道與黃道相交成二十三度半之角,地球除自轉公轉而外,地軸之方向亦作有週期之運轉,宛如孩童抽陀螺時陀螺軸之轉動然。特陀螺軸之運轉極速,不過一秒幾分之幾,而地軸運轉一週,需時二萬五千八百餘年,換言之,

①清雷學淇古經天象考〔編者注:"天象",原誤作"天文",據後文改〕卷七歲差之原條下。聚學軒叢書本。

②見梅氏曆算全書,曆學疑問,卷二"論恒星東移有據"條。

即地軸之方向每年轉動 50.2 秒（50.2564+0.222T）之弧度。因是赤道與黃道相交之二點即春分點與秋分點，亦每歲移 50.2 秒。故由今觀之，冬至西移之説是，恒星東移之説非也。

我國古代經籍，間有載及星辰之位置者，苟其所記之星次爲當時實在現狀，則以歲差之理，即能推定經書之年代。近頃梁任公先生謂尚書堯典所記"仲春日中星鳥，仲夏日永星火"等，據日本天文學者所研究，公元前二千四百年時確是如此，因此可證堯典最少應有一部分爲堯舜時之真書①云云。如果能證明鳥、火、虚、昴爲公元前二千四百年二至二分時昏中星，則梁任公先生之言，洵爲不誤。但堯典所述中星之位次年代，我國自來學者即異説紛紜，莫衷一是，即近來日本學者對於中國天文學最有研究之新城新藏與飯島忠夫二氏亦各執一詞②。然則困難果何在乎？

我國古代學者，對於堯典中星之紛爭，由於不知歲差。是以秀水盛大令謂"漢唐以後諸儒，見月令中星不同於堯典，曲爲之説，云堯典謂七星畢見，星房虚昴居四方七宿之中，故曰中星者，二孔與周孝通也。云中星爲季月者，王子雍也。云月令舉月初，堯典總舉一月者，鄭康成也。云書舉月中，月令舉月本者，陳祥道也。云書中星中於午，月令中星中於未者，鄭漁仲也。不知歲差固矣，且昧於法意"③。即知歲差矣，亦多格於成見，狃於習慣，誤於主觀。如何承天以百年差一度，遂謂堯時冬至日在須女十度④。

---

①梁任公中國歷史研究法 142 頁。
②參見科學 11 卷 6 期新城與飯島所著之文及同期飯島所著文。
③盛百二尚書釋天第 2 卷冬至日在虚條下。皇清經解本。
④見宋王應麟〔編者注："麟"，原誤作"鱗"〕六經天文編卷上，四仰星條下。玉海本。

祖沖之以四十五年差一度,故謂堯時冬至日在危十一度①。梁武帝據虞劇歷百八十六年差一度,故謂堯時冬至日在斗牛間。唐一行以八十二年差一度,遂謂堯時冬至日在虛一度②。此外隋張胄元謂在虛七,唐傅仁均謂在虛六,元郭守敬授時歷謂在女虛之交。及至明代,西法歲差傳入中國,確知七十年有餘而差一度,故徐光啟氏謂堯時冬至日在虛七度③。此皆先存有成見,以唐堯爲公元前二千四百年時代之人物,然後以歲差應得之度數,而推堯時冬至日在之星次。至於所測之躔度,與堯典所舉四仲月之中星,是否符合,則不顧也。合果佳,不合則牽强附會而已。

朱晦菴之解釋堯典星次也,謂"中星或以象言,或以次言,或以星言者:蓋星適當昏中,則以星言,如星虛星昴是也。星不當中,而適界於兩次之間者,則以象言,如星鳥是也"。此仍不免以後人之眼光,推測古人之觀念。戴東原氏謂周人以斗牽牛爲紀首,命曰星紀,自周而上,日月之行不起斗牽牛也。然則十有二次之名,蓋周時始定④。其言確切不移。近來飯島氏亦謂十二次之名,起於冬至點之測定在牽牛初度時,當在公元前四百五十年左右⑤。是則堯時並無所謂十二次,安能以次而定中星哉?

飯島氏可謂善於疑古者,但氏過信淮南子天文訓之説,謂古時觀測之標準時刻,春夏秋冬皆同,不以日之長短而加減,斷定堯典四仲月中星爲午後七時所測,而信堯典所載之天象乃戰

①清阮元疇人傳卷八,祖沖之條。
②見宋王應麟六經天文編卷上,四仰星條下。玉海本。
③明徐光啟古赤道圖,其二十八宿黄緯黄經,見清盛百二尚書釋天。
④疇人傳卷四十二戴震條下。
⑤科學雜誌十一卷六期778—779頁。

國初之天象①。無論唐堯時無如許精密之時計，即有之，以唐都平陽之緯度（三十六度）計算，夏至日入在七點十八分，日入後三十分鐘始見星，則星初見時已在七點四十八分，然則在夏至日下午七時，安由測定昏中之中星哉？

　　欲爲精密之推算，必先有精密之材料，今堯典所云，僅"日中，星鳥以殷仲春。……日永，星火以正仲夏。……宵中，星虛以殷仲秋。……日短，星昴以正仲冬"。寥寥數語，而欲估定堯時冬至日躔之度數，則非用客觀的眼光，從上述數語中重新加以推測不可。堯典所載，對於星次度數，測量時日，既不詳盡，則欲爲精密之測定，實非常困難。其困難之點，可得而言焉。

　　（1）觀測之日期　　以字義上而論，則仲春仲夏等名詞，範圍至泛，不特其間包含一月，且陰曆節候之日期，年年更易，而其間又須插入閏月，若測中星之日期相差十五日，則星次位置可相差至十五度弱，而所推定之年代即相差千有餘年。二千年來學者均以日永、日短、日中、宵中爲二至二分之代名詞。因不舉孟月季月而專舉仲月，則自必有故。二至二分爲自古以來推測四季之根據點，蓋立春、雨水、驚蟄等節氣，完全爲人爲的，無天然特具的表徵。二至二分，則凡留心天象者類能審測其時日。左傳謂"凡分至啓閉，必書雲物"，可知古人以分至爲觀測天象之日期。西方各國，雖至今日，亦仍祇有此四節，且其起源亦甚早。同時二至二分又適爲四仲月之中氣，則謂四仲月乃以代表二至二分者當不誤也。

　　（2）觀測之時間　　既認定日期爲二至二分矣，但觀測之時間爲昧旦乎？黃昏乎？即認定爲黃昏矣，其昏明之標準固又如何乎？因地球自轉之故，星宿每日環繞北極一周即每小時行十五度，若觀察之時間相差一小時，則所估之年代可差一千餘年。故昏明之規定實一重要問題也，古人對於此點，未有統一之意見，蔡邕月令章句、雷次宗五經要義並以日出前三刻爲旦，日入後三刻爲昏。孔穎達禮記正義①以日入以後二刻半始昏，不盡二刻半爲明。清雷學淇乃謂“自帝堯演紀，傳及夏商，未嘗改易，皆以日入爲昏，日出爲旦也。及殷末失其甲子，孟陬殄滅，周公正三統之義，因初昏平旦，中星爲日光所掩，不甚彰明，乃始以昧旦、平旦、始昏、大昏分其節目。平旦、始昏，即古法之昏旦也……若唐虞夏后之時，亦以三商之前後爲昏旦，是夏至之昏，中星當在析木，秋分之昏，中星當在危，非日永星火，宵中星虛矣”②。是仍由誤於認定堯爲公元前二千四百年時代之人物，故不惜以牽强附會出之也。盛百二謂“太史所候以昏明爲限者，乃候中星之法。蔡邕所謂以星見爲夜，是矣。又秋官司寤氏掌夜時以星分夜（注見星爲夜，不見星爲晝），其言至爲近理。飯島氏根據淮南子之説，謂星鳥星火星虛星昴，均屬下午七時所測，則仲夏尚未始昏，安能見星，其病亦正與雷學淇同。要而言之，則觀測中星必在初昏以後，以當時之天文智識，斷無不見天象而懸揣得當之理。初昏之時刻，吾人現時能爲精密之推定，是以吾人雖不能武斷星鳥星火爲晚間何時所測定，但能決定仲春仲夏之晚中，最早於何時始能見鳥與火也。

（3）觀測之緯度　緯度與晝夜之長短，朦影之久暫，均有密切之關係，赤道四季晝夜均相等，而兩極則以六月爲晝，六月爲

---

①月令仲春之月，日在奎條下疏。
②古經天象考卷五，春秋僖公五年條下。

夜,我國<u>漢唐</u>學者,不知此理,故其所定晝夜時刻,無有注意於緯度之高下者。<u>漢馬融</u>注<u>尚書堯典</u>以爲日永則晝漏六十刻,夜漏四十刻,日短則晝漏四十刻,夜漏六十刻,日中宵中則晝夜各五十刻,<u>鄭玄</u>注<u>尚書堯典</u>則謂日中宵中者,日見之漏與不見者齊也。日永者,日見之漏五十五刻,日不見之漏四十五刻,<u>馬</u>、<u>鄭</u>二人不特不明緯度高下與晝夜長短有關,即矇影亦未算入。至<u>唐孔穎達</u>作<u>尚書正義</u>,則云夏至之晝六十五刻,夜三十五刻。冬至之晝四十五刻,夜五十五刻。春分秋分之晝五十五刻,夜四十五刻,雖已加入矇影矣,但亦未知此數之不能普遍應用也。

據<u>明徐應秋</u>①謂<u>堯</u>都<u>平陽</u>(今<u>山西臨汾</u>),<u>舜</u>都<u>蒲阪</u>(今<u>山西蒲州</u>),<u>禹</u>都<u>陽城</u>(今<u>山西陽城</u>),<u>湯</u>都<u>亳</u>(今<u>河南</u>),<u>西周</u>都<u>豐鎬</u>,<u>東周</u>都<u>洛邑</u>。如古來相傳之説爲可信,則<u>唐虞</u>三代之國都,均在北緯三十六度與三十四度之間,其二至二分日入日出之時間,均有表可查稽。兹將沿緯度三十六、三十五、三十四,各處之冬至、春分、夏至、秋分之日入時刻,列表如下:

第一表　日入時刻表②

	春分	夏至	秋分	冬至
緯度三十七	$6^h11'$P. M.	$7^h21'$P. M.	$6^h11'$P. M.	$4^h45'$P. M.
緯度三十六	$6^h11'$	$7^h18'$	$6^h11'$	$4^h48'$
緯度三十五	$6^h11'$	$7^h16'$	$6^h11'$	$4^h51'$
緯度三十四	$6^h11'$	$7^h13'$	$6^h11'$	$4^h54'$

矇影時刻,古時有始昏大昏之别,而近來天文學上亦有 civil

①<u>玉芝堂談薈</u>卷二十二。
②表内數字係依照<u>余山天文臺</u>所印之"Calendrier Annuaire", Zikewei, Shanghai.

twilight 與 astronomical twilight 之別。姑以我國古名始昏大昏名之。在天文學上所謂始昏者，乃當天氣清朗之時，自日落後至日球達地平綫下六度之時期。在此時間内，雖不能見直接之日光，但高層空氣中反射之日光，尚足以使各種户外職業，仍可賡續進行。天文學上所謂大昏者，即自日落西山後，迨日球達地平綫下十八度止，大昏以後，則完全爲黑夜矣[1]。星宿除最明亮之行星如金星、木星而外，均於始昏以後，方能見之。且鳥、火、虚、昴，除大火一星而外，無頭等星，則其初現當更遲也。各地方始昏大昏之時間，可依下列公式[2]推測而知之。

$$h = \frac{sinA - sinB\ sinC}{cosB\ cosC}$$

其中 h 爲太陽與子午綫相差之地平經度（hour angle），A 爲太陽之地平緯度（altitude），C 爲太陽之赤緯（declination），B 爲測量地點之緯度。兹依上列公式將北緯三十八度至三十度間至二至二分之始昏大昏時間，列表如下：

第二表　始昏大昏時間表

	春分		夏至		秋分		冬至	
	始昏	大昏	始昏	大昏	始昏	大昏	始昏	大昏
北緯三十八度	26′	$1^h29'$	31′	$1^h56'$	27′	$1^h29'$	29′	$1^h35'$
北緯三十六度	26′	$1^h26'$	30′	$1^h50'$	26′	$1^h26'$	28′	$1^h32'$
北緯三十四度	25′	$1^h24'$	29′	$1^h45'$	25′	$1^h24'$	28′	$1^h30'$
北緯三十二度	24′	$1^h22'$	29′	$1^h41'$	24′	$1^h22'$	27′	$1^h28'$
北緯三十度	24′	$1^h20'$	29′	$1^h37'$	24′	$1^h20'$	27′	$1^h26'$

[1] Wm. Humphreys："Physics of the Air，"p. 550, J. B. Lippincott, Philadelphia, 1920.
[2] 該方程式原本見"Monthly Weather Review，"Vol 44, p. 614, Washington D. C.，1916.

（4）觀測之星宿　　觀測之日期、時間、地點，即使確定而後，若所觀測之星辰，無精密之指定，則年代仍無從估計。且此點實最爲困難，因堯典中所云，既極籠統，而後人解釋之者，又各執一詞。其間惟星虛、星昴，較爲確切，惟不明言在南中。此外星鳥則包羅鶉首、鶉火、鶉尾三次，共一百十二度之多①，此孔安國注尚書之所以有七星畢見而非南中之説也。火則或疑爲尾，如朱晦菴是也。或疑爲房，如陳祥道是也。或疑爲心，如服虔是也②。而或則疑在氐房之間，如陳懋齡是也③。

但十二次之名，起於春秋戰國間，已如上所述，則大火包有房心尾之説已破。公羊傳昭公十七年“大火爲大辰”。何休注謂“大火謂心星”云云。又左傳“火星中而寒暑退”，服虔云火，大火，心也。禮記季夏昏火中，而吕氏春秋作季夏昏心中，近頃日人新城博士亦以星火爲天蠍座之 α 星（Antares）即心宿二也④，則火殆指青龍七宿中最明亮之“心宿二”無疑。

星鳥殆有所指，決非指南方朱鳥七宿而言，亦非指鶉火一次而言。以鶉火之名，始自後代，且所包“柳”“星”“張”三宿，亦尚有四十度之多也。其究何所指，祇能作爲懸案。下表中姑以柳星張三宿並列以作參考。

除上述四點而外，尚有一事，足以注意者，即恒星自身之固有運動（proper motion）是也。蓋宇宙之中，實無一星可稱爲恒，以

①依清陳懋齡經書算學天文考卷上，尚書堯典歷象日月星辰考條。玲瓏山房叢書本。
②三則均見宋王應麟六經天文編卷上。玉海本。
③陳懋齡前書，堯典中星條附圖。
④科學雜誌十一卷六期 747 頁。

其皆有真正之行動也。如吾人所慣見之太陽，即以每秒十二英里之速率向武仙座（Hercules）移動者。其餘恒星亦均以極大之速率轉運於宇宙中。如大角星之速率，每秒達五十三英里，故其在天空之位置，自吾人觀之，每年差 2.32 秒[1]，即一千六百年可以行一度也。但位置更易如大角之速者，除南門星而外在恒星中實少其匹[2]。且鳥、火、虛、昴，各星距星之行動，已均爲天文學家所測定，見於星表，故不難推算或校正也。

明史天文志謂"觜宿距星，唐測在參前三度，元測在參前五分，今則已侵入參宿，故舊法先觜後參，今不得先參後觜"云云。似若可爲恒星遷移之證。但按之實際，觜宿之侵入參宿，完全由於赤道之移動（與歲差理同），使諸星之赤經、赤緯年年更改，而赤緯高者則其赤經之移動更速。自漢以來，鬼宿度之逐漸減少，亦由是故，而實非由於恒星之固有運動也[3]。

吾人既假定古書中測星次之地點、日期，與星宿之位置，則即可以從事於推定其紀錄之年代，但以上各節所述之方法，是否正確，吾人不能不先予以試驗，姑取前漢書所紀錄之中星爲例，而測其年代，以覘其是否與實在年代相符合。依前漢書卷二十六天文志日有中道條，謂"故以二至二分之星爲候，日東行，星西轉，冬

[1]見 R. S. Ball："Popular Guides to Heayens,"p. 80, 4th Ed., 1925, George Philip, London.
[2]小星中行動之速尚有過於大角者如 Groombridge 1830 一星，其速度爲每秒一百四十哩，每年更易位置達七秒之多，見 H. J. Klein, "Star Atlas,"P. 72, Translated from German by E. McClure, London, 1888.
[3]按觜星宿距度漢測兩度，今謂唐測三度，似有誤。歲差之能更改赤經度數，可以推算而得。赤緯高者則赤經移動速，其理已見盛百二尚書釋天湯若望條下。

至昏奎八度中,夏至氐十三度中,春分柳一度中,秋分牽牛三度七分中,此其正行也"云云。又卷二十一下,律歷志"冬至之時日在牽牛初度,春分之時日在婁四度,夏至之時在東井三十一度,秋分之時日在角十度"①。此外二十四節氣,亦均有日在度數。以上兩種紀錄,其觀測年代,必在太初以後。因史記天官書與律歷志均無度數之紀錄也。吾人試用第一、二兩表所載之日入及朦影分刻以推定觀察之年代而覘其是否與實際年代相符合。上述二種紀載中以昏星爲較良善之標準。以月蝕檢日宿度所在,至東晉姜岌始知之,在漢日躔宿度,殆仍由昏星推算而得也。兹將二至二分昏時中星赤經列表如下:

第三表　前漢書二至二分昏時中測算表

	(甲)初昏終止時刻	(乙)漢書昏星原有赤經	(丙)1927年各宿距星赤經		(丁)1927年漢書昏星赤經	(戊)乙丁兩項相差
春分	6ʰ37′P. M.	99°18′	{柳宿—δ Hydra	128°40′	129°39′	30°21′
夏至	7ʰ42′	205°30′	{氐宿—α Libra	221°42′	234°31′	29°1′
秋分	6ʰ37′	279°18′	{牛宿—θ Capriconus	304°14′	307°52′	28°34′
冬至	5ʰ22′	350°33′	{奎宿—δ Andromenda	11°00′	18°54′	28°21′
平均						29°41′

①此度數乃依圓周作 365 1/4 計算。如以日躔所在度與今相較,則春分差 31°35′,夏至差 35°07′,秋分差 30°32′,冬至差 34°13′,平均 32°50′。但牛宿與井宿所在之赤經赤緯,可使歲差影響較大。井宿約每六十六年差一度,牛宿約六十九年差一度。按前漢牽牛非今之河鼓,開元占經卷六十二,引石氏星經曰,牽牛六星八度,度至中央大星,先至去極百十一度,其爲今之牛宿可知。

上表中甲項下初昏終止時刻乃依北緯三十四度計算者,因觀測地點大抵不外西安與洛陽也。丙項下 1927 年各宿赤經度數取自英國航海通書①及克蘭因(Klein)星圖。其距星依照乾隆年欽天監本星圖②,以該圖與石氏星經③及丹元子步天歌④相校,二十八宿之距星除奎宿距星略有問題外(當另爲文論及之),餘均相符合。

依上表第五行推算結果,自漢迄今,二至二分昏星赤經相差之度數,均在二十八度二十分與三十度二十一分之間。以當時觀測儀器與時計之不精密,而推得如此良好之結果,實可驚異,蓋觀察時間如差四分鐘則所測位置即差一度也。漢書所紀星宿位置迄今平均已差 29°4′,按之歲差之理,即相差二千一百一十七年⑤。即推測中星時期在公元前一百九十年或漢惠帝五年也。始昏終止爲第一級明星始現之期,則漢書所載紀錄星宿之現象至早不得在漢惠帝以前,此又與事實相符合。而同時又可證明上述推算方法爲合理,因若依孔融、鄭玄以日入爲昏之説,或飯島氏下午七時觀測之説計算,則其結果即不能符合也。

今試以同樣方法推算堯典中星之年代,堯都相傳在今山西平陽,約當北緯三十六度,是以下表日入時刻與朦氣時間,均依照緯度三十六度計算。

①"The Nautical Almanac for 1927,"Royal Observatory at Greenwich 出版。

②載科學第十一卷六期封面圖。

③見唐瞿曇悉達開元占經卷六十二至六十八。

④見宋鄭樵通志卷三十八至三十九。

⑤按各星之赤經、歲差各不同,視以其所在之經緯而定。在赤經 275 度左右者,如在北天球,則緯度愈高經差愈大。此種差別,極爲複雜。在過去二千年中赤經同差。柳宿每百年 81′,氐宿 80.0′,牛宿 87.0′,奎宿 76.5′。茲爲便利計照每七十三年差一度算。

第四表　堯典四仲中星年代推算表

	（甲）始昏終止時刻	（乙）堯典昏時南中之赤經	（丙）昏星宿度	（丁）1927年赤經	（戊）乙丁相差度數①
春分	$6^h37'$	99°18′	柳初度 δ Hydra	128°25′	29°07′
			星初度 α Hydra	141°00′	41°42′
			張初度 ν₁ Hydra	147°45′	48°27′
夏至	$7^h48'$	207°00′	房初度 π Scorpio	238°36′	31°36′
			心宿二 α Scorpio	245°30′	38°30′
			尾初度 μ₁ Scorpio	251°00′	44°00′
秋分	$6^h37'$	279°18′	虛初度 β Aquarius	321°56′	42°38′
冬至	$5^h16'$	349°10′	昴初度 E1 ctra（Pleiads）	54°31′	68°21′

　　上表中因星鳥相傳係包含鶉火一次，故春分則柳星張並舉②。星火相傳係包含大火一次，故夏至則房心尾並舉③。惟虛與昴不易混淆，故祇舉一宿。赤經之歲差雖因其所在之經緯而有不同，但各宿緯度均不甚高，故其差度約爲八十年至七十年而差一度，即上而觀，則以鳥、火、虛三星而論，至早不能爲商代以前之現象。惟星昴則爲唐堯以前之天象，與鳥、火、虛三者俱不相合。星昴與鳥火虛之相鑿枘，唐李淳風蓋已知之，故曰"若冬至昴中，

①赤經歲差可參閱 1926 年東京天文臺編理科年表第 86 頁。
②唐書一行日度議，盛百二尚書釋天星鳥條下，皇清經解卷 486。
③尚書釋天星火條下。

則夏至秋分星火星虛皆在未正之西。若以夏至火中，秋分虛中，則冬至昴在巳正之東"云云[1]。<u>唐一行</u>因欲解釋其中差違之處，遂謂<u>堯</u>時冬至昏在胃二度中，昴距星在午正之東十三度。是乃明明承認星昴非冬至昏中之中星，雖欲爲之辯解，而欲蓋彌彰也。如吾人以心之初度當星鳥，大火（心二）當星火，虛之初度當星虛，則三者大致相符合，約在<u>周</u>代之初期，先後相差不過四度，但與星昴相較，差違達二十四度之多，則星昴之不足爲據而當承認爲謬誤也明矣。

　　且星昴之所以不足爲依據，亦有是故。蓋太古之時，人民日出而作，日入而息，均從事於農藝畜牧。在春夏秋三季，正值農工方酣之際，人民職業，均在户外。始昏之終，正爲户外工作停輟之初，亦爲明星方現之時，故春分夏至秋分昏時之中星，爲有目所共睹，其觀察當可靠。及至仲冬之月，農事業已告終，是以<u>淮南子</u>有"是月也，農有不[2]收藏積聚，牛馬畜獸有放失者，取之不詰"之訓[3]。當此際<u>黄河</u>流域，在日落西山之時，温度概在冰點以下。<u>羲和</u>是否能不憚嚴寒，鵠待曦日之下，朦影之終，明星之現，而測中星之位置實爲疑問。星昴大抵爲始昏後所測。而後世之信<u>堯典</u>中星之現象確爲<u>堯</u>時之天象者，實爲星昴一語所誤也。

---

① <u>阮元</u>疇<u>人</u>傳卷十五，一行中。
② 編者注："不"，原脱，據<u>淮南子</u>時則訓補。
③ <u>淮南子</u>卷 5 時則訓，仲冬之月條下。
　　凡恒星古代赤經求得後，則其測定之年代可以下方程式求得之：$\alpha' - \alpha - K\cos\omega + K\sin\omega\tan\sigma\cos\alpha$，其中 α' 爲古代之赤經，α 現時之赤經，σ 爲此恒星現時之赤緯，ω 爲黄赤二道相交之角，K 爲赤道上歲差之度數。

　　要而言之，如堯時冬至星昴昏中，則春分夏至秋分時鳥火虛三者皆不能昏中。吾人若信星昴爲不誤，則必置星鳥星火星虛而不顧，而此爲理論上所不許，則堯典四仲中星蓋殷末周初之現象也。

附録三　讀山海經札記

山海經爲先秦古書,太史公見之矣(大宛列傳),然錯簡甚
多,脱誤特甚,極不易讀。自前中國西北科學考察團在漢居延塞
一帶發見大批木簡,而古代簡書之制以明。其爲制,積簡多根,以
麻索聯之,多則卷之,所謂卷也。簡寬不過半寸,嘗每簡記一事。
木簡如是,想竹簡亦無大異。索頗易朽斷,斷後再繫時即易錯誤。
平常典籍,每節較長,各簡相屬,有意義可尋,故再繫時訛誤可較
少。山海經則每節頗短,每簡可書一節。散亂後即無從尋得其互
相聯屬之意義,故錯簡特多。不惟每卷中前後訛誤,且可此卷攙
入彼卷。流沙、昆侖、大夏、月支諸地可入海內東經,即其顯例。
又數目字,書者稍一不慎,即易訛脱。誤後又無法用意義改正。
山經中道路數目,相加後嘗與總數不合,此即其重要原因之一。
又山名與總數不合,數字訛誤,一因;脱簡未能補,且亦無從發見,
其二因也。淮南子墜形訓所記"海外三十六國",當本於海外經。
其西方比海外西經多一夭民,當係經脱簡。經內"此諸夭之野"

上亦似有脱簡,諸夭之野之人民即訓所稱之沃民;"夭""沃"古字通假。南方比海外南經多一裸國民,一豕喙民,當係經脱簡。經貫匈國(即訓之穿胸民)在交脛國(訓作交股民)、不死民前,次序與訓不合,亦當係經錯簡。因訓僅羅列名目,可書于一簡上,不致錯誤也。北方各國次序全不合,亦係經錯簡。至經有而訓無者,則訓之爲書本不必備舉也。

海内東經除上所言錯簡者外,其"岷三江首"以後至篇末則係水經文(非桑欽之水經),阮元固已言之。想係經文脱落,後人乃從各方亂集强補。痕迹儼在,指出非難。

山海經非一人一時所作,蓋經多次附益而成,固不僅卷數與漢書藝文志不符及海外、海内兩經後有校録銜名可爲證也。各經中多重複大同小異之文,已足證其非一人所輯録者矣。

經中訛誤較少部分,細案之,其次序亦自秩然。如西山一經,爲今陝西、甘肅兩省之渭水南岸各地,自東而西,大致不誤。其訛誤可考知者,如按水經注,符禺山在太華山東,則原簡必在松果、太華兩簡間。今在太華、少華後者誤。酈氏對古書可疑處多有指摘,而此文獨無説,豈其時尚有未誤本乎? 黄山條下,郭璞本漢書地理志注之曰:"今始平槐里縣有黄山,上故有宫,漢惠帝所起,疑非此。"郭氏未悉簡書之制,未敢臆測經内如此之多錯簡,故有此疑。一經之最西:"曰騩山,是錞于西海。"郝懿行箋疏云:"西海謂之青海,或謂之僊海,見地理志金城郡臨羌。"是矣。乃信道未篤,又因"其中多采石"之文,亂引牂牁、益州、越巂各山,是均因不知經文本來之自秩然,擾亂乃後起之事,故牽雜附合,致無是處也。

　　此經攪亂既久，且山名水名，今多非古，欲還原書本來面目，且指實山水之何在，殊不可能。然董理之使較可讀，實屬吾人應作之事。因古書本自無多，此書爲絕非僞作古書之一。後人所疑見漢時郡縣名之問題，乃因過信其出于一手。今已知其多次補掇，即可無疑。且其中所保存未受系統化之古代傳説甚多，至可寶貴。董理之初，第一，須拋棄禹、益著書之觀念，固不待言。第二，須認清其由戰國（或可至春秋）至西漢多次之增加附益。第三，須拋棄四庫書目提要諸人認此書爲小説家言之謬見。第四，須認清五山經爲古代遺留下相當可信之地理書。其内雖雜有傳聞部分，如西山三經各條所載，而大部分仍屬當日確實之見聞或迷信。吾人所偶然見及方向及距離之訛誤，一部由於古人觀察尚未精密，一部由於錯簡太多，致啟疑寶。觀念既正，即可進而整理。第五，須知古今山名固多變革，而水名則沿襲尚多，且方向較確，可資考證。如讀西山二經，觀“東流注於河”“南流注於渭”“涇水出焉，而東流注於渭”之文，即可知此二經所言，均爲陝、甘二省中渭北之山。其中如有可疑者，則或因古代小山小水同名甚多，並非訛誤。如確能證明此山此水不在此區域中，即可推斷其爲錯簡，不須猶疑。又各山經中或由東西列，或由南北列，率多因川谷之方向。如陝、甘之水大致可稱爲東西流，故西山經之山，均自東向西數之。陝、晉之間，黃河南北流，故北山經之山，均從南向北數之。河水在冀、兗之間又東北流，故北山經亦有向東北，或向東數者。依此類推，更可證各經之條理秩然也。如此整理，即可尋出其條理，且可指出不少錯簡與訛誤。然尤重要者，則第六，萬不可強不知以爲知。蓋古今距離過遠，吾人對於古人之經過勢

未能全明。牽强附會殊屬科學家之大忌耳,至海外、海内、大荒各
經,則幾盡來自傳聞,故可以今日之地理證明者頗少。惟第七,須
知:如無錯簡,其方位却無訛誤。如黄帝之傳説與神話不及南方,
祝融之傳説與神話不達北方,均足證明。第八,須知此各經中所
保存者固多爲較古之傳説,然由後人時將異聞書於紙帛之端,時
久攙入正文者亦所常有。如少昊係東方民族,古書多證明,絶無
疑義,而西山經長留之山條下,却有"其神白帝,少昊居之"之文。
此明爲戰國晚期以五帝配五方成立後之説法,即有由附注加入正
文之嫌疑。否則即因寫録人由各種不同之來源搜到,未加别擇。
此正屬受過系統化之材料,其足信之程度,與經中大部分之材料,
真未可同年而語。——此經經過如此不執成見、審慎謹嚴學者之
整理,從史料觀點來看,爲我國有很高價值書之一,而有此等價值
者,恐尚不及十部也。

龍首之山,郝氏箋疏引三秦紀"頭入於渭,尾達樊川"之文,
則似以爲即今日長安附近之龍頭岡。然此山下云"苕水出焉",
苕水今雖未知爲何水,然下文云"東南流注於涇水",則當爲今陝
西、甘肅交界處附近之水,龍首山遠在涇、渭之北,何能接近渭南
之長安?郝氏不審此經未誤本之一定次序,見名稱偶同者即牽强
附會。鹿臺之山下,郭璞注:"今在上郡。"本自不誤。蓋此山雖
未知當今何山,而離龍首山不遠,則亦當在涇、渭之北,與上郡地
望固相合。郝氏因水經沁水注有鹿臺山之文,即言"當爲上黨
郡"。不知上黨郡之山均在北山經,何緣忽竄入西山經?觀郭注
則經原不誤,而郝氏之異説非也。

郭璞注"帝俊生黑齒"(大荒東經)之文云:"諸言生者,多謂

其苗裔,未必是親所産。"其説極通。

　　大荒西經壽麻之國,郭注引吕氏春秋:"南服壽麻,北懷闖耳。"今本吕氏春秋任數作"西服壽靡,北懷儋耳"。郝氏箋疏及畢沅校吕氏春秋均以南爲誤字。然此條下文曰:"南嶽娶州山女,名曰女虔。女虔生季格;季格生壽麻。壽麻正立無景,疾呼無響,爰有大暑,不可以往。"其祖曰南嶽,即與南有淵源。"正立無景",與淮南子墜形訓所記建木"日中無景"似均指南方近赤道下之情形。建木見於海內南經。又墜形訓稱"建木在都廣",又曰:"南方曰都廣,曰反户。"均可爲證。海內經曰:"西南黑水之間,有都廣之野。"是我國古代相傳西南方有"日中無景"及"北反户"之地。列之於西南,似因國人知東南爲海,無從觀察,必西南始有陸地,始傳此現象。下"爰有大暑,不可以往"之語,尤徵其指南方,與西方無干。頗疑此壽麻之國條與下夏耕之尸及吴回兩條,均大荒南經錯簡;郭注之"南服壽麻",非誤。今本吕氏春秋上有"南撫多鷃"之語,似足證此句之爲西,非南,然其下文"北懷儋耳"之儋耳,明屬訛誤,則此南字,亦未必非誤。要之古書茫昧,未便强解。言郭注誤或吕氏春秋誤者,均不免武斷耳。

　　南山一經有水四,均不知所在。所入一爲海,二不知所在,一爲湑,疑誤字。即無誤,亦非南陽新野各縣之湑水(今名白河)。故不能據水定諸山所在。惟招摇山見吕氏春秋本味篇,高誘注爲在桂陽,未知有誤否。如不誤,則桂陽郡在今湖南南境,此經各山或指騎田、萌渚、大庾及贛、閩二省各山矣。二經之苕水,今名仍舊。勺水,據水經注漸江水條,亦可考知其在錢塘江南。又句餘、浮玉、會稽各山均在今浙江北部。惜英水、洵水、㴦水均未知所在,無由知山脉之起訖。然東段爲浙東西各山,當無可疑。三經浪水爲今義江。餘三水雖未知所在,亦均南流入海。則此經所稱各山,當爲廣西、廣東北境各山。郝氏釋雞山在今雲南,蓋誤。否則此條當在禱過之山前,始合地望。

　　西山一經内十餘水,大部直接間接北入渭或入洛(此出陝西,入河南之洛,非渭北之洛)。餘或南入漢。而松果、太華、小華、符禺、英山、竹山、浮山、瑜次、嶓冢各山均可考,地望最明。蓋今之秦嶺山脉,其西端當在甘肅南境。二經所稱六水,或東入河,或南流、東流注涇渭,其地望在今渭北,亦無疑義。惟赤水不知今何水。然昆侖所出四水,除河水外,餘赤水、洋水、黑水,似當時人亦由傳說得之,故矛盾甚多。今人更無由知其爲何水矣。山經中保存古代神話最多者,無過於西山三經。蓋多由傳說得之,且錯簡不少,故最難董理。然其山名並非子虛。唐蘭先生曾告余,昆侖實指祁連。今細核之,其說甚近,然尚有小誤。蓋昆侖乃青海高原,祁連山似爲經中槐江之山或恒山。祁連有水北流,而昆侖水絶無北流者,明其北尚有高山,水未能北流。爾雅云"三成爲昆侖丘",而"恒山四成",則高於昆侖矣。恒山離槐江不遠,後者之水北流,故余曰疑爲經中槐江之山或恒山也。且丘或訓"土高",或訓"四方而高",均指高原。昆侖不曰山而曰丘,明非山也。郭注"積石山今在金城河門關西南羌中",不誤,郝氏據括地志兩積石之說駁之,非是。蓋"禹所積石之山"本不知何在,或近在山西、陝西境内,均未可知。因禹傳說之擴大而漸移至甘肅西境。今此經叙於昆侖附近,當即指此。然在昆侖西,則因錯簡使然。後人又覺其有矛盾,故創爲兩積石之說,而將大積石置於鹽澤東，然矛盾終未能免。郝氏將彼更移於西，矛盾似可免矣，然無奈與古書更爲不合何。四經內十九山，除中曲一山外，皆有水，且源流頗明，故易知所在地。內西流注於洛（渭北之洛）者三水，東流注於河者六水，是諸山當在今郃陽、澄城之北，西北走，至白於之山，爲洛水源；涇谷之山爲涇水源；鳥鼠同穴之山爲渭水源。是山群至陝西、寧夏境上後，折而南，至甘肅中部。惟剛山所出之剛水北流入渭，地望不合，北當係誤字，否則此條當爲西山一經之錯簡。最後崦嵫一山恐係神話中之山。即以其所稱之“海”爲今青海，亦不能知苕水爲何水。疑原來即傳聞訛誤，未能確指矣。要之西山經各山均在今陝西、甘肅、青海境內，雖間有神話而尚歷歷可指。

北山一經所叙之山，頗難明辨其處所。中譙水、踽水、伊水、魚水、泚水皆西入於河，則諸山當在河東，在今山西西北境，與二經所叙諸山相近。又雁門水及北嶽山各條，均可證成此解。而杠水、匠韓水、敦薨水均西入泑澤，櫟水南入杠水。泑澤自漢以後均認爲蒲昌海，即今之羅布淖爾，則似又遠涉新疆！一經內山不相屬，全書內無其例。余頗疑泑澤並非今之羅布淖爾，乃近在東方。西山三經不周山條下，“東望泑澤”。不周山未知在何處，然按經所述，尚在昆侖丘之東。昆侖爲青海高原，則不周當爲青海東境一山。泑澤尚在其東，則非遠在西方之羅布淖爾明矣。余又疑致誤之源，乃由於誤會“河水所潛”“潛”字之誼。潛伏也，藏也。然藏非必藏於地下。始著而中微，幾如隱匿，亦可曰潛矣。河水至今日後套一帶，地勢平衍，水勢散漫，大溜不見，或亦可言潛。楊鍾健先生曾告余言此一帶爲古代之一大湖，其所言當自有見。如渤澤近在<u>後套</u>,則一切問題均易解決。彼蓋與<u>昆侖</u>、<u>積石</u>一例,由我民族文化之逐漸遠播而隨之外移。漢人誤會潛字之誼,解爲伏於地下,遂不得不遠移之至<u>蒲昌海</u>。實則<u>羅布淖爾</u>高度僅七百餘米,而<u>黄河</u>源高度在四千五百米以上,絕非伏流而再出。沿誤二千餘年,欲廓清改正,絕非容易。古書材料貧乏;余之所言亦嫌臆測。然余深信其爲一極近情理之假説,特敬謹提出以待治此學者之繼續研究。

北山<u>二經</u>及<u>三經</u>則地望頗明顯,無大困難。<u>二經</u>中之<u>管涔山</u>,今尚沿舊名。其<u>酸水</u>、<u>晋水</u>、<u>碧勝水</u>①皆東入<u>汾</u>,則山在<u>河東</u>、<u>汾西</u>,已無疑誼。<u>湖灌水</u>東入海,則當爲今<u>桑乾河</u>之一源。<u>修水</u>東注<u>雁門</u>,地望亦合。雖<u>邛澤</u>(<u>印澤</u>,當係一地,形近字誤)未知確係何地,而地望當不難推知。<u>三經</u>中所記之山尚不少沿舊名;水亦不少可考者;即不可考,而入<u>河</u>、入<u>虖沱</u>、<u>入洹</u>、<u>入滏</u>、<u>入沁</u>,方向甚明,故地望不難考知。蓋西自今<u>吉縣</u>之<u>孟門</u>,東轉爲河濱之<u>王屋</u>、<u>太行</u>諸山,北轉爲<u>神囷</u>、<u>發鳩</u>諸山,最北至今<u>北京</u>北之各山。惟<u>經</u>中之方向與次序頗多舛訛,則錯簡使然。知全經之條理,即不難按方向改正。<u>碣石之山</u>,<u>郭</u>注據<u>水經</u>或謂"在<u>遼西</u><u>臨渝縣</u>南水中",或謂"在<u>右北平</u><u>驪城縣</u>,海邊山",則均在今之<u>冀</u>東。以<u>經</u>文及地勢證之,殊不可能。山所出之<u>繩水</u>"東流注於河",則山在<u>河</u>西。<u>河</u>故道自今<u>天津</u>入海。北至今<u>昌黎</u>、<u>樂亭</u>入海之説,以地勢驗之,殊非可能。考<u>後漢書郡國志</u><u>九門縣</u>有<u>碣石山</u>。<u>九門</u>在今<u>藁城</u>一帶。

---

①編者注:"碧勝水",疑"勝水"之誤。

要言之,北山經內各山均在禹貢冀州境內。其遠及今新疆境者,或係錯簡,或有誤解也。

東山經所記之山及水,多不知其所在。在五山經中,最難董理。一經中有"東北流注於海""北流注於海"之文,則山當多在山東半島之北部。內泰山在山東中部。環水東流注於汶(原作江。畢沅據水經注謂當作汶,甚是),則南抵汶水。二經現尚未能考知其處所。三經所載各山亦難考知。惟"無皋之山,南望幼海",郭注:"即少海也。"亦未能言其所在。余疑山東半島之南,長江入海口之北,有海曲入,或即少海。四經亦難指明。惟"東北流注於海"之文再見。且出女烝山之石膏水西注於鬲水,鬲津爲古九河之一,在山東、河北接界處。如鬲水爲鬲津者,則此經所舉之山,或即河北、山東一帶離海未遠之小丘阜乎?

中山經十二篇,地望均明。一經所載各山,皆在今山西南界、黃河北岸。郝氏考薄山、歷兒之山、渠豬之山,皆雷首連麓之小山,當不誤。惟謂霍山爲今霍縣西之霍太山,則似距離太遠,此當仍指平陸、垣曲各縣北離黃河不遠之小山。二經載九山,而發視之山所出之即魚水西流注伊水,鮮山所出之鮮水北流注伊水,陽山所出之陽水北流注伊水,蕇山所出之蕇水北流注伊水,蔓渠之山爲伊水發源之山,則各山均在伊水南岸,當今欒川、嵩各縣境內,已無疑義。郝氏言輝諸之山在上黨,未知所據。即使地名吻合,然仍不足爲典要耳。三經共載五山:敖岸之山"北望河林";餘四山皆有水北入河,而四水又均見於水經注,能確知其所在。蓋西起今新安,東至今孟津,地域最爲明晰。畢沅因音近疑敖岸爲左傳中"敖、鄗之間"之敖山,然敖山在今廣武縣(現已裁屬滎陽）境内，東與新鄭近，故晉伐鄭，退師於此。至敖岸，據經次序，則當在今新安或澠池境内，故與敖山無關。潘潘水，水經注出河南垣縣，趙一清因河南無垣縣，改爲河東，不知山經明言"北流注於河"，水經注亦明言"其水北流，分爲二水；一水北入河；一水又東北流注於河"。如水出河北岸之垣縣，何緣北流入河！誤在垣縣，不在河南明矣。四經所載九山，六山有水：四北注洛，一南注伊，讙舉之山爲洛所發源，而鹿蹄、扶豬、釐、熊耳、讙舉各山又均能指定，故地望亦甚明瞭，在今陝西上雒，河南盧氏、洛寧、嵩、宜陽各縣境内。五經載十六山，僅後五山有六水：三南注洛，二北注河，而陽虛之山"臨於玄扈之水"，而據水經注玄扈亦入洛水。似此則上十一山，或亦在陝西潼關，河南閿鄉、靈寶各縣境内。郝氏因河北岸有薄山、首山、歷山諸山，即指爲北岸山，畢氏並指槐山爲今聞喜縣稷山之誤，皆未必然。六經舉十四山，由東向西數，僅前二山無水，而平逢之山有"南望伊、洛"之語。餘四皆出二水，南注洛，北注穀。再西三山所出水二南注洛，一北注穀，再西傅山爲穀水所發源，亦有一水南注洛。再西三山所出之水，因北已無穀水中遮，故徑入於河。再西陽華之山出三水，亦北入河，南入洛。故此節内各山所在，亦甚明瞭。蓋東自孟津、洛陽之北邙；迤而西，在穀水之南，洛水之北，直西至陝西東境。七經載十九山，而少室、泰室爲最著。其中九山有水，除最西五山無水外，更東有三山所出之水，皆南或西入伊。以此推之，則前五山或在伊水發源處西，洛水之南，今盧氏、嵩各縣境内。最東至敏山、大騩之山，爲今密縣境而山勢盡。八經載二十三山，惟五有水，而讙山與其所出之郁水均未知在何處。最西起首各山甚明，乃沮、漳各水之上游,西自今湖北房縣,迤邐而東,過保康、南漳、荆門各縣。再東各山雖未知確在何處,而抗日戰爭時敵我惡鬥之大洪山脉想在其內。九經載十六山,八山有水。除岷山爲大江發源處,餘七水皆東注大江,則此節所載當均在岷江西岸。十經載九山,皆無水,故未知所在。郝氏以涿山爲蜀山,未知是否。十一經載四十八山,僅十三有水,而三又皆"潛於其下",不知所入,故無從知其處。然此節內山均在吾鄉附近,散布於南陽、鎮平、南召、魯山及附近各縣,但未能全指定。郭注解衡山爲南嶽,郝氏駁之,極是。十二經載十五山,而洞庭之山爲最著。餘山均未載水,故未能推知其處。惟柴桑之山在今廬山附近,然則此節所載或爲大江南岸湖南、江西之各山乎?

由上所述,足知西山經、北山經、中山經所載諸山,吾人今日大致可知其所在,且可知書之條理,大致亦尚秩然。惟南山經與東山經所載,困難甚多。蓋今古異名,未可詳考。南山經所載僻在江南,名稱不同,尚不足異。東山經所載皆近在齊魯文化之區,而所能考知之山水已不多有,殊足令人詫異也。

山海經中之山經爲我國最古地理書之一,並非如清代修四庫諸臣所斥爲小説家言,固無疑問。其海內、海外、大荒各經,亦保存古代傳説甚多。其真正價值絶不在禹貢諸篇之下,亦毫無疑問。至顧頡剛先生諸人誇張山海經,疑禹貢爲偽書,稱前者"胚胎之期則斷斷高出數百年",則又矯枉過正,"扶向東來又西倒",非諦誼也。顧氏立説根據首爲"山經作者確認四方有海","禹貢作者已知惟東方有海,故青、徐、楊各以海表州,其結尾曰東漸於海,舍南西北而不言"。爲"地理學識上之大進步"。然"東漸於海”下未遠即曰“聲教訖於四海”，果“舍南西北而不言”耶？山經中雖有西海之名，北山經渾夕之山條，嘔水亦有“西北流注於海”之説，而東山經、南山經諸水入海者甚多，西、北二經則極少，律以顧氏之義，其知識亦非不進步也。次爲“山經流沙之名，原不專屬於某方”。“禹貢作者既已打破舊觀念，遂以流沙之名專歸於沙漠，而屬之西方”。“海與流沙在山經本爲四方公有之名，至禹貢而一歸諸東，一歸諸西，各爲專名，勿復相溷”，亦爲禹貢作者學識進步之徵。按山經中南方無流沙，餘三方有之。北方有流沙並無錯誤；東方海濱亦當有沙。山經作者知識並非落後。抑禹貢寥寥千餘言，偶未言及東方、北方之流沙，使其作者知顧氏之過分褒揚，不將受寵若驚乎？四海本古誼，不惟山經作者未能破除，即禹貢作者亦何能外此觀念？我國東方近海，西北兩方不接，至晚至殷代即當熟知。至南方之亦濱海，則非戰國不能知之。此則山經作者知之甚明，禹貢作者恐尚未知。復次，顧氏據禹貢不言赤水，稱其“判別真僞之心”。但山經舉水甚多，禹貢所舉者不過十之一二。偶未見赤水之名，即屬有意取捨，對於古書如此容易推斷，不亦過迅速乎？復次，顧氏因禹貢以衡陽表荆州之界，即臆斷其知南嶽之衡山爲“楚拓南境之結果。當作山經時河、漢間人猶未嘗聞其名”，此其論證余甚詫異，未知其所言云何。衡之爲言横也，故山以衡名者非一。山經中中次十一經已有此名。郭注釋之爲南嶽，郝氏駁之，謂爲雉衡山，前已述及。荆州表界曰“衡陽”，山南曰陽，則當在衡山南，非在北矣。漢末衡山專以名今湖南衡陽縣之山，然據風俗通，衡山一名霍山，則尚未專屬今之南嶽。鄭玄不知其説，謂“荆州界自荆山南至衡山之南”然則此所表界爲南界乎？爲北界乎？以表北界，則不指今之南嶽；以表南界，則當曰衡陰，不當曰衡陽。以表南界，而又指其山之南，古書無此例也。此山果爲雉衡山否，固不可知。要爲大江北岸之一山，以表荆州之北界，則可斷言。至禹貢"岷山之陽，至於衡山，過九江，至於敷淺原"之文，似指江南一山，然漢九江郡全在大江北岸，固無緣指定禹貢九江必在南岸，九江在北岸，下不言"逾於江"，此一點不已足指明衡山在江北岸乎？魏策吳起曰："三苗之居，左彭蠡之波，右有洞庭之水；文山在其南而衡山在其北。"彭蠡今鄱陽。鄱陽在東，洞庭在西，地勢顯然。使衡山爲今南岳，則當云在南。今乃云在北，其地望不亦頗明著乎？抑禹貢中可指爲江南岸山者，僅有此惝恍迷離之一衡山耳。山經叙大江南岸山何限？中山經中之十二經，或皆爲大江南之山已如前述。即南山經中之山均不能在大江北岸。如浪水遠在湖南、廣西界上，非至戰國末期不能知有此水也。顧氏蓋亦自知其說不易通，乃曰："山經定形之期，或未必遠早於禹貢，至其胚胎之期，則斷斷乎高出數百年也。"如此彼固可曰："浪水及其他各條，皆其定形時所附益，非原來所固有。"山經去其南山經，又去其中山經之一篇，其胚胎之期原狀果何似乎？且余不知其所謂"胚胎之期"，果何所指也。顧氏不嘗云禹貢乃由三種互無關聯、互相矛盾之說所合成乎？（此其說殊非是，余另有說。）似此豈不可云禹貢亦有胚胎之期，其定形之期雖未必能早於山經，其胚胎之期可遠過之乎？又其所言"至若山經體裁，自某山至某山，方向道里，井然不紊。禹貢一章之山脉觀念，或即啟發於此"，則其理由至足怪哂。父與子面貌，固當有相似處，然冒然指一相似處，又冒然指某爲子，某爲父，其不誤者鮮矣。今且無論"道里方向井然不紊"，與山脉觀念不甚相似，即謂其相似，而禹貢簡，山經繁，進化程叙，由簡而繁，非由繁而簡。世系表之應如何排列，蓋不待智者而後知。今且斬棄枝葉，言歸正傳。禹貢之爲書，除梁州貢鐵稍露破綻外，如依其文字推測，則不惟春秋可有此等作品，即在西周亦無不可能處。蓋商周之際，去禹遙遙千載，故事因民衆之謳歌稱頌而漸漲大，既已形成。觀左傳所記辛甲"茫茫禹迹，畫爲九州"之箴，及劉文公"微禹吾其魚乎"之嘆，即知西周之初與春秋中葉人所想像之禹，與近代人所想像已無大異。雖或可疑當日之梁州聲教尚未能通，而尚書牧誓謂武王師中有庸、蜀、羌、髳、微、盧、彭、濮之人，則知西周時代已有知梁州情況之可能性。顧氏謂五服之説完全爲後人理想之制度，固也，然國語所記祭公謀父所稱五服，雖名詞稍有不同，而意已暗合。在此前後而發生禹貢五服之説，已非不可能矣。幸世界之考古學者證明鐵之使用晚於青銅，而我國之考古學者十數年之繼續工作，亦證明在春秋以前，尚無鐵之使用，與左傳所記"趙鞅、荀寅賦晋國一鼓鐵以鑄刑鼎"之説大致相符，乃得確實斷定禹貢不得爲春秋以前之書。子墨子張大禹功，而未采禹貢之説，似當日書尚未大行。吾人乃因此可推知其著竹帛之約略時代。至山經之著竹帛，則不能早於戰國晚期。其海外、海内、大荒各經，則寫出更晚。惟其中保存有較近古之傳説，可爲今日治歷史者之珍貴材料，則亦毫無疑義。要之，吾人今日如仍昔日盲目信仰之態度，奉一書爲鴻寶，對於不同之一切完全抹殺，則不惟禹貢可引人入歧途，即山海經亦更能令人狂惑。如淬厲精神，慎擇審取，則不惟山海經中保有珍貴之史料，即禹貢亦一較古之著録，其中所記,足引用者亦復不少。揚甲抑乙,與抑甲揚乙同屬迷謬。近人多喜新奇,遂多矯枉過正,致對歷史真象又發生故障,故不惜煩瑣,辯之於此。

山經所載實至平易。惟古人體物多與近代人不同。如經好曰人面,亦謂其面有似人處,非謂其面果全如人。以用詞不同,遂多令人誤會。其所載有實用之動植物,實爲後世本草一類著作之先河。内又多當時人之迷信,亦爲研究原始宗教者之重要材料。

海内、外各經所記,雖多弔詭之談,而淵源有自,並非古人之造謠欺人。如貫匈國之"人匈有竅",今人全信其不能,而據郭注所引異物志之説:"穿匈之國,去其衣無自然者,蓋似效此貫匈人也。"已足説明訛傳之由來。蓋當東漢楊孚時,尚有所稱穿匈人之存在,以目驗之,始知非是。彼以此等人爲效真貫匈人,殊不知貫匈本由此而訛傳,真貫匈人本不存在。其他三首、無腸之屬,殆皆是類矣。

吾人由南山經所載各水可以推知山經之寫定,不能早於戰國後期及秦,海外及海内經寫定期亦相差不遠。海外經爲淮南子墜形訓所本,海内東經言"甌居海中,閩在海中",則似仍以甌、閩皆在海島與半島上,然則其寫定至晚亦當在漢武帝以前。蓋此後則漢兵已到,地理已明,不致錯誤。陸侃如謂海外經本墜形訓而加詳,故在後,此則因未知作書體例。山海經爲地理專書,淮南子却非。專書詳,常書略,其例然也。至海内東經中所叙各水,内多漢時地名,則係此本由一水經攙入,前已言之矣。

大荒南經末云:"有小人名曰菌人。"墜形訓:"奯生海人;海人生若菌，若菌生聖人，聖人生庶人。凡窶者生於庶人。"其"若菌"之"菌"，當即此菌字。墜形訓此節，假想人類發生的程序，故所用者并非菌字之本義。

附録四　一九四三年初版叙言

　　我個人自從很幼年的時候，就對於歷史上的事實發生很濃厚的興趣。現在回想起來：我在十一二歲時就抱着兩部首尾不很完全的通鑑綱目和續綱目，廢寢忘食地閲讀，就覺得非常地可笑。但就此一點也可以證明我對於歷史的興趣，發生得相當地早。此後遇着歷史一類的書總是很高興地閲讀。當十五六歲的時候，積的知識也頗有一些，就亂七八糟的胡發議論。這時候，正當前清光緒庚子辛丑以後，國家取士初變八股爲策論，我因爲對史事略有所知，雖説年幼信筆塗抹，却也尚不後人；自己已經頗滿足，以爲很了不起了。不久因爲預備科舉，就偶然買到坊間印行的王船山讀通鑑論及宋論。開始閲讀的時候，僅感覺到他篇篇的議論全同我原有的意見不相同。起初不過以爲他老先生好作翻案文章而已。及至當看並加思想以後，才知道他並不是好作翻案，他的思想比我們尋常人的思想實在深遠的多；我們想再翻他的案也非常地不容易。這才開始感覺到對於古人非在讀破萬卷並加深思以後,實在不應該粗心浮氣,亂發議論! 民國成立以後,我又到法國留學。當民國四年,我才讀到法儒 Langlois 和 Seignobos 合著的史業導言(*Introduction A L'etude Historique*)及其他歷史方法論的書,才曉得對於史料必須要用種種的方法,慎重批評和處理才可以達到科學的歷史(L'histoire scientifique)的目的。在此以前,我覺得我對於歷史的事實知道的頗多;自此以後,我才感覺到毫無所知! 因爲這些全未經批評的史實,尚未足以言歷史知識也。我今日對於各家的歷史,歷史方法及歷史思想的著作雖然也讀過一些,但是對於我個人影響之大,再没有超過於讀通鑑論、宋論、史業導言以上者,所以在這裏附帶着説一説。

民國十年後,任教北京大學,當日我國的新史界受歐西科學的影響,對古史材料重新估價的口號高唱入雲,我個人也未能自外於時代思想的潮流,不過因爲我學的是哲學,所以教的也是哲學,對於歷史自身没有工夫向前深造。少年學者顧頡剛、劉掞藜二先生對於大禹是否有人格的討論哄動一時,我對此問題雖感興趣,却未能參加討論。此時史學界的普通意見似有利於顧氏,可是我個人頗不以爲然:我覺得堯典、皋陶謨、禹貢諸篇尚書,固然非當日的著作,乃由於後人的追記,篇首"曰若稽古"四字已足證明;但是他們的記録未必無根據,記録最早的時期也許能到商朝。很久就聽到人家説:按着歲差的道理,堯典上所記二至、二分的中星的確是四千年以前的。當時我因爲想救出來堯典上所記的材料,就想到天文上的現象可以説是恒定的;現代天文學的進步可以説已經達到相當的精確的程度。我們如果能用現代天文學的精確知識證明堯典上所載的天文現象實在非四千年前不能有,那豈不是已經可以證明這種傳說雖是登簡策的時期相當地晚，它自身却是很古老的和可靠的傳說？這一部分可靠，豈不是就可以推論別部分也並不是嚮壁虛造，它因此也就可以增加了不少的分量？這樣的意思雖是很誘惑人，但是因爲我個人對於天文知識僅有一知半解，無法達到目的。不過我總覺得這個問題頗爲簡單，止要得到本年當二至、二分在黃昏時候初見的中星，就可以推算大概，遂於民國十三四年的光景，請當日中央觀象臺臺長高魯先生把這些數字及現在實用的歲差率告訴我。承他的厚意把這些及歲差率50″.25 開給我。我因爲星鳥的範圍太廣，斥去不用。餘火（房）、虛、昴三宿，我也不能指定何星，僅取漢書律曆志所記各宿的度數，用歲差率運算，看看在四千年前這些宿度是否全在限度以內。結果是有兩個宿度範圍甚寬，也可以在四千年前，但到三千年前的時候，中星仍未出此宿的限度內。只有一個宿度頗狹，僅三千年左右可在此限度內，絕無到四千年左右的可能性。——因爲我知道自己不是專家，必有若干忽略，未敢發表，所以算稿完全遺失。也許很錯誤都很難説。——才恍然於這些中星觀測的時期不能超過商周之間以前；這三篇尚書的文字不惟登簡策的時期相當地晚，就是那裏面所記的事蹟也全有爲後代加入的嫌疑。從前對於此三篇所記若信若疑，自此以後，剩餘一部分的信用始被抛去。又過二三年後，才讀到科學上所載，專家竺可楨先生所著的論以歲差定尚書堯典四仲中星之年代一文，歡喜讚歎，感未曾有！以爲必須如此才能配得上説是以科學的方法整理國故！這樣短短的一篇謹嚴的文字印出，很多浮煙漲墨的考古著作全可以抹去了！他這篇著作絕不是我那次的幼稚的試探所能比,不過我的結論同他的"堯典四仲中星蓋殷末周初之現象"的結論相比,居然尚無大差,這却是我很高興的一件事情。

　　等到民國二十一年我接受了北平研究院的史學研究會(後改所)聘約以後,才特別研究歷史。不過接續的五六年間,總是奔馳於陝西的黄土原從事於調查及發掘,還没有工夫對於有文字的古史作一種進步的研究。但是由於在寶鷄鬥鷄臺的發掘及附近的調查,拿地方的傳説、遺物及水經注的記載相比,確信炎帝族姜姓的發祥地應該是在陳倉附近的黄土原上面。二十七年冬來到昆明,次年春奠居於附近的黑龍潭。時史學研究所在北平的書籍幾乎完全失掉,在昆明購買書籍又極困難;事實所限,熟讀古書遂成了當日工作的惟一途徑。而黑龍潭風景優美,絶遠塵囂,爲讀書時候的理想環境,因爲環境上有這幾個條件的促成,遂立意將我國古史上的傳説材料加以董理。董理之先,毫無成見。所僅有者,不過我國近二十餘年史學界中所公信的一點觀念,就是:我國歷史的起源也同其他民族的歷史相類,非一元的而爲多元的。傳説時代的範圍限定於商朝盤庚以前。因爲此後即已有明確的材料,進入了真正歷史的範圍,不屬於傳説時代了。工作的程叙,是除了專書如尚書前數篇及史記前數篇不計外,將古書上所載關於夏商兩代及兩代以前的材料完全摘録出來以資比較。尤注意的是時代的分劃。以見於詩、書(前五篇除外)、周易的卦爻辭、左傳、國語、逸周書、論語、墨子、孟子、莊子内篇、古本竹書紀年等書的材料爲第一等,因爲這些或是西周,或是春秋,最晚也是戰國早期的傳説。尚書的前五篇雖也有爲春秋時代作品的可能性,但因爲它是一種經過綜合工作的結果,不得不特別小心,只好移居第二等。以見於

其他先秦古籍的材料爲第二等,見於西漢人著作者爲第三等;見於
東漢人及魏晉南北朝人的著作者亦備參考。至於古文尚書、家語、
列子等書,則嫌疑太大,暫時不錄。這樣比較的結果,才看出我國
古代的民族的分野略可分爲炎黃、風偃、苗蠻的三集團。(再仔細
分析,也未嘗不可以分爲六部分。因爲西北方的炎黃集團本分黃
帝、炎帝二支:黃帝居北,炎帝居南。近東方的,又有混合炎黃集
團、風偃集團文化,自成單位的顓頊氏、有虞氏、商人。接近南方
的,又有出自北方,與南方發生很深關係的祝融八姓。雖然如此,
這三部分乃由原來三集團中細分,不能同原來的三集團平列。)以
後相遇、爭鬥、合併、同化,才漸漸變成惟一的中華民族。這些意見
於前年冬及去年逐漸寫出。此時友人董作賓先生方研究古代曆
法,草成仲康日食一文,拿來讓我看,我覺得他這篇研究同我研究
的意趣頗爲符合,並且可以補我的缺漏,遂商得他的同意,把它加
在我的書裏面。以後又徵求得竺可楨先生的同意,把他的大文也
收到我這本書裏面。我個人對於竺、董二先生兩篇大作的意見現
在是這樣:我不相信皇甫謐所記"堯都平陽""舜所都或言蒲阪,或
言平陽,或言潘""禹都平陽,或在安邑,或在晉陽"的說法,因爲這
些不是很古的傳說。我相信陶唐氏的故地應是在今河北省的唐、
望都一帶。儘少說,這個傳說絕不比堯都平陽的說靠不住。竺先
生專用平陽一說,似乎還是美中不足。不過平陽同唐縣緯度僅差兩
度餘(平陽在北緯三十六度略偏北,唐縣在三十九度南),差異不大,
希望不至於影響於他的結論。看左傳周封唐叔而曰"啟以夏政"[1],

①左傳定四年。

則山西南部與夏朝一定有若干的關係,但夏禹是否曾經都此,已經很成問題,太康失國居斟尋,帝相居商邱①,則仲康恐亦居東方,不能獨處西方的安邑。幸此數地緯度皆在北三十四與三十七度之間,相差僅二度餘。東西相距亦不過遠,恐此次的日全食尚皆在限度以內。這些點希望將來再作進一步的研究。至仲康年數的問題,極端疑古的人一定說:我國共和以前年歲皆靠不住,僅據世經、帝王世紀諸書所載,恐不可靠。我覺得:共和以前的年歲固然沒有以後的靠得住,但是並不是完全沒有年數。太史公是一位審慎的歷史家,覺得這些是有些清楚,有些不清楚,聯結不起,無法整齊排列的材料,所以寧可闕疑,不肯臆測。世經、世紀的作者也是利用這些材料,但是凡遇聯結不起的地方,或用天文,或用歷法,或用其他的方法,把它補足起來,沒有太史公那樣的審慎。他們所用的方法是否完全正確,我們果然很有懷疑的理由。但是我們說他們也是盡他們的力,尋求補正的方法,并不是嚮壁虛造,這樣的說法,想來大致不會有錯誤。另外董氏用曆法在年代學上所建立的五個基點,前四個,我們覺得一定可以建立起來,不至於有錯誤。就是末一個,能建立的希望也不小。這樣,商朝的總年數可以得到相當的解決。史記夏本紀,除了前面引用尚書的一部分以外,後面所記的夏代世系,一方面同古本竹書紀年大致相合,一方面同殷本紀所記的世系可以說是同一類的材料。我們現在由甲骨文字的發現可以證明殷本紀所記的先王先公世系雖不免有小錯誤,而大致有根據,可靠。我們因此有理由推論夏本紀所

① 太康居斟尋說見史記夏本紀正義所引汲冢古文;帝相居商邱說見御覽八十二所引紀年。

記的世系也是大致有根據,可靠。夏代的總年數,古本紀年即有
四百七十一年的説法①。雖説還有若干的問題,而孟子所説的
"五百年必有王者興"一語,胡適先生很有理由説他是引用當日
相傳已古的成語。再看夏代的世數,説它相傳四五百年,也大致
不會有大錯誤。夏書相傳本只有四篇,二篇今存。夏本紀明言:
"帝中康時,羲和湎淫,廢時亂日。"羲和又爲與日有關係的氏族
名字,則左傳所引與日食有關的文句,時代與中康相當,實至近情
理。董氏又遍推前後百年可能在房星内之日全食,則範圍既寬,
當不至有其他的可能性。所以我們今日雖不敢確指這一次日全
食在中康的那一年,而説它當中康的時候,想不會有錯誤。對於
這個問題,現在僅有一點還未能完全間執主張反對論者的口實,
就是我們尚無法證明房一定是房宿,並不像有些學者所説是泛指
舍次。反對論者或更可以懷疑在四千餘年以前,我們對於房宿是
否已經給有專名。實在房、心等宿爲赤道旁的大星。夏日黄昏,
只要我們仰面一望,就可以看見它們。即至今日我們家鄉的農人
不懂得一點天文,却完全認識它們。他們把房、心、尾三宿——恰
如西人所名的天蝎宿——聚成一個"姜太公釣魚"的名字。夏朝
的初年,宗教早已成立,對於天文的觀測已經有相當長的時候
(參看第二章第五節);這樣大星尚無專名,頗費解説。房雖可解
爲舍次,終嫌牽強。但這一點現在還未能十分地決定,我們却也
不敢諱言。復次,如果我們不把房泛解作舍次,那我還疑惑就是
僞古文尚書所指定的"季秋月朔"一詞也並非屬僞造。因爲一方

①夏本紀集解引。

面房宿僅有五度,王肅或其他魏晋間人上離中康時代已經過了兩千四百年上下,歲差相去已經超過三十三度,九月的太陽不會再躔房宿。此時歲差的法則還沒有成立,王肅或其前後的人雖欲作僞,怎麼樣能造成這樣的僞? 另外一方面,王肅他們所以能蒙蔽古人一千餘年的緣故,就是因爲他們也搜集了很多古人可靠的材料,——同羅泌路史的工作也很相類——並且他們所能看見的古書比我們多的多,也是一定的。以此解釋上面所說的不可解,豈不是甚爲自然,從這一個角度觀察本問題,可以說在董氏所舉的三個限制條件以外,又得了第四個限制條件。要而言之,竺、董的兩篇著作,雖然還不敢說把這兩個問題完全解決,毫無賸義,但是他們的方向異常正確,對於解決此二問題已經有很大的進步,毫無疑問。我既得了他兩位的允許,又請蘇秉琦先生把 Frazer 的舊約中的民間傳說裏面關於洪水故事的起源的一部分摘譯出來,就把竺先生及 Frazer 的文章同我個人所寫關於古代材料研究的兩篇小東西作爲此書的附錄。竺、董兩先生允許我把他們的兩篇大作收入我這本書裏面,蘇先生幫助我所作的翻譯,實在使我的這本書生光不少。這是我應該在這裏特別致謝的。

從我們這本書上的研究可以得到我國古代歷史的輪廓,大約如下所說:

我們祖先分成大大小小的氏族,奠居於我們中華的地域上面者,也不曉得已經有若干年。——如果周口店的初期人類爲我們直系的祖先,那我們的奠居已經過了三十餘萬年,比任何民族的歷史皆長久了。——這裏面有一部分,此後叫作華夏的,内中有一個氏族叫作少典。它大約生活於今陝西、甘肅兩省交界地方的黃土原上或其附近。從這個氏族分出來兩個重要的氏族：一個叫作黃帝族，一個叫作炎帝族。這兩個氏族發展以後，漸漸各有一部分順着河流，向東遷移。炎帝族順着渭河、黃河的兩岸，一直發展到今河南及河南、河北、山東三省搭界的地域。黃帝族順着渭河、黃河的北岸，隨着太行山跟，一直向東北走，或者已經達到今察哈爾的地域。炎帝族達到上面所説的地方以後，就遇見本地的土著，以後叫作東夷的人民。兩族相遇，遂相争鬥。這個時候領導東夷争鬥的英雄叫作蚩尤。他本領頗大，炎帝族吃了大虧，向北方奔逃，求救於北方同出的黃帝族。黃帝族因爲當日還在游牧階段，所以武力較強。他們出兵後，開始也不免同敗亂的炎帝族衝突。把他們收撫後，然後南下與蚩尤所領導的東夷族大戰，結果把他們打敗了，他們的首領蚩尤也死了。這就是後代所傳阪泉涿鹿戰事的因果。戰争平息以後，黃帝就從東夷族裏面另外找出一位能同他們合作的首領少皞出來，綏懷東夷的舊部。以後華夏族同東夷族大約相處的還好，就漸漸地互相同化了。可是氏族林立的中國，經過這一次的大震盪，就漸漸合併起來，成了若干的大部族。這實在是我國古代史上的一種巨大的變化（第二章第一、二、三、四、七各節）。阪泉涿鹿的英雄黃帝死了以後，不知道經過了若干年，乃有華夏、東夷兩文化混合的顓頊族出現。它的首領顓頊實在是一位了不起的人物。他把當日散漫的原始巫術改革成具進步意義的宗教。自從成偉大體系的宗教成立，而後中華民族的文化才能有比從前急速的發展。以宗教爲專業的人們，因爲要按一定的時候禮祀神祇的關係，就不能不對於一年中季節的變化加以規定。並且他們比較有閑暇，不像從前的巫多係牧人農人兼辦,生事擾攘,就可以對於宇宙間的現象作一種靜穆的觀察。我國從前的學術界把顓頊時代的南正重、火正黎當作曆算的開山老祖,並不是沒有理由的。這一次大變化對於將來社會的影響,比較阪泉涿鹿爭鬥的影響,有過之,無不及者(第二章第五節)。這位宗教的開創人顓頊死後又不曉得過了若干年,才到了堯、舜、禹的時代(關於帝嚳,參考第二章第六節)。在這個時候,我國的農業已經相當的發展,東方的各大部族全住在河與湖的附近,致力稼穡。可是我國氣象上的周期變化,恰好落在這個時候:雨量增加,山水大來,田舍漂没,"洪水橫流!"並且宗教的聖地玄宫所在的濮陽首當黄河下游的衝擊,受患特甚。大家開始異常驚惶,以爲這是上天特别警戒我們。以後就商量起來,舉一個人專門負責,興師勞衆,在聖地與人民田廬附近修築起來很高的土圍子——堤防,以爲這樣總可以當着山水了。不料年復一年,毫不中用! 最後算是找到了兩位治水的世家:一位叫作禹,一位叫作伯夷。他們利用了從前失敗的經驗,知道山洪勢大,專門頭痛醫頭、脚痛醫脚的不中用,乃察水性,審源流,大規模地疏導。又加之以東方風偃集團的賢豪皋陶、伯益的助力,胼手胝足,辛苦經營了十幾年,水勢才算大定,在東方的大平原上而人民才能"降丘宅土",才可以休養生息,孕育出來將來偉大的中華民族! 這樣專憑自力,與天然爭鬥,以奠定我民族生活的基礎,這真是人類的一件驚天動地的大事業。我們的祖先驚奇讚歎,鋪張揚厲,以至於有許多誇大失實的地方,也是當然的情形。今人因爲發現傳説一部分的失實,就毅然決然把我先民的慘淡締造一筆抹殺,而概歸功於神力,真所謂"厥子乃不知稼穡之艱難,乃逸,乃諺,既誕。

否則侮厥父母，曰昔之人無聞知"者矣(第三章)！因爲治水的時候，事務殷繁，各部族間的朝聘會賀不期煩數而自然煩數。大禹既爲治水的最高負責人，則他的部族所在地陽城，自然漸漸成了四方走集之所——都會。因爲他有大功德於民，所以當他死以後，雖説他的兒子啓，並不見得比堯、舜的兒子丹朱、商均高明，可是朝覲訟獄謳歌接續着匯集到他那一方面。政治的組織漸漸取得固定的形式，非復從前散漫部族，人亡政息的情形。我們從此以後，就成了有定型、有組織的王國。這是我國古代歷史上第三個巨大的變化。可是此種政治形式的轉移，差不多完全靠着對於社會事業的努力及因此而得的社會景仰，借助於軍事的力量者甚爲微渺。這是我們的祖先在初開國的時候很特殊而且很光榮的一件事實(第三章)。

　　在這個時候，西北方的炎黃集團同東方的風偃集團合作的情形甚好，可是同南方的苗蠻集團又有了接觸與衝突。衝突的時期相當地延長，這大約是因爲南方地勢富有沼澤、丘陵，以至於山岳，不像東方平原的交通容易。衝突的表面原因是由於南方人民不肯采用北方的進步巫教，"弗用靈"。衝突的結果是把南方的驩兜、三苗、檮杌各氏族完全擊敗或分別流放，北方的大巫長祝融深入南國以傳播教化。因爲當日苗蠻的文化發展尚滯留於落後階段，所以兩方面文化的交流不能同東方的風偃集團相比，苗蠻對北方進步的宗教完全接收，至北方所受他們的影響尚屬渺小。直至春秋及戰國時候，南方的文化才能急速地發展。屈原大夫雖自稱爲"帝高陽之苗裔"，而實爲南方集團的天才。憂憤著書，遂爲中土文學不祧之宗。此時前後，伏羲、女媧也以南方明神的資格,加入了中土聖帝賢相的系統,而後同化作用始告完成,三集團的分辨也同時泯滅,不容易復識了(第二章第七節,七章甲二)!

夏王國雖説逐漸成立,可是當日的王同將來的皇帝不能比較:因爲他不惟對於全中國不能統制一切,並且在他這個較大王國以外還有不少其他的小王國。它們中間可以有朝聘會賀的來往,却没有臣屬的關係。夏王有作爲的時候可以取得像春秋時代盟主的地位,否則僅爲群王中的一王。在春秋時代,除掉齊桓以外的齊人對於魯、衛等鄰國的關係,或者可以指示平常時候夏王國與其他王國的關係了。夏德既衰,宗盟遂遷於商。"賢聖之君六七作",全是能自振奮、盡盟主職務的國王。到了武丁時代,局面似乎有重大的變遷:他享國既長,武功甚高,勤勞國事,不遑寧處。以至"邦畿千里","肇域彼四海",經典之所遺傳與甲骨文之所保存皆可以證明一點,就是商王國從此時起對於其他王國成了一種壓倒一切的形勢。蓋自夏王國成立以後數百年,到此時而我國的政治社會才有像樣的轉移,以醖釀將來周朝初年巨大的變化。

周人崛起西方,推倒東方的大王國——商朝。文王、武王,繼世經營。加之以雄才偉略,道德與能力均可爲吾中華民族最高代表的周公翼贊王室,(尚書中無逸、君奭中所表現的思深慮遠、優柔不迫,我國人最高之道德典型也。)東征西討,"滅國者五十","封建宗親以藩屏周"。此後全國的名城大邑全歸了周王的指揮。周王不僅如夏商之王,爲群王中的一王,而成了全國最高的宗主。周公的初意雖仍不免爲姬姓一家謀久安長治的基業,但因爲他的目光弘遠,治理方法高明,全國文化的傳播更形迅速。所以周王室存在的八九百年中,實爲我國偉大文化含苞、放華和結實的時期。等到將來封建運衰,全國逐漸統一,秦漢大帝國興,而我國大一統的局面遂以成立。

此外戰國時代的思想家差不多全相信我國歷史的初期有巢居、火食、畜牧、農業等幾個發展的階段。前兩個,他們叫做有巢氏、燧人氏,後兩個靠住借來的庖犧、神農二名而凝固。所以這兩個名字在我國的史前期也有很大的勢力(第七章,甲一、二)。

我民族古史變化的大綫大致如此。

以上所説是我們探討的結果。希望我國的歷史學界對於這一組重要的問題精細檢查以後,我們的假説可以有大部分地成立。另外我們還有幾個意見,現在我們還没有找出充分的證據,但是我們相信這幾個問題值得特別地注意,所以也在這裏附帶一説:第一是我國使用青銅時期起於何時。我們看見商朝後期冶煉極精、花紋豐富的銅器,就感覺到在當時銅器的使用已經相當地長久。然則數百年以前的堯、舜、禹時代,以至於千餘年前的黃帝、蚩尤時代,全已使用銅器,非不可能。這個問題,我們在第二章第七節裏面已經約略談到,不再贅述。第二,我們在前面已經談到顓頊的事業對於我國文化的進展有重要的助力:曆法就是從事宗教的人所逐漸發明的。可是古代的文化,除了曆法以外,還有很重要的一支,就是文字。它在我國到什麽時候才有?是歷史上一個重大的問題。先秦的時候已經有倉頡作書的説法[1],可見這種傳説來源相當地早。但是倉頡是何時的人?屬於何氏族?

---

①荀子解蔽,吕氏春秋君守。

用何種意義説他作書?……這一些全是無法解决的問題。後起黄帝史臣的説法,不足爲典要。説他是古帝,無異於説他是一個氏族的首長,比前説較近情理。但如此説,對於他所處的時與地毫無所指明。荀子所言"好書者衆矣,而倉頡獨傳者,壹也",雖甚有理致,然亦不過可備一解。要之,無論任何文字的起源全是經很長的時候漸漸成功的,除了抄襲或改造别民族的辦法,絶没有一下子跳出的。所以凡古代民族的文字起源歷史全是極模胡的,無法解决的。我們現在也毫没有興趣蘄求着對這一類無法解决的問題加以解决。但是像郭沫若、徐中舒諸位先生夏代未必有文字的看法,我們却未能同意。郭先生覺得甲骨文的形式自由是一種原始的現象,所以覺着它前面的歷史不會太長;我們覺得甲骨中已有形聲的文字,而用文字作聲符絶不是很原始的現象,所以它以前應該有相當長的歷史。至於形式自由是文字普遍的現象,只要没有匡謬正俗、字學舉隅一類書的頒行,它總是自由的。這一點殊不足以證明它的原始性。徐先生則因周代的時候,夏後杞、鄶的文化落後,不能與具有高度文化的商後宋國相比,而推論到夏代原來尚無文字的使用。他這樣的疑惑固極有理。但是我們覺得:左傳上常常引用很簡單的夏書,似乎在春秋時代,公認爲尚有簡策的遺留;並且水火金木土穀爲六府之説,與社稷五祀僅有五官,后土與社同爲一官之説相合①,起源不會太晚。如果説夏代全無文字的使用,這一些困難也頗嚴重。並且象形符號的使用一定起源很早;以宗教爲專業的人,因爲禮神的關係,尤爲需

————————

① 左傳文七年及昭二十九年。

要。所以我們感覺；如果倉頡實有其人，或是屬於高陽氏的宗教集團也很難説。孔子稱讚堯，説他“巍巍乎其有成功也，焕乎其有文章”①，上一句統指較爲空泛，下一句似乎並不是一句浮泛的話。象形符號從前雖由從事宗教的人使用，但與非宗教的人無關。洪水役興，事務浩繁。不惟程功記數需要符號的幫助記憶，就是約束期會，也恐怕需要符號的幫助招致。從前原始文字的行用不出乎玄宫裏面，現在因爲時勢的逼迫，它就被推廣行用，成了各氏族間的信號。文字這樣比較普遍地應用，豈不可以説是“焕乎其有文章”這句話的真正注脚？這雖然完全是一種猜想，但是絶非毫無根據的猜想。這是希望史學界繼續注意、努力解決的第二點。第三，皇甫謐及以後治古史的人對於炎帝、黄帝、少昊、顓頊諸帝全記載的有年數。我們覺得：這個問題不惟現在無法解決，就是將來也永遠無從解決。不惟將來無從解決，實在最古的時代根本上就没有清楚的記載。炎黄時代未必有曆法。所謂大撓作甲子②的話已經可疑，就是退一步説，而大撓是何許人，何時人，也很成問題。説大撓是黄帝的臣也同説倉頡爲黄帝的臣一樣，全是感覺到黄帝爲我國歷史上最早的聖人，文字或支干全是與有史俱來的老古董，不能不是那個時候的留傳而已，絶没有另外的根據。據我們的看法，曆法的發明是自從顓頊把散漫的巫術變成具大體系的宗教以後，由於實用的需要，漸漸地找出來的。它既不是顓頊個人的發明，也不見得是重是黎的發明，却是由不少的人經相當長的時候所慢慢發明的。顓頊以前没有曆法，怎麽

---

①論語泰伯。
②吕氏春秋勿躬。

樣能記載確鑿的年月？顓頊的時代，曆法正在含蒂、抽芽，離成立還需要若干的時候，也還沒有記載清楚年月的可能性。獨至堯、舜、禹的時候，離顓頊大約已經有相當長的年月，數百年，曆法已經使用了不少的時候，才能有比較清楚的記載。所謂"舜相堯二十有八載"①，所謂"作十有三載乃同"②，恐怕全是些很古老、很清楚的傳說。根據這一點，我們疑惑我國年代學上的問題，等到仲康日食的問題能圓滿解決以後，恐怕就沒有多的問題，也同埃及年代學上的問題等到天文學家確實計算出來天狼星於紀元前四二四一年七月十九日黎明在孟斐斯的緯度出來以後，埃及的年代問題就算結束了差不多。說到這裏，我們頗疑惑孔子刪書斷自唐虞，也頗有理由。（孔子刪詩的說法不甚可靠，但刪書的說法似未可一概而論。因爲孔子也是太史公一類的史家，他所稱述一定也是檢擇"其言雅馴"，他所認爲可靠的傳說才稱述。看左傳、國語上所記的情形，可以看出春秋時代對於堯、舜、禹以前的事蹟，未必無簡策的留存。子產同蔡墨所稱述，孔子未必不知道。就是山海經上所記帝俊等類的神話，一定不是後代的僞造；以孔子的好學，對於這些毫無所知，也恐怕太說不過去。他大約感覺到有些"言不雅馴"，有些歲月無所附麗，就不肯稱述。他所稱述的尚書是否就是現在今文尚書的樣子？他所認爲真實的是否還有錯誤？今文尚書是否還有錯誤？……那全是另外的問題。要之，孔子對於古代的傳說有所揀擇這一點，似乎不很成問題。馬伯洛（Maspero）、顧頡剛各位先生如果專從這一點指摘孔子、太史

①孟子萬章上。
②尚書禹貢。

公諸人的愛凡麥化,那却是頗有理由的。)

　　這以上的各點是我們據着不完備的知識所猜測。正確與否却很難説。希望治古史的人對於這些點繼續研究,與以比較正確的答復。

　　另外我們對於現在我們的歷史界還有幾句話要説,要點如下:

　　第一,大家總要認識清楚歷史是一種科學,不要希望可以用其他的東西來擾亂它。換句話説,就是説歷史的事實在自然界中有客觀上的存在,無論我們人類高興不高興,却不能隨便地就創造它,毀滅它,或增損它。培庚(Francis Bacon)所説的話:"人類想要征服自然先要服從自然的定律。"是一件顛撲不破的真理。人類的歷史可以説是人類精神努力的結晶體。如果把自然律認識清楚,嚴格遵守着它,不斷地努力,可以創造出來些新東西,消滅許多不愉快的陳舊東西,那是一定的。但是,如果我們想對於自然律表示一點點的反抗,那要遭受慘酷的失敗,也是完全一定的。比方説:現在我們研究歷史,的的確確發現出來我們從前有某種錯誤、某種缺陷,那却沒有其他的辦法;惟一最好的辦法是把錯誤或缺陷研究清楚,披露出來,與大家以共見;然後按着科學所得的自然定律加緊努力以圖補救。沒有救不轉的錯誤,沒有填不滿的缺陷。誠之所積,金石爲開。補天本有術,但亦只有此術也。最不妥的是把錯誤與缺陷掩蔽起來,以爲這樣就可以蒙混過去。這是一種自欺的行動。個人自欺,一定變成小人;國家自欺,也一定要失掉它國的資格! 錯誤或缺陷自然可以蒙蔽起來,使大家不知道,但是錯誤總是錯誤,缺陷總是缺陷。它們不惟消極地存在,

無法彌補，並且因爲大家不知道，無挽救的努力，瘡口還要積極地
擴大，歸結要釀成一種不易挽救的局面。人類固可以自欺，但是
自然的定律一點也不能欺騙我們：它對於自行欺騙的懦夫，會毫
無憐憫地去淘汰他們。當我們感覺到我們有重大的錯誤或缺陷
的時候，心神上自然不免要感覺到若干的不愉快。但是在這個時
候，總要振起勇氣，拿正當眼光來注視這些錯誤或缺陷，看看它們
是否真實的。如果看準它們是虛假的，就把它們駁斥過去；如果
看準它們是真實的，就設法子去對付它們。除去此法，無論任何
好聽的遮掩的方法，全是一種愚笨的事情。因爲從前批評的意識
的不够發展和歐西學術輸入的影響，就發生了一切懷疑的反動，
那也是學術進步時候必有的現象。但是因爲他們的一切抹殺，使
我國古史失去了重要的一段，便引起了知識界不小的恐慌。恐慌
是很自然的；因恐慌而急謀補救也是極應該的。但是因爲對方的
科學大旗太鮮明了，發生恐慌的人因此就失去了同他們正面鬥爭
的勇氣，乃想用科學以外的方法去彌補！不知道凡哲學、玄學、宗
教，以至於教育，或其他種種的精神活動，在它各自的範圍中間，
全有它們很重要的效用。但是走到科學的範圍裏面，科學却是萬
能的，無論什麼想同它反抗，是絕對沒有成功的希望的。今日我
國的歷史科學還很幼稚，必須要向前精益求精，才可以達到彌補
缺陷的目的。如果在這個範圍中間，用更精確的科學方法還找不
出同他們所找出的不同結果，那他們的理論算是得到了加強的證
明，其他的任何方法儘可以不必嘗試。在這一方面，我們現在可
以有把握地安慰恐慌的人儘可以不作杞憂；科學的自身絕不是專
門作破壞、不能作建設的東西；大家早點回到科學的大道上努力

才好。

　　第二,歷史是一種理論科學,或是一種實用科學,却是一個頗爲複雜、不易解決的問題。近代的科學歷史上有一個很重要的進步,就是頗嚴格地分辨理論科學與實用科學:不急責理論科學以實用的效果,而後理論科學乃得完成它那獨立自由的發展,達到它那最高目的;歸結實用科學利用它那結果的時間雖比較晚,而因爲結果更確實,範圍更廣博,實用科學也因此得到更有利益的發展。歷史在從前,不論在<u>中國</u>或<u>西歐</u>,全是示訓的,垂鑒戒的,這似乎是純粹的實用科學。但是科學的發展,簡略説起,全有下列的幾個步驟:先是各方面搜集材料,然後把它們分組排列起來,描述起來;然後加以比較,剔出它們裏面那些不相干的成分,找出來現象變化的真正定律;此後將這種定律應用在某種特殊的目的上面。前兩步是理論科學的事情;後一步才是實用科學的事情。拿這樣的標準來衡量,歷史是很顯然地屬於前者。在<u>歐西</u>,也是到了前世紀的中葉前後,歷史科學才取得爲社會科學基礎的真正地位,而後它才發揚光大,成了純粹的理論科學。現在如果急責歷史家以實用的效果,把前後兩種責任全放在他們的肩頭上面,不惟他們急切無以應命,並且有點像把許多呻吟痛苦的人送到生理學家的實驗室裏面以候他們那研究結果的診治,那生理學家受這樣的擾亂,也很難找出來他們那些重大的發現了。雖然如此,歷史科學比起自然科學中的理論科學,自有其重要不同的性質:不管物理學、化學,以及動植礦物學的對象,全是被動的,對於我們的研究不能有所理解,因此我們的研究也不能使它們直接地生什麼影響。獨至歷史科學的對象——人類,可就大不相同了!他們對於各學專家的研究直接能讀,並且他們能理會史學專家著作的程度同讀他種專家著作理會的程度大不相同:一個不懂化學的人翻讀化學的書可以毫無所知。就是已經受相當訓練的人讀罷可以理會一些,可以增加若干知識,可是他們身心的深處,平常仍然不受各種影響;他們個人的行動,在讀前與讀後,平常是没有什麽顯著的變化。歷史的典籍裏面,特别的術語很少;只要識字,就是一個完全没有讀過歷史書的人開始來讀,也會明白一部分。繼續閱讀,幾乎可以完全理會。並且頂主要的是有不少部分他們讀過以後,在他們的身心深處,不知不覺地會生出來巨大的影響。比方説:如果有人讀一種膚淺的歷史書,上面僅叙述某一個民族,在某一個時候,文化如何地優美,生活如何地優越,心中一定起一種景慕。少數優秀的人會對它的文化起一種思齊的感念;而多數庸俗的人只會對於生活的享受起無限的欣羨,不知不覺地生活會向奢華一方面趨。如果這本書上所説的是他們當創造的時期如何地艱苦,當抵抗外患的時期如何地忍耐,如何地勇敢;或者叙述某一個民族,國勢强盛,但是因爲人民的驕奢淫洗,不久就陷入於衰頽的情况。這樣的書用不着諄諄地告訴大家應該如何如何,而大家讀了以後,情感自然會肅然,身心自然會得到若干的檢束。所以歷史科學自身雖然不是一種應用科學,而因爲它所描述的現象與人類行爲有密切的關係,所以它却帶有很深的實用性質。但是它無論怎麽樣帶實用的性質,它自身必須不離開它那理論科學的位置,工作的人必須要沈肅謹嚴,不私不撓,不汲汲於近利,然後可以找出來社會變遷的真相,和它的定律;然後可以對社會科學供給必要的和可靠的基礎,以爲改良將來人類社會的預備。有

不少有名的歷史學者被它那實用性質的誘惑,忘了它自身的理論
性質,急圖近利,汲汲宣傳;順着他們那愛國的本能,而自己民族
巨大的錯誤全變成了輝煌的功績;憑着他們那憂國的情感,而自
己民族重要的成功全變成了不相干或可忽視的事實! 兩方面的
情感雖異,失真則同。於是其所謂真相者非真相,其所謂定律者
非定律,社會科學得不到穩實的基礎,而人類社會將來可改良的
希圖遂致無限度地延遲! 另外一方面,不肯小心的學者忘掉歷史
實用的性質,把他們那些粗製濫做的假設居之不疑地傾瀉出來,
絕不顧社會受什麼樣的影響,而人類社會也會一時地受到不必要
的震動與損失! 前者使社會受弊遲而大,後者使社會受弊淺而
速。對於這兩種毛病全需要嚴格矯正,而後歷史科學才能達到它
的目的,完成它的使命。

　　第三,大家需要認識清楚歷史是一種經驗的科學,並不是一
種推演的科學。這就是要說每一個歷史的結論是需要從它的自
身裏面,很堅苦地,很忍耐地,一點一滴地找出來,絕不是從某一
個高等原則,或從他民族歷史裏面所找出的結論可以推演出來
的。每一個歷史研究的發展常常需要他民族歷史的比較和幫助,
是實在的情事。但是用他民族歷史來作比較是一件事情,把他民
族歷史的結論硬往自己民族歷史的頭上嵌是另外一件事情。人
類的心理是大同的,遇着同樣的刺戟常常引起來相類的反應,也
是實有的。雖然如此,人類的心理複雜異常,不容易找出一種定
律,也是很實在的。這也或者因爲他們的遠祖所處的環境不同,
生活的方式不同,因而養成的習慣不同。先人積世的後天習慣漸
漸成爲後人的先天遺傳性因之亦不相同。就是這樣地追溯,歷史

上還是有很多重要的事情不能解釋。以如此複雜的現象，治歷史的人只有用極大的忍耐性把可能的材料漸漸地找出，再從那裏面找出來它自身變化的途徑。如果拿從一部分人民的歷史所得的結論以概其餘，推論大家所經過的階段必須相同，其結果未有不鑿枘者。要之，無論任何人類社會全是有其大同，有其小異，歷史學的方法是應該從衆異中以漸求其同，絕不能誇張其同以抹殺衆異，也是一定的道理。讀了若干西方的歷史，看見古代文化發展的幾個搖床全在濱海的區域，就結論到那樣區域交通方便，所以文化容易發展，而推論到中國發展的搖床也應該在沿海各地；證據欠缺，又不惜牽强附會以證成之！這一般的學者常常用力甚勤，立論甚多，但是歷史的真實並不由於他們的努力而比較接近。他們所根據的文化發展必須在交通方便區域的原則果然不錯，他們却沒有想到：交通有頗多的方式，海道不過是多種方式之一。此種方式對於喜歡冒險航海的人民，果然是一種方便，對於望洋興歎的人民或反是一種障礙。幽林邃谷，重山峻嶺，固然可以成一種交通的大障礙，可是像我國東方一望無際的大平原，爲什麼就能阻礙旅人的行蹤？並且就是西方的黃土原連接千餘里，也不見得有什麼不容易超越的險阻。然則吾國文化的發源地就沒有一定限於濱海區域的理由。餘如異國經濟的發展自有其必要的過程，而我國地域的環境不同，氣候的變化亦異，發展過程並無完全相同的必要。以彼强此，必有鑿枘。作歷史研究的人必須勤求博采，勿存成見，然後可以得到每個社會的特殊經歷的真相，然後可以從這些經歷中間找出來共同的定律。

　　第四，我們現在要向大家表明我們研究的態度是我們只敢求知其可知者,不敢求知其所不可知者。我們所用的材料不過是<u>西周</u>(甚少)、<u>春秋</u>、<u>戰國</u>人的傳說。我們不敢輕於離析這些傳說,稱與我們意見相合者爲真實、爲原有,斥與我們意見不合者爲作僞、爲後附。我們現在相信:我們所找出的結果差不多就是他們公同的相信。我們認<u>炎帝</u>、<u>黃帝</u>、<u>顓頊</u>、<u>堯</u>、<u>舜</u>、<u>禹</u>爲氏族的首長,爲人,是因爲<u>春秋</u><u>戰國</u>的人全認爲他們爲首長,爲人;認<u>帝俊</u>爲神,是因爲當時的人全不認他爲人;認<u>有巢</u>、<u>燧人</u>、<u>庖犧</u>、<u>神農</u>爲時代,是因爲<u>戰國</u>和<u>秦漢</u>的人差不多全認它們爲時代。此外即使少有不同,也是據着他們的傳說以解釋,不敢少有臆斷。如果所據的傳說不够明了,則懸之爲假說,以俟將來的繼續研究。如果看出來有同我們假說不相合的材料,也一定把它指明出來請大家努力解決這些困難,絕不敢把它掩蔽起來輕下斷案以自誤及誤人。我們所能做到的僅止如是。我們希望:我們所得的結果同古代經過的真相相差不遠。至於當時的人所不知道的事情,我們也很難有所知道。古代的傳說果然也常常有數事混合、一事分化的情形。比方說:<u>伯夷</u>、<u>大岳</u>、<u>四岳</u>、<u>許由</u>的分化,我們有<u>左傳</u>、<u>國語</u>上留下來的材料可以指明。至於當時人所不知道的,或知道而沒有留遺痕跡的,我們卻不敢妄^①有所推測。現代的人把<u>顓頊</u>、<u>帝嚳</u>、<u>帝俊</u>、<u>夔</u>、<u>舜</u>諸人全說成一個人格或神的分化,我們覺得這些有一部分殊不可能。比方說:<u>顓頊</u>、<u>舜</u>爲次東方集團的首領或氏族神,<u>帝嚳</u>爲西方周氏族所從出或氏族神。其他一部分或許可能,但是我們完全無從知道。我們也毫無意思同這一班野心比我們大、希

---

①編者注:"妄",原誤作"忘"。

望比我們奢的學者作一種永遠無法結束的辯論。我們僅能對於他們所最喜歡用的利器——聲音假借，説幾句話：古今音的不相同，古人同音字之可以通用，這全是萬不容非議的事實。就是聲音漸漸變化，有陰陽對轉、旁轉以及其他次要的變化也全是實在的事實。可是古代的時間頗長，古代重要的人也頗多。古代的韻，以今日所知，不過有二十左右；古代的聲，知道的較少，恐怕還不到二十個。現在的學者常常不問聲的同否，只要古韻同部即可使其相通！不足，就又濟之以各種的轉變！這樣的工作一來，古代人姓名之不能相通者已經太有限了。不足，則又有形體的相同與類似。再不足，則又有事蹟的符合與類似。用此種種的牽合與附會，而古代的人物所不能牽合爲一者也真成了鳳毛麟角了！因譽名夋而譽與帝俊爲一；因譽、舜皆爲殷人所禘而譽與舜爲一；因譽爲高祖夒而譽與夒與顓頊爲一；高陽、堯、舜皆爲天帝則亦爲一；祝融、朱明、昭明皆有明誼則亦爲一；相土與相有一字的相同則亦爲一；少皞名質名摯，則與帝摯爲一；他又名偰，則與商祖契爲一；驩兜名鴅吺或讙朱，則與丹朱爲一（諸比附中惟此一爲有理。蓋陶唐爲北方部族，首長封於南方的丹水，殊難索解。但此恐爲姓名的相同，因而相混，因春秋與戰國人皆相信堯子爲丹朱也）；皋陶作士，伯夷折民惟刑，堯能單均刑法，則亦爲一；鯀陻洪水，則與共工爲一；女媧、臺駘、禹能治水，則亦爲一。其他種種可比附者尚至無限！以如此的方法來治古史，那真要使我國古史的黎明時期又變成漆黑一團！到了某一定時期，忽然跳出來一個程度甚高的殷虛文化！如果宇宙間的事情真是這樣的發展，那真成了神功，自然不作躍進的大原則（Natura non facit saltus）完全被推倒了！殊不知道從前那一般作綜合工作的人,他們的旨趣也未必不比各位先生更可敬;他們的努力也未必不比各位先生更勤奮;他們所用的方法也可以説同各位先生所用的差不多,並沒有什麼嚮壁虛造。可是他們工作的結果,並不能對於我們現在工作的人給若干幫助,僅會增加我們的困難! 如果將來人類不幸,經過若干的大兵燹,把現在所尚能保存的古代史料大部分地喪失,僅僅留下各位先生的大著,這些大著對於將來工作人的影響,同從前作綜合工作的人給我們的影響有什麼大不同? 那我們真有一點疑惑。我們覺得:古人所説"膽欲大而心欲小",實在是最好的教訓;那一方面也不可缺少。不過觀察近幾年國内古史研究的情形,感覺到前一方面大致已經做到,可是後一方面還差一些,所以要向大家提醒一句説:還是小心一點才好。

我們這件工作開始於二十八年的春天。當時感覺到古代的材料僅有那一些,預計工作半年也就差不多了。可是工作現在已經快到三年,才算有一點眉目,而缺陷殊多,自己也殊不能滿意。希望海内外閱者多賜指導,那就感謝無既了。

　　　　　　　徐炳昶。三十,十,十五,昆明。

附録五　關於中國古史的傳説時代書評
答趙光賢、王鍾翰兩先生[①]

　　自從我這一本中國古史的傳説時代出版了三年餘，直到近幾天纔算在大公報圖書周刊第六期裏面看到趙光賢先生所作的一篇書評，在燕京學報第三十期裏面看到王鍾翰先生所作的一篇書評，心裏很高興。尤其是他們兩位所注意的，不是本書的結論而是達到這結論的方法，更使我高興。因爲在科學裏面，尤其在人文科學裏面，想得一個總結論，是很難的事情。往往今天覺得已經得到，明天又覺得不對了。至於部分的結論，那我對於我這本書常告訴人説："我曾經很謹慎地、很規矩地工作了一番，説將來古史論定以後，此書就毫無所貢獻，似乎也還不至於，説這裏面所要建立的就能完全地建立起來，那却是絶對不可能。然則將來想批評這本書的價值，就在於它所要建立的和它真正建立起的兩者

互相比例的百分率了。如果它的百分率幸而能達到百分之五十以上，它的價值就算很好，否則反之。可是這些絕不是我個人，或者也不是我們這一輩人所能完全評定的。"但是，無論如何，歷史總是一門科學，或者，說的更謹慎一點，是傾向着成一門科學。說它是科學，就是說它最後的結果是大家全可以承認，並且是不得不承認的；絕不是大家可以信口開河，高興怎麼說就怎麼說的一種藝術，我們對於我們的傳說時代的古史，也談了不少年了，可是大家所能公同承認的東西還是異常地少。這種現象受病的根源就是大家專馳騖於結論，却對於達到此結論所用的方法不够注意。沒有大家公同承認的方法，怎麼樣能達到公同承認的結論？兩先生尤其是<u>趙先生</u>，一眼看準方法問題，捉着不放，真是能見其大。並且看<u>趙先生</u>的文章，就可以看出他也不滿意於極端的疑古派，他的態度同我也很相近，可是在這一種相近的態度情形之下，他還是斷斷爭持，一點不肯放鬆，這樣子認真的精神，實在是太可寶貴了。如果能如此認真地研究下去，那傳說時代的古史可以希望有很迅速的進步。這些情形全令人很興奮。

一

在答復兩位先生疑問之前，我想把我作此次工作以前所有對於古史的意見，及此次工作所用的程叙，比較詳細地給大家聲述一番，對於答復的自身可以略有幫助。這些經過，我在本書的叙言裏面已經略略談到，但是不够詳細。現在我將那裏沒說到的部分再說一下：我從前雖說沒有專研究這一部分的古史，可是對於這一類的問題總是很感興趣，對於當日研究此類問題的文章，差不多一篇篇地讀過。我當時因爲自己没有專用過功，所以也不願隨便講話，但是也有若干意見。這時候的意見大致可以如下所說：我國民族問題，在初入歷史的時候，也同世界其他古民族初入歷史時候一樣，是多元的，不是一元的。到底是些什麽民族，當日却並無輪廓，大致覺得或者可分作夏民族、商民族、周民族、楚民族、徐民族、秦民族及其他。古書上所談的古帝王及名人並不虚假，但是他們中間相互的關係大多數是後來添上，並靠不住。比方説：堯、舜、禹可以皆有其人，並非子虚，但是他們很可以不是同時的人，也不是同地的人，並且他們可以互不相知。在左傳及國語二書内所保存的古史材料同從前正統的古史講法多不相合，就是因爲這些還是未受將來的系統化的材料，所以更可寶貴。這些意見也不是我個人的意見，似乎是當日學術界中公同有的意見。我曾同老友馬幼漁、錢玄同諸先生談過，他們的意見也甚相似。一直到我於民國廿八年春開始研究古史的時候，胸中不過有這些。開始工作時所預定的計畫是先把經書及可靠的先秦古書内的有關古史的材料仔細地再讀一遍。因爲我所計畫研究的範圍是限於殷虚文化以前，所以少展一點範圍，將上述諸書内至商亡爲止的古史材料，毫無別擇地勾出來，請人抄出以便翻閲。此部抄完後，乃又擬將兩漢書籍中的有關材料也完全抄出以資比較，可是這一部分的工作並没有作完善。以後我又留神到皇甫謐的帝王世紀，譙周的古史考，及水經注中保存的古史料尚多，均可資比較，乃又命將後書中的有關材料完全抄出，第一書的輯逸本仔細翻閲。又將各書分爲各等次，如本書叙言中所列。至於水經注後之著作，則除考據上列的材料者外，完全不睬，以免淆惑。此外

特別注意的,是各國的姓及可靠的地名。姓在古人是百世不變
的,所以很重要,但以早期所傳者爲限。至若因五帝同姓的誤説
而推論五帝皆姬姓者,所據誤則推論必誤,自不得與。地名如有
歧義,則從其有關係的他地以推求之。先秦書細讀以後,才感覺
到商周,並非異族,至夏與周的關係密切,則並世諸君子固多論
及。又秦與徐皆嬴姓,故非異族,則秦本紀所記飛廉同其子孫由
東往西播遷之事實,當非虛構。(這一點已經可以答復趙先生
"太皞等東方的神何以會跑到西方的秦"的疑問。)這樣一來,止
剩了東西及南三方面的分別:西方的以炎、黃爲兩大支,所以名之
曰炎黃集團;東方的止有風、偃、嬴三姓,而偃、嬴又同字,所以名
之曰風偃集團;南方集團在我腦筋裏面變化頗大,歸結名之曰苗
蠻集團。實在這三個名字定的或者不很好,因爲東方既曰"風
偃",西方何以不名"姬姜"?南方的"苗蠻"又與上兩詞均非同
類。如果我現在寫,或者逕叫作華夏、夷、苗蠻也更簡便。此後又
從各方面看出顓頊的重要,可是他似乎同華夏和東夷全有很深的
關係,不容易指出他專屬於那一方面。而最費我思索的是對於古
代傳説"絕地天通"的解釋。此事古代的傳説有各種的形式而内
容全相合,絕不是一件子虛烏有的,或可忽視的事情,可是它的
"神"氣太足,極難解説。我思想甚久,才恍然有所悟,找出來本
書内所載的解説,這個解説,是否不錯,我却不敢説。我所能説
的,是對於此問題這是頭一次用科學解釋通,至於將來是否還有
更科學的解釋,那我可就無從知道了。此後又從殷人尊鬼及契掌
教化,顓頊處玄都及契稱玄王,商侯冥稱玄冥之説看出來顓須氏
與商人有密切的關係。又從商均處商,即爲將來商人所處之地,

及商人禘舜諸説看出來有虞氏同顓頊氏及商人也有密切的關係。此外本書未提及而亦頗有關係,在此不妨隨帶着説幾句話,就是國語魯語中載展禽所説"幕,能帥顓頊者也,有虞氏報焉",以例"杼①,能帥禹者也,夏后氏報焉;上甲微,能帥契者也,商人報焉;高圉、大王,能帥稷者也,周人報焉",這不更可以證明有虞氏同顓頊氏的密切關係麼? 由於以上種種,我才假定着此三族所代表乃爲混合華夏與東夷而較高的文化。至於我個人對於祝融八姓意見的變化,則在本書編輯大意已經提到,我因此就認他們是出於北方集團而與南方的苗蠻集團發生密切關係的。加以炎黄集團本分炎帝及黄帝兩大支,所以在本書叙言裏面,我又有可分六部分之説。至於我對於洪水的解釋,是由於我讀水經注,看見了它所引鄭玄周時"降水"改"洪水"的説法,恍若有悟。以後又參考到地球上各地雨量有周期性的學説,及伯益作井的傳説,又證之以我個人在田野考古的時候所看見的離水一二里絶無遺址的現象,才想出如本書中所説對各方面皆可説通的解釋法。此外當我作研究的時候,我對於古書上所載的事迹又看出來兩條公例:一、古人對於個人的名字和氏族的名字,分别的不够清楚,所以他們所傳古代的,尤其是三代以前的,某人生某人,大多數並不是個人的血統關係,而是氏族的分合關係。二、春秋戰國時代人所傳的三代或四代的制度和風俗,大多數絶不是子虚烏有,但是他們所説的有虞氏,並不是指唐虞時代的有虞氏,所指的或所參考的不過是周時的陳人;同樣地,他們所説的夏人或商人,並不是指周

---

①編者注:"杼",原誤作"杼",據通行本國語改。

前的夏商兩代的人,不過要指杞與鄅人或宋人而已。因爲後人以
秦以後一統的中國去看以前分立的中國,所以看的很不正確。那
並不是古人的錯誤或造謠,不過因爲後人看錯,所以解釋不通。
我既看出這兩條公例,所以在本書中就審擇地利用它。──這以
上所説,就是我工作時候經過的大略情形。

<h1 style="text-align:center">二</h1>

　　趙、王二先生的批評有一個公同的觀點,是對於我的説法不
敢輕信。不敢輕信,是知識界中一件很好的現象,毫無可詫異之
處。並且當大家公同相信正統古史説法的時候,疑古派初起,大
家也是不敢輕於跟着他們疑;經過二十餘年,疑古派完全勝利了,
我忽然又標榜信古,雖説我所標榜的信古,同從前信正統派的説
法大不相同,可是信古,總是一種新的看法,大家不敢輕於相信,
無甯説是一種必然的現象。從這一個角度看,更無所用其詫異。
我對於他們懷疑的看法所能答復的是:第一,世界任何古民族的
歷史起頭全是由傳説開始的,並不是中國古代特別如此。第二,
傳説部分總不免含有矛盾或難解的地方,它的來源全不够清楚。
如果用治近代史每一史料必搜尋它的來源的辦法,恐怕任何治古
代史的人全很難有所建立。雖來源不明而並無其他的異説,對於
全體的看法並没有什麼衝突,通常就應當假定其真實。將來能有
地下物的證明固然更好,即使没有證明,只要没有反證,也只可暫
時認爲滿意。古史中的近似性(Probability)超過於必然性(Ne-
cessity)的性質,也就是從這裏生出。比方説,趙先生所問我:"司
空季子之説有何根據? 在他以前的書中是否有這種傳説?"我固

然無從答復。但是我們可以説的，是：在此問題中，司空季子不司空季子關係甚小，可以不談。頂重要的有兩點：一、是左傳和國語的來源問題。懷疑論者對於它們很可以説它們的來源不够明了。可是如果這樣懷疑下去，那就除了一小部分學術團體親自下手發掘出來的甲骨和鐘鼎、陶器以外，大部分的上面所説的東西，以及最可信任的文獻材料，如詩經、書經、易經等類，他們的來源也不能比左傳及國語的來源更明了。研究埃及史的所珍視的 Manethon 書，研究巴庇倫史的所必參考的 Berosus 説，他們的來源也不能比上二書的來源更明了。過度懷疑的結果，一定會使任何的古代歷史無法研究。二、國語這一般書有作本證的價值，可惜僅是孤證。但是大家所絶不懷疑的史實，如商祖姙有娀，周祖姙姜原之説，在詩、書、易裏面，何嘗出面過第二次？並且在骨甲文及金文裏面毫無影子，豈不更可懷疑？對於那些不懷疑，則對於司空季子的説法，没有一定必須懷疑的理由。至於可以支持此説法的旁證，下面再談，暫時不叙。第三，大家總要密切注意：談此人而有矛盾的説法是一件事情，根本取消此人的人格，不承認他的真實性，却是完全另外的一件事情；没談到某人是一件事情，根本否定某人，却是另外一件事情。大家固然應該注意諸子百家中所傳古史的異點，不應該毫無理由地專信一家而抹殺他家，可是如果他們還有同點，我們也絶不好誇張其異點，就抹殺其同點。諸子所談的堯、舜、禹、黄帝、炎帝果然不全相同，可是只要談到，却没有人否定他們人格的存在，並且承認堯、舜、禹在同一時代，有若干的關係。我們如果没有充足的理由，用什麽樣的論證可以否認他們人格和關係的真實性？如果不然，那豈不就像將來的歷史家搜得今日國民黨與共產黨互相詆厲的文件，就毅然決然根本否認兩黨的存在和關係，那豈不是一件大笑話？甲骨文及金文以及詩、書、易果然沒有談到炎帝、顓頊、堯、舜，談及黃帝、禹的地方也不夠多（除書首三篇外），但是甲骨文和金文不過是當時的史料，並不追溯以前。詩一部分是抒情叙景，一部分是憂時感憤，另一部分是歌他自己祖先的功，頌他自己祖先的德，對於從前的歷史何能多談？易經卦爻辭不過是當時卜筮的書，對於史實不過偶爾借題寄意，更談不到歷史。書經爲歷史紀載，亦間談古事，但所談的是與他們有關的。我國政治進化，到夏禹以後始漸定型。自周代而談政治，僅有夏商二代與他們有關，則其談之不及於堯舜炎黃又何足怪？春秋以後，人智進步，始注意於黎明時期的逐漸進化，並且當日的史料保存的已較多，對於古事涉及者自多，自不能因從前的寥寥幾本書偶未談到，遂多懷疑。（王先生言論語未談堯舜，未細檢。泰伯篇末三見；雍也篇末及憲問篇末兩言“堯舜其猶病諸”。衞靈公篇一見。論語自衞靈公篇前皆寫定較早，比較可信。）如果不然，那就同將來的史家搜到了今日若干的報章，若干的詩文集，若干的占課文件，若干的器物，搜羅一遍，見那裏面從沒有談到劉邦、李世民，遂推論二人的不存在無異，那仍是一件笑話。大家還要注意：古今人是不相遠的，從前人尊古賤今固非，今人重今菲古亦誤。今人固多審愼治學之士，古人亦然。此輩就是我所說的孔子、墨子、孟子、荀子、韓非子、太史公諸人。他們工具不夠好，是限於時代，他們有因主觀的誇張，也同我們一樣，至於他們的誠實，絕無可菲議。故意歪曲，一定沒有。他們所述的古史也因當時人普通所信任的，不過因爲看法不同，就估價大有所異。並且他們中間爭辯的很厲害，假造古史，反對派爲什麼不捉着他。也同現在的人有人恭維朱元璋，有人罵朱元璋，則朱元璋之確有其人，確有其事，毫無疑問。否則臆造一張三李四，能有人信他麼？我們還有一點意見可以引起大家注意的，就是：我們作了田野考古工作十數年後，我們可以確實地告訴大家説：我們古書上對於歷史遺迹的紀載，百分之八九十是可靠的。所紀錄的輪廓及界限或者不够清楚，可是很少嚮壁虛造。我説到這裏，就對於太史公的"西至空峒，北至涿鹿，東漸於海，南浮江淮矣，長老皆各往往稱黄帝、堯、舜之處，風教固殊"，那良史的不迷信典册而又注意於實地調查的態度不禁欣喜讚歎。王先生説我們同他"復何以異"，我們並不感覺慚愧，反感覺到驕傲，如果感覺到慚愧，那便是慚愧還未能完全承受他那實事求是的精神而儘量地去發揚光大它！可是今日極端疑古的人所用的推理方法與他們並不差什麼，豈不可怪。我研究古史，注意先秦古書中之異，更注意它們中的同。所勾稽出來古史中的輪廓，差不多全體是從它們同的部分找出來的。它們雖同，而從社會進化史上説不過去，比方説，禹鑿龍門的傳説，也在所不取。所找出的，如果它們中間小有異同，那就要推究它致誤的來源，確實可信，始敢取一而捨一。比方説，國語魯語中展禽所談的祀典，與禮記祭法所載不同，我們灼知祭法中的説法是按着大戴禮五帝德篇的錯誤綜合材料改正的，那就決然抛棄。此外還注意兩件事：（一）現在我們的田野考古工作雖説作的差的還太不够，可是總算已經有了一些，我們作整理文獻工作的時候就竭力注意：如果能使這兩方面的工作互相印證固然很好，否則一定要使它們兩方面的結果不能衝突。如有衝突，就毫無疑惑地修正後者。（二）如果有多件有關係的確知爲前期的材料，我們的假設可以解釋一切，但是還有一件同我們的假設不合，我們現在還無法解釋它錯誤的原因，那我們却不敢迅速判斷它爲錯誤，或詬駡古人的造謡，也不敢故意忽視，迷惑讀者，總要清楚提出，請大家注意，並繼續去研究。我們工作時候的態度大致如此。我個人尚不敢說我對於建立古史間架的工作已經走了多遠，但是我們堅決相信：只要順着這個正確的方向①審慎地去作，這種工作並不難達成任務。到那個時候，一方面可以指導田野考古工作及其研究，另外一方面也可以獲得後一方面的證明或其修正。整理文獻工作和田野考古工作，如車之兩輪，如鳥之兩翼，互相推動，互相牽制。謂一方面工作全成而他一方面工作始可開始者，昧於學術進化歷史，必須經過之歷程者也。

三

趙先生覺得我太過信逸周書及山海經，他對於我所說的“逸周書在史料上的價值至少不比各經書低”，表示不同意。他指出逸周書爲戰國人所作，不能同詩、書、易相比。他這些話我完全同意，但是他可没想到現在所說的經書，全是甚麽時候寫的。實在爾雅、公羊、穀梁的寫定全不能早於秦漢之際，禮記中有些早期的寫定也不過在戰國，晚期的也有不少西漢初年的作品；孝經也僅寫定於戰國後期；周禮和孟子全出於戰國時代，不能比逸周書早，

---

①編者注：“向”，原誤作“問”。

也無問題；左傳同國語所記録的雖係春秋時代的史迹，可是左傳的寫定也僅在戰國初期，國語的寫定實在更晚；只有儀禮的寫定或者在春秋時代，或者還可以少早一點；論語大致還可以説是春秋時代的作品，但是它後邊的幾篇也很淆亂，像最末“不知命無以爲君子”一章那直到漢末的石經裏面還没有，就可以看出它是什麽樣的晚近；只有去掉虞夏書的尚書、詩經、周易的卦爻詞材料最古，可以説在逸周書的上面，但是看左傳、國語中所引的易經同現在的本子多不相同，就可以想出它還没有完全寫定，然則在今本易經卦爻詞裏邊很可能混淆有春秋或戰國時的材料。宋朝人雖然不很相信逸周書的價值，那是因爲他們用經書正統的看法，凡不合於正經所載的全屬錯誤，然而也絶没有説逸周書不是先秦古書。在西方當耶穌死去一兩世紀的時候，關係於他的事迹及神話傳播的非常的多，所寫出的福音就有數十種，裏面也有互異的，也有矛盾的，到第三世紀的初期天主教會感覺了這樣的困難，就於西元二二五年在小亞細亞的 Niceus 開了一個宗教審議會，審議的結果，定明了四種是真的，其餘的全靠不住。這四種就是現在所傳的四福音，其餘各種自被淘汰後，漸漸地散逸，可是仍有很少幾種一直傳到現在。在十八世紀以前，大家全用正宗天主教的看法，很看不起它們，及至到了十九世紀中葉以後，宗教學成立，大家纔又轉回來，拿它們作比較的材料，比較的結果纔知道那裏面有幾種是不能同四福音相比，可是還有幾種，裏面所含的材料却比四福音所載的價值還要高。逸周書同正經的比較也就像這些被淘汰的福音同四福音的比較，可以説它們裏面的材料雖然不能完全相信，可是足信的部分也還不在少數。至於趙先生所舉那

裏邊的"大夏""匈奴"等名字及五行分配的説法,不過足以證明
這幾篇書是寫定於戰國末期。如果我們相信它是商周時代的材
料,那自然未免太輕率;如果相信它是先秦的古説,那它還很有被
參考的價值。至於我所説的"像嘗麥解的這一節,絶不會是秦漢
以後人所僞造,並且也不會是戰國人所僞造,它的真實性異常的
高,可以説是太可寶貴的材料了",秦漢後人僞造本不成問題。
至於它是不①是戰國人所僞造,那就要看:因爲中國的東方是大
平原,便利於同化,所以夷同華夏在早期雖然有衝突,可是他們的
互相同化,進行得相當地快。到了春秋時代,夷與華夏的分別不
過剩了一些影子,及至到了戰國時代,連影子也不存在了。直至
二十世紀的初期,我國學者受了西方的影響,纔又注意到我們的
祖先本非同源。到民國十年以後,傅斯年及蒙文通兩先生纔又注
意到華夏與東夷的分別。他們兩位用不同的材料、不同的方法去
研究,却得着相類的結果,這就很可以證明這個問題是實在地存
在,並不是嚮壁地虛造。現在暫且抛開嘗麥解這一篇,專就蚩尤
祠墓之所在地、九黎之所在地及鹽鐵論結和篇的材料,已經可以
證明蚩尤的屬於東夷,並非苗蠻。可是嘗麥解的這一段表示華夏
與東夷的衝突,非常分明,如果是戰國時人的作僞,在他們那時
代,前迹已滅,新研究未起,他們怎麼樣能預先知道傅、蒙兩先生
研究的結果,造出那樣的僞來呢? 然則這些一定是春秋時代人的
説法,同左傳、國語中所記的古史材料價值完全相等,所以我説
"它的真實性異常之高"。趙先生對於山海經的看法和我並没有

①編者注:"不",原誤作"小",據文意改。

什麼大不同的地方，但是我覺得趙先生有一個很錯誤的傾向，就是他看見只要是混有神話成分的材料，全覺得值不得注意，所以他寧可相信僞大禹謨的"尚像人話"，而對於墨子中攙雜神話的史實一筆抹殺。他這種傾向或者也可以説不大錯誤，可是要注意的就是這種傾向並不是從近日才起，實在孔子、孟子、荀子、太史公及宋朝諸儒全帶這同樣的傾向。他們反對神話是對的，但是對於古代社會的複雜情形不够注意，不明白神話在當時的實在價值。他們同近人不同的，就是他們比較謹慎，不信神話，就把這一部分去掉，完成人化古史的工作（他們這樣意趣的工作，並不大錯誤，但是他們所用的方法，大有問題）。近人則膽子較大，一見有神話的嫌疑，就完全否定它。我們現在要完全相信史實中所淆雜的神話固然太屬盲信，可是要密切地注意到，古代是神話的時代，那時候的人無法脱離了鬼神去思想，我們現在可以毫不疑惑地斷定：凡古代的史實，只要那裏邊不攙雜神話，大約全是僞造，至少説它是已經經過一番人化的工作了；反倒是淆雜神話的説法，尚屬近古。想推測古代的經過，只有從那裏面鑽研才有可得靠得住結果的希望。埃及學者在埃及發見了一個史前的圖畫，上面畫着一個獅子和若干鳥正對於很多的人肆其啄食，上面並無一個文字的指明；可是埃及學者從後幾千年後希臘時代的地名猜測到，這個獅子是代表獅子王，是歷史上真正有的人物，這些鳥是Horus 鷹，這個圖畫是代表歷史上一個真實的戰事，獅子王正在殲滅他的仇敵（Moret 埃及文化史 P. 133）。像這一類研究，如果斷章取義地專看它的自身，很可以説它太欠真確性，如果就全傳的研究去看，就許多史料中間的關係去看，却也相當可靠。我們

珍視山海經中的材料，也就是由於這個原故。至於趙先生説我
"堅持帝俊之必有其人，必屬之於炎黄集團"，那却是他的誤會。
我説帝俊是造物主，怎麽樣能説他是人？至於屬於炎黄集團，那
是由於史實的詔示，就是神話，也應該有所屬。他和我意見不同
的地方却是他遵從郭璞、畢沅、王國維的説法，信帝俊之爲帝嚳或
帝舜，因而進一步結論到"山海經將不同來源，關於帝嚳與帝舜
的傳説集在一起，却名爲帝俊"。他這一種看法，是我絶對不能
贊成的。他所舉的證據，仍然是前數人的證據，在本書中帝俊節
已經駁斥明白，現在我的意見一點没有變化，不必再説。現在要
説的，是古代人並不作僞，就是堯典、皋陶謨、禹貢、五帝德、帝繋、
五帝本紀諸篇中所載靠不住的材料，那是因爲他們當作綜合工作
的時候所用的方法不够精密，並不是他們有意造謠。然則山海經
的作者有什麽樣的目的來造這樣的謠？並且，自上述堯典等篇寫
定後，因爲它們可以滿足當時人心理上的需要，所以不久就成了
壓倒的形勢，此後改造古史的工作只有按着這些系統去改，却没
有走相反的方向的。山海經的作者却走這樣相反的方向是爲什
麽？並且自春秋和戰國以後所保存的史料已經不少，這位先生既
然要作綜合或造謠，那所綜合的事實總會差不多全有來歷，現在
關於帝俊的材料共有十六事或可以説十七事，而可以同帝嚳或帝
舜相附會的僅有寥寥不甚分明的兩三事，並且"自農業、工業、交
通工具、文藝，無不是他子孫的發明，弓矢雖不是他子孫的發明，
而羿必須受他的彤弓素矰，才能'去恤下地之百艱'，這就是説：
除人民的百害。這樣説，除了他，還能有人類，還能有文化麽？"
（本書五八頁）像他這一切的豐功偉烈，却全不見於帝嚳、帝舜或

帝顓頊的記錄中。另外,帝顓頊的主要事迹"絕地天通",帝嚳的最煊赫的榮譽,有四個有名的的兒子,帝舜的事迹更多,却全不見於帝俊的大綜合内,這實在非常可怪。趙先生説:"我們可以找出好多傳説證明他是帝嚳,也可以找出許多傳説證明他是帝舜。"恕我笨拙,絕看不出,趙先生何妨仔細談談,讓大家再仔細研究。我不能承認帝俊爲秦漢人的綜合結果的主要理由是因爲中國民性本不喜歡神秘,到春秋戰國以後,人智異常進步,如果那時候的人作錯誤的綜合工作或造謠,一定非常的人□[1]及理想化,絕不會添加些當時人已經不很相信的神話。像關於帝俊那樣的神話,如果不是由於古代的流傳,實在很難解釋。趙先生問我:"可是這樣一位了不起的造物主,何以不見於古書?山海經中所説關於他的話,究竟從何而來?這樣煊赫的大人物,爲何不見於我們的古帝王系統中?"對於這些疑問,我在本書中並不是全無答復。我的答復在叙言的第二十七頁,説:"我們認帝俊爲神,是因爲當時(春秋戰國)的人全不認他爲人。"不過這句話太簡單,我現在需要把我的意思詳細申明一下:我覺得帝俊及帝鴻的神話發生的很古,大約遠在華夏民族還没離開昆侖丘脚下的時候。它在顓頊氏、有虞氏及殷人的宗教集團中,大約還有相當煊赫的地位,可是自從周人想推翻不但爲政治宗主而且亦爲宗教宗主的殷朝,他們就不得不在人民的思想方面找出根據,他們所找出來的新根據就是"天視自我民視,天聽自我民聽"及"民之所欲,天必從之"的民本主義。從此以後,大家對於神的觀念有重要的變

----

①編者注:原稿此字無法辨識。

化。看左傳上所載季梁的話"夫民，神之主也，是以聖王先成民
而後致力於神"，和子産"天道遠，人道邇"的話，就可以知道當時
知識界的人的知識水準已經近於孔子"敬鬼神而遠之"的態度，
他們只能談些混淆神話的歷史事實，至於帝俊那樣完全神話的人
物，他們並不相信，所以就沒有談到。我們今日沒有理由因爲他
偶然不見於古書，便説他完全是後人的假造。我這樣的解釋也感
覺到不十分滿意，但是如果改取像郭璞等及趙先生一類的看法，
那困難恐怕更要大得多，至少説絶不比用我的看法所有的困難
小。我希望趙先生及其他注意此問題的人誠實地承認此種困難，
再繼續研究下去，或者將來可以得到更滿意的結果。好在，這點，
在我那本書中並不重要，即是將來有另外更好的解釋，也還不至
於影響到我那三集團或六部分及三大變化的説法，這個問題現在
可以不談了。

三六，三，二六寫完。

附録六　試論傳説材料的整理
與傳説時代的研究①

　　我近幾年因爲研究我國傳説時代的古史,深切感覺到史學方法對於此一部分的古史有特別的重要。因爲近二三十年用科學方法整理古史材料的口號提出以後,貢獻最大的,無疑義的是那一班疑古派的先生們。不過他們把事情看得太簡單,把真正歷史時代限於殷虛時期以後固然不錯,可是他們把從前的自炎黃至商中葉的傳説時代,一筆抹殺,送它到神話區域裏面封鎖起來,却是大錯而特錯的。凡宇宙中間各種現象的分類與分期,全是由於我們工作人的方便,不得不如此分。至於現象的自身,絶無顯著的區畫,全是由這一區域,漸漸地,幾乎不容易看出地,到另外的區域,絶不是由這一區域一跳就跳到另外一區域裏面去。它們中間的過渡部分,不惟不應忽視,并且有特別地重要,因爲只有從這漸

①編者注:本文原載史學集刊 1947 年第 5 期,與蘇秉琦合撰。

變的一部分精細觀察，才可以看出變化的真實情態。自炎黃至商中葉的傳說時代正是我國歷史從神話時代到歷史時代的實在過渡。自從懷疑派學者把它無條件地送到神話的區域裏面，而後我國歷史上神話時代過到歷史時代的步驟遂變成了一跳，同自然不作跳進（Natura non facit saltus）的大原則完全違背，任何民族的歷史沒有這樣子變化的。他們因爲怕被古人的騙，就把留傳下來的攙雜神話的或有神話嫌疑的故事完全置之不聞不問，他們却不知道在歷史初期的人民，離開神話，就沒有法子思想；離開神話的方式，就沒有法子表達他們的見聞。攙雜神話固然足以證明他們的文化發展，尚未脫離黎明時期，我們如果把那些神話認爲歷史經過的真實，固然未免過於天真，但是從另外一個觀點看起，它那攙雜神話的性質，還足以證明它是真正古代遺留下來的傳說，并不是後人僞造的假古董。必需要把這一部分半神話、半歷史的傳說整理清楚，才可以把我們黎明時期的歷史大略畫出輪廓，才可以把我們的史前史同真正的歷史中間搭上一座聯絡的橋梁。這若干年來，被過度疑古精神所麻痹了的學者對於此項工作固然無能爲力，就是另外一小部分也還在那裏努力，可是他們工作的成績實在是貧乏得可憐，能爲學術界共同承認的結果，可以說還幾乎完全沒有。這并不足以證明這條路不能走通，向這一方面的努力完全是白費的。如果我們肯仔細地想一想，就不難看出不能得到公同承認的結果的真正原因，是由於沒有預先找出來一個公同承認的方法。如果不預先找出來一個能公同承認的方法，却就想得到能公同承認的結果，那却是南轅北轍，永遠沒有達到目的地的可能。我因爲感覺到這一點，就想着把我作研究時所用的方法拿出來同大家商榷，以求得到一個公同的出發點，曾寫出一篇整理我國古代文獻方法之商榷。裏面所提出重要的僅有三點：第一，我民族初入歷史的時候，也同其他民族初入歷史的時候一樣，是多元的，不是一元的。這一點本來是近一二十年中我國新歷史界之所公同承認的，不過因爲還有些工作人不够注意，所以仍提出來説一説。第二，傳説時代的史料可分兩類：一爲散見古書中的零金碎玉；一爲專談古史的弘篇巨製。在古書中弘篇巨製本不多，現存者僅有尚書之堯典、皋陶謨、禹貢三篇（甘誓、湯誓亦屬此期史料，但非綜合材料，性質與前三篇異，故不計入），大戴禮記之五帝德、帝繫兩篇，史記之五帝本紀、夏本紀、殷本紀而已（最後一篇大部分已入真正歷史時代，不屬傳説時代範圍）。史記三篇大部分材料仍取之於前二書。而在前二書中，從前因尚書列於正經，故權威最高。至後二書中之數篇因爲它可以滿足人類心理的需要，所以也有相當高的權威。從前衡量零金碎玉史料的標準，就是上邊所説的幾篇書：合於它的爲真，不合的爲僞。他們可不曉得這些零金碎玉的傳説全是由西周、春秋及戰國時遺留下來，并且還没有經過綜合工作，没有經過系統化，所以失真的地方較少，比較地可靠。至於那幾篇專談古史的弘文巨製，却是作綜合工作的人的第二手出品。他們雖説用力很勤，并且也没有作僞騙人的嫌疑，但是因爲他們離古已遠，對於古代的認識已經比較模糊，而且并無可資比較的材料，方法的精密方面因之也就成了問題，所以經過他們工作以後的材料，可靠的程度較没有經過他們工作者爲差。近一二十年來，疑古學派對於這七八篇的專著攻擊的很厲害，所以它的權威已經喪失。但是大家對於它不甚可靠的性質很少有人去分析它,所以我又特別的提出地談一談。第三點是我特別提出的,從前的人還没有談到過,就是:凡談批評史料的人全注重史料的原始性(originality),可是研究傳説時代的人絶没有這種福氣,因爲一有原始的史料,那個時期就已經越過傳説時代了。雖然如此,我們對於它的原始性,還是不能不管。上面所説的關於這個時代的古史專著,遠不及春秋和戰國時所遺留下的零金碎玉,也就是這個道理。并且古史的傳説,在民衆間,在文人學士間,均尚可隨時孳乳:民衆對於古史有相當的知識以後自然地孳乳,如三國演義滲入民間以後,民間自然發生些對於諸葛亮及劉、關、張諸人的無稽傳説,其一;文人學士不住地作綜合的工作,或繼續地將民間的傳説搜入典籍,前者可以羅泌路史爲代表,後者可以沈括、樂史諸人所記蚩尤神話爲代表,其二;文人學者有意的作僞,此事可以王肅或他人造作僞古文尚書爲代表,其三。因爲有這些緣故,所以當我處理我國古傳説時代文獻的時候,把它分爲價值不相等的數等級:以見於金文,尚書的今文商周書,周易的卦爻辭,詩經,左傳,國語,論語及其他之先秦著作中者爲第一等。上邊所述尚書中的三篇及大戴禮記中的二篇雖屬先秦著作,而因其與史記之前三篇,全屬綜合工作,只能降之入第二等。西漢人著作中所保存的古史材料,如果尚未受綜合材料的影響,它的價值還相當地高,也可列爲第二等。新綜合材料如劉歆之世經等爲第三等。至東漢以後,因爲紙已發明,古史的知識逐漸普及於民間,新出的孳乳比較增多,本應置之不睬,但因譙周、皇甫謐、酈道元所見古書尚多,所以見於他們書内的古史材料,仍不妨取作參考。至於酈注以後書所載的材料全是較後的孳乳,即當一筆勾消以免眩惑。這一種分等次的辦法，我姑名之曰"原始性的等次性"。這也就像校刊家對於漢唐以前的古書，既得不着原來的稿本，那宋版的價值就要高於一切。這并不是説宋版書絶無訛誤，這是要説，將來的訛誤很多是由宋版之訛誤處而再訛誤；訛誤愈遠，揣測原來不訛本的真象更難；宋版雖亦有訛誤，而因其去古較近，即據彼訛誤之處，揣測原來的真象尚還比較容易。所以想整理我國傳説時代的文獻，很重要的是把這些等次分別清楚；如果没有其他特别可靠的理由，萬不可以應作參考的資料非議第二三等的資料，更不可以第二三等的資料非議第一等的資料。至於春秋戰國秦漢三國兩晉南北朝人所全不知，而唐宋人獨知的資料，即當一筆勾消，也就像校刊家對於明後半妄人所妄改之版本完全不睬一樣。此文中尚有若干次要之點，這裏也不須多談。文成以後，友人蘇秉琦先生就本諸我的意思另外寫成一篇，其條理尚有愈於余文之處。我們的文章寫成已經二三年，也還没有發表。因爲在昆明時，耗子太多，我的原稿的後一二頁被它們拉去墊窩，遂不完全。現在我們的集刊要復刊，我把舊稿找出想補成它，可是看過以後，對於原來的看法雖無變更，對於原來的寫法却不甚滿意，所以就不願發表，而重寫現在也尚無興趣，因此就勸蘇君將他所草成的稿子發表，我又爲之校改一遍，所以這篇文字可以説是我們兩個公同拿出來同大家商討的。希望它能引起大家注意，對於整理此一時代文獻的方法問題多加研討，庶幾不久可以得到了一個公同能承認的方法，那將來對於此時代古史的討論就可以不致浪費工力，毫無結果了。徐炳昶，民三十六，十一，二十五。

一、引言

一部理想的中國上古史必須是根據全部可用的文獻、傳說和遺物，三種材料綜合運用，適當配合，寫成的。迄今爲止，我們還没有看到這樣的一部書的主要原因，恐怕多半還是由於基本的準備工作不夠。試就以上所舉三種材料的研究工作，略述如後。

文獻，主要是流傳下來的古代典籍。其次是各種古器物上的文字。關於古代典籍的研究，即是我國學者所説的國學和國故，海外學者所説的漢學。關於古物文字的研究，即我國學者所説的金石學、文字學，略如海外學者之所謂古器物學、語文學。我們的古代的典籍，經過秦火以後，殘缺錯亂，達於極點。考訂整理，確不容易。幸而經過我們的歷代學者，無數人的辛苦經營，才勉强可讀。尤其值得稱讚的是從有清以來樸學家的考據工作，與海外學者的科學精神與辯證工作，已經使這一門學問確立基礎。自然，在這一部門中須要工作的問題還多。不過未來工作的重心恐怕將由一般典籍的考訂而轉移到新發現實物材料（如卜辭、金文）和純粹的語文學（如古文字、古音韻、死文字）的專門研究。兩方面的基礎都相當豐富，再加上新材料繼續不斷的發現，其結果對於古史的發明貢獻，還希望很大。大體説來，以現有的基礎而論，在古史研究中，這一類材料算是最嚴整的了。

傳説，即是先由口耳相傳，經過千百年後，始被寫下來的歷史故事。這自然不是一等的史料。但其對於古史的研究自有其重要地位，不可隨便抹殺（例如司馬遷所述的夏殷世系多半即根據後代的傳説材料。現在我們由卜辭證明他所述的殷代先公先王的世系多半是正確的。由此亦可間接證明他所述的夏代世系亦未必妄誕）。所以，這一部分材料亦是研究古史的一種基本材料。我們不敢隨便毀謗古人。但我們必須承認古人與我們所處的時代環境不同，對於古代歷史的觀念不同，所用的史學方法不同。因此，我們不能不引爲遺憾者，前代學者對於此類材料的整理研究工作，與他們對於古籍和金石文字的工作，對於我們現在的工作而論，全然不同。後者可以作爲我們現在工作的基礎與典範，前者則大部份還須要我們很大的剖刮刷洗的工夫，好使這些竄改了原形的材料，儘可能的還原到它們的本來面目，不止是須要從頭作起。現在我們要整理古代史料，研究古代歷史，除非認爲這一類材料根本沒有一顧的價值，可以拋開不管。否則，關於這些傳說材料的利用和處理，恐怕是最麻煩、最頭痛的問題了。

　　遺物是考古學和民族學的研究對象。近代的考古學，在我國的歷史還很短。發掘的工作還少，已發表的材料尤少。研究的工作少，已達到的具體結論更少。關於這一部門的工作可説剛才開頭。將來繼續發掘，繼續研究。新材料，新結論，將不斷增加。而許多暫時的結論，將隨時需要修正，這都是必然的。將來必有一天，我們可能根據豐富可靠的地下遺物遺迹，和考古學的成就，來描述中華民族的史前文化。即是有文字以後，如商周的歷史，亦定可藉地下發現的新材料、新事實，大量的充實其內容，改正其史籍記載的錯誤。此是後話。現在如果就想根據這點僅有的材料，來從事綜合的研究，來勉强貫串論述我們的史前文化，還嫌太早。現在這類材料雖已可應用到古史研究。但當用的時候，須要特別謹慎。引用考古材料的結論（多半是粗枝大葉的，暫時的，或可能的），或再據此結論引申推論，更當小心。現在關於古代的文化系統和民族活動，我們已經由這類材料獲得不少的知識和綫索。但其與我們由傳説材料所早已知道的許多早期的歷史故事，兩者間縱有或然的關係，亦只是可能而已。互相比附考證，尚非其時。例如，我們可以引用已發表的考古材料，叙述我們的史前文化系統。但我們假如説"北京人"即是"防風氏"之後自是笑話。説"黑陶""彩陶"即是"夏文化""虞文化"，亦嫌牽强。總而言之，考古材料在古史研究中，雖已可用，但這一部門的工作方才開始，基礎未立，輾轉徵引，須特別謹慎。如步步引申，步步推論，走的愈深愈遠，不免錯誤的機會愈多。

以上所述研究我國古史的三種材料，無疑的，第一種，關於記載文獻的研究，已經有了很堅實的工作基礎。第三種，關於地下遺物的發現與研究，成績雖然還有限，應用還有問題，亦已經能够約略説明我國的遠古文化和民族背境。惟有第二種，關於傳説材料的整理研究，尚無確實基礎。

亦許有人以爲研究古史，傳説材料是不足重輕的。殊不知我們的考古材料，即令已經十分豐富，我們由此所能知道的史前文化系統，與有文字以後的歷史之間，還缺少一環。這正如我們在前段的舉例所説，假定我們日後的考古發掘，果真在殷商文化層的下面，發現若干個真正文化銜接，時間連續的文化層，或文化系統之後，我們由此發現，竟把殷商的歷史背景，文化來源，民族的生成等都弄明白。我們甚至可以假定，又發現一種比殷商卜辭更古的原始文字，因而證明了夏朝的世系。可謂至矣盡矣。但存在於我們傳説材料中的世次還多，各部族的遠代故事還多。要想把它們——用地下材料來證實或否定，是不可能的。將來我們由地下發現的材料，儘管比現有的再加上十倍百倍千倍，我們由此所能知道的，永不外是些"打製石器""磨製石器""彩陶""黑陶""甲文化""乙文化"。我們永遠不會發現那些是黃帝、炎帝；那個是堯墟、舜墟。如果我們把我們的上古史當作一齣三幕劇來看，其所遺留下的蹤跡，已因出演的先後而詳略不同。第一幕，即"史前史"。我們只有從考古材料知道的一些舞臺布景，衣冠道具，以及我們由此所能猜想的憧憧人影。有人物而無個性，有活動而無劇情。第二幕，"傳說時代"。因為有了代代相傳所保存下來的歷史故事，有如演員或觀眾的腦中印象，尚保存在記憶之中。再配合上考古材料所供給的殘缺舞臺和布景。儘管劇中人的活動已經印象模糊。但人物則已有了個性（或是群性），活動亦有了情節。第三幕，即"歷史時期"。有了文字記載，亦即猶如一部真實但殘缺的"本事"。再配合上考古材料，傳說材料，我們對於這最後的一幕戲劇，縱不可能完全復原重演。但劇中人的音容笑貌，劇情始末，至少已有了部分真實的記錄。它的內容形式亦有了一定的標準。我們如果把傳說材料刪掉，我們的古史將不成為一個整體。我們的傳說材料，如不加整理，則其史料價值亦將永遠是一個無法計算的"未知數"。

　　現在國史著作中，關於"傳說時代"這一段落，恐怕是最紛歧、最混亂的了。學者對於是項材料的處理方法和態度，恐怕也是最紛歧、最混亂的了。所以如此的原因，據我們想來，一方面固是由於基本工作的欠缺。另方面，更重要的，恐怕還是由於大家對於工作的先決問題，如工作的步驟、方法、原則等，還沒有經過

公開討論和解決的緣故。所以我們認爲,材料的整理工作固然重
要,而關於整理研究的步驟、方法和原則等問題的研討,尤爲當務
之急。因爲只有在後一問題獲得解決之後,工作的結果才能有確
實的基礎,才能達到大家一致承認的結論。除非我們根本否認歷
史科學的存在,否則,此種工作前提的一致,不只是可能的,而且
是必須的。因爲,只有在共同的方法原則之下,所達到的相似的
結論,才足以說明結論的正確性。而結論的偶然不同更足以說明
由間接方法所能推考的歷史真象必然是"概然的""近似值"。猶
如"二次方程式"的答案不止一個。如果說只有某一個答數是正
確的,另一個是錯的,當然是失之武斷了。

二、傳說材料的整理

(一)傳說材料的一般特徵

　　(1)傳說材料的原始形態,大致包括:一、保存在民間的、口
述的歌謠故事。二、傳統的風俗習慣、宗教儀式。三、古代的遺迹
傳說。其形式内容均非固定的。

　　(2)傳說材料的寫定時期,即最早的,亦已經是當文明進步
到文字的使用已經非常方便發達之後。距離傳說的起源(如果
是真的、原始的,而非假造的、僞托的),已經年代久遠。

(二)傳說的類型

　　一切形之於筆墨、著之於簡册的傳說,從它的本質或來源可
分爲兩種:一種是見之於記載或經過輾轉傳述的原始傳說。一種
是由已見於記載的傳說再播種發生的傳說。前者可以稱之爲

"原生的"。後者可以稱之爲"再生的"。兩者流行的時代不同，形式面貌亦全不相同，極易分辨，不容混淆。這是判斷傳說的史料價值的一個先決問題。

（1）"原生的"包括一切見於早期記載的傳聞異說。此類傳說的來源，大部已經太遠了。所保存下來的，或者是只存軀殼，不明涵義；或者只是片段記憶，首尾不全；或者是傳聞異詞，互相矛盾。這都是傳說的本來特質使它不能不順着某種自然的趨勢，逐漸變化的必然結果。

（2）"再生的"包括一切見於後期記載之假的、僞托的、孳生的傳說故事。其來源大都出於某種業已流行很久很廣的記載，經傳布或倒流到民間以後，才又產生的傳說。此種傳說大部發生於東漢以後。但東漢以後的記載中卻非全無"原生的"傳說。

（三）傳說材料的等次

關於古史的傳說，照前文所講的，一種是傳自遠古，有史料價值，但大都早已消滅死去（指被人遺忘），剩下的只是散見於古代或早期各種典籍中之一鱗半爪的遺迹。一種是後起的，甚至流傳到現在，或者只見於晚近著述之中，大都是全無史料價值的。現在我們要整理研究的對象不是存在於現在民間的、活的傳說，也不是見於晚近著述中之現成的古史系統或記載，主要是近古的，或早期的典籍。我們只有靠這些古籍中的一鱗半爪，來恢復古代傳說的原形。再靠這些傳說，來推考傳說時代的真實背境。由此可知，與傳說時代的歷史或社會背境有直接關係者乃是"傳說"自身，而非"傳說材料"；是原始存在於古代社會中的故事或遺迹，而非引用或記述此類故事或遺迹者之主觀的批評或整理綜合而得的結論。因此，我們對於此類見於典籍中之傳説材料的等次觀念，或價值的批判，其理論上的標準乃是它們與真實的、原始的古代傳説的關係。由此標準，我們可把一切材料按照其價值、等次，分爲三類：

（1）第一等　直接引用，記述保存於古代社會間之原始的古代傳説或遺迹的材料。

（2）第二等　根據前人舊説，或兼采異説而有所損益，或係整理綜合的著述，但或多或少尚存原始傳説之一部分真象者。

（3）第三等　改竄舊説，另成系統；材料晚出，與舊籍抵觸；以及一切來源不明，或根據"再生"傳説的記述等是。

由以上的等次，或價值的分類，可以説明傳説材料之所以必須整理，與我們從事整理工作的目的，就是要由材料的分類與批評，進而探討傳説的本來面目，以爲研究傳説時代的史事之基礎。

（四）整理傳説材料的方法與原則

整理傳説材料的方法與原則，簡單説，就是如何把傳説材料按照以上我們所假定的等次標準，分類與批評的問題。分別討論如后。

（1）傳説材料的分類問題

按照我們假定的等次，將傳説材料加以分類的基本條件，是傳説材料的寫定年代。所以這個問題的工作基礎是考據學。近若干年以來，中外學者對於古籍研究的方法與成就可以説有革命性的進步。不過，許多問題，特別是先秦重要典籍中各部分的寫定年代，大都還沒有達到精細正確的結論。由於工作基礎條件的限制，我們現在想把古籍中的傳説材料，按照它們的寫定年代分類，自然亦還不能達到多麼精細正確的程度。按照材料的内容與寫定的先後，大概可分爲三期。

第一期　包括商周到戰國前期的作品

甲骨文中完全不見虞夏以前的故事。金文中有二三事與此期有關。但僅可證明此類傳説在春秋和戰國時代已有。且此二三事語焉不詳。據之絶無法得古史的約略輪廓。

尚書中大致可靠的如盤庚以後四篇及周書十餘篇，偶有談到古代史事的記載。次是詩經中直接保存的古代傳説，甘誓、湯誓兩篇，或許是周代杞、鄫、宋等國夏商的後裔所保存記録下來的古代傳説。以至於周易的卦爻本文。這些材料都價值甚高，可惜數量太少。

春秋中葉以後，文化急驟發展，史料始多。左傳和國語兩部書中記録保存的古代史事最多，大概都是根據春秋時人的傳説。多存原貌，少有損益，最爲可貴。

第二期　包括戰國後期到西漢末的作品

如周書及先秦諸子中所保存的古代傳説，已經遠不及左傳和國語中所保存傳説的素樸。至於大戴禮中的五帝德和帝繫兩篇，尚書中的虞夏書三篇，則除了承襲前人舊説之外，又加了些工作人個人的猜測，爲多轉一次手的綜合整理工作。此後權威最高的太史公的五帝本紀，主要的也是取材于以上兩書，所以也是同一類的工作。可是其中亦并不少直接采自民間的傳説。前者的工作雖然没用，後者的材料價值與前期的并無大分別。

西漢時人的著述，大體上是承襲戰國晚期的趨勢，繼續從事古史系統的綜合整理工作。不過其中亦并不少第一等的材料。

第三期　東漢以後作品

東漢以後，人文進化愈速。關於古代史事的種種傳説，尤其是經過前期的綜合整理以後的古史系統，權威已經樹立，重回到民間，孳生繁殖。這類材料大概全無價值。可是也有例外，如譙周、皇甫謐、酈道元諸人書中就常保存一部分古代的原始的民間傳説，可以補前人著述之不足。至於後人論述古事而最後亦不見於三人之稱述者，大概全是漢代以後的"再生"傳説。

（2）傳説材料的批判問題

批判傳説材料的目的，是就傳説材料的内容，來分析那些是原始的古代傳説，那些是後人加減過的、綜合整理的結果。除去了後者的成分，剩下來的多半即是前者的成分。所以這也可説是"辨僞"的工作。工作的對象，主要是前邊所分的屬於第二期的作品。因爲第一期大都是基本的、標準的材料。第三期的作品大都是補助的、只能供參考的材料。第二期作品中的古史傳説大都是加減過的、綜合整理的結果。它們的價值雖然遠不如前期材料，可是它們對於後代的影響勢力却最大。同時也因爲它們的内容尚含有些一等材料，不可一概屏棄。

最重要的作品是：堯典、皋陶謨、禹貢、五帝德、帝繫、五帝本紀、夏殷本紀、世經、帝王世紀。試分論如後。

堯典

（1）今本堯典似與左傳所引原文不同：

左傳文十八年，引史克言"慎徽五典，五典克從"以下自成段落。如果當時所傳堯典原文與今本相同，下文當叙述禹、棄、皋陶、垂、益、伯夷、夔、龍諸人的受任，共工、驩兜、三苗和鯀諸氏的放逐。然而他所講的受任的人却是八元和八愷。所放逐的乃是渾沌、窮奇、檮杌、饕餮。可見左傳的作者所見的虞書不是現在的虞書。這一則可以證明今本堯典的寫成定本已在左傳成書之後,再則亦可以説明這類綜合的工作起源較早,而時有改變。

(2)文中多戰國晚期的思想成分:

例如"女能用命,遜朕位"的禪讓思想。"詢事考言,乃言底可績,三載,女陟帝位"的帝號。"文祖"的稱謂。以及"五載一巡守,群后四朝"的大一統思想。

(3)與古説古誼不合的成分(由於綜合工作的結果):

例如:以羲和、仲叔分處四方,與古羲和一名,未嘗分古誼不合。四岳、大岳、伯夷、許由,按古説似爲一人名分化。作堯典人却將四岳與伯夷分爲二人。依古説,棄與堯、舜不同時,巧倕、夔、龍等都時序不明。作堯典的人都列入虞廷。尤其州名十二,與古説不合。似乎是禹貢、周禮職方、爾雅三書中對於九州名稱的三個異説已經流行之後,減去重複,相加的總數。

(4)可能是承襲舊説的成分:

例如:斷"三百有六旬有六日"爲一周年。"以閏月定四時成歲"。

皋陶謨

文中多載戰國晚期的思想成分:

例如:"天聰明自我民聰明,天明威自我民明威"的偉大思想,甚至不見於太史公的引述。"弼成五服,至於五千。州十有二師,外薄四海。"明是戰國時人的看法。

禹貢

(1)晚期的知識成分：

例如："荆州貢鐵"，當在春秋以後。

(2)與古説古誼不合的成分。

例如："五服"之説出於國語，而至禹貢中則真義已失。

五帝德

材料來源不明的可疑成分：

例如："黃帝軒轅，顓頊高陽，帝嚳高辛，帝堯放勳，帝舜重華，禹文命"，一套綜合整齊的系統名號，除去"顓頊高陽"有離騷、莊子大宗師、墨子非攻下幾處可以證明，"帝堯放勳"有孟子萬章提到過以外，都不明來源。至於各帝相互間的關係更難憑信。

帝繫

多與古説不合：

例如：舜前無虞幕，重即句芒不能是虞的先人。

五帝本紀、夏殷本紀

采用五帝德、帝繫兩篇成説，對於後代影響最大，權威最高。

世經

用曆法整理古史中的年月日，在原則上是可用的。不過當時的曆法還不够精密，結果不能令人滿意。這種工作的方法和精神是值得推崇的。

帝王世紀

原書已經失傳。只見於他書的節錄。大概作者搜集甚勤而史識不高明。因爲搜集的頗豐富，便於尋檢，所以勢力很大。

三、傳説時代的研究

（一）基本的方法與原則

"傳説時代"的史料，如前所説，有兩大部分：一，是包括於先史考古學中的"地下遺物"。一，是包含於各期典籍中的"傳説"。我們由先史考古學的研究所得的譬如是真正的歷史開場以前的舞臺布景。至於這齣歷史大戲開場以前的"楔子"或者"冒戲"乃是以傳説（包括歌謡古迹）的形態保存下來的。唯有靠了這些"傳説"，我們才可能把這一段有文字以前的歷史模擬想象出它的十分或百分之一二的真象，才可能把完全茫昧（不是完全没有文化）的先史文化時期，與有真實記載的歷史時期，互相連繫起來。

關於傳説材料的整理，就是把各期典籍中的傳説材料加以分類批評，并決定它們的等次價值，是研究傳説時代的先決問題。工作的基礎條件，例如，近人有的主張蚩尤屬於"西方民族"。我們現在要討論此説能否成立，必須先問它的根據是什麽，而不是批評蚩尤可能不可能，或應當不應當屬於"西方民族"。據我們所知，主張此説的論據（就是可以與此説符合的傳説材料）只有宋代的沈括和樂史的記述。至於漢書和皇覽所記關於蚩尤的傳説（祠和冢）都在東方。後者的權威價值自高於前者。漢魏人的舊説如果打不倒，宋人的新説絶不能成立。就是能把前期的舊説打倒，後期的新説能否成立，還是問題。

但我們由前項工作（傳説材料的整理）所得的結果，究竟衹是作爲研究傳説時代的準備工作。是手段，不是目的。是先決問題,還不是主要的問題。主要的問題是,如何在這個基礎之上來檢討古代傳說的內容(就是傳說的本來面目)? 如何再由這些片斷的材料來檢討歷史的真象? 從"出發點"到"目的地",不但距離遙遠,而且困難重重。

這項工作的困難,古人早已經深深體會過了。而古人的失敗經驗也是頗值得我們反省的。因為我們由傳說材料中所能看到的遠古史事,最多不過是若干若明若昧的模糊印象,一些曖昧矛盾的言詞故事,甚至於含有過多人化、理想化、神秘化的色彩的神話。古人去古已遠,人文進化,理智發達,對於神秘的故事懷疑,是對的。相信古史年代的久遠,亦是對的。應用極少的材料,敘述極長、極複雜的故事,不能不運用想像補充,亦是無可如何的。他們因為沒有失敗的經驗,缺乏比較的材料,工作的結果自然不能令現在的人滿意。工作的方法亦自不足作為我們的典型。但他們在許多工作中所表現的態度的謹嚴與求真理的熱誠是值得讚揚的。他們的失敗與錯誤,乃是受了時代的限制。

我們現在與古人不同的地方,有以下三點:第一,是史學方法的進步。現在人批評史料的標準,不是主觀的思想或經驗的常識,而是它們的來源問題。第二,是史料的增加。現在除舊有的傳說材料之外,增加了考古材料。對於古代的文化背境,民族活動,有了真實材料作為研究的參考。第三,比較材料的增加。現在對於古代史事的理解、說明,不是憑空想像,也不是靠眼前事物,而是可以藉助於社會史或初民社會的研究材料作例證。以上三點可以說明古今憑藉不同。所以我們現在的問題,并不是如何以現代人的知識眼光來批評古人或打倒舊說的破壞工作,而是應當如何善用我們現代的知識眼光來重新整理材料,重新研究古史真象的建設工作。如果這件工作是簡單容易的,也不致聚訟紛紜,多年不決。如果我們能接受古人失敗的教訓,如果我們希望把這個問題的研究引到一個新的途徑,除了材料的整理應該用史學方法來分類、來批評之外,如何再用整理過後的材料作基礎,用考古材料作參考,用社會史料作比較,來研究傳說時代的歷史問題。推理與想像固然仍是工作的必要的指導原則。但是頂重要的是,如何從材料中找論證,如何從論證推到結論。至如何由結論構成假設的時候,自然還少不了推理與想像的幫助。但是仍要特別謹慎,使之愈少愈好。

也許有人根本懷疑這種研究工作的方法是否可能達到像普通的史學方法的科學性。也許有人根本懷疑這種研究工作的結果是否能够達到像歷史時期的叙述的真實性。我們的意思是肯定的。理由如下:

這種研究工作的性質,從種種方面看來,和古生物學非常近似。所以二者的互相比較,頗可供給我們很多有用的啟示。

古生物學雖然還是一門相當新的科學,已經體系完備,成爲打開一部自然史的鎖鑰知識了。所以現在當我們外行人走進博物館的時候,看到陳列的完整的古生物化石標本,也許不免誤以爲古生物學者研究的對象就是這些現成材料。殊不知這乃是"製成品",不是"原料"。這差不多已經快到了古生物學者工作的最後一步了。我們都知道,古生物學者的研究對象,主要是化石或化石物。而他們的目的,主要是一部生物的歷史。可是古生物學者所能利用的原料——化石標本——乃是一些在非常適宜的環境下所保存下來，又藉非常偶然的機緣纔被科學家所發現、所收藏的，非常稀少而殘缺的遺迹。材料既甚少，而目的則甚奢，從化石的發現、采掘、修理、鑒定、完補，到整個古生物標本的復原，整個古生物的演化史的研究，這一大連串的工作，可説非常繁複，而且困難重重。古生物學之得有今日，是靠了多少此門學者的精心研究，纔使方法逐漸完密、充實。所以它的進步史，差不多亦可説是方法的進步史。

“傳説時代”的研究，主要的應靠“傳説材料”。但由傳説材料中搜集傳説故事，由傳説故事中鑒定它的真實成分，再根據種種直接間接的論證推敲歷史的真象全貌，自然也是一件非常繁複困難的工作。問題的關鍵却不在於材料的過少，而是搜集與考訂的困難。也不全在於直接論證的殘缺或參考資料的貧乏，而是如何利用僅有的知識所達到的結論，不怕太少，也不怕太略，主要的是要不太走失了原樣（像利用古生物化石來復原一樣）。古生物學縱然再發達再進步，也不會解決了古生物學上的一切問題。傳説時代的歷史的研究亦自難完全圓滿。這都不成問題。成問題的是這種研究的前途，或者説這種工作結果的學術價值，將完全看工作方法的進步能否達到相當的精密嚴整的程度。

在種種含有傳説材料的典籍中搜集原始的傳説，亦猶如在岩洞中采掘古生物化石。所得的材料常常是零星破碎，不相聯屬，甚至真假難辨。在古生物學的歷史中，有不少的把真化石不當化石，或把“假化石”當過化石的例子。到現在古生物學的研究室中也還有不少的“疑問化石”。在傳説材料中自然更多難解的地方。在傳説故事中的真假成分，尤其不易鑒別。不論自然科學、社會科學，對於搜集材料，纍積智識，原本都是由工作經驗、方法才逐漸完密，結果才逐漸正確。我們在前章所討論的關於整理傳説材料的兩個原則，亦不過根據一般史學方法與工作經驗，提出來的一個比較具體的原則而已。事實上，現在認爲可靠的材料將來未必不成問題，現在認爲没有價值的材料將來未必完全不能利用。學問本無止境。

在傳説故事中鑒別真實的歷史成分，由可靠的綫索中理解史事的真相，亦猶如在一堆修理出來的化石中選擇具特徵的部分（例如牙齒），再根據化石的形態鑒定它的種屬名稱。這在古生物學中是一步非常繁難而專門的工作。第一，由於化石標本的殘破，特徵難辨，不易完補。第二，須要有充分的古生物學和生物學的知識作基礎，和够用的標本作參考。在一大堆化石中有一大半是不能辨認它們是牛是馬的。其餘一小半的種屬亦常常不是一望可知的。傳説故事中儘多不可理解的成分，亦儘多與考訂史事無關的成分。我們要在一堆雜揉的傳説中選擇那些是有用的成分，再由此來理解歷史的真象，這一步工作也決不簡單容易。第一，我們必須應用基本的史學知識來選取其中的"記述史實"的部分（自然這是假設的説法）。第二，我們尤其須要用歷史的觀念與基本的社會學知識作基礎，來推斷它的真實意義。

根據傳説來研究傳説時代的歷史，與用化石來研究古生物的歷史，其基本論證雖有直接與間接之不同，兩者均須有大量的借助於其他部門研究的結果則是一樣的。化石雖是古生物的直接遺迹。因爲標本的殘缺稀少，要想把它完補復原，專靠化石是不够的，也不是憑空想像可以揣摩出來的，最重要的還是生物學上的憑藉，就是形態學或比較解剖學的知識。如果再進一步，想研究這種古生物的生活情形，適應環境，原形外貌，以及它在整個生物演化系統中的位置，形態學的知識是必要的，與它有血統關係的現存生物的關係尤需先弄清楚。地質學中地層學的知識亦是重要的。從前研究化石爲的是由標準化石來定岩層的年代。現在則更用地史的知識和化石群材料來研究各期古生物的分布和歷史了。現在我們用可能得到的傳說材料先把傳說來復原，再用這復原後的傳說來鑒定它的"史實"背景。它的真確程度且不必講，在數量上亦尚不足以作爲研究的基礎。直接的材料不够，史學的方法也不够，順着個人的意思推敲猜想只有離真實的歷史愈走愈遠。所以傳說時代的研究，關於直接論證的引用，因爲材料的間接性，固須要特別謹慎。至於間接的論證，就是利用輔助科學，如社會學和考古學的知識與原則來補充直接論證的不足，雖是必要的，但亦自有其一定的限度，不能喧賓奪主。一件"恐龍"標本的復原，主要還是靠"化石"不是進化論。古史真象的推敲，主要還是要靠史料，不是社會史。否則，恐龍標本的復原可能一人一樣。古史的講法亦將人各一説。

（二）傳說中的史實

　　前章討論傳説材料的整理。其目的乃爲探討各種傳説故事的本來面目。這可説是史學方法中的考據工夫。略如古生物學者對於化石的搜掘修理。都是研究主要問題前的準備工作。古生物學者對於一堆化石的去取標準，是看它能否作爲鑒定種屬的材料。而可以作爲鑒定種屬的材料則是其中最具特徵的部分。至於古生物學者如何利用化石的特徵部分來鑒定它的種屬，亦即工作的基本條件,不外古生物學與生物學的知識。我們對於一堆傳說故事的去取標準,當看它是否含有歷史的成分。而此種成分的判斷,則看它是否含有史實的特徵。此所謂史實特徵,含有兩方面的意義:一、是有内容,就是言之有物,并且意義明白,不是些空洞渺茫的話或抽象的概念。二、要有個性,不是可以張冠李戴的。凡是合於以上條件的傳說,雖不一定就是歷史,完全憑空捏造是不大可能的。雖不一定是百分之百的正確可靠,而魚目混珠却也是不大容易的。至於我們如何利用這些所謂含有史實特徵的傳說,來考訂古代的史事,其工作的基本條件不外後期的歷史知識與社會學的原則原理。

大體説來,我們由傳説中所看到的傳説時代(先去掉古人的帶色眼鏡),在横的一方面,我們的民族文化,還没有達到混同的境界。當時的社會形態還没有產生國家的組織,是一個林林總總、萬花筒式的,氏族林立的局面。在縱的一方面,除了幾件最重要、深入人心的大事,例如黄帝與蚩尤之戰,洪水之類,只是一些氏族的分合接觸與移動的蹤迹,還談不到歷史的紀年。因此,我們對於傳説時代的史事,雖然可以分期,却很難考訂它的絶對的歷史年代。此外最可能致力者則是在各期間各氏族的分合、接觸和移動等問題。研究此類問題的經緯綫索有二:第一是"族姓",第二是"地名"。

傳説總是些殘缺曖昧和矛盾的故事。惟有其中的"族姓"和"地名"常常是比較的清楚和一致的。由此可知此類成分多半是在保存期間變化最少的。所以此類成分幾乎可説是傳説故事中的"化石"。

古史真象太渺茫，材料少是大原因。材料太亂太雜亦關係甚大。如果我們能把其中關於"族姓"和"地名"的問題大部分都弄清楚，則史事輪廓自然顯露，脉絡自然溝通。所以此類成分不衹可説是傳説中的"化石"，簡直可以説是"特徵化石"了。

什麽是"族姓"呢？在傳説故事中有種種人格化的名稱，例如黃帝、炎帝、蚩尤等是。不管它們的起源如何，真實的意義如何，從它們在故事中作爲一個行爲的主體而論，應該當作一個群的代名詞。不管這些群的單位大小如何，從種種方面看來，多半是一種血族團體。所以我們可以概然的把它們當作是代表血族團體的"族"名（并非完全否認它們的人格）。在這一類"族名"之上又有所謂姓或氏。姓與氏的分別似乎是後起。本義似乎都是代表一種真的或假設的血緣關係。在傳説故事中，像以上所説的這類"族姓"關係，雖不完全但非常重要，亦甚少異説。由此可以解決若干使用其他方法所不能考訂的問題。由此亦可以推測在傳説時代的諸氏族部落之間的複雜關係，諸如文化系統、歷史關係等。舉例如下：

（1）伯夷、伯益、伯翳　三個傳説故事中的"人名"，字音相似，到底是一，是二，是三？異説紛紛。但伯益和伯翳都屬嬴姓，在傳説中亦別無分別，似乎是"二而一"。至於伯夷姓姜與伯益無干。

（2）姬、姜、祝融　周代姬、姜兩姓世通姻媾。其關係密切不成問題。但見於左傳、國語中，分布在黃河南北的所謂姬姓姜姓的"國"（氏族），并不都是周朝的封建。其中姬姓國多偏於黃河以北，姜姓國多偏於黃河以南。由此可以上推，遠在周代以前兩姓的地域和文化關係,大概從來接近。國語所稱的祝融八姓與姬、姜兩姓的關係遠不及後二者相互關係之深。由此可以上推前後兩者之間大概自來即比較隔離,文化關係比較疏遠。

所謂"地名"包括兩種:

(1)傳説發生傳布和保存的所在。例如,左傳"陳太皥之虚"。魯有"大庭氏之庫"。因爲記録似有實在的根據,傳説又是屬於原始性的,春秋以後的地名亦大都可考。此種材料,雖然不多,自極可貴。

(2)傳説故事中的地名。例如,姜水、姬水、坂泉、涿鹿究竟當今何地? 多成問題。不過以現有的知識,完全没有綫索的究竟是少數。例如,漢晋人的解釋多半淵源有自。其次,歷代樸學家的研究辯論亦貢獻甚多。再次,如有一個以上的可能,不能確定的時候,可能由傳説中的鄰邦關係幫助決定。例如,衡山今全在江南。但即在西漢之初,衡山仍全在江北。此可由戰國策所載吳起的話及吳芮封衡山王都邾及改封今日湖南境内反稱長沙,不再稱衡山之事實以決定之。

(三)傳説時代的歷史

傳説時代的歷史,論時間或者竟可與我們有記載的歷史一樣長。論内容也不少驚天動地的大事。這好比是一座已經毀滅了的阿房宫。剩下的只是一堆瓦礫和一些誇大而不實在的記載。一個文學家也許可以憑藉這些材料和他們自己的靈感,會構成一幅大厦連雲的秦宫圖。不過這一幅畫圖與真的阿房宫恐怕是没有一點相似的。現在我們要研究傳説時代的歷史,目的自然不是要構成像這樣的一幅美麗而完整却不真實的幻想圖。我們是要把它"重建"起來。"重建"須要逼真或近真。所以必須要靠真實的材料。然而真實的材料又太少，少到不可想像的程度。重建之前，先須儘可能的利用所有的材料，來設法重繪它的縱橫剖面的"藍圖"。爲希望完整，自然不能不靠想像來補充。但爲了近真起見，想像補充的成分又不能離開真實的憑藉。否則將成爲虛構的空中樓閣。歸根結底，所謂傳説時代的歷史問題還不外是關於若干比較可靠的傳説材料的綜合和組織，解釋和補充的問題。換言之，就是如何利用這許多片斷零星的"史實"（主要是上節所説關於原始"族性"和古代"地名"的考訂結果）來重新結構成若干幅傳説時代的縱橫剖面圖。這件工程，不是一手一足、一朝一夕可以成功的。在工作的方法一方面，先應該有一些共同遵循的原則。試提出四點，以供研討。

（1）引用材料須注意古書原文

古籍原文，多有訛誤。後儒新説，或勝舊義。不過古籍中的問題是無限的。考據的結果也幾乎無所謂定論。例如，周書嘗麥解中本多缺文，與難解之處。今人引用此篇，缺文全無，文從字順。顯然是忽略了向來存在的問題。尤如輾轉引用的話，更常與原書原文不合。如隨便引用，不檢原書，最易傳訛。例如，有人引用嘗麥解，却説"赤帝命蚩尤宇于少昊"。他恐怕只見路史，未檢本文，所以承前書的錯誤。又如，有人引用國語殷人禘嚳之説。其實國語中何嘗有此説！所以我們引用材料，必當檢視原書。後人的校訂，他書稱引，不是不可轉用，原委必須明白，出處必須注明。自己也不是不可有所辯正，但原文却必須照録。

（2）提出假説須并列反面的論證

根據極少數的材料作論證是可以的。用來完成傳說時代的縱橫剖面圖是絕對不够的。所以即使利用一切可用的材料所達到的結論,仍不過是一種假說。同時在一切可用的材料之中或不只有疑問,而且會有矛盾。所以任何一種假說的提出,除了必不可少的若干正面的論據之外,亦或有若干難解決的問題,或者是相反的論證。這似乎應當作爲我們工作的信條,就是,一方面應儘量將與問題有關係的材料搜集完全,不使遺漏;另方面,對於正面的論證自當一一列舉之外,對於不能解決的問題或反面的論證亦須指出,一點不要隱瞞。這樣作法不但不會影響到工作的成就,更足以證明工作者對於工作的忠誠,與對於後來工作者的熱忱。

(3)研究古代的社會生活須着重歷史的實證

我們研究傳說時代的歷史問題,自不能不注意當時的社會生活。我們要想根據歷史材料來説明,來研究當時的社會生活,諸如社會組織、風俗習慣、思想信仰等等現象的内容與變化,應先討論如何才能正確的理解種種傳説材料的真實意義。

這種理解的工夫(不是文字的考據訓詁①)常常是不能不藉助於其他民族的歷史,以及現代社會學與人類學的種種知識和原則的。但我們決不可因此忘記了我們研究的對象和目的。歷史科學的對象可以説是千變萬化,不可想象的複雜。兩個民族的歷史,不論是它們的形態、内容和發展過程,没有完全相同的。此話并非否定各民族歷史發展的因果關係,乃强調各民族歷史的發

---

①編者注:"詁",原誤作"話"。

展。雖自有其因果關係在焉,却并無一定的、共同的"公式"。

人類歷史的真象決定了我們研究的目的,亦決定了我們研究的方法。我們研究的目的本不是爲證明或否定某種社會學說中的原則原理,亦不是專爲社會學或人類學的研究供給一個"個案分析"。所以研究的方法,亦自然不能應用任何一種社會學說的原理原則作"綱領"(就是以上所說的"公式"),硬填上些中國材料就可以説明歷史的真象。這樣只有蒙蔽歷史,曲解歷史,我們姑妄名之曰"公式主義"。

采取上述"公式主義"的方法,來研究中國歷史的學者(近來不幸很有些),顯然是誤解了現代社會科學的科學基礎。似乎以爲歷史科學猶如抽象科學一樣,亦可以應用公式求得真理。尤其錯用了西方社會學者工作的成就。似乎以爲西方學者根據西方數千年的真實史料分析研究所得關於西方社會的蓋然的變化過程,與其因果關係,亦可以放之四海而無不合。用這種方法研究的結果縱具科學的外表,實際是反科學的,亦是反歷史的。

至於西方學者工作的方法和精神本來是對的,亦是值得我們取法的。以我們先民所儲積保存下來的豐富史料,如果能用正確的方法,細心工作,以闡明我國古史中關於原始社會的各方面,以及它們的演化過程。這對於整個人類文化史的貢獻,一定是很大的。不過,歸結一句話,這畢竟是我們整個的民族文化歷史的一部分。對於一個民族文化歷史的研究,雖然儘可以采取不同的方法和途徑。根據的材料,文獻也好,實物也好,古傳説也好,語言文字或其他民俗材料也好,總之,都必須是真實的歷史的遺留。換言之,研究的既然是歷史問題。那麼一切推論或臆説的根據就必須是歷史的實證。此外別無捷徑。

(4)研究古代的人民活動須注意文化背境

傳説時代的歷史問題中,除去關於社會生活的各方面與其演化問題之外,另一方面,與前者同樣重要的,當是關於人民的團體活動。例如,在原始社會組織單位中的諸氏族(或如前所稱的"族姓")部落的分合、分布、移動和接觸等問題。這種問題的研究亦如前類問題的研究一樣,根據材料自必須是歷史的實證。同時亦須要其他各民族文化的歷史,以及現代社會學和人類學的知識作參考。當我們進行討論此類問題的時候,更須注意到隱藏在問題背後的文化背境問題。

因爲古代的傳説材料大都是<u>春秋戰國</u>以後所寫定的。當時去古已遠,我們的民族文化大體已經形成混同的局面。原始文化的分歧、對立,雖或遺迹尚在,但已不顯著。族類的界限雖不至完全没有,大部分已經消滅無形。所以<u>春秋戰國兩漢</u>時人所傳所記的古代故事自不免摻雜上後代的統一色彩。再經過後儒的整理傳述,愈真象難辨。以致在我國民族文化尚未達到混同以前的重要分野,幾乎一直埋没了兩千多年。

我們現在的歷史知識,比起古人來,廣博多矣。現在我們都知道世界上任何一個發展到高度的民族文化没有不是多元的。這已經够發人深省了。加上近年來的考古發現,以及由古器物與古語文多方面研究的結果。確定的結論雖然不多。我們民族文化的始源亦不能例外,亦是多元的。這在原則上可説業已成立,并經多數歷史學者承認了。自從此一原則成立流行以後,已經有不少的歷史學者,順着這個方向,重新整理我們的古代史料,果然發現了若干古人所從未夢見過的歷史真象。確鑿的結論自然還談不到，嘗試的階段早成過去了。

四、結論

嚴格的說來，在我們的國史問題中，關於我國民族文化的始源問題，迄今爲止，大部分還是一個謎。能打開這個秘密之門的鑰匙，當不止一把。最有希望的還是地下材料。這要等待我們的先史考古學者去發掘研究。不過，打開這個秘密之門的鑰匙既不只一把，就是說，可能達到這同一目標的途徑不只一條。目標既然還是一個謎，不論采取那一條路，在沒有達到確定的最終結論之前，都應當保持本來應有的嚴正方法與態度，追求真理。不必，亦許簡直可說不應該，靠牽強附會，希望急切就能達到一個最後的結論。這樣的結論，縱然表面圓通，基礎還是脆弱的。

由近年來國內學者試探研究的結果（多半是不謀而合達到差不多極近似的結論）看來，我們似乎已經頗可相信從傳說材料的整理研究來解決我們傳說時代的歷史問題的可能性了。那麼我們由此研究的結果，對於我們民族文化始源問題的解決，必將有所貢獻，似無可疑。這又可以從兩方面來觀察。

第一，從古代傳說的保存來看。我國歷史記載的始源甚早（西周）。典籍的保存特別豐富。當我們還沒有建設起一個"統一帝國"以前的春秋戰國時期正是百家并起、學術極盛的一個時代。各家學者互相對立，自由批評。有意無意的，對於當代社會資料與古代傳說的搜集傳述，都或多或少的有所貢獻。這是我們今日研究古史的一筆大資產。

　　第二，從古代社會的遺迹來看。正當我們古代學術極盛的時候，春秋戰國，亦正是我們民族文化經過孕育成長的階段，已漸臻於混同之境。不過此種同化的過程還未完成。古代歷史的發展過程，在當時社會生活中，還有若干遺迹。蛛絲馬迹，可資尋繹。這又供給我們研究古史的許多真憑實據。

　　順着這一條路徑的古史研究工作，不必諱言，部分的是受了與其他古代民族文化歷史互相比較的影響；部分的，亦許更重要的，是受了近年來國内考古發現的刺激。不過，這項研究工作的前途，還是繫於工作者所采取的方法、態度，與其所能建立的體系如何。而不必永遠局限於與其他民族文化歷史的比較。它同考古發現是可能互相啟發的。後者固可以幫助前項工作的理解，而前項工作，如果作得謹嚴，也可以對於後者有很大的幫助。將來由此項研究工作所完成的結果，可能發現中國古史發現的“特殊面”，也可能發現由地下材料不盡能説明的史實。這亦正是它的特別使命。只要工作者的方法態度是嚴正的，體系是完整的，它對於解決我們的接近有史時期的歷史問題，以及我們民族文化始源問題的貢獻，亦許將不下於先史考古學在這範圍内的成就。

　　時至今日，我們還不憚辭費的把關於整理研究我國古史中的傳説材料，與傳説時代歷史的種種基本問題重新提出來，試加論列，似乎已不合時宜了。因爲國内學者在這方面的工作已有不少的成就。同時我們在此所提出來的問題或觀點亦多卑之無甚高論。我們的意思，很明白的，不過是因爲特別相信此項材料與此項工作似應有其更重要的地位與前途，所以主張應該把它放在一個更堅固的基礎之上，如此而已。

附録七　應該怎樣正確地
處理傳說時代的史料①

一切古民族(用廣義的含義)的歷史開頭差不多全是由傳説組成。有些民族,當它們開始保存有關歷史傳説的時候,還没有文字,只好口耳相傳;另外一些民族,當日雖説已經有了文字,可是還没有發達到可以明確的記事和記言的程度,所以對歷史只好仍是口耳相傳。由於當日社會發展仍屬原始階段,宗教情緒異常濃厚,以至"神人不分",所以當日所遺留的歷史傳説没有不混雜很多的神話的。人知愈開,歷史與神話才愈來愈分離。必須科學昌明,神話才完全退出歷史舞臺。治遠古的歷史,輕信神話爲歷史和完全排斥摻雜神話的歷史傳説這兩種極端的偏向,全是很不適宜的。

我國兩千餘年來判斷古代史實的真僞,全"折衷於孔子",又

①編者注:本文原載人民日報 1956 年 12 月 19 日第 7 版。

相信"六藝"爲孔子的著作,所以太史公著史記對於古史總是"考信於六藝"。自此以後,總是合乎經的爲僞,不合乎經的爲僞。儒家承孔子的傳統,不喜歡談神説怪,所以他們所保存的歷史傳説,對神話傳説删除不少。經書內所保存的史料相當人化,與當時人知的發達程度相適合。秦漢以後的儒者極大多數已不知道先秦諸子惋惜古初的真正意義,却承受貴古賤今的傳統,於是古代的人物愈來愈理想化,使古代成了高不可攀的盛世。十七世紀王船山,才明確地認識這樣理想化的不合史實。他指出堯、舜、禹時代的各國不過是明末雲貴諸省土司的情形。唐虞以前的社會不如唐虞以後,"三代盛世"不及三代以後。人類不惟知識進步,就是道德方面,由於歷代聖賢的努力也是逐漸進步的。這是很有見地的思想。

到本世紀初,我們受到歐西學術的影響,更明瞭那樣理想化的古代絕不合於歷史發展的階段。當日舊封建勢力還没有大動摇,舊偶像的威力還相當强大,而最大的偶像就是堯、舜、禹、孔子諸人。所以到本世紀二十年代初,打倒偶像的呼聲遂高唱入雲。孔子年代較近,事迹較明,只能否定他的學説,無法否定他的人格。前三人的年代較遠,所傳的事迹矛盾很多,神話很濃,於是他們的人格的存在也成了大問題。關於堯、舜、禹比較不太茫昧的傳説已經如此,他們以前更茫昧的傳説,更當一筆抹殺,使他們不要再混入歷史的範疇。這就是極端疑古派的主張。在 1930 年前後,真正的歷史是作者對於殷墟以前的歷史,除了辨僞工作以外,幾乎不敢開口。少數的人雖然還有一些工作,但爲歷史界大部分人所能接受的意見幾乎完全没有。少數唯物主義派的歷史工作者必然也不同意這種閹割歷史的做法，可是還沒有工夫對於我們的傳説史料的處理問題作出正確的研究和結論。二十年代三四十年代前期可以説是疑古派全盛時代。

全國解放後，歷史學界對歷史唯物主義展開熱烈的學習。漸漸曉得疑古派對於古代歷史的研究雖異常努力，也獲得了相當的成績，可是他們的看法還太簡單化，還太片面；明白了我們從古代遺留下來的一切傳説，雖説由於口耳相傳過久，失真的地方很多，大多數還保有一個歷史的核心，未可忽視。現在歷史界對於傳説時代的史料的態度大致可以分爲兩大類：一爲開始引用傳説的史料或試用社會發展史觀點解釋古代的傳説或神話，他們所用的方法還有值得討論的地方。一爲雖然承認疑古派錯誤頗多，不願意再跟着他們走，可是受他們的影響很深，短時還不能消除，覺得雖説傳説裏面或許保有一個歷史的核心，可是材料過少，真僞莫明，暫且不談，等着將來地下材料肯定它或者否定它以後再談，或者可以少犯點錯誤。對於持後一種態度的人，我現在僅説幾句話，就是古代傳説都有淵源。如小屯殷墟的名字實本於史記項羽本紀“乃與期洹水南殷墟上”的文字，而殷墟在太史公記録以前，也不過是民間的傳説。古傳説固然需要考古工作的證明或否定，而考古工作也很需要古傳説的指引，等着考古工作作好以後再談古傳説的思想是不對的。

對於那些開始引用傳説史料的人們所用的方法，我認爲可以討論的地方有下面數點：

第一，引用“正經”或“正史”上所載的史料以前并没有經過一次審慎的批判，或者他們的批判僅限於表面上太不合理的地方,如説"乘龍而至四海",夏禹時"厥貢璆、鐵"等等。至於這些"正經"和"正史"的基本性質,他們對它并不懷疑,我們以爲這種態度是不對的。現在已經没有人否認我國古代在漢族形成以前,有好幾個氏族集團,可是這些原始族類的分别在正經和正史的史料裏面一點也看不出來。按着"正經""正史"來説,這些氏族集團是很有系統的,古先聖帝明王們是一脉相承的(就政治系統説,不是血統説),幾乎可以説當日是大一統的,這當然是不正確的。"正經""正史"都是經過後儒系統化了的。像尚書中的堯典、皋陶謨、禹貢三篇并不寫於夏、商,不寫於西周,却是由春秋和戰國時的人集合起來,并且逐漸改正,才成了現在的樣子。這種系統化的材料經過綜合删改,就逐漸失真,其可靠性的程度要比保存在左傳、國語、先秦諸子以及其他先秦古書中的零金碎玉、不成系統的材料的可靠性差得多,所以簡單的稱引正經或正史的説法是不適宜的。

第二,看見考古材料或民族學材料同古傳説相合,不仔細考慮它們的時代關係,就互相比附。比方説看見中國猿人的坑穴中有用火的痕迹,就與燧人氏的傳説相比附。其實我們現在所保存的古代傳説大致都是幾千年内的,印象最深流傳最久的傳説也許能保存到幾萬年。至於保存到五六十萬年的長時期那幾乎是不可能的。燧人氏或者指一氏族,或者指一時代,似乎并不出於思想家的臆測,而出於遠古的真正傳説。它所指的并不是人類開始使用天然火,而是開始用鑽燧的方法磨擦取火。從利用天然火到人力取火一定要經過一段綿長的時期。我們臆測這一進步總在真人出現以後(近十幾萬年)。所以周口店下層洞穴中用火的痕迹和燧人氏的傳説并無聯繫。

又如看見甲骨文中對父稱的不確定性就推論到"普那路亞"家族。實則"普那路亞"式的群婚形式遠在蒙昧時代。至於殷的末葉如果用恩格斯的分期辦法,當在野蠻時代的中級階段,中間相差很遠。看我國殷墟以前相當長時期的傳説,似乎在堯、舜、禹的時代已經早進入對偶家族階段。説殷末葉對父稱的不確定爲"普那路亞"家族時代的習慣遺留或者可以,要證明當日仍在"普那路亞"家族階段,決不可通。直到現在,在我們的家鄉南陽一帶還有一種風氣,把自己的父親叫作伯或叔。一個生人到一人家中,單聽小孩子們的稱呼無法判斷誰是誰的兒子。如果從這現象就判斷我們家鄉現在還在"普那路亞"家族階段,豈不是一件大笑話。

最奇怪的是想解説淮南子中"天柱折、地維絶""天不兼復,地不周載,火爁炎而不滅,水浩洋而不息"的神話,却引證到地質學中所談的地形的大變化。這種大變化又不是新生代第四紀的,而是古生代和中生代或新生代初期的。稱引這些有什麽用處呢?最早的人類是在新生代第四紀初期發生,離現在不能超過一百萬年。至於古生代開始於二十萬萬年以前,結束於幾萬萬年以前。中生代也結束於幾千萬年以前。這時候初有哺乳動物,靈長類還没有出現,何況人類! 近百萬年來在地質方面没有很大的變化。在中國猿人時代以後,并無造山的大運動,也不會引起"火爁炎而不滅,水浩洋而不息"的神話。引證地質學上的地形變化對於解釋上述神話毫無用處。所以對於時間的前後長短没有比較明瞭的概念,一見着相近的説法就拿來互相比擬,不是真正科學的態度。

試着用社會發展史的方法和材料解釋古代的傳說或神話本是一個正確的方向，可是單説社會發展史的方法還太籠統，不够具體，所用的方法也有可以討論的地方。主要的是常常不把純粹的神話和摻雜神話的歷史傳説分開。這一種混亂是從疑古派承襲來的。疑古派因爲對於這一點不清楚，所以走到一筆抹殺的結果。把摻雜的神話誤認爲歷史固然是太天真，可是因爲不信任神話就連被神話包圍的歷史因素也抛棄掉，那也是要潑髒水連小孩也潑掉的方法。荷馬史詩、伊里亞特和奥得賽裏面所叙述的事實，神話氣味十分濃重，可是現在有考古工作的證明，歷史家完全相信這一長期戰争的確實存在，并且還要從它的叙述裏面尋找當日社會的結構和習慣等等。

我國純粹的神話不多，只有“天日高一丈，地日厚一丈，盤古日長一丈”一類的話才是。至於炎帝、黄帝、蚩尤、太昊以及其他古帝的傳説，它的神奇意味比伊里亞特中的英雄們還相差很遠，怎麽能把他看作純粹的神話呢！必須把這二種，劃分清楚，然後才可以漸漸地找出他們真正的意義。

其次，他們對於神話和摻雜神話的歷史傳説自身的變化注意不够，常常把最早的樸素的神話或傳説與最後越來變化越多的神話或傳説等量齊觀。其實較古的傳説去古還近，失真還比較少，從它推測失真前的質素還比較容易。至於晚出的關於古代的傳説，雖然也有古傳説作藍本，可是已經一改、再改、三改，原來可靠的質素幾乎完全無存，從那裏面無法找出來真正歷史的因素。就是找出來一點，也是不可靠的。比如有人拿宋朝羅泌路史的説法作爲古傳説,殊不知羅氏在著作的時候先有幾個固定的成見。第一,他相信中國遠古就是統一的,因而古帝是繼續無間斷的。第二,他不認識神話來自多元,有的可靠有的不可靠,只要看見一種傳説,就把他當作寶貝。第三,我國遠古時代的人名、氏族名和地名常常不分,羅氏却不注意這一點,遇到説不通時就妄改古書。羅泌的路史很有趣,應該研究,并不是因爲它可靠,却是因爲它可以説是最後一次所作的綜合性的工作。他并且把材料的來源在注裏面大致全告訴了我們。我們仔細看它的注,就可以推測到他的工作是怎樣作的,是怎樣删改損益的。我們就可以由這部書推測到較古的綜合材料是怎樣成功的,是有什麼樣價值的。我們研究傳説史料的人無分別地把路史這一類書中晚出的材料混在古傳説中,等量齊觀,却想由此猜測歷史的真相,我們以爲這是不可能的。

　　要之,我們現在想研究傳説的史料,第一是要把先秦的材料和秦漢以後的材料分別清楚。前一種是主要的,可作標識的,後一種僅可作輔助的。第二,在先秦材料中必須分別綜合材料和未經系統化的材料。綜合整理後一種材料,拿他作標準,來審查前一種材料内那一部分可靠,那一部分不可靠。第三,秦漢以後的材料去古還不遠,或有不傳於今而當時還能見到的材料,只要他們還未受前期綜合材料錯誤部分的影響,也還可以采用。最後譙周、皇甫謐、酈道元諸人雖史識不高,而對於古傳説搜集很勤,他們所記的逸事,只要他與先秦未受系統化的材料不冲突,也可以取備參考。至於此後書中所記的古史材料,應當一筆勾消,以免眩惑視聽。這幾條規則固然太簡單,不足以勝處理傳説史料的重

任，但都是應該特別注意的基本規則。現在特別提出，希望大家
考慮、討論、補正，如能得一套完整的處理傳説史料的方法，實屬
萬幸。

　　處理傳説史料的參考資料，從資本主義國家學者的著作翻譯
成中文的現在還有幾本，可是從蘇聯或其他社會主義國家翻譯過
來的現在還没有見到。現在國内作這一類研究的，所引用的大約
是前一種的書籍。這一部分著作一般説來材料大部分還是可靠
的，有參考價值的。可是它裏面的理論，大多浸染唯心主義的色
彩，這就是説它們的證據并不充分，多由臆測得出結論，没有真實
可靠的科學價值。蘇聯及其他社會主義國家對於這一方面的研
究并非重點，著作或不太多，但是總也應該有一些。它受馬克思
列寧主義實事求是精神的指導，所得的結論一定比較可靠得多。
希望早日翻譯出若干部，以正確的馬克思列寧主義的著作相引
導，使我國關於傳説時代的史料研究可以更迅速地進步，那就更
好了。

附録八 漫談古代傳説①

怎樣處理古代傳説

　　世界上一切有古老文化國家的紀録歷史開頭的時候,可以説没有不是用傳説作質料來寫的。理由也頗簡單:由於人類所用的語言發達得相當地早,可是文字的發明與發展却比較晚近得多。人類的思想一旦達到比較複雜的階段,同時也就會發生出比較複雜的語言。可是在這個時候也許還没有文字的發明,也許雖已發明却仍屬萌芽幼稚的階段,只有些表示實物的記號,用它們記録一件簡單的事變已經不很容易,記録一段完整的語言更不可能。當時也很可能發生一種灾害或戰争使這一群或一氏族的人受到巨大的震動或損失,他們就是到後代還要有很長的時候不能忘記,那他們就要有口耳相傳的傳説留遺下來。遲之又久,文化發

---

① 編者注:本文原載光明日報 1961 年 3 月 4 日第 2、3 版。

展了，文字比較完備了，那時候就很有可能有人辛勤采集，把那些口耳相傳的傳説用文字記録下來。

這些記録的人離發生事變的時期已經相當地遠，他們不是從自己親眼看見獲得的材料，也不是從親眼看見的人未轉手地獲得，却是從無數的人間接而又間接地獲得。口耳相傳，對於原樣很容易失真。這是一方面。所以我們對於從傳説得來的材料，不能像對親眼看見而記録下來的材料同樣處理，也不能像對從親眼看見的人直接得到而記録下來的材料同樣處理，却必須更審慎地處理，這也是很自然的事情。

雖然如此，還有另一方面，就是：第一，這些傳説無論它怎樣失真，它開始時總有它發生的因素，不會是無緣無故地發生出來，這就是説，它總有一個歷史的核心，雖説外面包複它的皮層很厚，可是只要有耐心去剥，總會把核心剥出來，由於皮層厚就要抹殺它的核心，是不合理的。第二，古人的文化發展到一定的時期，就會感覺到保存歷史經驗的重要，從相當早的時期，就設有專人來執掌它。後來發展，就成了史官。我們來看看春秋時代的史官吧：當日齊國有個大夫崔杼把他的君殺掉，史官按職守應該把這件事寫到木或竹簡上懸到朝廷之上，他就寫"崔杼弑其君"，把它懸起來，崔杼看見大怒，就殺了他，毀了他的簡。可是他的弟弟繼續着寫，繼續着懸，崔杼也繼續着殺。等到崔杼殺了他的第二個弟弟以後，他的第三個弟弟還是不怕，仍繼續着寫和懸，崔杼看見死亡嚇不倒他們，也只好算了。這時候南方還有個史臣聽説朝中的史臣全被殺了，覺得自己就是冒死也得擔起這個責任，趕緊拿起木或竹簡往朝，準備再寫再掛！在走道的時候才聽説已經有人寫了掛了，這才回家去。看他們這樣視死如歸、盡忠職務的情形，他們一定覺得他們的職責是神聖的，不可侵犯的！從此也可以推論出他們如何重視他們的職掌，不願意由他們傳說下去的材料就隨便地失真。雖說由於有些很難抗的自然條件不能不一部分失真，但是也不應該過於誇張，就達到一筆抹殺。第三，關於我國古代的傳說，還應該注意到：有些民族，他們的幻想力是很發達的，有些民族就沒有那樣發達。前者傳說外面的包層就會很厚很多，後者的就會較薄較少。希臘人屬於前者，而我們中國人却屬於後者，所以還不應該完全用處理希臘傳說的方法處理中國傳說。荷馬的叙事詩裏面摻雜了無數的神話，經過考古和歷史工作的人的努力，還可以找出來它所包括的歷史核心，而中國摻雜不多神話的傳說就被一筆抹殺，這難道説是應該的麼？

綜括説起，對於傳説時代的歷史資料，找出適當的方法，不同於處於狹義歷史時代的歷史資料的方法去審慎處理，是非常應該的，而一筆抹殺的態度却是不應該的，反科學的。

中國古史應該提到大禹治水

我國最普通的一個古代傳説就是大禹治水的傳説。這個傳説不但在尚書前三篇中記載着，左傳也記載着在公元前六世紀中葉有一個劉定公就曾經説過：如果沒有禹，我們恐怕都要變成魚類了吧。國語中也有詳細的記載。互相水火的書如墨子和孟子，可是書裏面都有禹治水較詳細的記載，雖細節不完全相同而無大異。此外如管子、莊子、荀子、韓非子、呂氏春秋、山海經、大戴禮記諸書雖説沒有國語、墨子、孟子的詳細，却都有同類的説法。此

外先秦諸子雖説没有談及此事，却也没有一書對於此事提出
異議。

戰國時代學術界的空氣非常自由：一家主張有缺綻，他家很
快就會把它揪出來。在這一種環境中却能傳無異説，這豈能是偶
然的呢？固然説流傳過久不免有些誇張：如鑿龍門之類，在這個
生産工具還未發達的早期還没有可能，并且大禹的名字在很古的
時代已經成了治水專家的偶像，有不少他人的業績也胡裏胡塗地
記載到他的名下。可是歷史中的大事，傳到久遠，幾乎没有一件
不摻雜有誇張的成分，難道説可以因此就把這一些大事全否定了
麽？至於是否九州有同時發生洪水可能的問題，那王船山已經辯
論得很清楚：説禹治水不過冀兖二州，不過是治黄河下游的水。
我個人暗中摸索，從不同的觀點出發，也得到同樣的結果，并且在
禹貢篇内“兖州”條下的記載也看出它還保留有治水限於黄河下
游的痕迹。

還有些人疑惑在這樣早期興如此的大工程是否可能，比方説
我的故友梁思永同志就是持這一類意見的。可是埃及在四千年
以前就有人工開鑿的默里斗佛湖（Мбридово），古代的旅行家還
能看見它的遺迹，周圍有二百公里的廣闊。兩河流域在最古蘇美
爾人的時代（約在公元前三千年左右）已經有運河和溝洫的開
鑿。夏禹的時代雖不太清楚，但據古代的傳説，大約不過在公元
前兩千一二百年間。其他文明古國在前數百年之久已有可能，我
們中華民族在後數百年，還説它一定不可能，這難道能説得通麽？
不顧歷史進化的程序，用後代生産力發達的水平猜測遠古時代歷
史的經過，固然錯誤，但是誇大古今人知識的距離，把古人在當日

可能達到的業績一筆抹殺,難道説不是更大的誤錯?

　　至於借口傳説裏面摻雜有神話就想把它趕出歷史研究以外,送到神話的箱櫃裏面封鎖起來,那是由於他們未注意到——或是不願意注意——古代的人還未能離開神權去思想,如果一件傳説絶不摻雜神話,那就可以證明或者這件傳説不是從古代傳來,僅僅出自後代人的想象,或者雖從古代傳來,而已經後代學者"人化"一番,修正一番,已經不完不備,有不少失實的地方,反不如摻雜神話的傳説雖不能全信爲古代的經歷,可是傳自久遠,來非無因,用科學的條貫來分析;更容易得到古昔經歷的概略。

　　現代作歷史工作的人對於極端疑古派的偏狹已經有所矯正,也常常運用辯證唯物的觀點解釋古代的傳説,可是對於禹治洪水的傳説,據我所見,還幾乎無人提到,似乎過激疑古的障礙還未掃除,所以不憚曉曉以期可以辨析歷史的真實。關於此次治水大致的經歷及歷史意義,在拙著中國古史的傳説時代中的洪水解可供參考。那一篇中已經談過的就不要在這裏贅述了。

對於傳説的史料須極審慎處理

　　説作歷史工作的人不應該忽視古代傳説,却應該從那裏面尋找歷史的核心,那是説如果我們極審慎地處理,"去粗取精,去僞存真",可以從那裏面得到古昔經歷的概略,絶不可以漫無別擇,再回到盲信古人的地步。并且,如果我們相信某一傳説的確是自古初傳來,那仍要別擇它是否有流傳到今日的可能性,絶不可以由於字句的偶合就去牽強附會。

　　關於前者,例如太史公由於"黃帝以來"雖有"年數",可是

“古文咸不同乖異”，所以對於<u>三代</u>不敢作年表，僅列世表，表明世次的先後，良史審慎正當如是。可是三四百年以後的<u>皇甫謐</u>對於這一部分的年數多有記載。我們不禁要問：前數百年的<u>太史公</u>所無法記述的年數，他何以又詳細知道？爲他辯護的人或者可以說<u>太史公</u>也説過“余讀諜記，黃帝以來皆有年數”，<u>皇甫氏</u>身處<u>永嘉</u>喪亂以前，他也許可能讀到此種“諜記”，數目雖説未必可靠，可是由於他的搜羅，遂能流傳到現在，姑備一説，也無不可。他們這樣説雖未免有些牽强，但還可以自圓其説。可是以好搜集雜説、史識不高的<u>皇甫謐</u>，對於神農後各帝雖有世次與名字，但對於年數，不過是説“凡八代，五百三十年”，可是自<u>宋</u>以後歷史書中記載得更多！各帝皆有清楚的年數，總數又同<u>皇甫氏</u>所記不完全相合！試問：<u>漢</u>朝人不知，<u>魏晉</u>人不知，<u>宋</u>以後的人又從哪裏知道？治古史的人對於此類臆説必須一筆勾消以免眩惑。

　　關於後者，例如有人由於<u>周口店</u>的<u>中國</u>猿人已經有用火的痕迹，就引古代<u>燧人氏</u>的傳説以相證明。如果稍進一步分析，就不難推定傳説的播散頗象水中的波紋：拿一塊石頭扔在水中，會發出很顯著的波紋；播散漸遠，波紋就漸漸不清，最後就完全消滅，不留蹤迹。任何古代民族所保存的比較可靠的傳説，大致不出萬年。即使説有重大的事變使人類的感觸太深，流傳可更廣遠，但雖盡力擴張，恐怕也無法超出兩三萬年之外。<u>周口店</u>的猿人距現在已經約四五十萬年，用什麽法子能把當時的傳説留傳至今日？并且與猿人遺迹同出的僅有用火的痕迹而已。他們用何法得火，今日固毫無所知。人類初期所用的火當屬自然火，必須經過極漫長的時代才能發明人工取火的方法，這雖是一種推測，但在今日學術界中全體相信，并無異議。猿人所用的火必爲自然火，也當毫無異議。燧人氏明屬人工取火，當較晚近得多，也是毫無異議。并且人工取火的方法也有三種：刮木取火，鋸木取火，鑽木取火。以鑽木的方法最爲精進。在舊石器時代，就是鋸木的經驗也不可能有，不要説鑽木的經驗了。禮記内則篇中“左佩金燧，右佩木燧”注説：“金燧取火於日，木燧鑽火也。”金燧在人類發明冶金以後才可能有，更爲晚近，木燧比較古老，但已經是鑽木，想當在新石器時代的初期。即是推到更遠也不能超過中石器時代。我國關於燧人氏的傳説全説到鑽木。近當距離現在六七千年，遠也不能超出一萬五千年以上。傳説可能流傳至今，應當不是出自春秋或戰國人的揣測。談我國用火的歷史，應當談到燧人氏，也應當溯源於周口店猿人，但絶不可以把這兩件相離數十萬年的事混攪在一起。

　　這一類的問題在歷史研究方面還有不少，作歷史工作的人對這些都應該極審慎地處理。

附録九　我國傳説時代與考古方面所得材料的關係①

　　傳説時代歷史的研究，不外以下兩方面：一是考古，一是文獻（書本）。考古除發掘外，還包括一切實物的研究，如古器物、古銘刻、古泉幣等等。考古資料與文獻資料的界綫也很難劃分，如甲骨、銘刻既是實物資料，也是文字資料。關於文獻的處理問題，我那本中國古史的傳説時代的第一篇内説得很多，不擬再談，今天，專談考古方面。

　　“傳説時代”這一名詞，從前還少有人用。過去就是説“唐虞三代”，未説傳説時代。顧頡剛曾爲商務印書館寫教科書説堯舜禹都是傳説，但被國民黨政府禁止發行。我的中國古史的傳説時代一書，所説的傳説時代，是指没有當時人的文字記載，後世僅憑傳説而追記的時期。此書是抗日戰争時期在昆明寫的，解放後修

---

① 　編者注：本文爲徐旭生 1962 年 11 月 19 日在湖南師範學院的講演，據湖南省哲學社會科學學會聯合會 1962 年鉛印本。

改重版,這書主要是根據文獻的傳說寫的,當時不可能很好利用考古資料。

　　河南安陽殷墟發現甲骨文,證明了殷是從盤庚起建都于此,約當公元前一千三四百年,不過這不能得到絕對的年月。中國歷史有確實年代可考的,是從公元前八四一年起,盤庚究在何時,其絕對年代還是不够清楚。現在稱盤庚以前爲傳說時代,當然這也不是最後定論。在鄭州也發現甲骨(文),但只有三兩個字,初步考證説仲丁在隞(或作囂)建過都,(隞通敖。)敖在鄭州西,考古家在此地調查,没找到當時的遺址,可能仲丁就建都于鄭州,那麼傳說時代的下限可縮在仲丁時期,即有文字可考的歷史可伸長到仲丁時代。但此説也尚難確定。傳說時代的上限雖不能確定年代,但也不能無限伸長,人類在百萬年前後出現,我國周口店所發現的舊石器時代的北京猿人距今有五六十萬年,這是不是我國最早的猿人,還不能定案。現已在匼河(山西芮城)發現舊石器,有人說它比北京猿人時期還要早,但也有人不同意這種説法。

　　北京猿人之後,還有河套人、山頂洞人,解放後又發現一系列的舊石器:有馬垻人(廣東韶關)、麒麟山人(廣西)、長陽人(湖北)、丁村人(山西襄汾)、資陽人(四川)。安徽洪澤湖濱,河南安陽,也有舊石器發現,還未起名字叫什麼人。可見中國有人類居住已有很長的歷史。但舊石器時代即使末期是否就到了傳說時代,還很難説。

　　傳說在四五千年間還可以,太長就靠不住了。我們不能因爲根據偶然發現的一兩件考古資料與傳說相合,就確定這是傳說中的某個時代,那是很危險的,如燧人氏鑽木取火,就不能因爲在周口店發現火灰堆,就斷言這是傳說中的<u>燧人氏</u>時代,因爲傳說太遠,傳說是不能傳五六十萬年前的事。火的使用,最先應該是天然火。古代老樹枯腐,雷電時很容易引起天然火,人最初見到火是畏而遠之,多次見到後,知道火并不可怕,轉而接近火,感到有熱氣,并逐漸將火弄到家里去,當作寶貝,并由專人看管,使之不滅。當時還不知道人工取火,經過很多萬年,才知人工取火,方法有三:摩擦、鑽,還有一種,我忘掉了。摩擦是最原始的方法,鑽木取火是最進步的方法。傳說中的<u>燧人氏</u>是發明鑽燧取火法,既會鑽燧,就不會是很遠的時期,最多不過是舊石器末期或中石器時代,中石器時代起於四五千年到一萬年前後。人類從此很容易地取火,是富有歷史意義的事件。鑽燧取火頂多也不過追述到三兩萬年前,決不會是四五萬年前。總之,<u>燧人氏</u>是發明最進步的人工取火,而<u>周口店</u>所用的是天然火。

中國傳說中的三皇五帝,不是很古的說法。<u>春秋</u>時,<u>左傳</u>、<u>國語</u>中才對古代的東西談得多起來。疑古派對歷史做了很多工作,也很有成績,最大的貢獻是對<u>堯典</u>、<u>皋陶謨</u>、<u>禹貢</u>這三篇權威性的東西,證明在<u>春秋戰國</u>以前并無此書,指出是<u>春秋戰國</u>時人逐漸寫的,(有人說是<u>西漢</u>人寫的,不對,因爲如果那樣,<u>司馬遷</u>寫<u>史記</u>就不會引用。)這是疑古派治學的成績。但是他們却反過來鑽了牛角尖,說這三篇東西是<u>春秋戰國</u>時人造的謠言,這就大錯了,難道古人以造謠爲職業嗎? <u>春秋戰國</u>時代學術界自由空氣濃厚,百家爭鳴盛極一時,如果那一家造謠胡說,諸家是會立時把它翻出的,爲甚麽沒有人揭露呢? 可見不是造謠,而是根據傳說。世界上任何一個民族的歷史,最初都是從傳說開始的。<u>春秋</u>時人只説到一切的帝,并無五帝的説法。更没有説到三皇。三皇五帝的説法起於戰國。

　　我們對古代歷史傳説不能一筆抹煞,但傳説中夾雜許多神話,古代人離開神話,就無法思想,所以在他們的歷史傳説,總摻雜些神話,如果後人把神話也當作歷史,那就太天真了。中國有這個傳統,孔子對於神話也不相信,但他同太史公及他們的後人,逐漸把神話都加以人化,後來又加以理想化。當時去掉神話留住人話是對的,但是神話在當日的確存在,并且有相當大的作用,不能一筆抹煞。把堯舜禹描寫成最合乎人類理想的大聖人,是失真而不足相信的。

　　在古代傳説中,個人名稱與氏族名稱是不大分的,個人名稱往往即是氏族名稱,如黃帝可能是指戰阪泉、涿鹿的英雄,也可能是指一個氏族,當然我們還没有理由來否定黃帝或蚩尤的人格,説他們都不是一個人。這些個人一般説是部落的首長或部落聯盟中的首長,正如王船山所説的,與川廣土司相類似。

　　我們怎樣應用傳説呢?我們只能把考古資料與傳説相結合來研究古代史,現正在這樣摸索中。安陽爲殷系統的文化,不成問題,殷代的歷史自從發現甲骨,總算由當日的材料知道了些。夏史却仍在摸索中,我是研究傳説時代的歷史,對夏代史的興趣總是要高一些。解放後,基建大規模進行,發現的文物很多,考古研究所的同志,當時搶救文物忙不過來,所以當日對夏文化的探索無法進行,近數年黨和政府都要我們着重探索夏代史。我們探索的方法是:把現成材料,主要從先秦,次之是西漢的有關材料搜集起來,按地域來慢慢找。研究夏代史有一個關鍵問題要分別清楚:

一是夏代文化,是從禹起到桀止的,地域廣泛,一是夏氏族的文化,是禹以前和桀以後的,地域很有限制。現在想從夏氏族活動地區摸索夏氏族的文化,再從夏氏族文化摸索夏代文化。夏氏族的活動地區不太大,主要的活動地區在那些地方呢? 古代有關夏地區的傳説大約不過四五十條,去其重複和無法考證今在何地的,確切可靠的不過二三十條。據我瞭解,夏氏族活動地區,主要在河南西部,山西的西南部,有關夏氏族傳説爲最多,山東也有一點兒。現在要研究此地區的傳説是否與考古資料相合。前兩年我去河南西部及山西西南部走了一趟。河南偃師縣的二里頭(在城西三四十里),有人説是夏代的城市,我疑惑是商朝初年的都城西亳,西漢人傳説湯時從東亳遷都西亳,此説在 1959 年前我不相信,認爲即天子位而遷都之事靠不住,後來親自跑到偃師,看到這個遺址很大,正是商朝前期的城址(清代學者孫星衍,武億在偃師志中也這樣説),近年來二里頭的發掘是我所的發掘重點,遺址中有版築,且有特別區的劃分,現已知道這是商初的一個都會,至於准是西亳不是,還有待於地下出土物的證明。我覺得將來還會發掘出文字資料,雖一定比安陽殷墟少,但可能會發現。因爲我個人認爲商氏族的文化比夏氏族的文化要高,因爲商是一個宗教較發達的氏族,宗教在古代對文化發展是起過很大作用的。宗教發達,分工較强,商代人就有可能從事文化活動,夏氏族却不是這樣的情況,我相信商的早期是有文字的,並將會從西亳發現。如果將來的發掘能證明此地是商代初年都城的遺址,那傳説時代與狹義歷史時代的界綫又可以上移幾百年。對於夏代文化的探索也有很大的幫助。

　　斟鄩氏也是古代的一個氏族,斟鄩這個地方有人説在山東的濰縣,有人說在河南,按竹書紀年(宋以前的古本)載太康、羿、桀都先後在這裏建過都,此地在河南的可能性大。史載:"夏桀之居,伊闕在其南……"伊闕在今河南洛陽縣南,如果說桀亡國的地方在山東,就很難理解了。河南鞏縣志說它在縣西羅莊,可是我們去羅莊調查,附近未發現此時期遺址。但在羅莊東七八里的稍柴,河南考古隊發現遺址,並已肯定稍柴即斟鄩墟地,但他們所作的試探坑,陶片雖然是當時的,面積還太小;其他地方雖說也有當時的陶片,但數量過少,未必不是從他處偶然帶過來的。至于他們所說的版築,已經查明是近代的,所發現的遺址還不夠大,因此我們還不敢相信它的確是斟鄩氏的遺址。此外,我們在山西西南部也正在搜索中。

　　從考古來看,殷文化下面是龍山文化,龍山文化下面是仰韶文化,龍山文化和夏文化關係很深,不成問題,但在它們中間還不能劃等號,因爲我們所說的夏代是從夏禹開始,到夏桀爲止,有一定的起訖的。至于考古學上所說的文化,其來去都是積漸的,不是的突然的。比方說,在一定的時間,大家全利用龍山式樣的器物,絕不能由于夏桀的亡國就驟然停止不用,也是很明顯的。所以龍山文化及夏文化雖有關聯,却不能劃等號。很可能夏代未開始而龍山文化已經開始多年,夏代未亡而龍山文化已成過去;也可能返過來說,夏代已經開始而龍山文化還未出現,夏代已亡而龍山文化還要延長不少的年歲。還可以說龍山文化起止全比夏代長;也還可以返過來說,起止全比它短。從現在我們所得的材料來推測,後三種的可能性似乎不太大,第一種的可能性似乎較大一點。至於作決定性斷定,還要等着將來發掘的資料和研究。